Josef Ackermann MEIN WEG

Für Pirkko, Catherine und Gregory

FSC
www.fsc.org
MIX
Papier | Fördert gute Waldnutzung
FSC® C014889

Umschlaggestaltung: Büro Jorge Schmidt, München
Umschlagfoto: Maurice Haas, Zürich
Innengestaltung und Satz: Sibylle Schug
Druck und Binden:
Friedrich Pustet GmbH & Co. KG, Regensburg
Printed in Germany
ISBN: 978-3-7844-3655-5
www.langenmueller.de

Josef Ackermann

MEIN WEG

LANGENMÜLLER

Inhalt

Jahre bei der Schweizerischen Kreditanstalt (SKA), 1977–1996

Jahre bei der Deutschen Bank, 1996–2012, Finanz- und Schuldenkrise

Sprecher der globalen Finanzindustrie

Zürich Versicherung und Bank of Cyprus

Anekdoten

Ursachen und Lehren aus der Finanzkrise

**Every Man owes it as a debt
to his profession to put on record
whatever he has done
that might be of use to others.**

**Francis Bacon
(1561–1626)**

Vorwort

Die Welt wird unsicherer und fragiler. Seit Februar 2022 erleben wir durch die Invasion der Ukraine einen brutalen Angriffskrieg Russlands, der die europäische Friedensordnung bedroht. Deutschlands Bundeskanzler Olaf Scholz sprach zu Recht von einer Zeitenwende. Für viele war eine solche Entwicklung nach dem Fall der Mauer und dem Ende des Kalten Kriegs undenkbar. Auch das Massaker der Terror-Miliz Hamas in Israel im Oktober 2023 und der harte Gegenschlag der israelischen Streitkräfte sowie andere regionale Konflikte haben einen Realitätsschock bewirkt. Der Politologe Francis Fukuyama schrieb zwar 1989 mit »Das Ende der Geschichte« einen Bestseller, doch dieses Ende ist vertagt beziehungsweise verjährt. Vielleicht auf den Sankt-Nimmerleins-Tag.

Geschichte ist vergänglich. Und wir sind es auch. Vielleicht versuchen wir deshalb, auf den eigenen Spuren zu wandeln und Spurensuche zu betreiben.

Seit Jahren werde ich von Freunden und Bekannten dazu ermuntert, dieses Buch zu schreiben. Lange war das für mich kein Thema.

Weshalb habe ich mich umstimmen lassen? Ein Freund sagte mir einmal, dass eine Person, die jahrelang in der Öffentlichkeit stand, sich auch »öffentlich erinnern« dürfe. Wer oft genug im Rampenlicht der Medien unter dem Brennglas beäugt, gemustert, observiert, hart kritisiert oder gar beschimpft wurde, habe ein gutes Recht, sein Umfeld und sein kolportiertes Bild nachträglich manipulativen Kräften und Absichten zu entziehen.

Und die Dinge so darzustellen, wie sie – frei nach Leopold von Ranke – eigentlich gewesen sind. Denn wenn selbst Jubiläumsbücher ohne Befragung der Zeitzeugen publiziert werden und vor Fehlern strotzen, empfindet man umso mehr das Verlangen, der Nachwelt die wahre Geschichte zu erzählen.

Dem will ich folgen, weil ich spüre, dass sich Geschichte und Geschichten verselbstständigen, vor allem dann, wenn man nicht mehr selbst dabei ist. Plötzlich tauchen Narrative auf, die nicht dem tatsächlichen Geschehen entsprechen. Mythen, Fantasien, Fabeln oder Legenden entstehen.

So ist bei mir ein starkes Bedürfnis entstanden, Erlebnisse und Fakten aus meiner persönlichen Sicht und Erinnerung zu schildern. Nebenbei erlaubt eine solche Zeitreise im Herbst meines Lebens einen Rückblick auf die herausragendsten Ereignisse und Begegnungen und eine persönliche Bilanz. Erfolge und Niederlagen, Hoffnungen und Enttäuschungen, Erfüllung und Freude wurden mir zuteil.

Dabei will ich mich gerne auch all jenen Kritikern stellen, die viele meiner Entscheidungen missbilligten, zerpflückten, verrissen oder verdammten. Im Übrigen habe ich bei vielen Kontroversen sehr viel mehr Unterstützung erfahren, als sich meine Gegner vorstellen können.

Um es direkt zu sagen: Dieses Buch ist keine Abrechnung! Es geht nicht darum, andere Personen zu schmähen, herabzusetzen, anzuschwärzen oder nachzutreten. Im Gegenteil, es ist vielmehr Anerkennung, Würdigung, Wertschätzung und Dank an all jene Menschen, die mich über die Jahre hinweg unterstützt, ermuntert und geachtet haben. In erster Linie sind dies meine Frau Pirkko und unsere Familie, der ich so viel zu verdanken habe und die mich mit unendlicher Geduld, Verständnis,

Nachsicht und Zuwendung begleitet haben. Sie waren immer Ansprechpartner, Ratgeber, Vertraute und unverzichtbare Partner.

Auch vielen anderen Menschen möchte ich meine Bewunderung und großen Respekt zollen. Unvergessen sind meine Eltern und meine Freunde, ehemalige Mitarbeiter, Weggefährten und alle Helfer, die mir mit Inspiration, Kreativität, Fantasie, Ideenreichtum und Intuition zur Seite standen. Mein Dank gilt auch dem langjährigen ARD-Auslandskorrespondenten Hans-Jürgen Maurus sowie Sabine Sternagel vom Langen Müller Verlag für die intensive redaktionelle Mitarbeit, sie haben mein Projekt mit Engagement, Anregungen, Ideen und Widerspruch begleitet.

Menschen machen Fehler, ich ebenso. Aber manche können es nicht zugeben. Die folgenden Beobachtungen, Interpretationen, Einschätzungen und Schlussfolgerungen sind alle persönlicher Art. Sie sind subjektiv, fragmentarisch und daher unvollständig. Viele Ereignisse, Fakten, Entwicklungen oder Kontroversen sind kompakt, verkürzt und nur rudimentär dargestellt. Das liegt an der unglaublichen Menge des Materials. Die Kritiker werden das »Fehlende« herausgreifen. So sei es.

Heute wird vieles aus dem aktuellen Zeitgeist heraus interpretiert. Werte und Moral unterliegen einem Wandel. Begriffe und Worte »a posteriori« aus der heutigen Sicht und Normenwelt zu interpretieren und zu verdammen, ohne die vergangenen historischen Umstände oder Rahmenbedingungen zu berücksichtigen, greift zu kurz. Ich habe Verständnis für Menschen, die sich in ihren Gefühlen verletzt sehen, doch individuelle Empfindlichkeiten zum Maßstab und zur Norm aller zu machen, ist gewagt und bedenklich. Für ein tieferes Verständnis von Entscheidungen oder Ereignissen in der Vergangenheit ist es sinnvoll, den Zeitgeist von damals als Erklärung für die Turbulenzen der jeweiligen Epoche heranzuziehen und zu verstehen.

Dieses Buch ist keine Geschichte der Deutschen Bank oder anderer Finanzinstitute, die in meinem Leben eine Rolle gespielt haben. Ich bitte auch um Verständnis, dass ich als Schweizer Banker einer Verschwiegenheitspflicht unterliege und nichts zu Bankkunden oder einzelnen Geschäftsbeziehungen ausplaudern oder ausposaunen möchte. Es geht vielmehr darum, die für mich wichtigsten Lebensabschnitte und Ereignisse zu beschreiben.

Dieses Buch ist auch an Menschen gerichtet, die im Alltag nicht dem hektischen Geschehen an den weltweiten Börsen, den Irrungen und Wirrungen der Finanzwelt folgen können oder das Fachchinesisch der Analysten kaum verstehen. Wenn es mir gelingt, eine Brücke zum gegenseitigen Verständnis, der Wahrnehmung und der Auslegung zu schlagen, wäre ich froh. Ich überlasse den Lesern das Urteil, ob dies gelungen ist oder nicht.

Mein Lebensweg war alles andere als monoton. Er war manchmal steinig, ab und zu mühsam und kräftezehrend, dann wieder inspirierend, reizvoll und großartig, stets faszinierend und intellektuell bereichernd – geprägt von einer dialektischen Auseinandersetzung zwischen Tradition und Innovation, zwischen Vertrautem und Fremdem. Oft hatte ich das Glück, am richtigen Ort zu sein und manchmal auch das Pech, nicht alle Fallstricke zu erkennen. Auf den Gipfeln meiner Wanderschaft entdeckte ich atemberaubende Aus- und Einblicke. Und Abgründe. Und manche menschliche Tragödie. Einzelne Pfade erwiesen sich als Sackgasse, Umwege waren erforderlich. Auch Abkürzungen gab es.

Es war eine weite Reise. Durch Gassen und Chausseen, Promenaden und Avenuen. Auch in die Zentren der Macht. Als Wanderer zwischen den Welten, diesseits und jenseits des Atlantiks, vom Nahen Osten bis Australasien, durfte ich Sinne und Wahrnehmung schärfen, Einblicke, Erfahrungen und Erkenntnisse sammeln, die meinen Horizont erweiterten und manchen Blickwinkel und Betrachtungsweise veränderten.

Es waren bewegte Zeiten, mit Aufstieg und Übergängen, mit Fortschritt und Rückschritt, mit Gestalten und Problemlösungen. Mit Reformen, Umwälzungen und gewaltigen technologischen Revolutionen in der Bankenwelt. Vom Schalter zur App war erst der Anfang. Das Tempo der rasanten Digitalisierung nimmt weiter zu. Entwicklungen im Bereich der Künstlichen Intelligenz (KI) und im Cyberspace schaffen neue enorme Herausforderungen.

Auf meinem Weg habe ich Spuren hinterlassen. Nicht immer freiwillig, manchmal kontrovers und im grellen Scheinwerferlicht der Medien. Stets begleitet von der Familie und guten Freunden. In diesem Buch schildere ich einfach meinen Weg, wie ich ihn erlebt habe, und lade ein, mich auf dieser Wanderung zu begleiten.

Auf Quellenangaben oder ein Namensregister habe ich verzichtet. Dies ist kein wissenschaftliches Werk und erhebt schon deshalb keinen Anspruch auf Allgemeingültigkeit. Viele Personen sind zwar erwähnt, aber es gibt weit mehr Wegbegleiter, die nicht im Buch erscheinen und gleichwohl eine Rolle in meinem Leben gespielt haben.

Noch ein Hinweis: Alle Inhalte stammen von mir und nicht von einem ChatGPT-Textroboter.

Während ich hier in der finnischen Heimat meiner Frau auf die raue Ostsee und die Inselgruppen um Helsinki schaue und dabei an die vielen Bootsausflüge samt tanzender Polarlichter denke, erinnere ich mich an meine Kindheit, als die Sommergewitter hinter Schloss Sargans gen Liechtenstein abzogen und noch eine Weile gewaltig blitzten und rumorten. Wir Kinder blickten dann wie gebannt in die Ferne. Ohne zu wissen, was die Zukunft bringt.

Josef Ackermann, im Februar 2024

Prolog

Ende einer Ikone

Sonntag, der 19. März 2023. Mein Namenstag. Ich bin ein paar Tage in Helsinki, um in aller Ruhe an meinem Buch zu arbeiten und verfolge gebannt am Fernsehgerät ein Drama, das seinem Höhepunkt entgegendriftet.

Es ist 19.30 Uhr. In Bern treten nach mehrtägigen Krisensitzungen und einem chaotischen Wochenende die wichtigsten Vertreter der Schweizer Regierung, der Notenbank, der *Eidgenössischen Finanzmarktaufsicht (FINMA)* sowie die Verwaltungsratspräsidenten der *UBS* und *Credit Suisse (CS)* gemeinsam bei einer Pressekonferenz auf. Die Sitzung wird im Schweizer Fernsehen live übertragen. Die Journalisten vor Ort sitzen dicht gedrängt. Volles Haus.

Es ist ein historisches Ereignis, aber kein Freudentag. Die versammelte Prominenz, Bundespräsident Alain Berset, Finanzministerin Karin Keller-Sutter, Notenbankpräsident Thomas Jordan, die Präsidentin der FINMA Marlene Amstad, UBS-VR-Präsident Colm Kelleher und CS-VR-Präsident Axel Lehmann, schauen betreten drein. Sie geben das Ende einer Schweizer Ikone bekannt.

Die UBS, die größte Bank der Schweiz, wird die Credit Suisse, das zweitgrößte Finanzinstitut des Landes, für drei Milliarden Franken übernehmen. Nach 167 Jahren wird die Credit Suisse geschluckt. Es ist eine Notoperation, um das Finanzsystem nicht zu gefährden, denn die

CS gehört zu den weltweit 30 wichtigsten systemrelevanten Banken. Sie ist »too big to fail« (TBTF) – zu groß, um sie in Konkurs gehen zu lassen.

Erstaunliches bekommen Bürger, Aktionäre, Anleihen-Besitzer, Kunden, Steuerzahler und Journalisten zu hören. Die Credit Suisse war in den Tagen zuvor in eine Art Todesspirale geraten. Nachdem das Finanzinstitut im letzten Quartal 2022 einen Geldabfluss von über 110 Milliarden Franken zu verkraften hatte und für das vergangene Geschäftsjahr einen Verlust von mehr als sieben Milliarden Franken einräumen musste, hatte sich die Krise weiter verschärft. Kunden zogen im Monat März weitere Milliardensummen ab. Der Aktienkurs brach ein und Hedgefonds wetteten einmal mehr gegen die CS, um kräftig abzusahnen. Am 6. April 2023 berichtet die *Financial Times*, dass Hedgefonds durch Short-Positionen allein bei der CS 684 Millionen USD kassiert haben. Ein lukrativer Leichenschmaus.

Auf der legendären Pressekonferenz am 19. März 2023 räumt Bundesrätin Karin Keller-Sutter ein, dass die Lage bei der CS bereits am Mittwoch, dem 15. März, kritisch war. Aufgrund der turbulenten Entwicklungen am Markt war »klar, dass die Liquidität der Credit Suisse nicht mehr gesichert ist«. Gleichwohl verbreiten FINMA und die *Schweizer Nationalbank (SNB)* noch am Mittwochabend eine Mitteilung, in welcher der CS bescheinigt wird, die »an systemrelevante Banken gestellten Anforderungen an Kapital und Liquidität« zu erfüllen. Die SNB werde »im Bedarfsfall der CS Liquidität zur Verfügung stellen«.

Am Donnerstag, dem 16. März 2023 war dieser Bedarfsfall gegeben. Im Bundeshaus in Bern herrschte »knisternde Anspannung«, berichtet der Zürcher *Tages-Anzeiger*, die Landesregierung traf sich zu einer Krisensitzung. Über den Inhalt des Treffens wird nicht informiert.

Doch an jenem Donnerstag haben Bundesrat, SNB und FINMA zwei Entscheidungen getroffen, wie Keller-Sutter erst am Sonntag bekannt gibt. Erstens: Der CS wird mit einer Liquiditätsspritze von 50 Milliarden Franken geholfen. Und zweitens: Es werden zusätzliche Ausfallgarantien von rund 100 Milliarden Schweizer Franken gewährt.

Allerdings wurde nur der erste Entscheid am Donnerstag bekanntgegeben, der zweite nicht. Und der Bundesrat hatte sich nicht einmal zu der ersten Liquiditätshilfe geäußert. Am Freitag lautete der Aufmacher im *Tages-Anzeiger* entsprechend: »50 Milliarden für die CS – Schweigen des Bundesrats löst Irritationen aus.«

Auf der Pressekonferenz sind die Journalisten und Beobachter geschockt. Wieso hatten die Krisenmanager am Donnerstag lediglich die erste Entscheidung kommuniziert, und den zweiten Beschluss verheimlicht? Auf Nachfrage erklärt Keller-Sutter, man habe die Informationen nicht scheibchenweise weitergeben wollen, weil dies die Märkte verunsichert hätte.

Das ergibt keinen Sinn, denn die Information über die Unterstützung der Credit Suisse mit 50 Milliarden Franken war ja gerade zur Beruhigung der Märkte veröffentlicht worden. Wieso dann eine »Bazooka«-Hilfe die Märkte verunsichern soll, ist ein Widerspruch und wenig glaubwürdig. Völlige Verwirrung herrscht, als SNB-Präsident Thomas Jordan auf Nachfrage zugibt, dass die gesamte Hilfe für die CS sogar mehr als 200 Milliarden Franken beträgt.

Ebenso merkwürdig ist die Analyse der Finanzministerin, dass die Übernahme kein »Bail-out« sei, sondern eine »kommerzielle Lösung« zweier Privatparteien. Das Internet-Portal *Inside Paradeplatz* fällt ein vernichtendes Urteil: »Muppet Show«.

Nach dem Ende der Veranstaltung bin ich fassungslos, wütend und schockiert, greife zum Telefon und bespreche das Ereignis mit Vertrauten und Kollegen. Alle sind außerordentlich erbost. Ich habe mit niemanden gesprochen, der nicht gesagt hat: »Das ist eine Schande für den Schweizer Finanzplatz!«

Noch nie habe ich mich so sehr geschämt wie an diesem Tag. Und ich gebe zu: In der nächsten Nacht habe ich schlecht geschlafen. Die Credit Suisse, mein erster Arbeitgeber, ist dem Untergang geweiht. Da ging etwas zugrunde, was mir sehr nahe war. Dazu später mehr.

Kindheit und Jugend

Der Ratschlag

Als ich zwölf Jahre alt war, gab mir mein Vater den wichtigsten Ratschlag meines Lebens. Er schrieb einen Vierzeiler des Dichters Christoph Martin Wieland auf ein Blatt Papier und reichte es mir:

»In andrer Glück sein eignes finden,
Ist dieses Lebens Seligkeit.
Und andrer Menschen Wohlfahrt gründen,
Schafft göttliche Zufriedenheit.«

Mit diesen Zeilen hat der Weimarer Aufklärer nicht nur eine allgemeine Lebensphilosophie, sondern auch eine spezielle Managementmaxime definiert. Für meinen Vater, einen leidenschaftlichen (Land-)Arzt, symbolisierte der Vers sein Berufsethos, denn wenn er anderen helfen konnte, fühlte er sich reich belohnt. Daher sein schlichter Rat an mich, mein Glück im Glück anderer zu suchen. Dies war allerdings kein einfacher Weg, wie ich im Laufe der Jahre feststellen musste.

Erst in der großen Finanzkrise 2008 und im Laufe von Jahrzehnten in der Finanzwelt habe ich die tiefe Weisheit von Wielands Spruch vollständig erfassen können. Der Blick in den Abgrund rund um den Zusammenbruch von *Lehman Brothers* und die potenzielle Gefahr eines Zusammenbruchs des Finanzsystems samt Weltwirtschaftskrise haben die Bedeutung von Eigenverantwortung konkretisiert, ebenso wie die gesellschaftspolitische Mitverantwortung von Topmanagern, Institutionen, ja, der gesamten Finanzbranche. Unternehmen existieren nicht um ihrer selbst willen, sondern haben auf Dauer nur Erfolg, wenn sie sich für die Allgemeinheit als nützlich erweisen.

Unternehmensführer dürfen dies nie vergessen. Ihre erste Aufgabe ist es nun mal, Gewinne zu erwirtschaften. Aber nicht wegen des Profits an sich. Erträge sind nur Mittel zum Zweck, damit Unternehmen wachsen, neue Produkte entwickeln, Arbeitsplätze schaffen und Steuern bezahlen können. Das schafft Wohlstand und politische Stabilität.

In der heutigen medialen Berichterstattung entsteht immer mehr der Eindruck, dass wirtschaftliche Mächte das Geschehen dominieren und kontrollieren. Dies hat zur Folge, dass Unternehmen und Wirtschaftsführer in ihrer Machtstellung immer kritischer hinterfragt werden. Da niemand unfehlbar, allwissend oder unanfechtbar ist, ist das auch gut so. Diese Lektion habe ich gelernt.

Schweizer Wurzeln

Heimat ist dort, wo man aufwächst, sich wohlfühlt, heimisch wird, wo es einen Bezug zur Sprache und Kultur gibt. Wo erste Erfahrungen und Erlebnisse entstehen. Daheim, in der Familie, Schule, in der Freizeit, beim Sport, bei Feiern, bei Traditionen wie dem Almabtrieb. Oder wenn man sich das erste Mal verliebt. So richtig daheim sein und sich wohlfühlen kann man nur dort, wo man als Kind alles miterlebt hat.

Meine Heimat ist die Schweiz. Im Kanton St. Gallen bin ich aufgewachsen. Das Elternhaus stand in Mels im Sarganserland, einer Gemeinde von mittlerweile fast neuntausend Einwohnern. Mels liegt am Rande des St. Galler Rheintals, das ist Heidiland. Viele Leser kennen bestimmt die Autobahn A3, die am Walensee entlang in Richtung Chur in die Skigebiete nach Graubünden und über den San-Bernardino-Pass ins Tessin Richtung Italien führt. Mels liegt am Weg. Auch eine wichtige Eisenbahnstrecke führt durch den Ort bis nach Chur.

Die Melser sind stolz auf ihre Geschichte und auf ein gewisses eigenwilliges, aufsässiges, widerborstiges, trotzköpfiges Selbstbewusstsein, das man auf Heimatverbundenheit und Bodenständigkeit zurückführen kann. Die Alemannen bildeten den Grundstock der Bevölkerung im weiten von Gebirgsketten umsäumten Weisstannental. Später kamen freie Walser aus den bündnerischen Walser Kolonien Davos und Rheinwald dazu. Irgendwo dort liegen die Wurzeln der Ackermanns, also meiner Familie väterlicherseits. Noch heute fahre ich gerne mit meiner Frau oder der ganzen Familie zum Skifahren auf den Pizol oder gehe im Naturschutzgebiet rund um den Chapfensee wandern.

Auf die Frage, was das Wichtigste für den Erfolg meiner Karriere gewesen ist, sage ich immer wieder: Grundvertrauen, ja sogar Urvertrauen. Dazu gehört das Wissen, irgendwo aufgehoben zu sein, eine Heimat zu haben. Ich wusste immer, dass ich nicht ins Leere falle, wenn etwas Schlimmes passieren würde. Das hat mich frei gemacht. Und sicher auch mutiger. Diese Gewissheit ist mir geblieben, auch dank meiner Eltern. Bis an ihr Lebensende im hohen Alter von über neunzig Jahren habe ich sie gerne regelmäßig zusammen mit meiner Frau und unserer Tochter besucht.

Glückliche Kindheit

Geboren wurde ich am 7. Februar 1948 per Kaiserschnitt im Klinikum in Walenstadt im Sternzeichen Wassermann. Meine beiden Brüder Karl und Daniel folgten jeweils ein Jahr später. Als Erstgeborener wurde ich praktisch von Anfang an in die Vorbildfunktion hineingedrängt. Karl studierte später Biologie und Daniel wurde ein bekannter Urologe. Ehrgeiz war uns in die Wiege gelegt.

Wassermänner gelten im Allgemeinen als kreativ, hilfsbereit und freiheitsliebend. Andererseits werden sie häufig als stur, ungeduldig und distanziert wahrgenommen. Das Streben nach Unabhängigkeit ist ein Charakterzug, den ich mir durchaus zueigen mache.

Ich kann ohne Wenn und Aber behaupten, dass ich eine glückliche Kindheit und Jugend hatte. Es herrschten geradezu idyllische Zustände auf dem Land, auch wenn an unserem Haus die Züge der Schweizerischen Bundesbahnen (SBB) vorbeidonnerten. Die Bahnstrecke und die nahe gelegene Autobahn ließen bei mir schon als Kind und noch mehr als Jugendlicher ein gewisses Fernweh aufkommen. Und Neugierde auf die Welt da draußen. Das Tor zur Welt stand offen für denjenigen, der es öffnen wollte.

Mels war ein überwiegend katholisch geprägtes einfaches Dorf. Nur wenige Bewohner hatten eine akademische Ausbildung oder verfolgten eine militärische Karriere als Offizier. Mein Vater war stets bemüht, uns neue Perspektiven aufzuzeigen: durch Reisen ins Ausland, internationale Kontakte, intensive Diskussionen.

Klar waren wir Teil der dörflichen Gemeinschaft, doch wurden wir ermutigt, über den sprichwörtlichen Tellerrand hinauszuschauen, zum Beispiel als Gastkinder bei anderen Familien oder über den Sprachunterricht in der

Schule. So lernte ich bald ziemlich gut Englisch, Französisch und Italienisch und erwarb Grundkenntnisse in Spanisch.

Mit acht Jahren schickte man mich auf eine französische Sprachenschule. Meine Mutter Margrith sorgte als Westschweizerin dafür, dass wir zuhause auch teilweise französisch sprachen. Sie spornte uns stets mit dem Satz an: »Qui veut, peut.« (Wer will, der kann) und stärkte damit dieses Grundvertrauen.

Mein Großvater mütterlicherseits agierte ab und zu als Englischdolmetscher für verunglückte Skitouristen, die bei meinem Vater in der Praxis landeten. Er schärfte uns ein, Sprachen zu lernen, weil sie das »Tor zur Welt« seien.

Mein Vater litt Zeit seines Lebens darunter, nur rudimentäre Fremdsprachenkenntnisse zu besitzen. Das Medizinstudium an der Universität Zürich war zu seiner Zeit noch nicht so internationalisiert wie heute. Zudem entstammte mein Vater einfachsten Verhältnissen. Er war der Erste der Familie, dem man ein Studium ermöglichte. Sein Vater wiederum war Vorarbeiter bei den Schweizer Bundesbahnen (SBB) gewesen.

Mein Vater finanzierte sein Studium durch diverse Nebenjobs. Der exotischste Ausflug dürfte während der Semesterferien sein Einsatz als Viehhüter auf einer Schweizer Alm gewesen sein. Meine Eltern lernten sich während des Studiums im Zürcher Universitätsspital kennen, als meine Mutter dort eine sehr erfolgreiche Ausbildung als Krankenschwester durchlief. Nach Studienabschluss, Approbation und einem befristeten Engagement in der Psychiatrie ließ sich mein Vater 1947 in Mels als Allgemeinarzt nieder. Zu diesem Zeitpunkt war er 29 Jahre alt und baute aus dem Nichts eine eigene Praxis auf. Sein Fleiß und gute Verdienstmöglichkeiten verschafften uns recht schnell einen gewissen Wohlstand. Man kann sagen, dass wir für damalige Verhältnisse vermögend waren. Mein Vater arbeitete voll durch bis zum 65. Lebensjahr, dann spielte seine Gesundheit nicht mehr mit. Als Maxime seines aufopferungsvollen Arbeitslebens galt stets: »Entweder ist man ganz Arzt oder gar nicht.«

Als Landarzt war er nicht nur überall bekannt, sondern auch beliebt. Etwas zurückhaltend, ja fast schon schüchtern, hielt er gleichwohl Vorträge zu allgemeinmedizinischen Themen in der Gemeinde. Gesellschaftliche Verpflichtungen nahm aber meistens meine Mutter wahr.

Sie war eine ungemein attraktive, warmherzige und liebenswürdige Frau mit großem Herzen, die aufopferungsvoll die Praxis im administrativen Bereich führte und auch die Laboruntersuchungen betreute. Sie spann die Fäden im Hintergrund, sah sich als große Stütze im beruflichen Alltag ihres Mannes und ihre pragmatische zupackende Art sowie ihre Fachkenntnisse waren unentbehrlich. Mein Vater war gleichwohl unsere Leitfigur. So war das damals.

Als Großfamilie von drei Generationen lebten wir unter einem Dach. Der Haushalt wurde von den Eltern meiner Mutter geführt. Die Großeltern stammten aus dem Hotelfach und leiteten bis zu ihrer Pensionierung das Gastgewerbe auf Schloss Sargans. Das erklärt auch die wunderbaren Kochkünste meiner Großmutter, zu der ich ein besonders inniges Verhältnis hatte. Ihr köstlicher Schokoladenkuchen ist mir bis heute in nachhaltigster Erinnerung. Da ich lange Zeit ein heikler Esser war – statt Fleisch zog ich Vegetarisches vor –, wurde ich von der Großmutter häufig verwöhnt, was den Unmut meiner Brüder weckte. Sie werteten diese Vorzugsbehandlung als ungerechtfertigtes Privileg. Ich meinerseits habe es aber genossen, ein wenig mehr verwöhnt zu werden.

Die Arztpraxis meines Vaters erwies sich regelmäßig als internationale Kontaktbörse. Als ein paar Lehrer aus London mit ihren Schülern nach Mels zum Skilaufen eintrafen, war es bis zum ersten Ski-Unfall nur eine Frage der Zeit. Genauso kam es. Ein Schüler war gestürzt, die Bruchstelle wurde gegipst und mein Vater fragte den englischen Pädagogen so nebenbei, ob er eine gute Sprachschule in Großbritannien kenne. Die Antwort kam prompt: »Eine hübsche Idee. Unser Sohn kommt zu Ihnen und Ihre Söhne zu uns.«

So landeten wir nacheinander in den Sommerferien in einer Gastfamilie in Ickenham im London Borough of Hillingdon, einem Bezirk, den sicher viele durch den Heathrow Airport kennen. Wir wurden von der englischen Familie verwöhnt. Bootsfahrten auf der Themse, Fischen in Schottland und Rundreisen durch Südengland waren die Highlights. Das Oberhaupt der Familie war Major in der Royal Air Force, der Sohn Schlagzeuger, der bis spät in die Nacht seine »Drumsticks« wirbelte. Im Wohnzimmer gab es ein Klavier und wir kauften Noten für klassische oder Pop-Musik.

Damals begann die große Zeit der Beatles, Rolling Stones, The Who, The Small Faces, The Kinks, The Hollies, The Animals, Dusty Springfield oder Cliff Richard, die die Charts beherrschten. Wir tauchten in eine völlig neue Welt ein. »Swinging London« ersetzte die traditionelle »Stiff Upper Lip«-Kultur durch Rockmusik, provokante Texte und revolutionäre Modetrends, die von Supermodels wie Twiggy in ultrakurzen Miniröcken in die Welt hinausgetragen wurden. Es war eine Zeit des Umbruchs und neuer Freiheiten. Die Texte der Bands waren kühn, frech, respektlos, lümmelhaft, aber durchaus attraktiv und zusätzliche Motivation, die englische Sprache noch intensiver zu erlernen.

Bei einem lokalen Sportfest wurden wir eines Tages aufgereiht, hatten aber keine Ahnung wieso. Plötzlich tauchte ein Hubschrauber auf, der mitten auf dem Sportplatz landete. Dem Helikopter entstieg zu meiner Überraschung Prinz Philip, der Herzog von Edinburgh, der unsere Reihe abschritt und mit jedem ein paar Worte wechselte.

Ich war völlig perplex, als er vor mir stand, und schüttelte ihm wortlos die Hand. Als ich Jahre später im Buckingham Palast dem damaligen Thronfolger Prinz Charles und heutigen König von England vorgestellt wurde, erwähnte ich, dass ich aus der Schweiz käme. »That's not your fault«, erwiderte seine Majestät mit dem ihm eigenen Humor. Doch ich schweife ab.

In England war das klassische englische Frühstück mit Eggs, Bacon oder »Kippers« am Anfang recht gewöhnungsbedürftig. Entschädigt haben mich Fish and Chips und der »Knickerbocker Glory«, die populärste Eisbombe Großbritanniens und ein Klassiker unter den »Sundaes«, bestehend aus Vanilleeis, Früchten, Meringue, Marshmallows und Sahne. Das Eishappening wird in einem hohen Glas mit einem langen Löffel serviert und ganze Generationen haben dieses glorreiche Dessert mit Hochgenuss verspeist.

Auch der Volkssport Darts hatte mich gepackt. Das Spiel mit den Wurfpfeilen faszinierte mich so sehr, dass ich mir Jahre später im Keller meines Hauses eine Zielscheibe einbauen ließ. Als ich aus England in die Schweiz zurückkehrte, war nicht nur mein Englisch deutlich besser, sondern auch meine Haare sichtlich länger. Ein »Pilzkopf« war ich aber nicht.

Das umliegende Skigebiet bescherte meinem Vater unfreiwillig viele neue Patienten und endlose Überstunden. Vor allem die Bereitschaftsdienste an den Wochenenden hatten es in sich. Mein Vater war 24 Stunden im Dienst, mit totalem Einsatz und Engagement. Während des ganzen Jahres wurde er außerdem Tag und Nacht je nach Notfall zu Hausbesuchen gerufen. Sein Einsatzgebiet umfasste nicht nur Mels, sondern auch die umliegenden voralpinen Weiler.

Als Arztfahrzeug diente ein alter VW Käfer, der bei Tag und Nacht und Wind und Wetter zum Einsatz kam. Bei Schnee mussten Ketten montiert werden. Als Ältester durfte ich ab und zu mitfahren, um bei Steigungen als zusätzliches »Lebendgewicht« hinten auf der Stoßstange dem Fahrzeug zu mehr Traktion zu verhelfen. Als Belohnung ließ mich mein Vater dann den Wagen im Hof der besuchten Weiler wenden. Bei einem nächtlichen Einsatz wäre ich dabei im Schneegestöber um ein Haar einen Abhang hinuntergerutscht. Eine Steinmauer hat mich gerettet.

Immer häufiger wurden während der Skisaison vor allem deutsche Patienten mit Beinbrüchen und Schulterluxationen eingeliefert. Meine Brüder und ich halfen ab und zu dabei, die Verunglückten in die Praxis zu tragen und auch mal einen Gips anzurühren. Der Vater renkte die Schultern ein und nebenbei versuchten wir, etwas über die politische Entwicklung in Deutschland zu erfahren. Das Interesse an Deutschland war so groß, dass wir zum Besipiel regelmäßig die Sonntagsdebatten des *Internationalen Frühschoppens* mit Werner Höfer verfolgten.

Manchen Eliten wird gerne vorgeworfen, dass »die da oben« ziemlich abgehoben, entrückt und ahnungslos im Elfenbeinturm sitzen und nicht wissen, wie es anderen Gesellschaftsschichten ergeht.

Wenn man wie ich in einer Arztpraxis aufgewachsen ist, hat man auch die Schattenseiten der Gesellschaft, Armut und Leiden vieler Menschen, hautnah miterlebt.

Wenn nachts Telefonanrufe kamen und mein Vater zu Noteinsätzen ausrückte, bekamen auch wir Kinder einiges mit. Das hat für guten Schutz gesorgt, bei Erfolgen nicht zu triumphieren und bei Niederlagen nicht zu verzagen. Etwas Bescheidenheit und Demut steht jedem gut an. Dies gab uns Kindern gewiss auch die innere Kraft, aus kritischen Ereignissen gestärkt hervorzugehen, was auf Neudeutsch als »Resilienz« bezeichnet wird.

Familienleben

Weihnachten und Geburtstage waren Höhepunkte des Familienlebens. Dem Weihnachtsfest wohnte immer ein besonders geheimnisvoller Zauber inne. Der Weihnachtsbaum stand im Salon, direkt neben dem Klavier. Vor der Bescherung gingen wir Jungs mit unserem Großvater spazieren, was die Ungeduld und Spannung beträchtlich erhöhte, denn natürlich hatten wir dem Christkind eine Wunschliste geschrieben und den Brief auf einem Fenstersims deponiert. Das Ackermann-Trio der Söhne probte viele Wochen vorher diverse Musikstücke, die Teil des Weihnachtsmusikprogramms waren.

Die Bescherung war wie überall für die Kinder das Höchste. Eines der schönsten Geschenke für mich und meine Brüder war eine Märklin-Modelleisenbahn. Nicht irgendeine, sondern die Gotthardbahn mit der legendären »Krokodil«-Lok, die ich heute noch wunderschön finde. Meine zweite Lieblingslok war die V-200 der Deutschen Bundesbahn. Die Anlage wurde kräftig ausgebaut mit Bahnstationen, künstlichen Bergen, einer Seilbahn und Postauto. Noch heute gehe ich gerne in Spielzeugläden, finde es aber bedauerlich, wie sehr die Elektronik überhandnimmt.

Irgendwann schenkte uns der Vater einen Chemiekasten, wohl mit dem Hintergedanken, uns als kleine Chemiker oder künftige Mediziner zu einigen Laborversuchen zu ermutigen. Experimente folgten in der Tat, aber mehr auf der kulinarischen Seite. Bonbons aus karamellisiertem Zucker waren für uns das Größte. Das Familienoberhaupt war ob der Experimente sichtlich enttäuscht.

Mein Vater legte Wert auf Bescheidenheit und Bodenhaftung. Hohes Arbeitsethos wurde vorgelebt, jede Angeberei verschmäht. Die Eltern wollten Geldverschwendung vermeiden. Als wir eines Tages in Venedig nach langer Autofahrt müde in einem schicken Hotel abstiegen, fand mein Vater dies nach kurzer Zeit zu kostspielig. Daher wechselten wir ohne Umschweife das Quartier, obwohl wir uns dies eigentlich leisten konnten.

Unsere Eltern legten Wert auf Eigenständigkeit, Eigenverantwortung und gegenseitige Unterstützung. Geld zu verdienen sollte nicht mit Ansprüchen an den Staat verknüpft sein, sondern mit Arbeit und Leistung.

Kulturelle Themen und Reisen wurden von den Eltern systematisch gefördert. Schon als Kinder besuchten wir Theateraufführungen in München oder reisten nach Rom. Für den Pflichtbesuch des Forum Romanum hatte sich mein Vater intensiv mit der Lektüre von Cäsar beschäftigt und zwar im Original auf Latein. An den Ausflug in die »Ewige Stadt« denke ich heute noch, weil uns mein Vater neben den drei Säulen des Castor-und-Pollux-Tempels stehend mit lauter Stimme Textstellen aus Cäsars »De bello Gallico« (Vom gallischen Krieg) deklamierend das antike Rom näherbrachte.

Zuhause wurde regelmäßig gemeinsam musiziert. Wir drei Brüder spielten Cello, Geige und ich Klavier. Mein Vater konnte in einer wunderbaren Tenorlage singen, meine Mutter besaß eine auffallend schöne Sopranstimme. Sonntagmorgen nach dem Kirchgang wurde bei den Ackermanns gesungen und musiziert. Kammermusikstücke, Auszüge aus Mozarts »Zauberflöte« oder anderen Opern.

Die Liebe zur Musik hat mich mein ganzes Leben begleitet und war mir Quelle der Ruhe, Ausgleich vom Alltagsstress und Entspannung zugleich. Noch heute sitze ich gerne an meinem *Steinway* und singe dazu. Ich bin kein herausragender Pianist und mit dem Singen habe ich altersbedingte Defizite, doch beides zusammen genieße ich immer noch.

Sport war für uns außerordentlich wichtig. Meine Brüder waren alle sportbegeistert und wir spielten viel Fußball. Mein Augenmerk fiel dann aber auf die Leichtathletik, meine Lieblingsdisziplin waren der Siebenkampf und Speerwerfen.

Der Speerwurf (Akontion) war bei den antiken Olympischen Spielen eine Teildisziplin des Pentathlon und das Pilum (Wurfspeer) hat mich stets fasziniert. Diese Sportart wurde in der Mittelschule gefördert und sie lag mir. Durch intensives Training schaffte ich es bis zum Juniorenmeister im Kanton St. Gallen.

Die häufigen Trainingszeiten führten zu Konflikten zwischen Musizieren, Lesen und Sport. Meine Mutter erinnerte sich, dass wir Brüder einmal das »Erzherzog-Trio« von Beethoven übten und ich meinen Part recht lieblos und hastig herunterspielte. Und zwar so presto, dass ich früher als die anderen fertig war und fragte, ob ich jetzt zum Fußballspielen gehen könnte. Offenbar war ich damals doch kein hundertprozentiger Musensohn.

Politik und Zeitgeschehen wurden am Familientisch regelmäßig diskutiert, laut, emotional, aber immer versöhnlich. Kaum hatte mein Vater ein Thema gesetzt, gingen die Diskussionen los. Das war vermutlich einer der wichtigsten Aspekte des Familienlebens. Auch wenn wir Gäste hatten, wurde eifrig debattiert. Vor allem der junge US-Präsident John F. Kennedy hatte es uns angetan. Nach den Eisenhower-Jahren, die wir als graue bleierne Zeit wahrnahmen, stand der junge, sportliche, gut aussehende und dynamische Präsident für den Anbruch einer neuen Zeit.

Für uns junge Leute war JFK eine Identifikationsfigur. Während der geopolitischen Spannungen wie dem Bau der Mauer sowie der Kubakrise, die die Supermächte 1962 an den Rand eines Weltkriegs brachten, schien John F. Kennedy als Galionsfigur der freien Welt dem Kommunismus die Stirn bieten zu können. Ich erinnere mich, wie mein Vater bei der Verhängung der Seeblockade gegen Kuba meinte: »Endlich sagt einer: bis hierher und nicht weiter.«

Heute sieht man einiges anders, vieles wurde relativiert. Doch als Kennedy 1963 nach Berlin reiste, verfolgten wir fasziniert in jeder freien Minute seinen Deutschlandbesuch auf allen verfügbaren Fernsehgeräten. Als er im November 1963 in Dallas, Texas, von einem Attentäter erschossen wurde, waren wir zutiefst schockiert und wütend. Den ganzen Abend diskutierten wir das furchtbare Geschehen und fragten uns, wie man solche Anschläge verhindern könne.

Der Tod des Präsidenten war eines jener tiefgreifenden Ereignisse, die im Gedächtnis bleiben – und man weiß noch Jahre später, wo man sich damals aufgehalten hat. Ähnlich wie bei den Terroranschlägen vom 11. September 2001 oder dem Unfalltod von Lady Diana in Paris am 31. August 1997.

Von John F. Kennedy ist mir sein legendärer Satz im Gedächtnis geblieben: »Ask not what your country can do for you, ask what you can do for your country.« Dem »Staat zu dienen« war mein Lebensmotto bei der Armee, während der Finanz- und Schuldenkrise oder in Zypern und auch der erste Teil der Kennedy-Losung gehörte bei der Entscheidung dazu, während der Finanzkrise keine Staatshilfe anzunehmen.

Der Kalte Krieg bestimmte immer wieder unsere Debatten, insbesondere der Volksaufstand in Ungarn 1956, die Hinrichtung des ehemaligen Ministerpräsidenten Imre Nagy 1958 und der Bau der Berliner Mauer 1961. Die Niederschlagung des Aufstands in Ungarn durch russische Panzer löste eine massive Flüchtlingswelle aus. 200 000 Ungarn flohen damals in die Nachbarstaaten, rund 13 000 in die Schweiz.

Als Achtjähriger lauschte ich stundenlang den aktuellen Nachrichtensendungen über die Ereignisse in Budapest, als Demonstranten Molotow-Cocktails auf russische Panzer warfen. Meine Mutter war über meinen Vater in die Aktivitäten des Roten Kreuzes eingebunden. In der Folge hatten wir viele ungarische Freunde, die uns über die Lage vor Ort informierten.

Von einem Tag auf den anderen hatten wir plötzlich in der regulären Klasse mit 70 Schülern zusätzlich mehrere ungarische Kinder, was für uns eine spannende Zeit war. In Erinnerung geblieben ist mir eine ungarische Familie, die nach Kanada auswandern wollte und hingebungsvoll und fleißig Englisch lernte. Mich packte daraufhin der Ehrgeiz und ich wollte Ungarisch erlernen. Die Wette, ob ich die Muttersprache meines ungarischen Schulfreunds in zwei Monaten ebenso schnell erlernen konnte wie er die englische Sprache, habe ich aber verloren.

Für uns Schweizer war die Dimension von Flucht und Vertreibung, Not und Heimatlosigkeit eine prägende Erfahrung. Dieses Thema ist heute leider aktueller denn je.

Von Wirtschaftspolitik hatte ich damals keine Ahnung. Im Alter von zwölf Jahren ist das wohl auch kein Wunder. Das Interesse kam erst deutlich später.

Werte und Bodenhaftung

Werte und Bodenhaftung haben meine Brüder und ich aus dem Elternhaus übernommen. Bescheidenheit war ebenso wichtig wie Respekt und Achtung vor anderen. Bildung war für meinen Vater außerordentlich wichtig und wurde großzügig gefördert. Da gab es nicht das geringste Zögern, ganz im Gegenteil. Er ermunterte uns, Abenteuerromane oder Biografien zu lesen.

Ich wählte Memoiren historischer Figuren wie Winston Churchill, Konrad Adenauer oder Charles de Gaulle. Mein Vater freute sich hinterher über eine positive Rückmeldung. Sein Verständnis wäre allerdings völlig ausgeblieben, wenn wir uns lediglich für Partys oder profane Dinge interessiert hätten.

Das heißt allerdings nicht, dass wir zur bildungsbürgerlichen Askese erzogen wurden. Wir lebten einfach, und ethische Fragen und Werte hatten schlicht großes Gewicht. Das kulturelle Angebot des Elternhauses war eine zentrale Orientierungsplattform für die Zukunft. Für mich war die pädagogische Leitlinie meiner Eltern ein »Fördern und Fordern«.

Natürlich kann man die damaligen Bildungsparadigmen infrage stellen. Manch einer wird sich fragen, ob wir einfach die Erwartungen unserer Eltern erfüllen wollten, um ihre Gunst und Zuneigung zu erhalten. Doch so einfach war das nicht. Klar ist, dass wir unsere Eltern nicht enttäuschen wollten. Außerdem machten die betreffenden Angebote wie der erwähnte Romausflug schlicht und ergreifend großen Spaß.

Das faustische »Erwirb es, um es zu besitzen« zog sich wie ein Leitfaden durch die Erziehung meiner Eltern. Gemeint war damit weniger Materielles als das Bewahren von Werten und kultureller Errungenschaften. Der Satz war im Übrigen das Thema meines Abituraufsatzes im Fach Deutsch, damals ein beliebtes Sujet.

Ich kann mich nicht erinnern, meine Eltern jemals enttäuscht zu haben, in dem ich eine gewisse Leistung nicht erbracht oder gar vermieden hätte. Weder im Sport noch in der Schule oder später im Berufsleben.

Das Prägendste meines Elternhauses war das stete Bemühen, Neues zu erlernen und zu verstehen. Ob Vorgaben und Ansprüche meiner Eltern etwas Elitäres hatten, überlasse ich der Beurteilung des geneigten Lesers, doch hat der Bildungsanspruch keineswegs zu Isolation in der dörflichen Gemeinschaft von Mels geführt.

Wir Brüder waren im örtlichen Turnverein, in der Pfadfinderbewegung und als junge Katholiken auch als Messdiener aktiv. Letzteres war besonders attraktiv, weil nach den Gottesdiensten in den Kapellen der Bergdörfer rund um Mels die Bäuerinnen das traditionelle Frühstück, ein »z'Morgen«, servierten. Dabei handelte es sich meist um Eier mit Speck und auf dem Holzofen gebratene Kartoffeln. Nur die guten Schüler durften mitkommen. Wer dabei war, musste erst um zehn oder halb elf in der Schule sein. Dieses legitimierte Zuspätkommen gefiel mir.

Ebenso die straff organisierte Pfadfinderbewegung. Wir erlernten dort interessante Fähigkeiten wie Knoten binden, Lagerfeuer aufschichten, Überlebenstechniken in der freien Natur und Orientierungsläufe. Als »Venner« (Gruppenführer) übernahm ich erste Führungsaufgaben.

Die internationale Ausrichtung fand ich geradezu aufregend. Einer der Höhepunkte des Pfadfinderdaseins sind die jährlichen *Jamborees*, bei denen sich Pfadfinder aus aller Welt treffen. Zuerst schien es ziemlich aussichtslos, dass ein 14 Jahre alter »Pfadi« aus Mels zum *Jamboree* nach Marathon in der griechischen Region Attika eingeladen würde. Doch ich bewarb mich einfach und wurde tatsächlich für die Schweizer Gruppe als Teilnehmer ausgewählt.

Wir fuhren nach Brindisi und setzten von dort mit einem richtigen »Seelenverkäufer« nach Patras über und reisten dann nach Marathon. Bei den sportlichen Wettkämpfen hatte ich allerdings keine Chance. Etliche Teilnehmer aus den USA und Afrika waren uns klar überlegen.

Dafür genossen wir umso mehr die Lagerfeuerromantik mit internationaler Besetzung. Als ich nachhause kam, fand ich Trost in Cäsars Worten »mallem hic primus esse quam Romae secundus« (lieber der Erste hier als der Zweite in Rom). Das war in gewisser Hinsicht auch mein Motto in der Schule.

Schulzeit

Die fünf Jahre Primarschule in Mels verliefen problemlos. Den Schulweg gestaltete ich auf meine Art. »Da läuft er wieder«, riefen mir die Leute lachend hinterher, da ich die einen Kilometer lange Strecke zur Schule und zurück meist im Laufschritt zurücklegte. Das war eine selbst gewählte sportliche Trainingseinheit.

Der Josef war »ein sehr ernstes Kind«, sagte meine Mutter einmal einem Reporter, »immer konzentriert und strebsam«. Die Leute im Dorf hätten ihr immer wieder erzählt, wie »höflich und hilfsbereit er ist«. Eine Nachbarin meinte sogar, ich würde mal Pfarrer werden. Klare Fehlprognose. Zumal ich eines Tages von einem Primarschullehrer während eines Gottesdienstes von hinten eine Ohrfeige kassierte, weil wir Buben gelacht und geschwatzt hatten.

War ich sonst ein Musterknabe? Meine Eltern müssen schon mal nachdenken, bis ihnen ein Streich einfällt. Beim Kugelstoßen im Garten habe ich es einmal übertrieben. Plötzlich klirrte es – erinnerte sich mein Vater – und ein großer Stein landete im Sprechzimmer. Niemand wurde verletzt. Ein andermal habe ich aus unerfindlichen Gründen ein Telefonbuch nach meinem Bruder geworfen – und eine weitere Fensterscheibe ging zu Bruch.

Die Kantonsschule (Gymnasium) in Chur war der nächste Lebensabschnitt. Die Aufnahmeprüfung schaffte ich ohne Schwierigkeiten. Meine Großmutter weckte mich morgens um 6 Uhr, dann schnappte ich mir nach dem Frühstück mein Fahrrad und radelte 20 Minuten zum Bahnhof Sargans. Die Abfahrtszeit Richtung Chur 7.02 Uhr habe ich bis heute nicht vergessen.

Kurz nach 8 Uhr war Schulbeginn. Eine Schuluniformmütze war Pflicht. Zu Semesterbeginn sangen alle Schüler in der Aula »Großer Gott wir loben Dich«. Warum erzähle ich das? Weil es eine unglaublich gute, natürliche und frühe Erfahrung war, von morgens um 6.30 Uhr bis abends um 19 Uhr bereits als Zwölfjähriger allein auf sich gestellt zu sein. Meine Brüder und ich wurden so zur Selbstständigkeit erzogen und wir fanden das gut.

In den Mittagspausen gingen meine Klassenkameraden und ich in die Stadt, kauften uns ein Sandwich oder saßen in einem der Kaffeehäuser, um eine Kleinigkeit zu essen. Am Morgen lernte ich im Zug und abends spielten wir auf der Heimfahrt Jass (Kartenspiel). Auch finanziell wurden wir von unserem Vater zur Selbstständigkeit erzogen. Da wir den ganzen Tag unterwegs waren, lernten wir schnell, mit dem Taschengeld im Schulalltag sinnvoll umzugehen.

Kontrolle durch die Eltern gab es keine. Es herrschte ein absolutes Vertrauensverhältnis. Die Enttäuschung der Eltern wäre aber deutlich zu spüren gewesen, wenn wir mit unseren Mitteln verschwenderisch umgegangen wären. Wir stellten schnell fest, dass mehr dabei herauskommt, wenn man sein Taschengeld, statt zu konsumieren, auf die Seite legt und es später sinnvoll investiert.

Die »Kanti«, wie wir die Kantonsschule nannten, hatte auch eine humanistische Ausrichtung. Es wurden sieben Jahre Latein und fünf Jahre Altgriechisch unterrichtet. In der Matura (Abitur) waren die Prüfungen in beiden Fächern Standard. Die intensive Beschäftigung mit der Antike führte dazu, dass wir als ein wenig hochnäsig angesehen wurden.

Die Popkultur der damaligen Zeit nahmen wir (außer bei meinem Englandaufenthalt) kaum wahr, sie erschien uns zweitrangig. Wir diskutierten primär über Homer, Cicero oder Sokrates, griechische und römische Philosophie und waren Teil dieser etwas abgehobenen Schulgemeinschaft. In gewisser Hinsicht waren wir Snobs.

In der Kleinstadt Chur, die die älteste Stadt der Schweiz ist, hatte man als Schüler der »Kanti« fast so etwas wie einen Studentenstatus. Wir waren zwar Gymnasiasten, trugen aber eine Mütze und tranken als Primaner kurz vor dem Heimweg auch schon mal ein Bier. Wir fühlten uns etwas elitär.

Wir hatten damals schon gemischte Klassen und freie Sitzplatzwahl. Ich setzte mich gerne zu den Mädchen in den hinteren Reihen. Klar, dass man damals auch schon zu flirten begann oder unsterblich verknallt war.

Meine beiden Schulfreunde Andres, Christian und ich bildeten einen besonders engen Kreis und der Klassenlehrer bezeichnete uns bald als »Les Coquins« (die Spitzbuben). So sonderten wir uns mal während eines

Skiausflugs von allen anderen ab, um eine anspruchsvollere Abfahrt zu testen. Zur Strafe mussten wir an einem Samstagnachmittag für zwei Stunden in den Arrest und einen Aufsatz über Teamwork schreiben. Wir nahmen das Thema wörtlich und verfassten den Aufsatz gemeinsam. Dieser stille Protest blieb ohne Folgen.

Einer der beiden Freunde wurde später ein berühmter Anwalt, der andere ein bekannter Rechtsprofessor. Beide sind leider in den letzten Jahren verstorben. Gemeinsam redigierten wir die Schülerzeitung *Sprachrohr*. Insgesamt galt die Klasse als etwas hochmütig, denn wer Altgriechisch als Fach wählte, gehörte von Haus aus zu den besseren Schülern. Bei mir dank der Großmutter, die mir half, Vokabeln zu büffeln. Noch heute lese ich gerne altgriechische Sagen wie Odysseus, Iphigenie oder Prometheus.

Meine Freunde und ich waren politisch sehr interessiert. Nicht im »revolutionären« oder parteipolitischen Sinn. Wir führten eher intensive Debatten über die Philosophenherrschaft Platons oder den Marxismus, inspiriert durch die Beschäftigung mit der Antike. Vielleicht war es auch die von der Antike inspirierte Denkschule, die uns im Unterricht vermittelt wurde. Ich erinnere mich, wie ein Lehrer eines Tages eine Stunde lang über den Mischkrug referierte, einen in der Antike gebräuchlichen bauchigen Weinkrug zum Mischen von Wasser und Wein.

Heute würde man das wahrscheinlich als verschwendete Zeit abtun. Doch das war es nicht, denn wir lernten dabei nicht nur die Liebe zum Detail, sondern auch Erkenntnisse über moderne Malerei.

Nebenbei waren mir Grammatik und Struktur der lateinischen Sprache in späteren Jahren große Hilfen für logisches Denken.

Der Weg zur Reifeprüfung 1967 verlief ohne die geringsten Probleme. Hinter mir lag eine glückliche Schulzeit. Ohne Drogen, ohne Computer, digitalisierte Kommunikation oder Smartphones. Mädchen spielten natürlich eine große Rolle, doch die Zeit war deutlich unschuldiger. Der Gipfel der Verruchtheit war bereits erreicht, wenn ein Schüler lange Haare trug.

Irreversibles vermeiden

Recht früh hatte ich für mich die Handlungsmaxime »Tue nie etwas Irreversibles« entwickelt. Was meine ich damit? Entscheidungen können endgültige, unwiederbringliche, unumkehrbare oder unwiderrufliche Konsequenzen haben. So war ich zum Beispiel sehr froh, auf dem Gymnasium Altgriechisch lernen zu können, denn im späteren Berufsleben wäre die Chance sehr gering gewesen.

Immer wieder habe ich versucht, Alternativen zu entwickeln und mir Optionen offenzuhalten. Das war ab und zu mit unbekannten Risiken verbunden. Etwa bei der späteren Übernahme des Derivatehandels bei der *Schweizerischen Kreditanstalt.* Solche Situationen ergaben sich in meinem späteren Leben unzählige Male in vielen Varianten.

Zeit meines Lebens bin ich von Bedenkenträgern und gut gemeinten Ratschlägen begleitet worden. Bei der SKA hieß es, ich würde es als Katholik nie bis in die Chefetage schaffen. Vor gefährlichen Derivaten wurde gewarnt, und während der Finanz- und Eurokrise ermahnte man mich zur Zurückhaltung bei öffentlichen Auftritten, weil ich sonst das »Gesicht der Finanzkrise« würde. Das hat mich keinesfalls abgeschreckt, weil ich Herausforderungen stets als Chance und Verpflichtung betrachtet habe.

Manchmal muss man den Mut haben, mit Zuversicht und Selbstvertrauen Möglichkeiten auszuloten, neue Wege zu gehen und Chancen zu ergreifen, weil sie nie mehr zurückkommen. Ob ein Sprungbrett daraus entsteht oder ein persönlicher Absturz ist zweitrangig und nie garantiert. Wer aber die Chance ergreift, braucht später nie zu bereuen, eine Gelegenheit verpasst zu haben. Zudem sind positive oder negative Erfahrungen allemal kostbare Erkenntnisgewinne.

In diesem Sinne bin ich ein Pessimist mit Zuversicht, in dem ich stets auf das Beste hoffe, aber auch auf das Schlimmste gefasst bin.

Damals wie heute war der Schritt nach dem Abitur vorgezeichnet: Der Militärdienst rief. Und damit begann der nächste Lebensabschnitt. Nach der Klassenabschlussfahrt ins italienische Viareggio ging es direkt in die Rekrutenschule für all jene, die diensttauglich waren.

Militärdienst und Studium

Armeezeit und Prägung

In der Schweiz gibt es bis heute eine Militärdienstpflicht. Dazu gehört auch das bestens bewährte Milizsystem, das weltweit einmalig ist. Gemeint ist eine Struktur, die nicht nur die militärische Organisationsform umfasst. Die Schweizer Bürger leben das Milizsystem auch im politischen und gesellschaftspolitischen Bereich etwa über Ehrenämter oder Freiwilligendienste. Zudem ist es Teil der politischen Kultur und der direkten Demokratie. Die Schweizer Armee verfügt über ein Reservoir von stets präsenten Reservisten, die alle eine Grundausbildung durchlaufen. Deshalb liegt zuhause im Schrank die persönliche Militärausrüstung samt Sturmgewehr und Dienstpistole für Offiziere, um jederzeit einsatzbereit zu sein. Es handelt sich also um eine Art Volksarmee, die im Bedarfsfall schnell zu den Waffen gerufen werden kann. Diese rasche Mobilisierungsfähigkeit soll dazu führen, dass Angreifer im Falle eines Falles einen hohen Preis bezahlen müssen. Um dies zu gewährleisten, absolvieren die Armeeangehörigen nach der Rekrutenschule mehrere Wiederholungskurse, die in der Regel jedes Jahr stattfinden. Auch Berufstätige nehmen an den Kursen teil und müssen für diesen Zeitraum vom Arbeitgeber freigestellt werden.

Dass man den Militärdienst leistete, war bei entsprechender Gesundheit Pflicht. Für mich war zudem klar, dass ich auch die Offizierskarriere anstreben wollte. Es war einmal mehr für mich einer dieser irreversiblen Schritte, die man entweder macht oder nicht.

Zudem war damals mehr als heute das berufliche Fortkommen mit der militärischen Karriere verknüpft. Dafür gibt es zwei Gründe. Erstens wird beim Militärdienst ganz zwangsläufig ein Netzwerk geknüpft, das später in vielerlei Hinsicht sehr nützlich sein kann. Zum anderen erhält man ein Zeugnis, das diszipliniertes Arbeiten und Menschenführung bescheinigt. Der potenzielle Arbeitgeber darf nach einer erfolgreichen Militär- und Offizierskarriere eines Kandidaten eine gewisse Robustheit erwarten. Es wird angenommen, dass man unter widrigsten Bedingungen Entscheidungen treffen und Mitarbeiter auch in schwierigen Situationen motivieren kann.

Bei mir stellte ich fest, dass mich der bei Übungen häufig auftretende dauernde Schlafmangel zusätzlich abhärtete. Das gab mir später in beruflichen Krisensituationen die notwendige Kondition und Widerstandskraft. Während der Finanzkrise habe ich oft betont, dass Manager, die im militärischen Führungsrhythmus denken und agieren können, in schwierigen Zeiten Ruhe und Stabilität ausstrahlen und bewahren. Das Militär ist die beste Schule für Leadership-Qualitäten. Doch ich greife vor.

Nach meinem bestens bestandenen körperlichen Belastungstest wurde ich für 17 Wochen in die Rekrutenschule in Bière oberhalb von Lausanne aufgeboten. Während der infanteristischen Grundausbildung stellte ich beim Zerlegen des Gewehrs fest, dass gelernte Mechaniker viel geschickter und schneller vorgingen als der Altgriechisch-Schüler mit dem großen Latinum, der immense Probleme damit hatte. Doch die Kameraden halfen mir – eine schöne menschliche Erfahrung –, und so habe ich den mechanisch-technischen Teil der Waffenausbildung sukzessive mit Unterstützung anderer erlernt. Für mich war das eine Lektion, wo die eigenen Grenzen liegen. Das kameradschaftliche Zusammenwirken bewies zugleich, dass klassische Differenzierungsprobleme beim Militär einfach zu überwinden sind, denn bei der Armee spielt der soziale Status des Einzelnen kaum eine Rolle. Und stärkt somit die gesellschaftliche Kohäsion.

Gemeinsam im Feuer

Als Truppengattung hatte ich mir die Artillerie ausgesucht, obwohl man mir die Infanterie empfohlen hatte. Bei der Artillerie reizte mich die komplexe intellektuelle Herausforderung bei der Geschützführung. Seltsamerweise war den Aspiranten in der Offiziersschule verboten, Fußball zu spielen. Die Begründung lautete, Fußball sei für Artilleristen keine angemessene sportliche Betätigung. Leichtathletik, Schwimmen und Reiten waren dagegen erlaubt und empfohlen.

Vier Wochen lang absolvierte ich anschließend in Bière die Unteroffiziersschule, um nach weiteren 28 Wochen als Korporal abzuschließen. Für die anschließende Offiziersschule wurde man vorgeschlagen. Der Rang des Leutnants musste in weiteren 18 Wochen »abverdient« werden. Nach etlichen Wiederholungs- und Ausbildungskursen wurde ich zum Kommandanten eines Artillerieregiments im Rang eines Oberst befördert.

Meine aktive Militärzeit dauerte insgesamt vier Jahre. Eines Tages wurde ich als junger Major ausgewählt, auf einer Offizierstagung in Graz auf Einladung der Österreichischen Offiziersgesellschaft im Beisein des Generalinspekteurs einen Vortrag über das Schweizer Milizsystem zu halten. Am Ende kam der Moderator auf mich zu und beglückwünschte mich mit den Worten: »Herr Major, ganz herzlichen Dank, bei uns würden Sie jetzt sofort befördert.« In der Schweiz dauerte dies leider etwas länger. Über die Teilnahme an diversen Wiederholungskursen und Lehrgängen musste man sich erst »hochdienen«.

Wichtig war, wie schon erwähnt, dass der Arbeitgeber mitspielte, denn während der Dienstzeit musste man beurlaubt werden. Das Zusammenspiel von Beruf und Armee im Milizsystem war und ist eine einmalige Erfahrung. Auch als CEO der Credit Suisse nahm ich an Übungen teil. In einem Manöver war ich im Rang eines Oberst als Kommandant eines Regiments mit 54 Panzerhaubitzen tätig. Zusätzlich wurden mir weitere 18 Geschütze zugeteilt und der ehemalige Finanzminister Ueli Maurer mit seinem Radfahrerbataillon – einer Schweizer Spezialität – zur Zusammenarbeit zugewiesen.

Dann wurde es spannend. Wir saßen mit dem Regimentsstab im Keller und erhielten den Einsatzbefehl. Anwesend waren mehrere Beobachter der NATO und der OSZE. Ich studierte den Einsatzbefehl genau, machte eine Lageanalyse und diktierte meine Entscheidung. Anschließend gab ich dem Stab den Auftrag, den Befehl im Detail auszuarbeiten, um danach direkt nach Zürich an den Paradeplatz zu fahren. Dort wartete eine Sitzung der Geschäftsleitung auf mich. Zwei Stunden später kehrte ich ins Stabsquartier zurück, immer noch in Kampfuniform. Der Befehl war mittlerweile entsprechend meines Beschlusses ausgearbeitet worden. Ich versammelte alle Kommandanten zur Befehlsausgabe und dann wurde scharf geschossen. Hinterher zeigten sich die ausländischen Beobachter von der Flexibilität und Effizienz des Milizsystems schwer beeindruckt.

Mein engster Freundeskreis stammt aus der Jugendzeit, der Schule und dem Militärdienst. Meinen Spitznamen »Joe« erhielt ich als Alleinstellungsmerkmal, weil so viele »Josefs« mit mir in der Armee dienten.

Einen besonderen Stellenwert hat bis heute für mich die *Mathematisch-Militärische Gesellschaft* in Zürich. Diese ist eine Vereinigung ehemaliger hoher Offiziere und nur Mitgliedern vorbehalten. Man trifft sich in einem der traditionsreichen Zunfthäuser, in unserem Fall im Zunfthaus »Zur Meisen«. Dort werden von den einzelnen Mitgliedern Vorträge gehalten.

Noch heute nehme ich gerne Einladungen zu Militärübungen oder Flugshows an, um den Streitkräften Respekt zu zollen. In Deutschland war ich einmal von der Marine zu einer NATO-Übung eingeladen. Ein unvergessliches Erlebnis, als wir vom Hubschrauber auf eine Fregatte abgeseilt wurden und eine Nacht auf dem Kriegsschiff verbringen durften. Am Abend im Gespräch mit höheren Offizieren hatte ich den Eindruck, dass Militärangehörige in Deutschland weniger gesellschaftlichen Respekt genießen. Als Chef der Deutschen Bank habe ich daher stets darauf geachtet, bei öffentlichen Anlässen Vertreter der Bundeswehr einzuladen.

HSG-Studium – Geld und Magie

Die Studienwahl vor der Immatrikulation an der Universität St. Gallen (HSG) ist mir nicht leichtgefallen. Ich hatte vielfältige Interessen. Jura und Politikwissenschaften reizten mich. Auch spielte ich mit dem Gedanken, ein Medizinstudium zu beginnen.

Mein Interesse für die Ökonomie stieg mit zunehmender Lektüre des Wirtschaftsteils der *NZZ* und meinem politischen Interesse. Zuvor hatte ich mich primär den

Sportseiten gewidmet. Nach und nach rückte das Studium der Wirtschafts- und Sozialwissenschaften in den Fokus. Deshalb fiel die Wahl der Universität auf die HSG in St. Gallen.

Mein Mathematiklehrer aus dem Gymnasium in Chur fand diese Entscheidung schrecklich banal. Er fragte mich, wie man als mathematikinteressierter Schüler ausgerechnet ein Ökonomie-Studium erwägen könne. Das war ziemlich wirklichkeitsfremd, weil Ökonomie durchaus viel mit Mathematik zu tun hat. Für den Lehrer war die Lehre von der Wirtschaft lediglich eine »Handelswissenschaft«.

Das Studium an der HSG ist etwas Einmaliges: die Breite der Ausbildung und das gemeinsame Interesse, die Welt zu gestalten – und all das auf engstem Raum. Das prägt die Menschen wohl stärker als sie denken.

Schon damals war die HSG eine der ältesten Handelsschulen überhaupt und die erste ihrer Art in der Schweiz. Heute ist sie eine der renommiertesten Universitäten Europas und international ausgerichtet. Wenn ich die Homepage aufrufe, habe ich den Eindruck, dass sich der Kern der Universität trotz zahlreicher struktureller Veränderungen seit 1967 nicht stark verändert hat. Ein weitgefächertes Angebot an Vorlesungen, Seminaren oder Vorträgen mit erstklassigen Inhalten. Viele Erstsemester haben sich aus Karriereüberlegungen für diese Uni entschieden. Neben den ausgezeichneten Möglichkeiten zum Networking bei zahlreichen Veranstaltungen wie dem *St. Gallen Symposium*, das von den Studenten seit fünf Jahrzehnten allein organisiert wird, bietet die HSG eine großartige Auswahl an Partneruniversitäten. Auf dem Campus sind nicht nur Studierende aus der Schweiz anzutreffen, sondern auch aus dem Ausland, vor allem aus Deutschland und Norwegen. Die Uni ist obendrein ein erstklassiger Ort, um Freundschaften zu knüpfen. Als Pluspunkt wird überdies die Größe der HSG genannt. Der eher kleine Campus wirkt einladend und vermittelt ein familiäres Flair.

Ich hatte, wie damals üblich, bei einer alten Dame ein Zimmer gemietet. Selbstverständlich war dort kein Damenbesuch erlaubt. Erst nach der Diplomprüfung leistete ich mir dank Nachhilfestunden für Kommilitonen und einer Assistenzstelle eine eigene Wohnung.

Wegen des Militärdienstes kamen einige Kommilitonen und ich einige Wochen zu spät ins Studium. Das war mit Anfangsschwierigkeiten verbunden, denn mit dem Abitur-Zeugnis eines altsprachlichen Gymnasiums in der Tasche hatte ich von Buchhaltung oder Volkswirtschaftslehre keine Ahnung.

Wir Neuankömmlinge belegten bei den Vorlesungen meist die hinteren Plätze und verstanden praktisch nichts von dem, was der Professor vorne vortrug. Das war ein Schock. Die deutschen Studenten, darunter einige aus Unternehmerfamilien, waren besonders eifrig und sachkundig und meldeten sich ständig mit Sätzen wie: »In unserem Unternehmen sehen wir das so und verfolgen diesen oder jenen spezifischen Ansatz.« Es war beeindruckend und spornte meinen Ehrgeiz enorm an.

Um aufzuholen belegte ich in den Semesterferien die notwendigen Buchhaltungskurse und bestand die obligatorische Buchhaltungsprüfung. Bei einem Vortrag auf einer HSG-Alumni-Konferenz Jahre später sagte ich, dass ich es mir damals als Erstsemester nicht einmal im Traum hätte vorstellen können, eines Tages Chef so mancher deutscher Hochschulabsolventen zu sein.

Zu meinem Freundeskreis zählte Hanspeter Danuser, der später in St. Moritz Kurdirektor wurde. Zudem lernte ich die Headhunter Bruno Slongo und Bjørn Johansson kennen, den Hamburger Spediteur Thomas Hoyer und Michael Hilti, den Chef des gleichnamigen Milliardenkonzerns in Liechtenstein. Die Freizeitgestaltung hat Johansson in einem Interview mit dem HSG-Magazin *Prisma* 2008 so beschrieben: »Wir haben viel Fussball gespielt und sind oft ausgegangen. Nach der Polizeistunde in St. Gallen haben wir den Abend manchmal im Appenzell fortgesetzt. Gelegentlich sind wir im Toggenburg Ski gefahren.«

Das Studium an der HSG dauerte vier Jahre mit vielen Zwischenprüfungen. Bummelstudenten gab es kaum. Das Studium war straff organisiert, wer die Leistungen nicht erbringen konnte, musste das Studium abbrechen. Der Lehrgang war recht breit angelegt. Nach zwei Jahren spezialisierte ich mich auf Bank- und Volkswirtschaftslehre, weil mich die praktische Anwendung theoretischer Konzepte und Theorien mehr ansprach als die rein akademischen Überlegungen. 1972 bestand ich die Diplomprüfung in der Fachrichtung Bankwirtschaft mit der Note »gut bis sehr gut«.

Mit dem Diplom in der Tasche gönnte ich mir erstmal eine Auszeit. Vor der Promotion brauchte ich dringend einen Tapetenwechsel und wollte mir mit einer USA-Reise einen lang gehegten Traum erfüllen. Sechs Wochen war ich unterwegs, bereiste Texas, Kalifornien, Arizona, Las Vegas, Los Angeles, San Francisco und Boston. In New York besuchte ich die Börse und in Atlanta die ausgewanderte väterliche Verwandtschaft.

In Washington zählten zu den absoluten Highlights neben dem Weißen Haus und dem Capitol die *Watergate Hearings*, die damals nicht nur die Medien stark beschäftigten. Ein Bekannter hatte mir eine Eintrittskarte besorgt und ich folgte stundenlang den Anhörungen zum Watergate-Skandal. Ein Politthriller, der das Land erschütterte, die *Washington-Post*-Reporter Bob Woodward und Carl Bernstein weltberühmt machte und 1974 zum Rücktritt von US-Präsident Richard Nixon führte.

Besonders beeindruckt war ich damals von den Machtstrukturen der »Checks and Balances« in den Vereinigten Staaten, wonach auch der mächtigste Mann der Welt nicht über dem Gesetz steht. Eine weitere Erkenntnis damals: Eine gesunde Skepsis gegenüber obersten Entscheidungsträgern ist durchaus angebracht, auch im Bankensektor. Denn immer wieder hat man es mit Menschen zu tun, die Eindruck schinden oder andere manipulieren wollen.

Das half uns im Falle des 2009 verurteilten Finanz- und Börsenmaklers »Bernie« Madoff, der seine Kunden um rund 65 Milliarden USD geschädigt hat. Wir waren vorsichtig, als man uns Madoff Investments empfohlen hatte, und forderten zusätzliche Informationen, die nie geliefert wurden. Daraufhin beschlossen wir, die Finger davon zu lassen.

Mentor und Promotion

Nach meiner USA-Reise traf ich mich an der HSG mit meinem Doktorvater, Professor Hans Christoph Binswanger, eine Kapazität auf dem Gebiet der Geldtheorie. Ich spielte damals mit dem Gedanken, an die Wirtschaftsuniversität in Wien zu wechseln. Doch Binswanger bot mir eine Assistentenstelle an, die ich als »Ritterschlag« empfand und gerne annahm, zumal ich Binswanger sehr schätzte.

Der Professor war eine der herausragenden Persönlichkeiten an der HSG, ein kreativer Kopf und ein ausgesprochen liebenswürdiger Mensch. Binswanger war in Überlingen am Bodensee aufgewachsen und durch seine Originalität einzigartig. Er strahlte eine besondere Aura der Souveränität aus und war eines der seltenen Universalgenies.

Ursprünglich wollte er Filmregisseur werden, studierte dann aber Ökonomie. Sein Interesse und seine Kompetenz für den Film sind aber geblieben. Er war in Geschichte, Philosophie, Religion oder Literatur besonders gebildet und hat wahrscheinlich als erster Ökonom die ganze Ökologie-Diskussion initiiert. Dabei standen die Zusammenhänge zwischen Wachstum und Raubbau an der Natur im Vordergrund. Auch europäische Themen, Währungsfragen und die Geldtheorie, letzteres war seine Habilitationsschrift, interessierten ihn stark. Diese Vielseitigkeit zog mich an. So versucht er zum Beispiel in seinem 2005 erschienenen Buch »Geld und Magie« eine ökonomische Deutung von Goethes »Faust«. »Faust« war für meinen Lehrer, Mentor und späteren Freund von einer unglaublichen Aktualität und das modernste aller Dramen. Das Stück symbolisierte für ihn die Faszination, die von der Wirtschaft ausgeht.

Ihr »Gedeihen« oder Wachstum, schrieb Binswanger, ist längst zum einzigen verbindlichen Maßstab für die Entwicklung der Menschheit geworden. Goethe erklärt die Wirtschaft als einen »alchemistischen« Prozess, als die Suche nach dem künstlichen Gold. Eine Suche, die sich für die »Goldgräber« schnell in eine Sucht verwandelt. Wer die »Alchemie der Wirtschaft« nicht versteht, so lautet die Botschaft, kann das ungeheure Ausmaß der modernen Wirtschaft nicht erfassen. Diese gigantische Dimension etwa der Finanzmärkte ist heute aktueller denn je.

Für das eigentliche Anliegen der Alchemie im Sinne einer Vermehrung des Reichtums ist ja nicht entscheidend, dass Blei in Gold transmutiert wird, sondern lediglich, dass sich eine wertlose Substanz in eine wertvolle verwandelt. Beispielsweise Papier in Geld. Oder in Sonderziehungsrechte des *Internationalen Währungsfonds (IWF)*. Oder in das Schürfen von Kryptowährungen über riesige Server und Transaktionen via Blockchain-Technologie, um Banken als Vermittler auszuschalten.

Wir können den Wirtschaftsprozess als Alchemie deuten, wenn man an zu viel Geld ohne die entsprechende Anstrengung kommen kann. Wenn also eine echte Wertschöpfung ein ständiges Wachstum von Wirtschaft ohne Limits ermöglicht, welches sich immer schneller entwickelt und in diesem Sinne als Zauber oder Magie verstanden werden kann. Wer den »Faust« aufmerksam liest, wird klar erkennen, dass Goethe der modernen Wirtschaft einen solch alchemistischen Kerngehalt zuweist. Das verleiht der Wirtschaft ihre ungeheure Anziehungskraft, sodass sie allmählich auch alle anderen Lebensbereiche in ihren Sog zieht. Es geht um kontinuierliches Wachstum der Produktion ohne eine entsprechende Erhöhung des Leistungsaufwands.

Mit dieser Auffassung vom alchemistischen Kerngehalt der Wirtschaft stellt sich Goethe, der ja am Weimarer Hof als Minister für wirtschaftliche Fragen die Entwicklung der industriellen Revolution bewusst miterlebt hat, in einen diametralen Gegensatz zur klassischen Nationalökonomie. Nach dieser Lehre ist ausschließlich die Arbeitsleistung die Ursache von Wohlstand oder Reichtum. Sei es durch direkte Arbeit oder indirekte (durch Ersparnisse), die zu Kapital geworden ist.

Adam Smith, der Begründer der klassischen Nationalökonomie, schreibt 1776 in seinem Standardwerk über den Reichtum der Nationen: »Arbeit war der erste Preis oder ursprünglich das Kaufgeld, womit alles andere bezahlt wurde. Nicht mit Gold oder Silber, sondern mit Arbeit wurde aller Reichtum dieser Welt letztlich erworben.«

Diese Auffassung ist in der heutigen Nationalökonomie zwar dahingehend modifiziert worden, dass neben der Arbeit auch das Kapital und der technische Fortschritt als selbstständige Größen erscheinen. Alle drei Produktionsfaktoren aber werden als Resultat menschlicher Leistungen gedeutet: die Arbeit als Leistung des Fleißes, das Kapital als Leistung des Konsumverzichts (des Sparens) und der technische Fortschritt als Leistung des Lernens und Forschens. Im Grundsätzlichen ist daher bis heute die Nationalökonomie der klassischen Auffassung von der Wertschöpfung durch Leistung und nur durch Leistung treu geblieben. Demgegenüber enthält der zweite Teil des »Faust« die explizite Behauptung: Der Ursprung des Reichtums ist neben der Leistung auch die Magie, im Sinne der Schaffung von Mehrwerten, die nicht durch Leistung erklärt werden können.

Mit diesen Interpretationen und Ansätzen inspirierte Hans Christoph Binswanger bereits in den 1970er-Jahren die Studenten in seinen Vorlesungen und prägte mein ökonomisches Grundverständnis. Die intensive Beschäftigung meines Doktorvaters und Mentors mit Goethe reflektierte darüber hinaus das vertraute intellektuelle Klima meines Elternhauses. Irgendwie hatte sich der Kreis geschlossen.

Stark beeindruckt hat mich damals auch Professor Walter A. Jöhr, der an der HSG die Forschungsgemeinschaft für Nationalökonomie gründete. Er galt als der Doyen der Volkswirte. Professor Hans Ulrich möchte ich ebenfalls erwähnen, der das Institut für Betriebswirtschaft gründete und in der Managementlehre einen Systemansatz wählte, der heute noch als St. Galler Management-Modell unterrichtet wird.

Mich hat damals die Geldtheorie am meisten fasziniert. Bis heute ist ja die Frage ungeklärt, welchen Einfluss das Geld auf das reale Wirtschaftsgeschehen hat. Entsprechend promovierte ich zum Thema »Der Einfluss des Geldes auf das reale Wirtschaftsgeschehen – eine theoretische Analyse« mit der Note »sehr gut«.

Die Meinungen diverser Wissenschaftler prallen bis heute hart aufeinander. Zwischen der Auffassung »Money does not matter« und »Only money matters« liegen Welten. Der Hauptstreit entbrannte zwischen den Anhängern von Keynes und den Monetaristen. Die Debatten waren auf jeden Fall hochbrisant und intellektuell sehr fordernd. Geld muss – so das Ergebnis meiner Untersuchung – nicht nur als Recheneinheit oder Wertaufbewahrungsmittel, sondern auch als Zahlungsmittel in den Modellen berücksichtigt werden. Und dieses Zahlungsmittel belebt die Wirtschaft.

Aus dieser theoretischen Erkenntnis heraus reizte es mich besonders, die Bankenwelt zu ergründen: Welche konkreten Abläufe existieren, wie Geld eingesetzt wird und welchen Einfluss es auf die reale Wirtschaft hat. So landete ich letzten Endes im Bankgeschäft, ohne zu wissen, worauf ich mich genau einlassen würde.

Assistentenzeit – »Der Ritterschlag«

Die reine Doktorarbeit dauerte vier Jahre, bedingt durch meine Tätigkeit als Assistent. Das bedeutete Seminare abzuhalten und Prüfungen zu korrigieren. Es waren tausende von Klausuren, weil Professor Binswanger diese Tätigkeit gerne auf mich abschob. Handschriften zu entziffern war schwierig, ebenso unstrukturierte Antworten einer fairen Bewertung zu unterziehen Es fiel mir daher schwer, Noten zu geben. Bei einem »Ungenügend« ließ sich Professor Binswanger die Klausur noch einmal vorlegen.

Leistungsbewertung ist immer auch subjektiv. Wer selber Noten gibt, weiß, dass bei Neuanstellungen ein Zeugnis nicht überbewertet werden sollte. Auch später bei der Verteilung von Boni erwiesen sich die zugrunde liegenden Formeln immer wieder als problematisch.

Während meiner Doktorandenzeit entschloss sich Binswanger zu einem Sabbatical an der Universität Cambridge. Später lud er mich auf ein paar Tage nach England ein, um meine Dissertation zu besprechen. Diese Zeit ist für mich unvergesslich. Wir bewohnten im Haus einer älteren Dame zwei Zimmer und ein Arbeitszimmer. Es war ein brutal kalter Winter, die Räume schlecht isoliert und nur schwer zu beheizen. Zentralheizung Fehlanzeige. Um die Temperatur zu erhöhen, mussten wir Münzen in einen Automaten werfen, der einen Elektroofen in Gang setzte. Wir hielten uns daher nur zum Schlafen im Haus auf, die Tage verbrachten wir lieber an der Universität. Abends speisten wir regelmäßig in einem einfachen chinesischen Restaurant, das zur Freude von Binswanger einen erstklassigen Bordeaux zu einem günstigen Preis im Angebot hatte.

Gleich am ersten Abend wollte mein Doktorvater eine Wachstumsspirale mathematisch darstellen und sagte zu mir, dass wir dies unbedingt durchrechnen müssten. Damit meinte er mich, da ich relativ schnell rechnen konnte. Ich stürzte mich auf die Aufgabe, um nach Stunden morgens um 2 Uhr festzustellen, dass die Geschichte nicht funktionierte. Binswanger nahm das Ergebnis mit Humor, indem er fröhlich lächelnd meinte: »Immerhin haben wir herausgefunden – so geht es nicht.« Ich bewunderte Binswanger für seine Hartnäckigkeit, monatelang oder jahrelang ergebnisoffen zu forschen, das war nicht mein Ding.

Während der drei Tage in Cambridge wurden wir von einem Direktor des King's College zum Abendessen eingeladen. Der Gastgeber überraschte mich mit der Frage »Well, young man, was halten Sie von England?« Ich war natürlich als 26-jähriger Schweizer vom eidgenössischen Gedanken der sozio-politischen Gleichberechtigung beseelt und antwortete, »alles sei großartig, außer dass bei Berufschancen die familiäre Herkunft offenbar eine sehr große Rolle spiele«. Allgemeines Schweigen. Binswanger lächelte amüsiert. Mir war gar nicht bewusst, dass diese Aussage auf wenig Verständnis treffen könnte. Daraufhin erwiderte der Direktor – ich werde das nie vergessen – und schaute dabei in die Runde: »Interesting point, this young man is raising.« Da fiel mir einmal mehr auf, wie anders wir Schweizer doch gestrickt sind.

Während der Promotion lernte ich auch meine spätere Frau Pirkko kennen, eine attraktive lebensfrohe Blondine aus Finnland mit blauen Augen. Sie war ebenfalls Studentin der Wirtschafts- und Sozialwissenschaften und war mir schon mehrmals aufgefallen. In der Sportgruppe der HSG hatte ich sie beim Speerwerfen ein paarmal unter den Zuschauern entdeckt, da in dieser Gruppe mehrere starke Finnen vertreten waren. Auch in der Cafébar der HSG oder der St. Galler Disco *Seeger Bar,* ein Treffpunkt skandinavischer Studenten, hatte ich sie bemerkt. Die Frauenpräsenz an der HSG war damals weit geringer als der heutige Anteil von rund 40 Prozent. Als Assistent hatte ich zudem mit sehr vielen Studenten und Studentinnen Kontakt. Die Hochschüler konnten einfach bei den Dozenten reinschauen, wenn sie ein Problem hatten. Ein Umstand, den sich auch Pirkko zunutze machte.

Eines Nachmittags kam sie in mein Büro und fragte, ob ich ihr nicht noch ein volkswirtschaftliches Modell erklären könnte. Ich hoffte insgeheim, dass dies nicht der wahre oder einzige Grund für den Besuch war. Gewünscht, getan. Ich erklärte mit großer Hingabe und

Sorgfalt dieses Modell und daraus entwickelte sich mehr. Wir heirateten 1977, waren vorher schon zwei Jahre zusammen und sind es heute noch. Darum sage ich auch gerne, dass Volkswirtschaftslehre – so unwahrscheinlich dies klingen mag – auch immer eine zwischenmenschliche Dimension haben kann.

Die Promotion war auf jeden Fall mein Ziel. Einmal mehr spielte das Prinzip eine Rolle, nichts Irreversibles zu tun. Denn hätte ich nicht meinen Doktortitel erworben, wäre es später sicher umso schwieriger geworden.

Jahre bei der Schweizerischen Kreditanstalt (SKA) 1977–1996

Berufseinstieg

Vor dem Ende meiner Doktorarbeit hatte ich mich bei diversen Banken um potenziell attraktive Stellen beworben. Interesse zeigte die renommierte volkswirtschaftliche Abteilung der *Schweizerischen Bankgesellschaft (SBG)*, doch das Erstellen volkswirtschaftlicher Analysen war nicht mein bevorzugtes Ziel. Vielmehr wollte ich ins Bankgeschäft, um die Praxis zu erleben. Im Frühjahr 1977 erhielt ich als 29-Jähriger ein Angebot der *Schweizerischen Kreditanstalt (SKA)*. Deshalb informierte ich meinen Mentor Hans Christoph Binswanger, dass ich eine wissenschaftliche Karriere aufgeben würde, um zur SKA zu wechseln. Binswanger war gar nicht begeistert, zumal er kurz zuvor angeregt hatte, meine Habilitation in Angriff zu nehmen. Wir blieben aber in Verbindung und bis zu seinem Tode 2018 trafen wir uns immer wieder privat, bei öffentlichen Diskussionen oder dem alljährlichen St. Gallen Symposium, das ich zehn Jahre lang als Chairman leitete. Heute bin ich dessen Ehrenpräsident. Dabei handelt es sich um die von Studenten konzipierte und durchgeführte Konferenz, die jährlich mit großem Erfolg stattfindet.

Ich blieb stets mit der akademischen Welt durch Vorlesungen als Dozent und Lehrbeauftragter der Universität St. Gallen verbunden, später als Honorarprofessor der Goethe-Universität in Frankfurt oder als »Visiting Professor« an der *London School of Economics* (LSE). Als Dank für die ausgezeichnete Ausbildung in St. Gallen habe ich später einen Lehrstuhl für »Business Economics and Public Policy« mit drei Millionen CHF unterstützt. Der Zufall wollte es, dass die Berufungskommission den Sohn meines Doktorvaters als Lehrstuhlinhaber wählte, was mich natürlich sehr freute.

Der Berufseinstieg auf Seiten der SKA erfolgte über den zuständigen Mitarbeiter der Personalabteilung, einen Absolventen der Universität St. Gallen (HSG). Er wusste genau, was ich suchte. Mir wurde ein kurzes, aber sehr intensives Ausbildungsprogramm angeboten, das ich ohne zu zögern annahm.

In meinem Elternhaus wurde der Schritt mit eher gemischten Gefühlen aufgenommen. Vor allem meine Großmutter zeigte wenig Verständnis, denn die SKA war ausgerechnet 1977 wegen des sogenannten »Chiasso-Skandals« in die Schlagzeilen geraten. Die Tessiner Filiale der SKA in Chiasso hatte von 1961 bis 1977 italienische Kapitalfluchtgelder in Milliardenhöhe angenommen und nicht wie vorgeschrieben im Euromarkt angelegt, sondern in einem Liechtensteiner Finanzvehikel (Texon Finanzanstalt). Die Texon vergab an italienische Firmen hohe Kredite und sicherte ihnen Bankgarantien (ohne Lizenz) zu, die der SKA aufgrund des einbrechenden Lira-Kurses einen Verlust von 1,2 Milliarden CHF bescherten.

Der Skandal erschütterte die gesamte Schweizer Bankenwelt und sorgte für weltweite Schlagzeilen. Drei Direktoren der SKA mussten ihren Hut nehmen. Durch den Chiasso-Skandal erlitt die Schweizer Großbank den bis dahin größten Verlust der Branche. Als Folge unterwarfen sich aber gleichzeitig Schweizer und Liechtensteiner Institute neuen Sorgfaltspflichten für die Entgegennahme von Kundengeldern.

SKA-Vorstandsassistenz

Den ersten Monat verbrachte ich in einer Zürcher SKA-Filiale. Filialleiter Kurt Widmer gab mir am ersten Tag folgenden Auftrag: »Sie gehen von Haus zu Haus und schreiben auf, welche Firmen in unserem Quartier ihre Büros haben und überprüfen anschließend, ob sie Kunde bei uns sind oder nicht.« Das war in sommerlicher Hitze mein erster Job. Natürlich empfand ich diese Aufgabe für einen frisch Promovierten als nicht besonders anspruchsvoll, erwähne es aber trotzdem, denn es zeigt, dass man sich auch bei weniger hochtrabenden Aufgaben bewähren kann oder muss. Nach wenigen Monaten wurde ich aber bereits zum Assistenten von SKA-Generaldirektor Robert Jeker befördert. Jeker war Vorstandsmitglied, ein begeisterungsfähiger Leader und von 1983 bis 1993 Präsident der Generaldirektion. So erhielt ich spannende Einblicke in die Führung der gesamten Bank, die Entwicklung von Strategien und deren Umsetzung.

Als Assistent war ich ziemlich ausgelastet, wurde für alle möglichen Aufgaben eingesetzt, unter anderem auch als Redenschreiber, und Jeker förderte mich sehr. Eines Tages ließ er die Bemerkung fallen, ich würde sehr schnell in den Vorstand kommen. Im Nachhinein war das ungeschickt, weil bei mir sofort hohe Erwartungen geweckt wurden. Als der Aufstieg dann doch etwas länger dauerte, war dies rückblickend eine gute Lektion. Man muss sich in Geduld üben, seine Zeit nutzen und durch Leistung überzeugen. Ideen, die ich realisieren wollte, hatte ich genug.

Traineezeit

Nach der zweijährigen Assistentenzeit wurde ich als Trainee für ein Jahr in die USA geschickt. Die Kreditanstalt hatte damals ein hervorragendes Ausbildungsprogramm. Eine Reihe von Top-Talenten wurde in spezielle Kurse und Abteilungen geschickt. In New York war ich als Mitarbeiter für das Kreditgeschäft in New England eingeteilt. Es war sehr lehrreich, auf eigene Faust in Massachusetts und New Hampshire unterwegs zu sein und bei Firmen vorzusprechen, um ins Geschäft zu kommen. Diese Zeit der Kalt-Akquise war eine bedeutsame Erfahrung. Zudem konnte man einen Teil der Ostküste der USA besser kennenlernen. Eine Chance, die meine Frau und ich auf vielen Ausflügen intensiv nutzten.

New York City war schon immer ein internationales Pflaster. Bei Seminaren etwa bei der US-Bank *J.P. Morgan* waren Banker aus allen Teilen der Welt vertreten. Ein Freund, der für eine japanische Bank arbeitete, lud uns eines Tages zum Sushi-Essen ein, eine Premiere für mich. Sushi war damals noch nicht so en vogue wie heute, sondern geradezu exotisch, und unsere Gastgeber gaben sich sichtlich Mühe, uns in die Geheimnisse effizienter »Stäbchenführung« einzuweihen. So entstand über Jahre hinweg eine echte Freundschaft, bis wir uns später aus den Augen verloren.

Während des USA-Aufenthaltes beschlossen meine Frau und ich, einen Ausflug nach Mexiko zu unternehmen. Ein deutscher Kollege der SKA half uns bei den Reisevorbereitungen und versprach, einen Kontakt zur örtlichen Polizei herzustellen, der uns Mexico City aus der »Insider«-Perspektive zeigen sollte. Tatsächlich wurden wir in unserem Hotel von dem Kontaktmann abgeholt und in sein Auto verfrachtet. Ich saß vorne auf dem Beifahrersitz und entdeckte plötzlich in der Windschutzscheibe ein daumengroßes Loch. Ich fragte beiläufig, wie das passiert sei und ob es sich um Steinschlag gehandelt habe. »Nein, nein«, sagte unser Fahrer grinsend, »wo Sie gerade sitzen, ist vor kurzem jemand erschossen worden.« Das war ein vielversprechender Auftakt unserer »Insider«-Reise.

Ein paar Tage später fuhren wir auf eigene Faust in die Silberstadt Taxco und nach Acapulco. Spätabends wurden wir plötzlich von bewaffneten Männern mit Maschinenpistolen aufgehalten und kontrolliert. Mir war mulmig zumute, als die MPs durchs offene Fenster auf uns gerichtet waren. Gott sei Dank hatte keiner der Bewaffneten einen nervösen Finger.

Nach der unerwarteten »Kontrolle« konnten wir unseren Weg unbehelligt fortsetzen. Bis heute weiß ich nicht, ob es sich damals um Polizisten oder Kriminelle gehandelt hat. Die alten Tempel und Azteken-Pyramiden in Yucatán entschädigten uns mit ihrer außergewöhnlichen Geschichte und ihren ikonografisch beeindruckenden Bildprogrammen reichlich für den »scary moment«.

Während meiner USA-Zeit wurden wir für zwei bis drei Tage von einem Direktor der J.P. Morgan Bank zu sich und seiner Familie nach Hause eingeladen. Ich hatte den Eindruck, dass die Bank Interesse an mir hatte und mich vermutlich abklopfen wollte. Wir landeten in einer typisch amerikanischen, sehr sportlichen Neu-England-Familie, die uns offen und herzlich aufnahm. Auch die Großeltern des Bankers waren zugegen. Ich setzte mich am Abend ans Klavier und unsere Gastgeber waren besonders angetan, dass ein Schweizer einiges an amerikanischem Liedgut ganz gut beherrschte. Der Aufenthalt war eine echte Bereicherung.

Jazz und Kunst

New York weckte auch unser Interesse an zeitgenössischer Kunst. In der renommierten Galerie Leo Castelli kauften wir unser erstes Bild. Es war von Frank Stella, der schon damals einer der prägenden Künstler des 20. Jahrhunderts war. Leo Castelli war in seinen Rollen als Kunsthändler, Kunstsammler und Galerist eine der einflussreichsten Personen im internationalen Kunstmarkt und Schlüsselfigur bei der Entwicklung von New York zur Metropole der Kunstwelt. Wir haben ihn auch persönlich kennengelernt.

Damals waren Werke von Frank Stella noch erschwinglich, später sah das ganz anders aus. Für uns war das der Einstieg in ein schönes Hobby, das sich zur Leidenschaft entwickelte. Besonders meine Frau interessiert sich intensiv für Kunst und hat unsere Sammlung immer wieder ergänzt.

Über der New Yorker Zeit lag stets Frank Sinatras legendärer Song: »New York, New York – if I can make it there, I'll make it anywhere«. Dieser Text spiegelte mein damaliges Lebensgefühl am besten wider. Ich hatte später immer das beruhigende Gefühl, dass ich in New York nicht untergegangen war und dass man es mit Fleiß und einem guten Team immer schaffen kann. Dies war eine Erfahrung fürs Leben.

Damals begann ich auch, mir die Transkripte der legendären Fernsehsendung »Wall Street Week with Louis Rukeyser« schicken zu lassen, um mein Wirtschaftsenglisch zu verbessern. Rukeyser hatte die halbstündige Sendung beim spendenfinanzierten TV-Kanal PBS zu einem

Renner entwickelt. Bis zu zehn Millionen Zuschauer wollten seine Show sehen. Sein Programm wurde wöchentlich jeden Freitag sage und schreibe 32 Jahre lang ausgestrahlt. Es war die erste Fernsehshow, die sich komplett der Wall Street und Finanzthemen widmete und den Zuschauern verständliche Erklärungen lieferte, was an den Börsen ablief. Rukeyser, Finanzjournalist, Kolumnist und Absolvent der Princeton University, erhielt zahlreiche Preise. Die *Los Angeles Times* verglich ihn mit US-Showgrößen wie Johnny Carson oder »Mr. Rogers«, New Yorks *Daily News* bezeichnete ihn als »Wirtschaftsguru der Industrie«. Das Boulevardmagazin *People* kürte ihn gar zum »einzigen Sexsymbol der düsteren Wirtschaftswissenschaften«.

New York ist auch für sein pulsierendes Nachtleben bekannt. Theater, Konzerte, Broadway Musicals, Bars und Clubs bieten eine unglaubliche Auswahl, von den Restaurants ganz zu schweigen. In der Freizeit nutzten wir dieses Angebot regelmäßig. Damals war *Studio 54* der große Hit unter den Clubs, sowohl die größte als auch die bekannteste Disco der Welt. Stars wie Grace Jones, Donna Summer oder Gloria Gaynor traten hier live auf. Jerry Hall, John Travolta oder Andy Warhol zählten zu den illustren Gästen. Jeden Abend stand das Fußvolk Schlange, um auf Einlass zu hoffen. Die Türsteher waren die entscheidende Hürde, die es zu überwinden galt. Wer in die Disco eingelassen wurde, durfte selber einen Prominentenstatus reklamieren.

Eines Abends schlenderten meine Frau und ich zum Nachtclub in der West 54th Street, um unser Glück zu versuchen. Wieder die üblichen langen Schlangen vor dem Eingang. Wir marschierten einfach nach vorne. Natürlich hielten uns die »Doormen« auf, musterten uns und verlangten die Ausweise. Vermutlich wirkten wir als Schweizer etwas bieder und sicher harmlos, denn zu unserem Erstaunen wurden wir sofort vor allen anderen Aspiranten in den Club gelassen. Prominenter Gast an diesem Abend war zufällig die aus Finnland stammende *Miss Universe* 1975, Anne Marie Pohtamo. Ein guter Anlass, die skandinavische Begegnung mit »Dry Martinis«, meinem Lieblingsgetränk, zu begießen.

Oft gingen wir in das Jazz-Lokal *Cookery* in Greenwich Village, das direkt gegenüber unserem Apartment lag. Dort erlebten wir den sagenhaften Auftritt der legendären Sängerin Alberta Hunter, die im Alter von 77 Jahren eine zweite erfolgreiche Karriere begann. Bis heute bin ich Jazzfan, obwohl mein Hauptaugenmerk auf der klassischen Musik liegt.

Musik spielte immer eine wichtige Rolle in meinem Leben. Umso mehr nach einer zufälligen Begegnung: Meine Frau hatte als Studentin während eines Sommers in Long Island in einer amerikanischen Familie gearbeitet, die mit dem Investmentbanker Roger Mehle befreundet war. Mehle, Sohn von Aileen Mehle, die als Gesellschaftskolumnistin unter dem Pseudonym Sue Knickerbocker bis zu 30 Millionen Leser erreichte, war Absolvent der US Naval Academy, arbeitete zuerst als Trainee bei *First Boston*, später bei *Dean Witter Reynolds* und wurde 1981 von US-Präsident Ronald Reagan zum Staatssekretär im US-Finanzministerium ernannt.

Als Roger bei uns eines Abends zum Dinner eingeladen war, brach er um 22 Uhr mit der Begründung auf, am nächsten Morgen eine Gesangsstunde zu haben. Sofort war mein Interesse geweckt und ich bat ihn, mich mitzunehmen. Gesagt, getan.

Der erste Eindruck war derart positiv, dass ich ebenfalls beschloss, Unterricht zu nehmen. Der Gesangslehrer war ein ungarischer Jude namens Alex Lorber. Er bildete auch die Vorbeter – die Chasanim – für die Synagogen aus. Nach kurzer Probe erklärte er sich bereit, mir Stunden zu geben. So ging ich ein Jahr lang jeden Samstagmorgen in den Gesangsunterricht. Zum »Inventar« von Lorbers Wohnung gehörte auch der Pianist Herr Zimmerle, der meines Wissens ein Deutscher und stets leicht betrunken war. Roger Mehle hatte eine Bariton-Stimmlage, eine gelegentlich anwesende Dame agierte als Sopranistin und ich war Tenor. Manchmal sangen wir zu dritt den halben Samstag Partien aus »La Traviata« und »Die Macht des Schicksals«. Eine unglaublich unbekümmerte und glückliche Zeit mitten im »Big Apple«.

Der kolportierte Irrtum

Trotz meiner USA-Erfahrungen während der SKA-Zeit möchte ich festhalten, dass ich nicht aus dem Investmentbanking komme, sondern aus dem traditionellen kommerziellen Bankgeschäft. Meine häufige Bezeichnung als originärer Investmentbanker ist ein vielfach zitierter und gerne kolportierter Irrtum. Man muss dazu wissen, dass Schweizer Studienabgänger in der Regel primär im Kreditgeschäft und eher selten im Anlagegeschäft eingesetzt wurden. Das waren meine Hauptbetätigungsfelder.

Als wir einmal bei der 1932 gegründeten US-Investmentbank First Boston ein Seminar hatten, kamen einige First-Boston-Mitarbeiter auf mich zu und meinten, ich müsse ein »schlechter Student« gewesen sein. Auf meine Frage wieso, antworteten sie unisono: »Ganz einfach, die guten Studenten gehen ins Investmentbanking.« Das war in den USA eine völlig andere Einstellung als bei uns und gilt auch heute noch. Das Frotzeln der Kollegen hat mein Interesse am Investmentbanking noch zusätzlich verstärkt.

Das unsichtbare Netzwerk

Bei meiner Rückkehr aus den USA ins kommerzielle Bankgeschäft übernahm ich einen Geschäftsbereich, der bei vielen Stirnrunzeln verursachte. Zwei Jahre lang erhielt ich eine Führungsaufgabe im Zahlungsverkehr. Eine wenig glamouröse Aufgabe, trotz einiger hundert Mitarbeiter. Doch ein reibungsloser Zahlungsverkehr ist national und international in der Finanzwelt unverzichtbar und extrem wichtig. Viele Leser werden den Euro-Zahlungsverkehrsraum (SEPA) und die SEPA-Überweisungen kennen. Das 1973 gegründete Telekommunikationsnetz SWIFT samt der in Belgien ansässigen Organisation wickelt den gesamten Finanzverkehr von rund 11 000 Banken in rund 200 Staaten ab. Ende 2022 wurden gemäß SWIFT 8,4 Milliarden sogenannte »FIN messages« abgesetzt, also Zahlungen abgewickelt.

Das Thema Zahlungsverkehr reizte mich, weil ich einen Bereich kennenlernen wollte, der den meisten verschlossen bleibt. Mit einem Assistenten und einem Rechtsanwalt erarbeiteten wir Lehrbücher über das Akkreditiv- und Garantiegeschäft – und später auch das Kapitalmarkt- und Emissionsgeschäft. Unser Buch über das letzte Thema ist eine Art Klassiker geworden, der auch heute noch erhältlich ist. Nebeneffekt dieser Publikationen war die Erkenntnis, dass der Teufel nicht nur im Detail steckt, sondern man auch besser in der Lage ist, wichtige Einzelheiten zu kennen und zu verstehen.

Nach Aufenthalten in der Filiale Lausanne und am Hauptsitz in Zürich landete ich Mitte der 1980er-Jahre schließlich in London bei der *Credit Suisse First Boston (CSFB)*. Dort lernte ich Hans-Jörg Rudloff kennen, einen der großen Stars der Londoner Szene. Rudloff hatte sich als »Mr. Eurobond« nicht nur selbst ein Denkmal gesetzt, sondern war als Anleihen-Spezialist weltweit respektiert und geachtet. Allerdings war er auch gefürchtet, weil er als unberechenbar galt, Sprücheklopfer schnell durchschaute und sich nicht scheute, beim Feilschen um Boni klar Position zu beziehen. Von Rudloff habe ich viel gelernt. Meine Position war jedoch anfangs nicht einfach, weil mich die Kollegen vor Ort misstrauisch beäugten und für einen Spion der Zürcher Zentrale hielten, was absoluter Unsinn war.

Der endgültige Zukauf der First Boston 1988 war für die SKA ein riesiger Erfolg. Zumindest damals. Heute gibt es Kritiker, die meinen, dieser Schritt sei nicht so klug gewesen, weil die angelsächsisch geprägten Banker eine ganz andere Kultur mitbrachten, etwa bei den Bonuszahlungen. Gleichwohl wurde die SKA durch die First Boston in eine neue Dimension hineinkatapultiert.

Die SKA war seinerzeit durch das Anlage-, das Kreditgeschäft sowie durch das Investmentbanking gut aufgestellt. Eine wichtige Erfahrung für mein späteres Wirken bei der Deutschen Bank.

Gestaltungswille

Der Chiasso-Skandal bei der SKA hatte deutlich gezeigt, wie kritisch Banken von der Öffentlichkeit gesehen werden. Geld fließt überall und ist global verfügbar. In guten wie in schlechten Dingen, von Spenden für humanitäre Organisationen oder kulturelle Institutionen bis hin zu Geldwäscherei, Betrügereien oder anderen kriminellen Machenschaften – alles läuft über Finanztransaktionen. Dies ist für Banken bis heute eine gewaltige Herausforderung und ein potenzielles Reputationsrisiko. Deshalb müssen Finanzinstitute alles tun, um unlautere Transaktionen zu verhindern. Bildlich gesprochen gleicht das

System einem Blick auf ein Rad. Die Speichen sind die Aktivitäten, die Bank ist die Nabe und damit das Zentrum.

Mir war im Zuge meiner Karriere sehr schnell klar, wie komplex die Zusammenhänge im Finanzsektor sind. Deshalb wollte ich das »ganze Schiff« und sämtliche Bereiche einer Bank kennenlernen, vom »Maschinenraum bis zur Brücke«.

So durchlief ich alle Stationen, von der Abwicklung über das Kreditgeschäft bis hin zum Anlagegeschäft. Mir ging es stets darum, die Zusammenhänge zu verstehen und zu erkennen, was wirklich vor sich geht. Die Verbindung von Theorie und Praxis hat mich immer fasziniert, mehr als »nur Geld zu verdienen«, so angenehm das auch war. So kam ich ins Derivategeschäft und damit ins Investmentbanking, beides Bereiche, die deutlich komplizierter sind als das reine Kredit- oder Abwicklungsgeschäft.

Immer stärker regte sich bei mir der Wunsch, Aktivitäten und Abläufe zu gestalten. Ich wollte morgens mit dem Ziel aufstehen »Was kann ich heute entwickeln, aufbauen, kurzum bewirken?« Ich wollte nicht mehr nur Aufträge entgegennehmen, schrittweise erfüllen und abarbeiten. Der Ehrgeiz wuchs, zukunftsweisende Führungspositionen zu übernehmen. Jede Hierarchiestufe bedeutete zwar neue Aufgaben, doch nach zwei Jahren wurde vieles zur Routine. Ich wollte unbedingt weiterkommen.

Mein Gestaltungswille hat sicher dazu geführt, dass ich meine Mitarbeiter und mich selbst stark gefordert habe. Das will ich selbstkritisch anmerken. Zwar hat dies Teilbereiche des Unternehmens weiter vorangebracht, doch waren ab und zu gewisse Voraussetzungen nicht gegeben. Entweder fehlten ausgereifte Kontrollsysteme oder die Mitarbeiter waren zu wenig auf die neuen Herausforderungen vorbereitet. Dennoch habe ich immer versucht, Kollegen in mein Team zu integrieren, ihre Arbeit im Wechselspiel zu koordinieren und ihnen eine Stimme zu geben.

Beim Militär hatte ich gelernt, bei der Auftragserfüllung mit den vorhandenen Ressourcen auszukommen. Als ich mich eines Tages als Leutnant bei einem Vorgesetzten beschwerte, dass sich unter den mir unterstellten 50 Mann zwei bis drei Soldaten als »faule Äpfel« erwiesen hätten, die schwierig und mühsam zu führen seien, meinte dieser nur lapidar: »Herr Leutnant, das ist eben Ihre Aufgabe, alle zu integrieren. Sie haben keinen Anspruch auf die besten Leute. Sie müssen mit denen zurechtkommen, die Ihnen zugeteilt werden.« Das war eine gute Lektion.

Mein Ehrgeiz war geweckt und ich wollte bei der SKA Karriere machen.

Die SKA war ab 1989 im Rahmen einer Umstrukturierung zu einer Tochtergesellschaft der CS Holding geworden. Noch vor meinem Aufstieg in den Vorstand der SKA 1990 hatte ich zwei Jobangebote erhalten. Einmal von der Privatbank *Julius Bär* und zweitens von der *Schweizerischen Volksbank*. Bei der Bank Bär bot man mir die Topposition des CEO an, bei der Volksbank einen Posten in der Geschäftsleitung.

Da meine Zukunftsperspektiven bei der Kreditanstalt ungewiss waren, reizten mich die Angebote sehr. Ich war damals noch sehr jung und wusste nicht, ob es bei der SKA starke Entwicklungsmöglichkeiten geben würde.

Ich beriet mich mit Robert Jeker, der Kontakt mit dem Präsidenten der Generaldirektion Rainer E. Gut aufnahm. Gut war nach dem Chiasso-Skandal und dem Rücktritt von Heinz W. Wuffli neuer Präsident der Generaldirektion geworden und damit der starke Mann der SKA. Er wollte und sollte dafür sorgen, dass nach dem 1. Januar 1977 aus der konservativen und elitären Zürcher Bank eine dynamische und international ausgerichtete Universalbank wird.

Als Gut von meinen Wechselabsichten hörte, lud er mich zu einem privaten Treffen in sein Haus ein und öffnete eine exquisite Flasche Marke Rothschild, die wir gemeinsam genossen. Nachdem ich meine Pläne erläutert hatte, kam er gleich zur Sache und eröffnete mir, mich halten zu wollen. Sein entscheidender Satz war: »Es kommt darauf an, wie ehrgeizig Sie sind.« Mir war schlagartig klar, dass meine Zukunftschancen bei der CS beendet wären, wenn ich zur Volksbank gehen würde. Ich wäre zwar schneller in der Geschäftsleitung gelandet, aber in einer weit kleineren Bank. Als die CS später die Volksbank übernommen hatte, ging mir mehrfach durch den Kopf, was wohl geschehen wäre, wenn ich das Angebot damals akzeptiert hätte. Die Umstände wären weit schwieriger und eine Sackgasse wahrscheinlich gewesen.

Die Anspielung von Rainer E. Gut auf meinen Ehrgeiz war recht geschickt, um nicht zu sagen raffiniert. Der Hinweis verfehlte seine Wirkung nicht, denn ich entschied mich, bei der Credit Suisse zu bleiben. Die Entscheidung war richtig.

Privatsphäre

Meine Frau zeigte viel Verständnis für meine beruflichen Ambitionen, ohne mich anzutreiben.

Das ist nicht immer so und schon gar nicht selbstverständlich. Pirkko gab mir nie das Gefühl, nicht schnell genug voranzukommen. Sie freute sich über einen Karrieresprung, aber es hätte ihr kaum etwas ausgemacht, wäre mein Lebenslauf bescheidener verlaufen. Mit jedem neuen Einsatzort – ob London, New York, Frankfurt, Lausanne – war meine Frau die entscheidende Person, unser Leben neu aufzubauen, soziale Kontakte zu knüpfen und mir den Rücken freizuhalten. Sie ist ein Vorbild für die finnische Sisu-Kultur, besitzt also ein starkes, beeindruckendes Durchhaltevermögen. Ich verdanke ihr sehr viel.

Nicht zu vergessen ist dabei die Erziehung unserer Tochter Catherine, die nahezu vollständig von meiner Frau übernommen wurde. Beide haben ein besonders inniges Verhältnis. Das zeigt sich auch daran, dass beide miteinander Finnisch sprechen, wenn ich etwas nicht mitbekommen soll.

Die Geburt von Catherine 1984 war für uns ein Höhe- und Wendepunkt im Privatleben, wie dies auch in den meisten anderen Familien der Fall ist. Nichts – und wer kann davon kein Lied singen – ist mehr so wie vorher. Unsere Tochter gab unserem Privatleben eine völlig neue Dimension. Catherine wurde ein zentraler Teil meiner persönlichen Entwicklung.

An den Tag ihrer Geburt kann ich mich noch lebhaft erinnern. Ich war wieder einmal beim Militärdienst in Bière bei Lausanne. Irgendwann kam in der Kaserne der Anruf: »Es ist soweit.« Ich meldete mich sofort ab und fuhr – von den Kameraden mit den besten Wünschen begleitet – so schnell wie möglich ins Krankenhaus nach

Zürich und eilte in die Entbindungsstation. Dort wartete schon der künftige Taufpate Hannes Scherrer. Wir wurden in weiße Hygiene-Overalls gesteckt und durften nach der Entbindung Mutter und Kind bewundern. Meine Frau lag ziemlich ermattet, aber glücklich im Bett.

Für mich war das Neugeborene ein überwältigender Anblick mit unvergesslichen und wunderbaren Emotionen. Nach der Verabschiedung mit vielen Umarmungen sagte der stolze Vater zum Taufpaten: »Jetzt, mein Lieber, feiern wir im besten Restaurant der Region – und nur ein erstklassiger Wein kommt infrage.« So geschah es dann auch. Ich weiß nicht mehr, ob wir angesichts der Aufregung absichtlich oder aus Albernheit vergaßen, die weißen Hygienekittel auszuziehen. Jedenfalls gab es ein großes Hallo und Gelächter, als wir derart gewandet im Restaurant erschienen.

Wenige Monate nach der Geburt unserer Tochter zogen wir nach London, wo ich ein knappes Jahr im Einsatz war. Das erste Wort von Catherine lautete »Apple«.

Unsere Lebensumstände waren eher bescheiden. Wir lebten lange Zeit in verschiedenen Mietwohnungen, weil wir aufgrund meiner Versetzungen nur temporär in Zürich, Lausanne, London oder New York weilten. Erst viel später, als ich Mitglied der Generaldirektion der SKA war, bauten wir ein Haus. Bemerkenswerterweise wurde das Projekt just zu dem Zeitpunkt fertig, als ich nach Deutschland wechselte. Der Architekt war deshalb ausgesprochen besorgt und meinte: »Um Himmels Willen, können Sie das denn noch alles bezahlen?« Ich konnte ihn beruhigen mit dem Hinweis, dass er sich um die Begleichung seiner Rechnungen keine Sorgen machen müsse.

In Zürich trat man als Banker entsprechend der protestantischen Ethik distinguiert und zurückhaltend auf.

Das plumpe Zurschaustellen höherer Einkommensverhältnisse galt als unschicklich und vulgär. Lange Zeit fuhr ich mit der Straßenbahn zum Paradeplatz, wo noch heute das Hauptquartier der CS steht. Auch der Bankier und Mäzen Hans Vontobel von der gleichnamigen Privatbank fuhr jahrelang mit der Straßenbahn ins Büro. Vontobel war einer der renommiertesten Schweizer Privatbankiers alter Schule mit ethischen Werten. 1943 hatte er die Privatbank von seinem Vater mit zwölf Angestellten übernommen und das Finanzinstitut kontinuierlich auf 1500 Mitarbeiter ausgebaut.

Ich lernte ihn an einem Bankentreffen in München im Hotel Vier Jahreszeiten kennen. Später schrieb er mir in einem persönlichen Geburtstagsbrief, dass »Neugier das beste Lebenselixier ist«. Er musste es wissen, denn er arbeitete bis zu seinem 100. Lebensjahr halbtags in seiner Bank und war ein scharfsinniger Beobachter, Publizist und Mäzen.

Ich bevorzugte die Straßenbahn vor allem im Winter, weil wir keine Garage hatten und ich mir das morgendliche Eiskratzen der Windschutzscheibe ersparen wollte. Um 7 Uhr saß ich im Büro, bis abends um 19 Uhr oder länger. Es wurde stillschweigend vorausgesetzt, dass man ab 7 Uhr telefonisch erreichbar war. Außerdem war es üblich, auch samstags im Büro anzutreten, auch wenn nicht übermäßig viel gearbeitet wurde. Diese Präsenz hatte vorwiegend optischen Charakter und war der Reputation förderlich. Man ging dann zusammen mittagessen. In der Generaldirektion pflegte man einen sehr freundschaftlichen und konstruktiven Umgang. Noch heute treffen sich zehn bis zwölf ehemalige Topmanager jedes Jahr zu einem Lunch.

Die Zeit der SKA war für mich ein Einstieg in die Bankpraxis mit vielen Stationen und Lernprozessen. Und eine hervorragende Vorbereitung für höhere Positionen. Die internen Führungsaufgaben führten dazu, Abläufe zu optimieren, Mitarbeiter zu motivieren und die gemeinsamen Resultate nach außen darzustellen. Man wurde Teil der Zürcher Gesellschaft, schloss Freundschaften und in meinem Fall wurde ich sogar in den Verwaltungsrat der Oper gewählt. Das kam meiner Leidenschaft für Belcanto- und Literaturopern – Stichwort Verdi – wohltuend entgegen. Besonders freute es mich, dass ich in die prestigeträchtige Zunft »Zur Meisen« aufgenommen wurde.

Ein besonders interessantes Mandat erhielt ich beim Industriekonzern *Oerlikon-Bührle*, nachdem ich mit 42 Jahren in die SKA-Generaldirektion befördert wurde. Das unter anderem auch im Rüstungsgeschäft aktive Konglomerat war in ernste finanzielle Schwierigkeiten geraten. Die drei Großbanken bildeten einen Steuerungsausschuss, der parallel zum Verwaltungsrat die Traditionsfirma sanierte. Da ich im Gremium vertreten war, erhielt ich nach erfolgreicher »Operation« ohne größere Verluste einen Sitz im Verwaltungsrat. Später rückte ich auch in das Aufsichtsgremium der CSFB in New York und war mit zahlreichen Themen des Investmentbankings beschäftigt. Dies waren alles Jahre der Weiterbildung auf höchstem Niveau.

Präsident der SKA-Generaldirektion

1993 rief mich Rainer E. Gut zu sich und teilte mir mit, dass ich in Abstimmung mit dem Verwaltungsrat der neue Präsident der SKA-Generaldirektion werden sollte. Das passte natürlich nicht allen. Ich war damals 45 Jahre alt. Es gab Kollegen, die nicht nur älter, sondern schon viel länger bei der SKA waren und sich Hoffnungen auf den Spitzenposten gemacht hatten. Auch in den Medien wurde Kritik an Guts Wahl laut, da ich außerhalb der Bank relativ unbekannt war.

Victor Erne, ein Kollege aus der Generaldirektion, kam nach der Ernennung in mein Büro und schenkte mir ein Buch über den Neid. Sein Kommentar: »Lies das, denn von nun an wird der Neid Dein Leben begleiten.« Über diesen Satz habe ich später oft nachgedacht. Besonders berührt hat mich die Begegnung mit Oswald Grübel, dem erfolgreichen Chef des Handelsbereichs, der ebenfalls in mein Büro kam und meinte: »Ich mache gerne mit, wenn Du mich in Deinem Team brauchst.« Ich empfand dies als eine ausgesprochen freundschaftliche und kollegiale Geste, die ich nie vergessen habe. Natürlich war ich stolz, ihn in meinem Team zu wissen.

Dass ich in der Bank relativ schnell akzeptiert wurde, hatte mit dem Verantwortungsbereich als Generaldirektor zu tun. Ich war zuständig für die Beziehungen zu anderen Schweizer Banken und Konzernmultis weltweit und auch in Deutschland. Dadurch lernte ich zahlreiche CEOs und Finanzchefs führender Dax-Konzerne kennen, was mir später helfen sollte.

Und da war das Derivategeschäft, das ich am Anfang mit aufgebaut hatte, während andere Mitglieder der Generaldirektion diesen Bereich scheuten. Als in der Kreditanstalt die Frage aufkam, wer diese Abteilung führen sollte, ergriff ich diese einmalige Chance und meldete mich als Jüngster im Gremium. Die Kollegen blieben unglaublich zurückhaltend. Einer verriet mir später, dass er »die Finger davonlasse«, weil das »ein Strohfeuer sei, das bald abbrenne«. Was für eine Fehleinschätzung! Die *Bank für Internationalen Zahlungsausgleich (BIZ)* in Basel schätzte den globalen Nettowert (notional value) des Derivatemarkts 2022 auf 20,7 Billionen USD.

Klar ist aber auch, dass der Derivatemarkt ein Hochrisikogeschäft ist. US-Investor-Legende Warren Buffett bezeichnete Derivate 2002 als finanzielle »Massenvernichtungswaffen«, die für »mächtig Ärger« sorgen könnten. Das hielt ihn gleichwohl nicht davon ab, später bei gewissen Transaktionen Derivate als Instrumente einzusetzen. Wie gefährlich riesige Derivatepositionen nicht nur für Banken, sondern auch Versicherungen und damit für das gesamte Finanzsystem sein können, wurde während der Finanzkrise 2008 deutlich sichtbar. Damals war der größte Versicherungskonzern der Welt *AIG* nicht nur ins Schleudern geraten, sondern musste im Zuge der Pleite von Lehman Brothers mit 180 Milliarden USD an Steuergeldern vor dem Untergang gerettet werden. Dazu später mehr.

Für mich war der Einstieg ins Derivategeschäft einmal mehr die Chance, nicht gleich Nein zu sagen, sondern mit Mut auch riskante Aufgaben zu übernehmen. Das im Elternhaus verliehene Urvertrauen war mir stets eine zuverlässige Hilfe. Vielleicht war das naiv, weil vieles schiefgehen kann. Aber ich hatte nie Angst, ins Bodenlose zu fallen. Mein Engagement erwies sich als Riesenerfolg. Nach sechs Monaten waren wir bereits weltweit das Derivatehaus des Jahres.

Die Immobilienkrise in der Schweiz und in anderen Ländern in den Neunzigerjahren führte bei vielen

Banken zu Milliardenverlusten. Viele Regionalinstitute erwiesen sich als nicht überlebensfähig. Das von mir implementierte Krisenmanagement funktionierte so gut, dass wir in der Lage waren, andere Institute zu kaufen. Dies war eine spannende Erfahrung, weil es darauf ankam, schnelle Bewertungen und erfolgreiche Übernahmen zu stemmen.

Die Übernahme der Schweizerischen Volksbank durch die SKA 1993 war eine Zäsur. Die Volksbank, damals immerhin das viertgrößte Finanzinstitut der Schweiz, war in eine mächtige Schieflage geraten. Praktisch zeitgleich wurde ich CEO, was reiner Zufall war. Rainer E. Gut hatte von den Problemen erfahren, wollte die Lage erkunden und gleichzeitig sein Interesse anmelden.

Die Schweizerische Bankgesellschaft (SBG) war ebenfalls am Start, legte ein Angebot vor und erhielt vom Verwaltungsrat der Volksbank den Zuschlag. Gut erfuhr am Freitagabend davon und rief mich an, um mir die Niederlage mitzuteilen. Kurze Ratlosigkeit. Dann sagte ich: »Ich verliere nicht gern, probieren wir es nochmal.« Gut war wohl beeindruckt, denn er verabschiedete sich mit den knappen Worten: »So sehe ich das auch.« Am nächsten Tag verabredeten wir uns, um das Angebot zu überarbeiten. Danach nahmen wir erneut Kontakt zur Volksbank auf und baten für Sonntag um einen Termin mit dem Verwaltungsrat.

Wir fuhren nach Bern und unsere Präsentation kam offenbar gut an. Gut konnte charmant sein, wirkte aber manchmal ein wenig arrogant. Ich kam bei den Berner Volksbank-Kollegen besser an. Als der Schweizer Unternehmer Walter Reist mich fragte, wie ich die Bank führen wolle, kam mir der Zufall zu Hilfe. Wenige Wochen zuvor hatte ich im Lilienberg-Ausbildungszentrum seines Unternehmens diesen Leit- und Motivationsspruch bemerkt: »Unternehmertum ist unternehmerisches Wirken mit Fühlen, Denken, Handeln durch Fördern, Fordern, Finden für Ziel, Zeit, Zuversicht zur unternehmerischen Eigenständigkeit.« Dieses Leitmotiv baute ich in meine Antwort ein. Reist war sichtlich angetan.

Nach einer neuen Abstimmung des Verwaltungsrats erhielten wir den Zuschlag und konnten die Volksbank für 2,6 Milliarden Franken kaufen. Die Übernahme wurde in den Schweizer Medien als »Meilenstein« bei der Konsolidierung des Schweizer Finanzplatzes gewürdigt.

Nach dem gelungenen Coup wurde angefragt, ob ich im Schweizer Fernsehen eine Stellungnahme abgeben würde. Auch zu potenziellen Entlassungen sollte ich befragt werden. Rainer E. Gut schien das zu heikel, er sagte ab. Ich war aber der Auffassung, dass man sich auf jeden Fall stellen müsse. Also sagte ich zu und legte einen ganz passablen und sogar viel gelobten Auftritt hin. Der Journalist und Fragesteller kam hinterher auf mich zu und meinte: »Ich wollte Sie kritisch angehen, aber Sie haben alles weggelächelt.«

Für die Öffentlichkeit war es anscheinend ungewöhnlich, dass ein Vertreter aus dem diskreten Bankmilieu ohne Scheu den Kontakt mit den Medien suchte. So schrieb ich auch etliche Zeitungsartikel und hielt viele Vorträge. Dies sorgte für eine positive Wahrnehmung der Bank.

In meiner Zeit als Präsident der Generaldirektion wurden die Ehefrauen der Führungskräfte ziemlich stark in das gesellschaftliche Leben Zürichs integriert. Immer wieder gab es Empfänge, Golfturniere oder Ski-Veranstaltungen mit Begleitung. Meine Frau und ich standen unter dem eleganten Patronat der hoch angesehenen Zürcher Familie Bodmer, die zum alten Geldadel der Stadt zählt und uns sehr freundlich aufnahm.

Im Kreis der etwas angejahrten Führungskräfte versuchte ich mit frischen und neuen Ideen zu reüssieren. Wir betrieben Frauenförderung und gaben Führungskonferenzen einen neuen Anstrich. Wenn dort der Hit »We are the Champions« von der Rockgruppe Queen aufgelegt wurde, machte sich eine intensive Aufbruchstimmung bemerkbar. Noch heute werde ich auf diese schöne Zeit angesprochen. Wir waren damals sehr zuversichtlich. Die Bankgesellschaft war bis dahin immer die Nummer Eins gewesen. Durch die Übernahme der Volksbank kamen wir dem Konkurrenten deutlich näher. Es herrschte ein unglaublicher Optimismus, weil wir dank First Boston und dem Derivategeschäft über ein zusätzlich internationales Geschäft verfügten. Mehrere Elemente passten gut zusammen.

Den Gewinn nach Steuern steigerten wir ab 1992 von 955 Millionen Franken auf 1,235 Milliarden Franken im Jahre 1995. Wir waren, wenn man so will, die »amerikanischste« Bank, auch kulturell. Das Bankenmagazin *Euromoney* erschien eines Tages mit einer Ausgabe, auf der die Bankgesellschaft als Panzer abgebildet war. Im Turm saß die Geschäftsleitung und hatte Ohrenschützer auf. So hatte man in Großbritannien Schweizer Banker als schwerfällig und unbeweglich wahrgenommen. Da war auch ein Schuss Neid dabei. Wir hielten uns dagegen für die agileren, weit international orientierten und eher angelsächsischen Banker.

Anti-Burn-out-Konzept

Da ich ein hohes Tempo anschlug, wurde ich häufiger gefragt, wie ich mit dem Burn-out-Syndrom umgehen würde. Ich wies stets darauf hin, dass ich bisher davon verschont wurde. Doch könne es mich wie andere auch jederzeit erwischen. Zwecks Vorbeugung hielt ich mich aber an vier Prinzipien:

- Ein intakter Familien- und Freundeskreis als Ort der Entspannung und Harmonie
- Trotz ambitionierter Ziele Realität und Erreichbarkeit im Blick behalten
- Sport treiben, viel Bewegung, wenig Alkohol
- Frustrationen und Enttäuschungen durch Veränderungen des Umfelds kompensieren

Das habe ich im Leben immer so gehalten. Schlimm wird es, wenn man jahrelang unglücklich und verbittert ist und trotz innerer Kündigung weitermacht. Dann ist es Zeit, aufzubrechen und neue Wege zu gehen. Dies gilt für jedes Alter. Wichtig ist, dass man diesen Schritt noch machen kann und das entsprechende Grundvertrauen in die eigenen Fähigkeiten vorhanden ist. Mir war immer klar: Ich kann es jederzeit auch an einem anderen Ort wieder schaffen. Noch ahnte ich nicht, wie schnell diese Lebensprinzipien für mich an Bedeutung gewinnen würden.

Der Bruch

Das Jahr 1996 wurde für mich zu einem Schicksalsjahr. Mit 48 Jahren stand ich plötzlich an einem Scheideweg. Grund dafür war das irreparable Zerwürfnis zwischen Rainer E. Gut und mir.

Viele Faktoren dürften eine Rolle gespielt haben. Aus meiner Sicht als CEO war es untragbar, dass Gut an jeder SKA-Geschäftsleitungssitzung teilnahm. Alle wussten, dass er am Schluss die Höhe der Boni entscheiden würde. Auch wenn eine gute Absicht dahinterstand, war es für meine Position und das Team-Building schwierig. Auch in anderen Belangen fiel es ihm schwer, loszulassen.

Hinzu kam, dass ich zwar die Bank führte, aber Gut als CEO und VR-Vorsitzender in der übergeordneten Holding, in der ich im Board saß, das Sagen hatte. Auf allen Ebenen schienen mir die Hände gebunden zu sein. So meinte der Chef der Investmentbank Allen Wheat: »Du weißt, was zu tun ist, ich weiß es, lass es uns machen.« Er meinte die Integrationsstrategie. Eine Gruppe von Managern – das Fachmagazin *Schweizer Bank* sprach einmal von Jungtürken – drängte auf einen radikalen Umbau des Finanzkonglomerats mit einer Integration der Tochtergesellschaften.

Als ich dann aus dem Radio erfahren musste, dass Gut in einem spektakulären Coup die Bankgesellschaft übernehmen wollte, war dies eine herbe Enttäuschung. Die *SonntagsZeitung* hatte in diesem Zusammenhang Gut scharf attackiert, worauf die Parole ausgegeben wurde: Mit der *SonntagsZeitung* machen wir nichts mehr und schalten auch keine Anzeigen mehr. Unser Leiter der Unternehmenskommunikation Jörg Neef sagte zu mir, das könne man nicht machen, weil es sich um ein wichtiges Medium handle. Ich gewährte der *SonntagsZeitung* daher ein Interview und Gut kritisierte mich und Kommunikationschef Neef daraufhin als »unkollegial«. Ausgerechnet mit jenen zu reden, die ihn heftig kritisiert hatten, musste ihn hart getroffen haben.

Gut war persönlich unglaublich empfindlich und sah das Ganze vermutlich als Affront. Der Druck auf ihn war nach dem gescheiterten Übernahmeversuch immens. Dann erreichten uns Briefe, in denen empfohlen wurde, mich auf der nächsten Generalversammlung zum neuen Vorsitzenden zu wählen. Ich reagierte fair und zeigte Gut diese Schreiben. Für mich war das zum damaligen Zeitpunkt gar keine Option gewesen.

Als Peter Küpfer, Chef der Konzerntochter *Bank Leu* anlässlich seiner Kündigung Gut mitteilte, dass auch Ackermann ihm gegenüber kritisch eingestellt sei, galt das in Guts Augen als Verrat. Von da an war die Atmosphäre gereizt und spannungsgeladen. Es war fast wie in einer Ehe, die zu Ende gegangen ist. Wir hatten nie Streit, es war nie laut, aber irgendwie war Schluss. Als McKinsey-Berater dann eine neue Struktur initiierten, in der die traditionelle starke SKA-Kultur aufgebrochen und sogar zerschlagen werden sollte, war es endgültig aus.

Ich hätte zwar das prestigeträchtige Investmentbanking führen sollen, fand aber die vorgesehene Struktur grundsätzlich falsch, wie ich im Kündigungsschreiben darlegte. Als Folge hielten eine exzessive Bonuskultur und eine geringere Risiko- und Akquisitionsdisziplin Einzug. Bereits 1998 erlitt die CS in Russland Schiffbruch, als während der Rubelkrise durch sogenannte »carry trades« die russischen Anleihen massiv an Wert einbüßten und der Bank einen Milliardenverlust bescherten. Im Nachhinein bin ich überzeugt, dass diese Umstrukturierung der Kardinalfehler der CS war, der schließlich zum Untergang führte. Nachdem Rainer E. Gut mir Monate zuvor gesagt hatte, dass er mich als Nachfolger sehe, war meine Opposition gewagt, aber richtig. Ich habe es nie bereut.

Ich empfand immer stärker, dass Gut nicht mehr hinter mir stand. Auf beiden Seiten fand man dann wohl Argumente und Indizien, die die jeweilige Sicht bestätigten. Das Ergebnis war meine innere Kündigung. Natürlich sahen andere Kollegen in der neuen Struktur Aufstiegschancen für sich selber, sodass auch der Teamgeist auf der Strecke blieb. Heute höre ich, dass man damals wohl besser zusammengestanden hätte. Ehemalige Manager sagen heute oft: »Hätten wir damals Deine Seite unterstützt, stünde das Haus heute viel besser da.« Dann wäre es vielleicht nicht so weit gekommen, dass die älteste Großbank der Schweiz durch eine Zwangshochzeit von der UBS übernommen wurde.

Ende Juni 1996 unterschrieb ich meine Kündigung. Mein Nachfolger sollte McKinsey-Berater Lukas Mühlemann werden. Er musste nach fünf Jahren das Handtuch werfen.

Gut und ich haben jahrelang nicht mehr miteinander geredet. Sogar während der Beerdigung eines Kollegen ging er mir aus dem Weg. Erst wenige Monate vor seinem Tod haben wir uns zufällig in der legendären Kronenhalle getroffen und führten ein kurzes freundliches Gespräch.

Was auf den ersten Blick wie eine Niederlage wirkte, entpuppte sich schnell als Sprungbrett für größere Aufgaben. So, wie man beim Skilaufen nach einem Sturz aufsteht, den Schnee abschüttelt und ohne denselben Fehler zu wiederholen einfach weiterfährt. Doch diese Erkenntnis kam erst hinterher.

Als ich nach Hause kam, lief mir unsere zwölfjährige Tochter ganz aufgeregt entgegen und rief: »Papi, was machst Du jetzt, was machen wir, wovon leben wir jetzt?« Sie war entsetzlich besorgt und meinte wohl, die Welt geht unter. Ich versuchte, sie mit dem Hinweis zu beruhigen, dass ich schon irgendeine Arbeit finden würde. Und so sollte es auch kommen.

Jahre bei der Deutschen Bank 1996–2012, Finanz- und Schuldenkrise

Neuorientierung

Das Echo auf meinen Rücktritt war bemerkenswert. Robert Studer, ehemaliger Verwaltungsratspräsident der Schweizerischen Bankgesellschaft (SBG), rief mich an und lud mich zu einem freundschaftlichen Mittagessen ein. Unternehmer und Milliardär Christoph Blocher meldete sich, ob er helfen könne. Bundesrat Flavio Cotti (CVP) bot mir sogar den Botschafterposten in Washington D.C. an. Erste Universitäten meldeten sich mit Lehrstuhlofferten.

Der damalige Verwaltungsratspräsident des Schweizerischen Bankvereins (SBV) Georges Blum hatte mich ebenfalls angerufen und meinte: »Herr Ackermann, es tut mir leid. Wir haben uns gut verstanden, aber Ihre Karriere im internationalen Bankgeschäft ist jetzt wohl vorbei.« Ich dachte mir nur: »Warten wir es ab. Noch ist für mich nicht aller Tage Abend.«

Dann kam der Anruf der *Deutschen Bank*.

Die ersten Kontakte mit dem Chef der Deutschen Bank Hilmar Kopper über einen möglichen Wechsel fanden diskret und privat statt. Auf einer Reise nach Finnland machten Pirkko und ich einen Zwischenstopp in Frankfurt und trafen uns mit Kopper zum Abendessen. Wenig später wurde ein weiteres geheimes Dinner mit dem gesamten Deutsche Bank-Vorstand arrangiert, um mich kennenzulernen und »abzuklopfen«.

Bei der Europäischen Bankenkonferenz in Dresden saß ich am Tisch mit Hilmar Kopper. Unsere Tischgenossen bemerkten unser intensives Gespräch und ein Teilnehmer spekulierte prompt, dass sich hier etwas anbahnen würde. Das entscheidende Treffen fand in Düsseldorf bei meiner Vorstellung im Beisein des gesamten Aufsichtsrats statt. Auf die Frage, was die Deutsche Bank besser machen könne, antwortete ich, dass die Bank »noch viel Potenzial im Investmentbanking« habe.

Nach dieser Sitzung wurde meine Ernennung bekanntgegeben. Die Schlagzeile in der *NZZ* lautete damals: »Er geht von der Nummer 40 zur Nummer 1« – das fand ich erhebend. Die Ränge wurden übrigens nach der Bilanzsumme berechnet, was nicht viel aussagt. Aber es wurde halt so gemessen.

Der Gründer des Beratungsunternehmens *Egon Zehnder* warnte mich vor einem Wechsel zur Deutschen Bank. Er wollte mich damals an eine australische Bank vermitteln. Auf meinen Hinweis, ich wolle in Frankfurt etwas verändern, lachte er nur und meinte: »Das schafft keiner.« Andere Schweizer und deutsche Wirtschaftsführer warnten mich vor Antritt des neuen Postens, Deutschland sei ein »Schlangennest«.

Für mich galt wieder die Devise, dem Wandel beherzt und mit Zuversicht zu begegnen und Herausforderungen als Chancen zu erkennen.

Eine *Spiegel*-Redakteurin rief mich kurz nach der Ernennung an und wollte wissen, was ich vorhätte. Am Ende des Gesprächs meinte sie: »Bleiben Sie so offen wie jetzt.« Diesen Rat habe ich anfangs befolgt – und viel Lehrgeld dafür bezahlt. Denn während man in der Schweiz Vertrauliches sehr gut bereden konnte, hatte ich in Deutschland mehrfach das Gefühl, dass man bei »off the record«-Gesprächen sehr vorsichtig sein muss.

Die Offerte aus Frankfurt war für mich eine wohltuende Bestätigung meines Handelns und meiner Kompetenz und schon deshalb ein Riesenerfolg.

Der Telefonanruf aus Frankfurt kam nicht völlig überraschend. Hilmar Kopper kannte ich schon länger von verschiedenen Veranstaltungen, aber auch durch unsere gemeinsamen Aufsichtsratsmandate bei der *Bayer AG*. Unsere Verbindung war durch eine Einladung des gesamten Deutsche Bank-Vorstands zu uns nach Zürich gefestigt worden. Solche gegenseitigen Besuche waren damals völlig unüblich.

Die SKA hatte außerhalb von Zürich am oberen Zürichsee ein sehr attraktives Ausbildungs- und Kundenbetreuungszentrum, wie es die Deutsche Bank nicht hatte. Deshalb erwarb sie später die Villa Sander, die unmittelbar neben den beiden Deutsche Bank-Türmen steht. Beim Besuch aus Frankfurt kam es zu einem regen Meinungsaustausch samt Beurteilung der Finanzmärkte. Das opulente Dinner wurde in einem künstlerischen Rahmen von den drei Aargauer Tenören Sylvain, Didier und Simon musikalisch begleitet.

An diesem Abend wurden auch die Unterschiede zwischen der SKA und der Deutschen Bank sehr deutlich. Die Deutsche Bank hatte in Deutschland im Retail- und Kommerzgeschäft eine sehr starke Stellung, während die SKA im Anlagen- und im Investmentbanking in Führung lag. Das ganze Aktiengeschäft war in Deutschland eher unterentwickelt, weshalb wir viele deutsche Kunden hatten. Es gab keine direkte Rivalität, weil wir einfach in unterschiedlichen Bereichen agierten. Allerdings waren wir viel profitabler. Später bei der Deutschen Bank sagte Hilmar Kopper einmal zu mir: »Ach Herr Ackermann, Ihr Schweizer habt uns wieder einmal gezeigt, wie man Geld verdient.« Das traf zu, weil wir bei der Profitabilität praktisch alle deutschen Finanzinstitute hinter uns gelassen hatten.

Die CS als Muttergesellschaft der SKA war gleichwohl am deutschen Markt interessiert. Sie hatte in den 1990er-Jahren versucht, mit der Commerzbank zu fusionieren. Nach einem ersten direkten Kontakt entschied die deutsche Seite aber, die Gespräche nicht weiter zu verfolgen und lieber eigenständig zu bleiben. Ich war damals der Auffassung, dass eine Fusion für beide Partner sehr vielversprechend gewesen wäre. Die Schweizer hätten das große deutsche Retail- und Kommerzgeschäft erhalten und die Commerzbank hätte von einer global aufgestellten Investmentbank und dem attraktiven Private Banking profitiert. Ich hielt das lange für eine strategisch gute Lösung.

Die Fusionspläne basierten auf den Überlegungen von Rainer E. Gut, der dies vorantrieb. Wir hatten zwei Banken im Visier. Die *Commerzbank* und die österreichische *Creditanstalt-Bankverein (CA)*. Doch bei der CA in Wien gab es sofort erheblichen Widerstand. In der CA-Chefetage hieß es etwas zugespitzt, es könne ja wohl nicht sein, dass die Kredite Österreichs am Zürcher Paradeplatz entschieden würden. Das kam nicht infrage.

Im Nachhinein war das naiv, denn die CA wurde nach und nach eine italienische Bank. Das Finanzinstitut wurde erst von der *Bank Austria* übernommen, dann die Bank Austria von der deutschen *HypoVereinsbank* geschluckt und selbige später von der italienischen *UniCredit*. Man darf daher rückblickend durchaus die Frage stellen, ob eine schweizerisch-österreichische Lösung strategisch und kulturell nicht die verträglichere Variante gewesen wäre.

Als ich mein Büro im prachtvollen Hauptsitz am Paradeplatz räumte, kursierte in der Zürcher Gesellschaft dieser Witz: »Der Gut ist gegangen!« – »Nein, der Ackermann ist gegangen!« – »Eben, der Gute.« Allgemein herrschte Verständnis, dass sich zwei Alpha-Tiere »auseinandergelebt« hatten. Viele teilten meine Ansichten. Von unseren Freunden verloren wir niemanden. Natürlich gab es auch Gut-Anhänger, von denen man aber wenig hörte. Die Ausnahme war Helmut Maucher, mächtiger Präsident des Nestlé-Verwaltungsrats. Der deutsche Topmanager aus dem Allgäu galt als starke und dominante Persönlichkeit im Industriesektor. Maucher zeigte sich sehr verärgert über meinen Abschied, vor allem über die Art und Weise des Abgangs.

Als ich Jahre später ins Allgäu auf eine Tagung der CDU/CSU eingeladen wurde, diskutierte ich mit Bundeskanzlerin Angela Merkel auf dem Podium über die Lösung der Schuldenkrise. Moderator war der ehemalige Bundesverkehrsminister Matthias Wissmann. Am Ende der Veranstaltung kam Helmut Maucher, der im Auditorium gesessen hatte, auf mich zu und meinte: »Herr Ackermann, Kompliment. Ich habe mich die ganze Zeit gefragt, wer der Kanzler ist.« Und seine Frau ergänzte: »Es braucht viel, dass mein Mann so etwas sagt.« Offenbar hatte sich Maucher spät, aber doch versöhnt.

In der Übergangsphase zwischen meinem Abschied von der SKA und dem Neuanfang in Frankfurt gingen mir viele Gedanken durch den Kopf. Wer stets ja sagt und klein beigibt, kommt zwar leichter durchs Leben, aber er gestaltet weder seine Visionen noch seine analytischen Erkenntnisse und hinterlässt auch keine strategischen Spuren.

Rückblickend kann ich sagen, dass mein Leben mit all seinen Brüchen viel spannender und interessanter verlaufen ist, als wenn ich mich stets stromlinienförmig angepasst hätte. Ich fragte mich bei brenzligen Situationen: »Geht es weiter oder nicht?« In meinem Fall ging es immer weiter. Da haben wir das Urvertrauen wieder.

Gerade die Schweiz hat ein langes Gedächtnis. Die Wirtschaftsszene ist fast schon nachtragend. Im Finanzbereich gibt es eine ganze Generation von Bankern, die gescheitert sind, ihren Job verloren und nie mehr zurückkehrten. Zum Teil litten sie sehr darunter. In den USA ist das ganz anders. Gescheiterte Manager erhalten dort durchaus eine »zweite Chance«, weil sie viele Höhen und Tiefen erlebt haben und die gewonnenen Einsichten und Erfahrungen durchaus positive Erkenntnisse enthalten können.

Wenn man eine Führungsposition innehat, eckt man auch an und hat Gegner. Wenn man etwas bewegen will, tritt man Leuten ganz zwangsläufig auf die Füße. Das führt dann zu Gegenreaktionen von Konkurrenten oder Neidern. Spätestens dann stellt sich die Frage, ob man das in Kauf nehmen will und ob man es aushält. Dieses Sprichwort umschreibt es ganz gut: »Wem es in der Küche zu heiß ist, sollte nicht Koch werden.«

Ich habe das Glück, wenig cholerisch und rachsüchtig zu sein. Es braucht viele Provokationen, bis ich wütend werde oder schreie. Das kommt ganz selten vor. Hauptursache ist oft eine persönliche Enttäuschung. Wichtigtuer ohne Substanz oder Intriganten haben es schwer bei mir. Ansonsten bemühe ich mich, konziliant, höflich und freundlich zu sein. Es geht stets um die Sache. Alphatiere hin, Ehrgeiz her.

Mehrfach hörte ich den Satz »Sie haben gar keine Dollarzeichen in den Augen.« Das stimmt. Geld war für mich nie der entscheidende Antrieb. Die entsprechende Vergütung ist natürlich ein wichtiger Teil der Anerkennung für geleistete Arbeit. Für mich war aber maximale Vergütung nie das übergeordnete Ziel. Meine Triebfeder war stets das Bemühen, Aufgaben zu begreifen, Umfeld und Voraussetzungen zu durchdringen und intelligente Lösungen zu finden. Das war und ist für mich das Wesentliche, so wie die Freude am Gestalten. Das ist für mich Motivation und Kraftquelle zugleich. Daher rührt auch die überschüssige Energie für eigene Ambitionen.

Selbstgefälligkeit ist tödlich. Man wird defensiv, passiv und bequem. Neue Impulse sind hilfreich. Etwa, wenn man das Erreichte immer wieder infrage stellt und danach sucht, was man besser machen kann.

Impulse können auch von außen kommen. Die Finanzkrise zwang mich, vieles zu überdenken: Geschäftsmodelle, Risiken, Positionierung. Das gab mir damals einen Extra-Energieschub.

Zusätzlich hilft Neugierde auf Menschen und Weltoffenheit. Ich bin bildungshungrig, andere Kulturen faszinieren mich. Ich bin nicht übertrieben schweizerisch und schon gar nicht mit Kuhglocken unterwegs. Ich versuche, ein Weltbürger zu sein, ohne meine Heimat zu vergessen. Wir haben uns in der Welt sehr wohl gefühlt, in New York, London oder sonst wo. Ich hatte nie Heimweh.

Jetzt begann eine Zeit, die ich 2014 in einem Interview mit dem *Handelsblatt* als »einmalig« bezeichnet habe. Die SKA lag hinter mir. Frankfurt am Main wartete auf mich.

Deutsche Bank – Der Einsteig

Als ich mit meiner Frau in Frankfurt ankam, um meinen neuen Lebensabschnitt zu beginnen, erwartete uns eine Überraschung. Hilmar Kopper begrüßte uns am Flughafen und trug den Koffer meiner Frau. In gewisser Hinsicht hatte der Arbeitgeber im privaten Bereich vorgesorgt. Die Deutsche Bank besaß in der Klüberstraße mehrere Wohnungen. Neuankömmlinge konnten eine der nicht sonderlich großen Unterkünfte beziehen. Das war hilfreich, so dass ich von dieser Basis aus später ein eigenes Apartment suchen konnte.

Meine Frau und ich begaben uns auf Haussuche, entschieden dann aber doch, lieber in der Stadt zu bleiben. Schon deshalb, weil ich wusste, dass ich regelmäßig nach Zürich fahren beziehungsweise viel auf Reisen sein würde. Unser nächstes Apartment war eine Dachwohnung von Paul Achleitner, dem späteren Deutsche Bank-Aufsichtsratschef. Die Liegenschaft befand sich in der Nähe vom Palmengarten ausgerechnet in jenem Haus, das der spätere Bundesaußenminister Joschka Fischer in der 68er-Bewegung während der Studentendemonstrationen mit seinen Kommunarden besetzt hatte. Fischer war ein Intellektueller und hat Deutschland in der Welt gut repräsentiert.

Im Nebenhaus wohnte Hilmar Kopper. Als er nach seiner Pensionierung in den Westerwald zog, bot sich die Gelegenheit, sein Frankfurter Domizil zu übernehmen.

Das war praktisch. Denn ich hätte die Fahrerei vom Taunus, wo einige Banker Häuser besitzen, zur Deutschen Bank langfristig als mühsam erachtet. Von unserer Wohnung aus ins Büro waren es zu Fuß zehn bis fünfzehn Minuten. Das urbane Leben um mich herum bot mir mehr als stundenlange Autofahrten. Gleichzeitig gab es viele Möglichkeiten, das reichhaltige kulturelle Angebot der Stadt zu nutzen.

Der legendäre Kulturdezernent und Präsident des Goethe-Instituts Hilmar Hoffmann schrieb über meine Lebensverhältnisse: »Im Kosmos einer multinationalen Stadtgesellschaft lebt er in einer Vierzimmerwohnung im Westend statt wie manche Kollegen im Komfort einer Taunusvilla Wichtigkeit zu demonstrieren. Ackermann widerspricht auch jenem üblichen Klischee vom Topmanager seiner Größenordnung, der seine Yacht am Kai von St. Tropez ankert, wie es uns die ›Yellow Press‹ als die Sonnenseite privilegierten Lebens präsentiert. Seinen Urlaub verbringt Josef Ackermann mit seiner Frau Pirkko und Tochter Catherine in ihrer Eigentumswohnung mit Panoramablick auf den still ruhenden Zürichsee oder sommers in ihrem Tessiner Feriendomizil.«

Im beruflichen Alltag war die Unterkunftsfrage schnell und unbürokratisch geklärt. Im sogenannten »A-Turm« der gläsernen Zwillingstürme bezog ich im 32. Stockwerk das ehemalige Büro von Hilmar Kopper. Er hatte mir gleich bei der Ankunft mitgeteilt, dass ich sein Büro haben könnte. Das war ein bisschen ungewöhnlich, denn diese Regelung konnte als Positionsanspruch interpretiert werden.

Am 1. November 1996 wurde ich Vorstandsmitglied der Deutschen Bank, zuständig für den Bereich Kreditrisiken. Der Bereich Investmentbanking wurde anfänglich zwischen Michael Dobson, Ronaldo Schmitz und mir aufgeteilt. Ab 1998 wurde ich in London Alleinverantwortlicher für diesen Geschäftsbereich und verbrachte entsprechend viel Zeit in London und New York.

Als der für Asien zuständige Vorstand in einer Sitzung überraschend erklärte, dass er die Verantwortung für seinen Geschäftsbereich nicht mehr tragen könne, übernahm ich auch die Zuständigkeit für das Asiengeschäft. Obwohl dieser Bereich große Probleme hatte, bereitete mir diese Aufgabe viel Freude. Bereits ein Jahr später war unser Asiengeschäft sehr erfolgreich.

Zwei Baustellen beschäftigten mich in dieser Zeit besonders: die Integration des US-Finanzinstituts *Bankers Trust* und damit verbunden die stärkere Ausrichtung auf das Investmentbanking. Und zweitens der Versuch eines Brückenschlags zwischen den traditionellen Deutsche Bank-Mitarbeitern und den stark angelsächsisch geprägten Investmentbankern. Intern sprach man von der »Sparkassen-Fraktion« einerseits und den »Masters of the Universe« andererseits.

Als Schweizer hatte ich als »neutrale Stimme« einen Vorteil bei der enormen Rivalität und dem Konkurrenzdenken zwischen Investmentbankern und den traditionellen Mitarbeitern, die ihre angelsächsischen Kollegen als Spekulanten und Abzocker betrachteten. Bei meinem Besuch aller 16 großen Deutsche Bank-Filialen spürte ich den Widerstand der Mitarbeiter gegenüber bevorstehenden Veränderungen, große Skepsis und sogar Abscheu gegenüber dem Investmentbanking.

Kulturschock

Zum Auftakt meiner Tätigkeit bei der Deutschen Bank erlitt ich einen kleinen Kulturschock. Es herrschte ein sehr formeller Umgang und eine große Distanz unter den Kollegen. Das war ich überhaupt nicht gewohnt, denn in der Schweiz ist man in der Geschäftsleitung »per Du« und pflegt einen freundschaftlichen Stil. Doch jetzt lautete die Anrede »Herr« und es wurde gesiezt.

Erklärt wurde dies damit, dass ein »Du« vor einem Kunden zu locker und zu unprofessionell wirkt. Bei einem ersten Auftritt in den USA mit Investoren sagte Finanzchef Clemens Börsig als Begleiter von mir: »As Herr Dr. Ackermann just said.« Das fanden unsere amerikanischen Gesprächspartner nicht nur befremdlich, sondern seltsam. Sie hatten den Eindruck, dass wir nicht gut miteinander auskamen. In den USA spricht man sich ganz selbstverständlich mit dem Vornamen an.

Nach meiner Rückkehr machte ich den Vorschlag, dass wir uns mit dem Vornamen anreden und »per Du« sind. Mit Hilmar Kopper war ich per Du, mit Rolf E. Breuer bin ich bis heute »per Sie«, obwohl wir uns immer gut verstanden haben.

Was mich an der Firmenstruktur außerdem sehr irritierte, war das Fehlen eines CEO. Es gab nur den vom Vorstand gewählten »Sprecher« als »Primus inter Pares« – als Erster unter Gleichen. Das hatte ein Hierarchiegefüge zur Folge, welches ich so nicht kannte. Ein Beispiel: Als Rolf E. Breuer als Vorstandssprecher während einer Sitzung in die Runde verkündete, dass er dies und jenes so umgesetzt haben wollte, erwiderte einer der Vorstände: »Mein Lieber, Sie sind unser Sprecher, aber nicht unser Chef.«

In der Schweiz ist alles sehr stark auf die Spitze ausgerichtet. Das Credo lautet: »Nicht das Team ist die Spitze, sondern das Team agiert mit Spitze.« Im Englischen erwies sich die Formel des »Spokesperson of the Board« als besonders heikel, weil in den USA oder in Großbritannien damit der Leiter der Unternehmenskommunikation gemeint ist.

Der Aufsichtsrat kam schließlich 2006 zu der Auffassung, dass diese Bezeichnung an ihre Grenzen stieß und schaffte den »Sprecher« ab. Damit wurde die Ernennung des CEO Aufgabe des Aufsichtsrats. Das bedeutete aber keineswegs, das Konsensprinzip aufzugeben. Denn ohne einen gewissen Konsens lässt sich kein Konzern führen.

Gewiss besteht ein Unterschied im Aufgabenbereich zwischen dem Schweizer Verwaltungsrat und dem deutschen Aufsichtsrat. Das fiel mir besonders in der ersten Sitzung bei der Deutschen Bank auf, als der Aufsichtsratsvorsitzende Friedrich Wilhelm Christians Vorstandssprecher Hilmar Kopper fragte, wer denn der junge Mann am Ende des Tisches sei, worauf Kopper antwortete: »Herr Christians, das ist Herr Ackermann, unser neuer Vorstandskollege.« In der Schweiz ist das unvorstellbar. Doch hat sich mit den Jahren das Selbstverständnis der Aufsichtsräte in Deutschland stark gewandelt.

Der ehemalige Herausgeber der *Frankfurter Allgemeinen Zeitung (FAZ)* Frank Schirrmacher sagte mir einmal, dass ich als »Person« die Deutschen »überfordere«. »Herr Ackermann«, so Schirrmacher damals, »Sie müssen einfach wissen – intelligent, erfolgreich, charismatisch, vermögend, das ist für uns Deutsche zu viel.« Das schmeichelte mir einerseits, andererseits war es nur eine These.

Im deutschen Alltag fiel mir eine stark entwickelte Staatsgläubigkeit auf. Zudem beobachtete ich Auswüchse einer Neidgesellschaft in den Medien. Frei nach der Devise: Man darf reich geboren werden, aber nicht reich werden. Das ist allerdings auch in anderen Ländern so. Staatsgläubigkeit und Obrigkeitsdenken sind bei den Eidgenossen weit weniger ausgeprägt und die Haltung ist eher kritisch. Vermutlich ist man dadurch etwas offener und ehrlicher im Umgang miteinander.

Die inflationäre Verwendung des Begriffes »Freund« fand ich bizarr. Viele Bekannte sprachen häufig von »Freund« und »Freundschaft« und meinten schon nach drei Monaten SMS- oder E-Mail-Enthaltsamkeit, die

Freundschaft sei verflogen. Das hatte ich in der Schweiz so noch nie erlebt. Dieses ewige »Freunde sein« fand ich irritierend. Wer wirklich echte Freunde hat weiß, dass man nur mit wenigen Menschen eine tiefe Beziehung über Jahre hinweg entwickeln kann. Und wer es wirklich ernst meint mit der Freundschaft, sieht man erst bei Niederlagen. Da merkt man schnell, wer noch da ist.

In Deutschland hat mich außerdem eine gewisse Unehrlichkeit erstaunt, besonders im öffentlichen Raum. Dabei ist auffallend, dass sich viele Menschen öffentlich anders äußern als sie wirklich denken. Das zeigt sich beispielsweise bei Wahlprognosen, die im Endergebnis teilweise signifikant anders ausfallen, als es die Demoskopen erwarten. So lagen die Wahlforscher 2016 bei den Landtagswahlen in Baden-Württemberg, Rheinland-Pfalz und Sachsen-Anhalt ziemlich daneben, weil sie den Höhenflug der AfD glatt unterschätzt hatten, die *Süddeutsche Zeitung* sprach damals von einem »schwarzen Sonntag« der Demoskopen.

Eine gewisse Form scheinbar überheblicher Heuchelei ist in Deutschland auffällig. Das macht es Fremden schwierig zu erfahren, was die Menschen wirklich denken und bewegt.

Dies offenbarte sich auch in der alltäglichen professionellen Kommunikation. Der Schweizer ist im Schriftverkehr bei seinen internen Notizen um einen verbindlichen Ton bemüht. Die internen Mails bei der Deutschen Bank waren weit direkter und härter formuliert. In der mündlichen Kommunikation kämpft man in Deutschland hingegen – ich würde sagen – mit dem Florett. Da erscheint der Schweizer etwas ungehobelter und sprachlich benachteiligt, er haut mit dem Schwert zu. Denn wenn wir das Hochdeutsche einsetzen, ist dies zwar keine Fremdsprache, aber doch eine fremde Sprache. Die

Schriftsprache lernen wir in der Schule mit viel Mühen. Die Talentierten beherrschen sie in zwei bis drei Jahren, andere brauchen viel länger. Es gibt viele Schweizer, die das Hochdeutsch nie richtig beherrschen.

Vor meinem ersten Vortrag in Frankfurt wurde ich von meinem Vorgänger ermuntert, Klartext zu reden. Das tat ich dann auch ohne schweizerische Zurückhaltung – hinterher herrschte allerdings große Betroffenheit, da ich die wirtschaftlichen Schwächen Deutschlands klar benannt hatte. Dann hieß es: »Er hat ja recht, aber müssen wir uns das von einem Ausländer sagen lassen?«

Die unterschiedlichen Perspektiven wurden auch nach der Abstimmung über die Volksinitiative gegen den Bau von Minaretten deutlich, die vom Schweizer Stimmvolk im November 2009 mit 57,5 Prozent angenommen wurde. Obwohl der Bundesrat, die meisten Politiker und Kirchen eine Ablehnung der Initiative empfohlen hatten. Das internationale Medienecho war riesig und es dominierten empörte Stimmen. Die Schweiz werde »hinter das Niveau von Aufklärung und Toleranz« zurückgeworfen, hieß es in einem Kommentar der *Welt*. Ich wurde damals von einer prominenten deutschen Politikerin ebenfalls auf das Ergebnis angesprochen. Sie meinte, der Fall zeige deutlich, dass man solch heikle Themen nicht dem Volk zur Abstimmung vorlegen dürfe. Ich erwiderte, dass ich das ganz anders sehe. Die Minarettinitiative sei ein klassisches Beispiel, dass und wie in der Schweiz die direkte Demokratie funktioniert. Und das Stimmvolk das letzte Wort hat.

Bei mir im Elternhaus wurde Schweizerdeutsch gesprochen, es ist die Sprache beziehungsweise der Dialekt meiner Kindheit. Lediglich die Goethe-Zitate wurden von meinem Vater in der sogenannten »Hochsprache« vorgetragen. Wir Schweizer fallen sprachlich sofort auf, während sich die Österreicher geschmeidiger zeigen und leichter assimilieren. Ich muss aber auch festhalten, dass meinem Schweizer Akzent in Deutschland mit Sympathie begegnet wurde. Die Akzeptanz war sogar sehr gut. Als Schweizer kann ich mich im Umgang mit den Deutschen wahrlich nicht beklagen. Ob man dagegen wirklich gerne einen Ausländer als Chef der Deutschen Bank hatte, stand auf einem ganz anderen Blatt.

Auch in der Schweiz hat man gerne eigene Leute an der Spitze der wichtigsten Unternehmen des Landes. Das ist sicher verständlich. Man spricht dieselbe Sprache, es herrscht kulturelle Harmonie. Der frühere Siemens-Chef und Österreicher Peter Löscher hat das ähnlich empfunden. Bei ihm kam noch erschwerend dazu, dass er kein Siemens-Eigengewächs war, sondern von außen an die Spitze gehievt wurde. Bei mir war es etwas anders, da ich schon sechs Jahre in Frankfurt arbeitete, ehe ich Sprecher wurde. Was man über Alfred Herrhausen gesagt hat: »Er ist gar kein Banker« oder »Er versteht uns gar nicht« – das habe ich nie gehört.

Dafür wurde mir unterstellt, »nicht für Deutschland, sondern nur international zu wirken«. Ein Vorwurf, der gelegentlich auch in der Presse verbreitet wurde. Allerdings schrieb die *Börsen-Zeitung* im Mai 2012: »Für Ackermann standen die strategische Bedeutung des Retailbanking sowie die feste Verwurzelung und die Notwendigkeit einer führenden Position am Heimatmarkt als Voraussetzung dafür, auch im Ausland ernst genommen zu werden, nie infrage. Abgenommen wurde das dem Schweizer von den wenigsten. Doch diejenigen Beobachter, die seine Bekenntnisse zum Standort Deutschland für vorgeschoben hielten, mussten sich eines Besseren belehren lassen. 2006 übernahm die Deutsche Bank die *Berliner Bank* sowie Filialen, Kundenportfolio und

Marke der *Norisbank*…›Peanuts‹ gemessen an dem Brocken *Postbank* mit 14 Millionen Kunden, die seit 2008 für rund sechs Milliarden Euro in mehreren Happen geschluckt wurde. Mit diesem den Markt umwälzenden Deal hat sich die Deutsche Bank im hiesigen Retailbanking praktisch uneinholbar auf Platz drei hinter *Sparkassen* und *Volks- und Raiffeisenbanken* gesetzt.«

Der große Investmentbanker und deutsch-schweizerische Doppelbürger Hans-Jörg Rudloff sagte einmal zu mir: »Was wir wollen, sieht Deutschland anders.« Und das stimmt, jedenfalls bei gewissen Dingen. Wobei ich mir nicht sicher bin, ob es Deutschland ist, das etwas anderes will oder ob es nicht einfach einige deutsche Medienschaffende sind. Bei der Kontroverse um die Annahme beziehungsweise Ablehnung von Staatshilfe 2008 schlugen die Wellen hoch und es hagelte Kritik. Wir hatten aber über eine *Allensbach*-Umfrage herausgefunden, dass über 70 Prozent der Befragten unsere Einstellung teilten, in der Finanzkrise keine Staatshilfe in Anspruch zu nehmen, wenn sie nicht erforderlich ist.

Bundeskanzlerin Angela Merkel hatte mich deshalb zu einem privaten Abendessen eingeladen und mich gebeten, doch Staatsgelder anzunehmen. Auf meine Frage wieso, antwortete sie: »Was soll ich denn den anderen Bankern sagen, wenn Sie keine staatliche Unterstützung annehmen – das ist unsolidarisch.« Für mich war das verwunderlich und falsch verstandene Solidarität eines Fürsorgestaats, denn in der Schweiz ist der Aspekt der Eigenverantwortung stark ausgeprägt. In Deutschland dagegen sind die Erwartungen an »Vater Staat« sehr hoch angesiedelt. Das geflügelte Wort »von der Wiege bis zur Bahre« trifft es recht gut. Der Staat soll für das Wohl seiner Bürger in allen Lebenslagen sorgen. Dagegen ist prinzipiell kaum etwas einzuwenden, es sei denn, eine

»Überversorgung« führt zu extremer Verschuldung oder lähmt Eigeninitiative und Eigenverantwortung.

Mir ist aufgefallen, wie nett die Menschen in Deutschland auf mich als Person reagierten. Wenn wir am Samstag einkaufen gingen oder irgendwo einen Kaffee oder Äppelwoi tranken, kamen wildfremde Leute auf uns zu und meinten: »Ach – Sie sind es wirklich« – und dann plauderten wir eine Weile. Ich hatte nie eine negative Begegnung. Niemand beschimpfte mich auf der Straße oder wurde aggressiv. Auch nicht nach dem sogenannten Mannesmann-Skandal oder der hitzig geführten Debatte um die 25 Prozent Eigenkapitalrendite, die die Gemüter erregte. So schrieb die *FAZ* im April 2009, dass so mancher Politiker wie Joachim Poss von der SPD-Bundestagsfraktion dies für eine »irrwitzige Renditevorgabe« halte.

Dass bei dem damals erfreulichen Deutsche Bank-Gewinn von 1,8 Milliarden Euro rund 600 Millionen an den Fiskus gingen, fiel da »schnell unter den Tisch«. Ebenso, dass die Bank einen »Großteil der Erträge damit erwirtschaftet hat, Unternehmen durch Anleiheemissionen Kapital zu verschaffen«.

Wie gesagt habe ich persönlich nie irgendetwas Negatives erlebt. Das ist bis heute so geblieben, wenn ich in Deutschland unterwegs bin. Darum erscheint mir die Bundesrepublik gelegentlich zwiespältig. Es ist ganz unterschiedlich, wie einem die Menschen begegnen, beziehungsweise was und wie die Medien über mich geschrieben haben. Man könnte auch sagen, wie verschieden die öffentliche Meinung und die veröffentlichte Meinung sind.

Unsere eigenen Deutsche Bank-Umfragen erbrachten in der Regel sehr erfreuliche Resultate, doch wenn man die mediale Bewertung las, konnte man meinen, ich sei »der Teufel in Person«.

So erging es unserer Tochter Catherine, die eines Tages mit einem Taxifahrer in Stuttgart ins Gespräch kam. Als sie dem Mann erzählte, sie sei Schweizerin meinte er: »Von Ihnen haben wir den Teufel.« Als der Schnappschuss mit dem »Victory«-Zeichen während des Mannesmann-Prozesses um die Welt ging, wurde meine Tochter in der Filmakademie in Ludwigsburg von Kollegen mit dem »V«-Zeichen begrüßt, allerdings mit viel Sympathie.

Ein ganz anderes Ergebnis lieferte eine Deutsche Bank-Umfrage im Mai 2011 zur »Wahrnehmung von Josef Ackermann in der deutschen Bevölkerung«. Da hieß es: »Ackermann ist mit Abstand der bekannteste CEO (86 Prozent).« In den Kategorien »Glaubwürdigkeit, Sympathie und Bekanntheit des Corporate-Social-Responsibility-Engagements muss Ackermann Rang 1 an Dieter Zetsche (Daimler) und Martin Winterkorn (Volkswagen) abgeben. Ackermann wird »wie im Vorjahr am häufigsten als wichtiger Sprecher der Wirtschaft genannt (63 Prozent).«

Für viele war ich aber als Deutsche Bank-Chef ein »rotes Tuch«, das »arrogante Gesicht des Kapitalismus« und vieles mehr. Während einer Nobelpreisträgertagung in Lindau sagte der ehemalige bayerische Kultusminister Hans Maier einmal zu mir: »Wir kritisieren Sie alle, weil wir so wie Sie sein wollen.« Auch eine Perspektive.

Ich erlebte in meiner Frankfurter Zeit viele freundliche und entgegenkommende Menschen. Bei meinem Ausscheiden aus den Diensten der Bank hatten nicht einmal 20 Prozent der Deutschen ein negatives Bild von mir. Mein damaliger Kommunikationschef Stefan Baron meinte angesichts dieser Zahl, dass das vor allem »nach der Finanzkrise schon fast einer Liebeserklärung« gleichkomme.

Nach dem Mannesmann- und Leo Kirch-Prozess kamen Passanten spontan auf mich zu und meinten: »Herr Ackermann, halten Sie durch, wir schämen uns für unsere Staatsanwälte.« Das hat mich berührt, weil es dem Medienecho so diametral gegenüberstand.

Kommunikationsprobleme

Ich gebe zu, Kommunikation mit den Medien ist eine echte Herausforderung. Nicht nur für mich, sondern auch für Medienprofis. Der Fall meines Kommunikationschefs Simon Pincombe zeigt dies deutlich. Von 2000 bis 2002 war Pincombe für die Pressearbeit im Bereich Investmentbanking verantwortlich. Der Engländer, der dank seiner österreichischen Frau über rudimentäre Deutschkenntnisse verfügte, war ein ausgesprochen angenehmer Mensch, der aber bei den deutschen Medien schlicht nicht ankam.

Die *Süddeutsche Zeitung* schrieb 2010 nachträglich über ihn: »Die Szene der Pressesprecher großer deutscher Unternehmen ist sehr bunt, und eine der buntesten Gestalten war der Brite Simon Pincombe, der fünf Jahre lang bis 2007 Kommunikationschef der Deutschen Bank war. Der frühere enge Vertraute Josef Ackermanns hatte ein Büro in London, ein Büro in Frankfurt und ein paar Besonderheiten: Er war schwer erreichbar, saß entweder gerade ›im Flieger‹ oder nahm an einem ›Business Meeting‹ teil. Große globale Welt eben. Selbst beim Small Talk sprach er meist Englisch. Ein feiner, vornehmer Mann, der am Ende doch ein Paradiesvogel in der deutschen Medienwelt blieb.«

Als CEO beförderte ich Pincombe zum Kommunikationschef, weil ich im Investmentbanking-Bereich nur gute Erfahrungen mit ihm gemacht hatte. Er bemühte sich auf dem neuen Posten redlich, kam aber in Deutschland einfach nicht durch. Nach einer Evaluierung der Medienarbeit entdeckten wir große Lücken und trennten uns von ihm, weil er eine weniger wichtige Rolle ablehnte. Schon im Vorfeld der Trennung hatten mir viele Personen zu einer deutschen Besetzung des Kommunikationspostens geraten.

Meiner Einschätzung nach war Pincombe aber nicht wegen seines englischen Passes bei den deutschen Medien schlecht angekommen, sondern wegen seiner Haltung zu den medialen Auswüchsen des Mannesmann-Prozesses. Auf gewisse Artikel reagierte er ganz gelassen und übernahm die Headline der *Financial Times*: »No case to answer«. Ihm schien vieles einfach nur »hochgekocht« oder wie er mir einmal verriet, ein »ausgemachter, typisch deutscher Blödsinn«. Diese Haltung erwies sich gegenüber deutschen Journalisten und auch der Öffentlichkeit als wenig förderlich.

Nach Pincombe kam der bereits genannte Stefan Baron, eine Empfehlung aus journalistischen Kreisen. Plötzlich merkten die deutschen Medien, dass ein Landsmann Kommunikationschef war und die Akzeptanz war gegeben. So einfach war das. Man hat halt lieber eigene Leute als Ansprechpartner. Baron brachte zudem als ehemaliger Chefredakteur der *Wirtschaftswoche* und studierter Volkswirt nicht nur die erforderliche Themenkompetenz, sondern auch ein ausgezeichnetes Kontaktnetzwerk mit. Dies war ganz wesentlich in seiner Funktion, weil er neben der globalen Kommunikation und Markenführung der Bank auch die Aktivitäten im Bereich Corporate Social Responsibility verantwortete.

Mir wurde ab und zu unterstellt, dass ich in Deutschland kein eigenes Netzwerk gehabt hätte. Das habe zu einer gewissen Isolation und teilweise unfairen Berichterstattung geführt. Das traf nur bedingt zu. Als ich in Deutschland ankam, hatte ich in der Tat kein erstklassiges Netzwerk. Das musste ich mir erst erarbeiten. Nach wenigen Jahren war dies kein Thema mehr, weil Kontakte mit Politikern, Wirtschaftsführern und Kulturschaffenden an der Tagesordnung waren.

Vor gewissen Auswüchsen in den Medien war ich gleichwohl nicht gefeit. Manches, was kolportiert, gestreut und verbreitet wurde, war abfällig, grob oder bösartig.

Jahre später kam der damalige Chefredakteur des Magazins *Der Spiegel* mit einer Interviewanfrage auf mich zu und wollte im Verlauf des Vorgesprächs wissen, ob mich die medialen Vorwürfe aus der Deutsche Bank-Zeit noch stören würden. Ich sagte damals: »Manchmal mehr, manchmal weniger.« Er tat allerdings so, als ob ich über diesen Dingen stehen sollte. Diese Einstellung ist die vielleicht klügere, aber man ist auch bei vielen überstandenen Stürmen nie ganz abgehärtet.

Ich finde es grundsätzlich positiv, wenn in den Medien Kritik geäußert wird. Man ist unter Umständen sogar dankbar, wenn einem Fehler faktenbasiert nachgewiesen werden. Schlimm ist es aber, wenn »kreativ interpretiert« wird. Ein Beispiel: Ein Journalist stellte einmal eine Anfrage, ob er mich auf eine anstehende Asienreise begleiten könne. Ich sagte zu und der Korrespondent lieferte zu Beginn einen längeren fairen Artikel. Dann stellte er mir eines Abends in einer Hotel-Suite die Frage, was wichtiger für meinen Nachfolger wäre: »Persönlichkeit, Charakter oder Fachkenntnisse?« Meine Antwort damals: »Charakter und Integrität sind wichtiger als Fachkenntnisse, weil man sich Expertise jederzeit aneignen kann.«

Daraufhin schrieb er einen Artikel mit der Schlagzeile »Ackermann spricht sich klar für Axel Weber und gegen

Anshu Jain als Nachfolger aus«, was nach meiner Antwort völliger Blödsinn war. Seine Frage war nicht grundsätzlicher Art gewesen, sondern eine Suggestivfrage, die das gewünschte Ergebnis als reine Interpretation aus dem Nichts ermöglichen sollte – kein feiner Zug, sondern fragwürdiger Journalismus. Als er von einem Magazin gefragt wurde, ob er als Pressechef je ein Buch über seinen Vorstandsvorsitzenden schreiben würde, wies er dies entschieden mit dem Satz zurück: »Nein, das ist unanständig, das würde ich nie tun.« Ich hingegen habe das Buch von meinem Kommunikationschef Stefan Baron »Späte Reue: Josef Ackermann – eine Nahaufnahme« sehr geschätzt. Es ist ohne meine Unterstützung oder Initiative zustande gekommen.

Nur ein einziges Mal haben wir auf in zahlreichen Medien verbreitete Vorwürfe reagiert. Das war 2008, als mich im Zuge der Finanzkrise der damalige EKD-Ratsvorsitzende Bischof Wolfgang Huber in seiner Weihnachtsansprache persönlich hart attackierte. In der Presse war zu lesen, Huber wünsche sich von Managern »mehr Bescheidenheit«. Als »negatives Beispiel« kritisierte er den Deutsche Bank-Chef Josef Ackermann. Zur Begründung verwies er auf das vorgegebene Renditeziel von 25 Prozent. Solche Ziele zu setzen sei eine Form des »Götzendienstes«. In den aktuellen Zusammenhängen »ist das Geld zum Gott geworden«, wetterte Huber.

Ein Kolumnist der *Bild*-Zeitung kommentierte daraufhin: »Bibelharte Worte. Aber warum gilt Hubers Zorn ausgerechnet Ackermann, dessen Bank gerade keine Staatshilfe benötigt? Warum nicht den Landesbankern, die Milliarden versenkten? Warum nicht seinen Parteifreunden von der SPD, die erst die Tore für die große Spekulationsgier öffneten? Hat er denn die Zinsgelüste seiner Landeskirche Oldenburg vergessen, die 4,3 Millionen Euro bei der amerikanischen Pleite-Bank Lehman angelegt hatte? Und hat Huber nicht selbst jahrelang einen strengen Renditekurs gefahren als er bei seiner Landeskirche betriebsbedingte Kündigungen einführte und Kirchtürme zu Werbezwecken freigab? ... Solche Debatten beginnt man nicht, indem man an Weihnachten einen einzelnen Banker öffentlich ans Kreuz nagelt.«

Ich muss fairerweise erwähnen, dass sich Wolfgang Huber bei mir später persönlich entschuldigt hat. Mich hat allerdings sehr gestört, als sich im Rahmen eines begrenzten Personalabbaus bei der Deutschen Bank mehrere Vertreter der katholischen Kirche sehr kritisch äußerten. Es ging einmal mehr um überzogene Renditeerwartungen und um persönliche Attacken, die in dem Satz gipfelten: »Entweder ist Ackermann dumm oder er hat kein Herz!«

Ich hatte eigentlich mit allen Konfessionen auf ein gutes Verhältnis geachtet und habe zudem als Katholik fast eine halbe Million Kirchensteuer gezahlt. Die massive Kritik der Kirchenoberen war dann auch Anlass genug, um aus der Kirche auszutreten, und die gesparte Kirchensteuer nach eigenem Gusto für gute Zwecke einzusetzen. Gewiss tun Kirchen viel Gutes, doch fügen religiöse Konflikte weltweit Menschen auch viel Leid zu. Gerade in der heutigen Zeit wird oft die Erkenntnis der Aufklärung zur Trennung von Politik und Religion rückgängig gemacht und einem religiösen Nationalismus geopfert. Man darf unterscheiden zwischen Glaube, Kirche und Konfession. Ich bin auf jeden Fall ein religiöser Mensch. Allein die wissenschaftlichen Erklärungen der Entstehung des Universums gelangen an einen Punkt, wo etwas Unerklärbares, eben Göttliches den ersten Impuls gegeben haben muss.

In diesem Zusammenhang ist mir aufgefallen, was die Theologin Margot Käßmann im Juli 2022 geschrieben hat: »Weshalb wünschen sich Menschen, die bewusst aus der

Kirche ausgetreten sind, eine kirchliche Trauung, wenn sie vorher öffentlich erklärt haben, dass sie sich nicht als Christen verstehen?« Das Kirchengebäude und den Ritus als reine Kulisse für eine Hochzeit zu verwenden, finde ich ebenfalls nur wenig überzeugend.

Benjamin im Vorstand

Mit meinen gestandenen 48 Jahren war ich tatsächlich das jüngste Mitglied im Vorstand der Deutschen Bank. Der Youngster. Das bedeutete bereits am zweiten Tag nach meiner Ankunft, eine neue undankbare Aufgabe zu übernehmen, die mir völlig fremd war.

Bei der Deutschen Bank war es Tradition, dass immer der Jüngste die Vorstandssitzung protokollieren musste. Auch das war in der Schweiz völlig anders – und für meinen Geschmack auch etwas professioneller geregelt, denn dort war für das Verfassen der Sitzungsprotokolle immer ein Justitiar anwesend. Den sparte man sich in Frankfurt. Ich kann mich noch an das »diebische« Lächeln meines Vorgängers erinnern, der mir erleichtert mitteilte: »Herr Ackermann, jetzt sind Sie der Jüngste, Sie müssen das Protokoll schreiben.«

Somit schrieb ich dann die ersten Protokolle, die glücklicherweise recht kurz waren. Den ersten Entwurf schickte ich wie alle anderen an Sprecher Hilmar Kopper, der mich zurückrief und lachend meinte: »Das hast Du ja sehr schweizerisch gelöst.« Gemeint war die von mir genutzte juristisch-bürokratische Schweizer Diktion. So schrieb ich statt »Tagesordnungspunkte« einfach »Traktandenliste« oder »TOP Unerledigtes« und »folgende Pendenzen sind noch offen«. Das hatte Kopper offensichtlich amüsiert. Von da an »übersetzte« meine Sekretärin die Protokolle ins Deutsche. Glücklicherweise kam dann bald der noch jüngere US-Investmentbanker Edson Mitchell zu uns in den Vorstand. Da er kein Deutsch sprach, hatten wir von diesem Zeitpunkt an einen Justitiar im Gremium, der mitschrieb. Allerdings wurden dadurch die Protokolle immer länger.

So unbedeutend diese kleine Anekdote rund um die Sitzungsprotokolle erscheinen mag, zeigt sie gleichwohl, dass die Deutsche Bank nicht so gut durchorganisiert war wie die Schweizer Banken. Das fand ich irgendwie »untypisch« deutsch. Auch die Informationen aus dem Rechnungswesen hatten Schwachstellen und ein gewisses Verbesserungspotenzial. Bei meinen Filialbesuchen stellte ich fest, dass auf die Frage: »Wieviel habt ihr in den letzten Monaten verdient?« die überraschende Antwort kam: »Herr Ackermann, wir sind alle im Blindflug unterwegs.« Da traten eklatante Schwachstellen zutage.

Auch die IT war in einem schlechteren Zustand als etwa bei der Credit Suisse. Die Mitarbeiter, die von *Merrill Lynch* oder *Goldman Sachs* in London zu uns kamen, arbeiteten teilweise mit eigenen Laptops auf den Knien an ihren Plätzen und gaben zu verstehen, dass sie keine Infrastruktur wie früher hätten. Wären damals Mitarbeiter auf die Idee gekommen, uns Schaden zuzufügen, wäre dies ein Leichtes gewesen, weil wir zum Beispiel einen Datenabfluss kaum hätten kontrollieren können.

Griff nach Bankers Trust

Im November 1998 bot sich die Chance, mit Bankers Trust die achtgrößte Bank der USA zu übernehmen. Bankers Trust war 1903 als Vermögensverwalter in New York City gegründet worden und hatte sich bis Ende der 1990er-Jahre zu einer der größten Investmentbanken der USA gemausert.

Der Deal war allerdings mit Schwierigkeiten verbunden, weil es in der bankinternen IT erhebliche Probleme gab. Verlockend war dagegen die Erweiterung der Investmentbanking-Möglichkeiten bei der Deutschen Bank durch diesen strategischen Zukauf.

Der Historiker Manfred Pohl schrieb 2012 über die Transaktion: »Der Kauf von Bankers Trust erregte in den USA großes Aufsehen, war dieser Erwerb doch bis zu diesem Zeitpunkt die größte Bankübernahme durch ein ausländisches Institut ... die Deutsche Bank zahlte 9,7 Milliarden US-Dollar und musste darüber hinaus zusätzlich hohe Abfindungen und Strafen aufgrund früherer Verfehlungen zahlen. Ackermann übernahm die Aufgabe, Bankers Trust in die Deutsche Bank zu integrieren, eine Herkulesaufgabe, da es nicht nur galt, die Geschäftsbereiche neu zu ordnen, sondern gleichzeitig auch zwei völlig unterschiedliche Kulturen zusammenzuführen.«

Hinzu kam der Widerstand der jüdischen Mitarbeiter der US-Bank. Viele leitende Mitarbeiter sagten: »Wir arbeiten nicht für eine deutsche Bank, das geht gar nicht.« Ich besuchte diese Kollegen, aber auch jüdische Kunden, um Bedenken auszuräumen. Als ich mich mit einem australischen Großkunden traf, sagte er mir, dass er mit keinem deutschen Finanzinstitut zusammenarbeiten werde. Als ich ihm sagte, dass ich Schweizer bin, änderte er seine Meinung.

Dieser Brückenschlag hatte einige Symbolkraft. Denn später war dies überhaupt kein Thema mehr. Wir hatten zunehmend jüdische, muslimische, hinduistische leitende Mitarbeiter und Kunden. Charlotte Knobloch, Präsidentin der Israelitischen Kultusgemeinde München und Oberbayern sagte mir einmal, dass sie glaube, »der liebe Gott habe Herrn Ackermann gerufen«.

Wieso hatten wir uns ausgerechnet für Bankers Trust entschieden? Vor der Transaktion fand in Fiuggi vor den Toren Roms eine Konferenz der Führungskräfte statt. Hinterher kamen etliche von ihnen auf mich zu und meinten: »Herr Ackermann, Sie sind Investmentbanking-Chef, wenn Sie nicht endlich in den USA expandieren oder akquirieren, dann bleiben wir nicht.« Man setzte mir in gewisser Hinsicht die Pistole auf die Brust. Diese Drohung war ernst zu nehmen, weil ein Abgang von einem Team von bis zu 100 Mann einen herben Rückschlag bedeutet hätte und unser Bemühen, im Investmentbanking Fuß zu fassen, torpediert worden wäre. Die Investmentbanker wussten dies natürlich und nutzten den Hebel wie bei allen anderen Finanzinstituten knallhart.

Rolf E. Breuer sah durch die Kontaktaufnahme mit *Bankers Trust* neue Perspektiven für die Entwicklung der Deutschen Bank. Besonders mit einem wichtigen Standbein beim Investmentbanking in den USA. Im Zuge der Asienkrise und Volatilität an den Finanzmärkten konnten wir 1999 das US-Investmenthaus übernehmen. Das Finanzinstitut war zwar kein Juwel, aber wir erhielten eine potenziell strategisch bedeutende Plattform in den USA. Das war die wichtigste Konsequenz dieser Übernahme. Die Integration gelang innerhalb eines Jahres, nicht zuletzt deshalb, weil wir bei Bankers Trust keine »Leichen im Keller«, wie befürchtet, vorfanden.

Die Integration bedeutete nach Einschätzung des Autors Michael Raabe eine »erhebliche Verschiebung des Schwerpunkts«. Das bei angelsächsischen Instituten weit verbreitete Investmentgeschäft sollte auch bei der Deutschen Bank ein wichtiger Stützpfeiler und zu einer »Gezeitenwende in der Gewinn- und Verlustrechnung werden. Kurz gesagt: Es passierte alles, worauf Josef Ackermann hingearbeitet hatte.«

Arbeit war genug vorhanden. Um mitzuhalten, mussten wir in den Bereichen Informationstechnologie und Rechnungswesen deutlich besser werden. Die mangelhafte IT-Ausstattung war ein Grund, wieso wir keine hochqualifizierten Mitarbeiter in diesem Bereich rekrutieren konnten. Stattdessen hatten wir in dieser Übergangsphase substanzielle personelle Abgänge. An manchen Tagen saß ich im Büro und hatte schon morgens Faxe und Mails mit Kündigungen auf dem Tisch. Es war frustrierend.

Geradezu alarmierend waren die potenziellen Gefahren und Defizite bei übertriebenen Spekulationen von Derivatehändlern, wie der Fall von Nick Leeson bei der britischen Merchant Bank *Barings* zeigte. Leeson hatte durch gewagte Transaktionen 1995 satte Verluste in Höhe von einer Milliarde USD eingefahren und sämtliche Cash-Reserven von Barings verspielt. Zusätzlich hatte er Dokumente gefälscht und interne Kontrollsysteme umgangen. Damit war die 300 Jahre alte Merchant Bank dem Untergang geweiht. Ein einzelner Händler hatte den Kollaps dieses traditionsreichen Hauses herbeigeführt.

Auch die französische Großbank *Société Générale* schrammte im Fall von Jérôme Kerviel nur knapp an einem Untergang vorbei, nachdem der Händler 2008 Verluste von rund fünf Milliarden Euro verursacht hatte. Kerviel hatte mit riskanten Geschäften Positionen von 50 Milliarden Euro aufgebaut. Und der Wertpapierhändler Kweku Adoboli bescherte der Schweizer Bank UBS 2011 mit Spekulationsgeschäften einen Verlust von 2,3 Milliarden USD.

Um das Rechnungswesen und die IT entsprechend aufzurüsten, rekrutierten wir für den Vorstand RWE-Finanzchef Clemens Börsig und für den IT-Bereich Hermann-Josef Lamberti von IBM. Die beiden brachten uns durch ihre Expertise wesentlich voran. Mit einer neuen

IT-Struktur konnten wir die neuen Herausforderungen im Investmentbanking besser bewältigen. Der Neuaufbau hatte erst 1995 mit der Rekrutierung von Edson Mitchell und seinem Team von Merrill Lynch richtig begonnen. Mitchell war ein äußerst talentierter Investmentbanker, der bei Merrill Lynch über 15 Jahre das Derivate- und Fixed Income-Geschäft aufgebaut hatte.

Die Defizite blieben im Wesentlichen nicht an mir hängen, da ich noch relativ neu an Bord war. Man erkannte die Versäumnisse aus der Vergangenheit. Meine Anstrengungen, Veränderungen herbeizuführen, wurden positiv bewertet, etwa im Sinne: »Da kommt einer, der uns versteht und auf unserer Seite steht.«

Eine wichtige Baustelle war der bereits geschilderte Kulturkampf zwischen »Deutschen« und »Angelsachsen«. Das Gefühl, mit den Besten der Branche nicht mithalten zu können, war bedrückend.

Für junge Hochschulabsolventen hatte die Deutsche Bank außerhalb Deutschlands ein ziemlich biederes, ja fast schon langweiliges Image. Bei Rekrutierungsversuchen an ausländischen Universitäten kam fast niemand. Das eher unspektakuläre Kreditgeschäft wirkte für die jungen Nachwuchskräfte wenig sexy. Das änderte sich schlagartig nach dem Kauf von Bankers Trust. Da kamen hunderte von Bewerbungen und wir waren auf einmal heiß begehrt. Ohne die Übernahme hätten wir dies nicht geschafft.

Der gescheiterte Coup

Ende 1999 bahnte sich hinter den Kulissen ein neuer spektakulärer Coup an, initiiert von Vorstandssprecher Rolf E. Breuer. Geplant war die Fusion zwischen Deutscher Bank und Dresdner Bank, wodurch ein neuer Gigant entstanden wäre. Obwohl mehrere Mitglieder des Vorstands Bedenken hatten, stimmten wir dem Projekt einstimmig zu. Aus Gründen der Solidarität wollten wir Breuer unterstützen. Während der Verhandlungen traten jedoch die unterschiedlichen Interessen beider Parteien deutlich zutage. Und die Erkenntnis, dass die angestrebte Fusion schon wegen der erheblichen Größenunterschiede kaum realisierbar war.

Dafür gab es mehrere Gründe. Laut Fusionskonzept hätte die Deutsche Bank einen Teil ihrer stabilen Geschäftsfelder aufgeben sollen, dafür aber ein großes Kreditgeschäft dazugewonnen. Meine persönliche Auffassung war schon immer, dass eine globale Bank mit den Rahmenbedingungen Deutschlands 50 Prozent des operativen Gewinns aus stabilen Geschäftsbereichen und 50 Prozent aus dem Corporate und Investmentbanking erwirtschaften sollte. Wir waren überzeugt, dass es für eine globale Bank ungeheuer wichtig ist, in beiden Segmenten stark zu sein. Unsere strategische Ausrichtung zielte also auf eine führende Corporate und Investmentbank mit starkem Privatkunden- und Asset-Managementgeschäft. Eine Zwei-Säulen-Strategie.

Schwierig war auch die Zusammenlegung der Investmentbanking-Bereiche. Dabei war die *Dresdner Bank* mit ihrer Tochter *Kleinwort Benson* im Aktienhandel und bei Fusionsberatungen (M&A) weiter als wir. Allerdings hatten wir zuletzt große Anstrengungen unternommen, diese beiden Geschäftsfelder auszubauen und bereits gute Talente angeheuert. Da die Dresdner Bank wohl in diesen Segmenten das Kommando übernommen hätte, wären die neuen Mitarbeiter vermutlich abgesprungen, zumal sie sich den Dresdner Kollegen überlegen fühlten. Als dritten Punkt sahen wir potenzielle Probleme der Dresdner Bank im ausländischen Kreditgeschäft. Das hat sich später bestätigt.

Als Rolf E. Breuer und Dresdner Bank-Vorstandssprecher Bernhard Walter einen Kompromiss ausgehandelt hatten, wurden die beiden Vorstände erst einen Tag vor der Ankündigung informiert – und fühlten sich überrumpelt. Als der Deal am 9. März bekannt wurde, stieg der Dresdner Bank-Aktienkurs, aber die Deutsche Bank-Aktie sackte ab.

Dann zogen sich die Verhandlungen über die Details der Fusion hin. Die Zweifel stiegen – auf beiden Seiten. Wir konnten die Intentionen von Rolf E. Breuer zwar sehr gut nachvollziehen, doch waren wir im Vorstand hin- und hergerissen und vom Deal nicht überzeugt. Wir wollten unsere Investmentbanker nicht verlieren und die London-Fraktion um Edson Mitchell und Michael Philipp zeigte wenig Begeisterung. Kein Wunder. Mitchell hätte den Top-Job nicht allein erhalten und der Kampf um Spitzenpositionen wäre knallhart ausgetragen worden. Die entscheidende Frage wäre dann gewesen: Wer setzt sich durch? Ein solcher Machtkampf kann sich auf mehrere Ebenen ausweiten, was erhebliche Unruhe im Konzern auslöst. Überall waren Co-Chefs geplant, was keine ideale Lösung ist. Ich war daher nicht unglücklich, als der Dresdner Vorstand am 5. April 2000 einstimmig beschloss, die Gespräche abzubrechen. Zur Begründung hieß es, die Deutsche Bank habe entgegen der Absprachen gefordert, die Investmentbanking-Tochter Dresdner Kleinwort Benson ganz oder in Teilen zu verkaufen.

Das Scheitern der Verhandlungen war eine Hammer-Nachricht, weil die Fusion ja erst einen Monat zuvor groß angekündigt worden war. Für Rolf E. Breuer war dies eine schwere persönliche Niederlage.

Die Tageszeitung *Die Welt* sprach von einem »Debakel«. Die *Bild*-Zeitung formulierte es noch krasser: »Die ganze Welt lacht.« Breuer sei ein »Dilettant« und »Versager«. Die *Financial Times* kommentierte, Breuer habe sich »eine blutige Nase geholt«.

Die Medien berichteten aber auch groß darüber, dass die Londoner Investmentbanker um Edson Mitchell und ich die Fusion absichtlich torpediert hätten.

Focus Money schrieb im September 2000 von einer »Sabotage« und meinte: »Unangefochten war die Position des Rheinländers Rolf E. Breuer, als er am 9. März dieses Jahres die Fusion mit der Dresdner Bank verkündete und jene Sätze sagte, die das Ende seiner Karriere einläuten sollten: »Eine Perle, die weder verkauft noch geschlossen werden sollte, sei Dresdner Kleinwort Benson, die Investmentbank des neuen Partners. Die mächtigen Investmentbanker der Deutschen Bank witterten unliebsame Konkurrenz und fortan hatte Ackermann leichtes Spiel. Unterstützt von Mitchell und Philipp blockierte der Schweizer den Deal – und Breuer musste sich beugen. Kein Wort des Triumphs, taktisch geschickt schwieg Ackermann nach seinem Sieg in der Öffentlichkeit«.

Doch hinter den Kulissen machten Ackermann-Freunde Stimmung: »In jedem amerikanischen Unternehmen wäre Breuer längst zurückgetreten.«

Nach der geplatzten Fusion war Breuer in der Öffentlichkeit und intern sichtlich angeschlagen. In der Bank begann eine Diskussion über die künftige Führungsstruktur, beflügelt durch Spekulationen in den Medien über die Nachfolge an der Konzernspitze. In einer solchen Phase versuchen die unterschiedlichsten Stimmen, ihren Wunschkandidaten zu platzieren.

Der Vorstand sah sich daher dazu gedrängt, den Nachfolger von Rolf E. Breuer schon zwei Jahre vor seinem Ausscheiden zu wählen.

So organisierte der Dienstälteste im Vorstand, Tessen von Heydebreck, ein Abendessen, bei dem der Nachfolger gewählt werden sollte. Von Heydebreck hat mich damals als neuen Konzernchef vorgeschlagen. Alle anwesenden Kollegen sprachen mir ihr Vertrauen aus, sodass wir in kurzer Zeit das Nachfolgeproblem gelöst hatten. Breuer reagierte sehr positiv. Ich versprach ihm, ihn in den nächsten beiden Jahren tatkräftig zu unterstützen und mich nach außen hin zurückzuhalten. In diesen zwei Jahren arbeiteten wir eng und gut zusammen.

Breuer und ich führten die Bank wirklich global und gründeten das Group Executive Committee (GEC), was von den Medien stark kritisiert wurde. Die Idee war, einen kleinen Vorstand für die zentrale Führung der Bank zu haben.

Man darf mit Fug und Recht behaupten, dass Breuer und ich die Reformen in großem Einvernehmen realisiert haben. Aus der Erfahrung mit Rainer E. Gut wollte ich keine persönlichen Zerwürfnisse mehr erleben. Gelegentlich wurde kritisiert, dass ich selten in Erscheinung trat, aber ich sagte stets: »Das geht nicht – Breuer ist der Chef.« Intern teilten wir uns die Geschäftsbereiche auf. Breuer führte das Privatkundengeschäft, ich das Unternehmensgeschäft.

Breuer wirkte gelegentlich etwas unnahbar. Er konnte aber ein sehr liebenswürdiger Mensch sein. Seine Unterstützung während des Mannesmann-Prozesses habe ich sehr geschätzt. Er meinte damals, dass »wir das einfach durchstehen müssen«. Diese Einstellung fand ich großartig. Er hätte auch anders reagieren können. In dieser schwierigen Zeit stärkte er mir den Rücken. Ich habe das bei ihm während der Auseinandersetzungen mit Leo Kirch genauso gehalten.

Terror, Tod und Verderben

Am Morgen des 11. September 2001 entführten 19 islamistische Al-Kaida-Terroristen vier Passagierflugzeuge der US-Fluggesellschaften American Airlines und United Airlines. Um 8.46 Uhr Ortszeit raste Flug AA11 mit 81 Passagieren und 11 Crew-Mitgliedern an Bord mit 750 km/h zwischen dem 93. und 99. Stock in den 417 Meter hohen Nordturm des World Trade Center (WTC) in New York City und explodierte in einem riesigen Feuerball. Zunächst dachte man an einen Unfall. Doch um 9.03 Uhr durchschlug die in Boston entführte Maschine der United Airlines Flug UA-175 mit 65 Menschen an Bord den Südturm. Die Evakuierung des gesamten WTC-Komplexes wurde sofort angeordnet, doch um 9.59 Uhr brach zuerst der Südturm und um 10.28 Uhr der Nordturm zusammen.

Ein drittes Flugzeug wurde von den Terroristen in das Pentagon in Arlington, Virginia, gesteuert, der vierte Jet absichtlich von den Entführern bei Shanksville, Pennsylvania, 100 km östlich von Pittsburgh, zum Absturz gebracht, nachdem die Passagiere erfolglos versucht hatten, das Cockpit zu stürmen und die Terroristen zu überwältigen. Es war der schwerste Angriff auf die Vereinigten Staaten seit Pearl Harbor. An die 3000 Tote waren durch den schockierenden Terroranschlag zu beklagen.

Die Trümmer des Südturms begruben das WTC 3, WTC 4 und die St. Nicholas Greek Orthodox Church unter sich. Das danebenstehende 39 Stockwerke umfassende Deutsche Bank-Gebäude erlitt ebenfalls schwere Schäden, als beim Bersten der Türme Trümmerteile in die Fassade geschleudert wurden.

Doch das wussten wir damals noch nicht, als uns die Schreckensnachrichten erreichten. Wir hatten am 11. September in Frankfurt eine Vorstandssitzung, als jemand völlig aufgeregt in den Sitzungssaal eilte und uns informierte, dass ein Flugzeug in einen Turm des World Trade Center in New York gestürzt sei – vermutlich handle es sich um einen Pilotenfehler oder etwas ähnliches. Wir schalteten sofort die laufenden Fernsehsendungen auf eine große Leinwand und verfolgten atemlos die Live-Berichterstattung über das anstehende Drama. Als die zweite Maschine in das World Trade Center raste, war uns klar, dass dies kein Unfall war.

Es war ein Riesenschock. Der Terroranschlag traf uns völlig unvorbereitet, und wir hatten zuerst keinerlei eigene oder zuverlässige Informationen. Uns schwante Fürchterliches, denn unsere Mitarbeiter arbeiteten im Deutsche Bank-Gebäude, früher Bankers Trust Plaza, 130 Liberty Street, in Manhattan direkt neben dem WTC-Gelände. Was war zu tun?

Die Horrorbilder von 9/11 sind all jenen in Erinnerung geblieben, die als Angehörige der Opfer, als Helfer, Feuerwehrleute, Polizisten, Ärzteteams oder als Augenzeugen den Massenmord live miterlebten oder am Fernsehschirm das Grauen verfolgten. Von den Langzeitfolgen ganz zu schweigen. Auch wir im fernen Frankfurt konnten nicht glauben, was wir auf dem Bildschirm zu sehen bekamen. Ein Inferno, brennende Gebäude, eingeschlossene Mitarbeiter, verzweifelte Hilferufe und Menschen, die in den Tod sprangen, um den Flammen zu entkommen.

Wir waren alle geschockt und wie gelähmt, weil ein derartiges Horror-Szenario schlicht undenkbar war. Und doch setzte sich schnell die Erkenntnis durch, dass rasches Handeln unverzichtbar und Krisenmanagement zwingend erforderlich war. Das Chaos betraf letzten Endes unsere eigenen Mitarbeiter, und wir mussten so schnell wie möglich Fakten sammeln, um angesichts der dramatischen Entwicklung helfen zu können. Rolf E. Breuer rief sofort alle wichtigen Banken und Geschäftspartner in NYC an, um Informationen aus erster Hand zu erhalten und ein Bild der Lage zu bekommen. Ich meldete mich bei unserem USA-Chef Seth Waugh, der kurz Bericht erstattete.

Aufgrund meiner Erfahrungen und Kontakte bei der Integration von Bankers Trust beschloss der Vorstand, mich am nächsten Tag nach New York zu entsenden. Da der US-Luftraum von den Behörden nach dem Terroranschlag komplett gesperrt worden war, mussten wir improvisieren. Ein Linienflug war angesichts des blockierten Flugverkehrs unmöglich, daher charterten wir einen Privatjet. Erste Station war Neufundland, wo ich in eine amerikanische Maschine umstieg. Direktflüge nach New York waren schlicht nicht möglich.

Als ich in New York am Teterboro Airport ankam, herrschte eine unglaublich angespannte und aufgewühlte Stimmung. Es war eine Mischung aus Fassungslosigkeit, Verstörung, Wut, Entsetzen und Erschütterung. Ich fuhr sofort in mein Apartment, um einen Krisenstab einzurichten. Die Stadt stand unter Schock, viele hatten Angst. Auch die Wut und Ohnmacht über das Unfassbare waren deutlich zu spüren, die Stimmung kippte über in: »Die Hintermänner müssen bestraft werden, jetzt muss zurückgeschlagen werden.« Gleichzeitig trafen sich die Menschen überall und trugen als Zeichen der Solidarität

NYC-Pins. Immer wieder wurde diskutiert, dass so etwas nie wieder geschehen dürfe.

Bilanz des Schreckens

Mehr als 2700 Menschen aus 115 Nationen verloren allein in den Zwillingstürmen des WTC ihr Leben, landesweit waren es rund 3000 Tote. Im World Trade Center starben 343 Feuerwehrleute und Sanitäter, 37 Beamte der New Yorker Hafenbehörde, 75 Passanten, 60 Polizisten und 37 Beamte der Port Authority. Die Opfer waren zwischen 2 und 85 Jahre alt. Nach Schätzungen könnten durch die Spätfolgen fast so viele Opfer wie am Tag des Schreckens gestorben sein. Viele Menschen hatten auf ihrer Flucht durch Tonnen von Schutt und Staub in der verpesteten Luft Asbest, Glasfaser, Dioxine, Blei oder Schwefelsäure eingeatmet.

Nach einem Bericht der ARD Tagesschau konnten später »68 verschiedene Krebsarten auf die 9/11-Gifte« zurückgeführt werden. Noch 18 Jahre später, im Juni 2019, berichtete der Fernsehsender CNN, dass ein weiteres Todesopfer identifiziert worden war. Und im September 2023 meldete *Der Spiegel*, dass die Behörden mittels DNA-Analysen zwei weitere Opfer identifiziert hatten. 1104 Opfer blieben verschollen. Auch in unserem Gebäude fand man Jahre später noch sterbliche Überreste. Unfassbare Zerstörung, Elend, Leid.

Die Deutsche Bank hatte einen besonders tragischen Fall zu beklagen. In dem Inferno starb der 28-jährige Sebastian Gorki aus Iserlohn in Nordrhein-Westfalen. Er weilte bei uns als junger Trainee in New York und war am Morgen ins Büro gekommen. Ein amerikanischer Kollege bat darum, ihn auf einer Sitzung im WTC zu vertreten. Er wollte zur Elternsprechstunde an der Schule seines Sohnes, der momentan einigen Ärger hatte. Sebastian eilte zu dem Termin im Südturm in die 94. Etage und rief sogar noch im Büro an. Seine Botschaft: »Ich bin im anderen Turm und bin okay.« Dies war sein letztes Lebenszeichen.

Seine brasilianische Freundin Paula Bellini arbeitete für Morgan Stanley und hätte ebenfalls im Büro sein müssen. Doch sie war im zweiten Monat schwanger und fühlte sich an diesem Morgen unwohl. Daher ging sie später zur Arbeit und das rettete ihr Leben. Doch sie bekam den teuflischen Anschlag »live« mit. Wenige Schritte vor dem Südturm, so schilderte sie Jahre später dem Magazin *Focus* das Geschehen, hörte sie ein explodierendes Geräusch. Sie riss ihre Kopfhörer herunter und sah einen »riesigen Feuerball, der sich in den Scheiben der Hochhäuser spiegelte.«

Die 29-Jährige flüchtete sich in die Eingangshalle des Südturms. Da sie mit Sebastian zum Mittagessen im World Trade Center verabredet war, wollte sie ihn warnen und rief sein Büro an. Man sagte ihr, dass ihr Freund in Downtown sei. Paula rief noch: »Sagen Sie ihm, er soll abhauen.« Dann rannte sie die Treppen zur U-Bahn herunter und erreichte die letzte U-Bahn, die unter den Zwillingstürmen noch abfuhr.

Zuhause angekommen schaltete Paula den Fernseher ein und versuchte, ihren Freund zu erreichen. Auf ihrem Handy waren vier Nachrichten eingegangen. Sebastian hatte sie angerufen, als sie in der U-Bahn saß. Er teilte ihr mit, dass er für einen Kollegen einen Kunden im WTC träfe. Beim nächsten Anruf berichtete er, dass im Nachbarturm etwas passiert sei. Er riet ihr fernzubleiben. Die junge Frau schaute auf das Fernsehgerät und musste erleben, wie das zweite Flugzeug in den Südturm raste. Noch zwei Minuten vorher hatte sich Sebastian ein letztes Mal gemeldet. Er sagte: »Ich wollte nur sicher gehen, dass du okay bist. Ich bin mit einem Kunden im 94. Stock«. Sein letzter Satz lautete: »Wir sprechen uns später.«

Paula Bellini erlitt einen Schock wie so viele andere an diesem Morgen des Grauens. Noch hoffte sie auf ein Wunder, dass es ihr Freund irgendwie aus dem Turm geschafft hätte. Und sie bangte um ihr ungeborenes Kind.

Hoffen und Bangen lösten sich mit Wut und Trauer ab. Und Erschöpfung. Erst ein Anruf der New Yorker Gerichtsmedizin brachte nach Wochen Gewissheit. Im Schutt des WTC wurden sterbliche Überreste von Sebastian entdeckt. Später wurden noch zwei Firmenausweise gefunden.

Viele andere Mitarbeiter waren traumatisiert und hatten Schreckliches erlebt. Nach dem gewaltigen Aufprall und der verheerenden Explosion der beiden Passagiermaschinen in den Twin Towers waren unsere Kollegen die Nottreppen heruntergerannt und mussten beim panikartigen Verlassen der Gebäude über Leichen stolpern und Verletzte bergen.

Wir konnten einen Teil unserer Mitarbeiter in einem zweiten Gebäude unterbringen. Zudem organisierten wir außerhalb der Stadt einige Hallen, die wir zu Versammlungsorten und improvisierten Büros umbauen ließen. Dort konnten sich unsere Mitarbeiter treffen und untereinander austauschen. Es war eine sehr emotionale Zeit. Psychologen und Sozialarbeiter waren im Dauereinsatz. Ich war besonders berührt, wie tatkräftig Frauen in diesem Katastrophenfall agierten und spontan Führungsrollen und Verantwortung übernahmen.

Es war unmöglich, an »business as usual« zu denken. Die Welt stand still. Die Aktienmärkte brachen nach den Terroranschlägen massiv ein. Die New Yorker Börse (NYSE) war vier Tage lang geschlossen. Erst am 17. September wurde der Handel wieder aufgenommen.

Wir bemühten uns, der Stadt New York und ihren Institutionen zu helfen so gut es ging. Als Hauptsponsor der Metropolitan Opera waren wir selbstverständlich bereit, eine Sondervorstellung (Pre Opening Night) zu unterstützen, um der Opfer der Terroranschläge zu gedenken. Das war ein sehr emotionaler Abend. Die wichtigsten Repräsentanten der Stadt waren zugegen, um Solidarität zu zeigen. Zusätzlich spendeten wir 15 Millionen USD für diverse Hilfsfonds, die eingerichtet wurden. Außerdem verteilten wir T-Shirts mit dem Aufdruck »Die Deutsche Bank dankt den Feuerwehrleuten« – das war kein geschmackloser PR-Stunt, wie Zyniker meinten, sondern eine Geste, die einem echten Bedürfnis entsprach.

Dazu gehörte auch unsere Zusage, dass wir keineswegs die Wall Street verlassen würden, sondern im erst kürzlich bezogenen ehemaligen Gebäude von J.P. Morgan bleiben würden. Im Gegensatz zu anderen Finanzinstituten, die wegwollten. New Yorks Gouverneur George Pataki und NYC-Bürgermeister Rudy Giuliani dankten uns persönlich in einer kleinen Zeremonie für unsere Haltung und die Überzeugung, dass sich New York wieder erholen würde.

Für den Wiederaufbau wurde ein Steuerungsausschuss eingerichtet, zu dem ich eingeladen war. Zusammen mit dem US-Schauspieler Robert de Niro war ich verantwortlich für die Programmkommission, in der auch mehrere Feuerwehrleute vertreten waren. Einer dieser Männer hatte am 9. September seinen Sohn verloren. Ich weiß noch, wie er eines Tages, als ich den Sitzungsraum betrat, auf mich zukam, mich umarmte und meinte: »Ich danke Ihnen und der Deutschen Bank, was Sie getan haben.« Diese Begegnung hat mich zutiefst berührt.

Ich denke, wir hatten uns bemüht, den Bürgern der Stadt unsere Anteilnahme und Loyalität zu versichern.

Ex-Goldman-Sachs-Co-Chairman John C. Whitehead sagte mir eines Tages, dass unsere Solidarität mit der Stadt ihm gezeigt habe, dass die Deutsche Bank es in New York schaffen würde, daran habe er früher gezweifelt.

Im Steuerungsausschuss gab es viele emotionale Diskussionen. Wie sollte Ground Zero neu gestaltet werden? Eine reine Rasenfläche, eine Gedenkstätte oder ein neues Hochhaus? War das überhaupt denkbar oder ein Affront den Opfern und Überlebenden gegenüber? Als man Schutt, Geröll und Überreste von Ground Zero außerhalb der Stadt aufgeschüttet hatte, begann eine neue Diskussion, ob man nicht alles zurückholen soll, weil immer noch sterbliche Überreste im Erdreich vermutet wurden.

Alle waren von den grauenhaften Erlebnissen aufgewühlt. Man wollte ziemlich rasch wieder aufbauen, doch der neben mir sitzende Feuerwehrmann sagte: »An diesem Ort wird nichts mehr aufgebaut, da habe ich meinen toten Sohn mit eigenen Händen aus den Trümmern geborgen.« Das war eine extrem schwierige Zeit. Einfühlungsvermögen und Anteilnahme waren besonders gefragt.

Daniel Libeskind erhielt nach einer Ausschreibung dann den Auftrag, am Ground Zero einen Wolkenkratzer, das One World Trade Center, zu entwerfen. Das Gebäude »muss die Opfer ehren, aber auch positiv in die Zukunft weisen«, sagte der Architekt 2011 dem *Spiegel*.

Verrückterweise kamen kurze Zeit nach den Terroranschlägen zusätzlich noch mehrere Anthrax-Attacken. Fünf Menschen starben, als sie Briefe mit Milzbrandsporen öffneten. Die Schreiben waren anonym an verschiedene Senatoren und Nachrichtensender verschickt worden. Daraufhin wurde überall die gesamte Post geöffnet und kontrolliert. Alle hatten Angst, dass irgendwo dieses Pulver auftauchen könnte. Das sorgte für tiefgehende Verunsicherung. Auch meine Privatpost wurde in New York zuerst ins Büro gebracht und dort geöffnet. Es ist erschreckend, was sich manche »kranke Gehirne« ausdenken.

Das bisherige von Bankers Trust übernommene Deutsche Bank-Gebäude war schwer beschädigt, aber strukturell noch haltbar. Allerdings war die Staubkontamination derart gravierend, dass an einen Neuanfang, beziehungsweise Wiedereinzug nicht zu denken war. Deshalb veräußerten wir das Grundstück samt Gebäude.

Das Kirch-Drama

Am 3. Februar 2002 gab Rolf E. Breuer dem Finanznachrichtensender *Bloomberg TV* ein Interview, das erhebliche Schockwellen auslösen sollte. Der Deutsche Bank-Vorstandschef wurde auf den Unternehmer Leo Kirch angesprochen. Die Frage lautete: »Kirch hat sehr viele Schulden, sehr hohe Schulden. Wie exponiert ist die Deutsche Bank?« Breuer antwortete damals: »Relativ komfortabel, würde ich mal sagen, denn – das ist bekannt und da begehe ich keine Indiskretion, wenn ich das erzähle – der Kredit, den wir haben, ist zahlenmäßig nicht einer der größten, sondern relativ im mittleren Bereich und voll gesichert durch ein Pfandrecht auf Kirchs Aktien beim Springer-Verlag. Uns kann also eigentlich nichts passieren. Wir fühlen uns gut abgesichert. Es ist nie schön, wenn ein Schuldner in Schwierigkeiten kommt, und ich hoffe, das ist nicht der Fall. Aber wenn das so käme, wir bräuchten keine Sorgen zu haben.«

Die nächste Frage war suggestiv: »Die Frage ist ja, ob man mehr ihm hilft, weiterzumachen?« Breuer antwortete: »Das halte ich für relativ fraglich. Was alles man darüber lesen und hören kann ist ja, dass der Finanzsektor nicht bereit ist, auf unveränderter Basis noch weitere Fremd- oder gar Eigenmittel zur Verfügung zu stellen. Es können also nur Dritte sein, die sich gegebenenfalls für eine, wie Sie gesagt haben, Stützung interessieren.«

Wenig später war Kirch pleite und zog mit dem Vorwurf vor Gericht: »Der Rolf hat mich totgemacht.« Kirch beschuldigte Breuer, sein Unternehmen durch die öffentlich geäußerten Zweifel an der Kreditwürdigkeit in die Insolvenz getrieben zu haben. Er, Breuer, habe gegen die Verschwiegenheitspflicht der Banken verstoßen. Im April 2002 stellte die Kirch Media GmbH & Co KGaA Insolvenzantrag. Ein jahrelanger Rechtsstreit folgte, der erst 2014 durch einen Vergleich beendet werden konnte. Die Deutsche Bank musste 925 Millionen Euro Schadenersatz an die Erben von Leo Kirch, der 2011 gestorben war, zahlen. Breuer selbst zahlte 3,2 Millionen Euro aus seinem Privatvermögen. Er litt sehr unter dem Kirch-Drama. Auch für die Bank war es eine wenig erbauliche Dekade, da uns die Verhandlungen immer wieder beschäftigten. So dominierten die Kirch-Anwälte mit ihren Fragen während der Hauptversammlungen und beanspruchten mehr als 60 Prozent der Zeit.

Dabei hatte ich mich frühzeitig um eine Beilegung des Konflikts bemüht. Als Kirch Breuer verklagte, schlug ich dem Unternehmer ein privates Treffen vor. Wir verabredeten uns in einem kleinen Hotel im Allgäu und unterhielten uns recht gut. Ich bin heute noch davon überzeugt, dass wir die ganze Situation in der Frühphase mit etwa 60 Millionen Euro hätten bereinigen können. Leider lief es dann ganz anders.

Bei meiner Rückkehr gab ich meine Einschätzung bekannt. Breuers Anwälte und Rechtsberater meinten allerdings, dass es zum damaligen Zeitpunkt gar keinen Grund für einen Vergleich gebe. Meines Erachtens war das eine Fehleinschätzung. Wir lehnten also den Kompromiss ab und mussten dann zusehen, wie sich die Auseinandersetzung zuspitzte. Am Schluss kostete uns der Streit wie erwähnt mehr als 900 Millionen Euro.

Trotzdem verstand ich mich mit Leo Kirch recht gut. Irgendwann waren wir beim Münchner Unternehmensberater Roland Berger zu einem Abendessen eingeladen. Kirch war mit seiner Frau ebenfalls zugegen und war Tischnachbar meiner Frau. Beide unterhielten sich recht angeregt. Am Ende des Abends hängte er sich beim Heruntergehen der Treppe bei meiner Frau ein, er war ja halb blind. Später traf ich ihn noch einmal beim bayerischen Ministerpräsidenten Horst Seehofer, der ein Treffen zwischen mir und Kirch arrangiert hatte. Seehofer versuchte zu vermitteln, doch der Medienmogul zeigte sich sehr unversöhnlich und war zutiefst davon überzeugt, Breuer habe ihn vernichtet.

Während einer Siemens-Hauptversammlung wurde ich aus dem Saal gerufen. Alt-Kanzler Helmut Kohl war am Telefon und plädierte für einen Vergleich, als Summe schwebte ihm mehr als eine Milliarde Euro vor. Doch es wollte nicht klappen.

Kirch war als Person sehr umgänglich, aber sein kreditfinanziertes Finanzgebaren zeigte ihn als einen kaufmännischen Gratgänger. Sein Firmen-Konglomerat umfasste gegen Ende rund 100 Tochterfirmen, circa 10 000 Mitarbeiter und gut neun Milliarden Euro Schulden. Eine besonders ungute Rolle spielte der damalige Geschäftsführer der Kirch-Gruppe Dieter Hahn. Er wurde, wie mehrere Zeitungen berichteten, von den Kirch-Erben mit 200 Millionen Euro bedacht, was mir heute noch rätselhaft erscheint.

Zu meinem 60. Geburtstag publizierte die *Frankfurter Allgemeine Sonntagszeitung (FAS)* eine Doppelseite mit zahlreichen Interviews. Zwei Personen äußerten sich negativ. Einmal Hahn, weil er im Streit mit der Deutschen Bank war, sowie die Linken-Politikerin Sahra Wagenknecht. Das tat der schönen Geste der *FAS* aber keinen Abbruch.

Leider hat der Aufsichtsrat Breuer dann zum Rücktritt bewogen, was ich sehr bedauerte, denn es änderte sich nichts. Kirch kämpfte weiter, mit oder ohne Breuer. Die juristische Schlacht dauerte sage und schreibe 17 Jahre.

Auch nach dem außergerichtlichen Vergleich inklusive der Zahlung von mehr als 900 Millionen Euro an die Kirch-Gruppe im Februar 2014 beschäftigten sich mehrere Gerichte mit dem Fall. Das Oberlandesgericht München hatte Ende 2012 entschieden, dass die Deutsche Bank den Kirch-Erben Schadenersatz zahlen muss, ohne eine Summe zu nennen. Doch die Münchner Staatsanwaltschaft ließ in ihren Ermittlungen nicht locker und beschuldigte mich und vier weitere Deutsche Bank-Manager der Falschaussage und des versuchten Prozessbetrugs.

Vor dem Landgericht München endete der Strafprozess im April 2016 zu meiner großen Erleichterung mit einem Freispruch. Der Vorsitzende Richter Peter Noll bescheinigte der Anklage, »Vermutungen ins Blaue hinein« angestellt zu haben. »Man sieht nichts, man hört nichts, man riecht nichts«, betonte Noll, »daraus kann man eigentlich nur schließen: Es gibt nichts.« Und auch dieser Satz ist mir in Erinnerung geblieben: »Das ist ein Freispruch, wie er sich gehört.«

Zudem wies der Richter den Antrag der Behörde auf eine Razzia bei der Deutschen Bank zurück. Die Vorwürfe träfen nicht zu, hieß es in der Begründung, deshalb gebe es auch keinen Grund für eine Durchsuchung.

Richter Noll zolle ich meinen Respekt. Er war unaufgeregt, kompetent und fair. In einem Interview mit dem

Manager Magazin 2016 hat er auf die Frage, ob prominente Wirtschaftsführer mehr Diskretion als andere verdienen, geantwortet: »Nein, aber man muss darauf achten, dass Prominente keine Extralast tragen. Jemanden vor laufenden Kameras durchsuchen zu lassen, finde ich unwürdig.« Eine klare Anspielung auf den Fall Klaus Zumwinkel.

Die Münchner Staatsanwaltschaft wehrte sich gegen die Freisprüche und legte Revision ein, sodass sich auch der Bundesgerichtshof (BGH) mit dem Fall beschäftigen musste. Ende Oktober 2019 bestätigte der BGH den Freispruch für mich und alle anderen Kollegen. Das Urteil weise »keine Widersprüche, Lücken oder falsche Begründungen auf«. Damit war die »Causa Kirch« endgültig erledigt. Die Tageszeitung *Die Welt* sprach vom »finalen Freispruch« und vom »vielleicht teuersten Interview aller Zeiten«.

Mannesmann-Prozess – Der mediale GAU

2004 wurde in Düsseldorf einer der aufsehenerregendsten Wirtschaftsprozesse der deutschen Nachkriegszeit eröffnet. Im sogenannten Mannesmann-Prozess ging es um den Verdacht der Untreue oder Beihilfe zur Untreue bei den Bonuszahlungen an den früheren Mannesmann-Vorstandschef Klaus Esser nach der Übernahme des Mobilfunkkonzerns *Mannesmann* durch den britischen Telekommunikationsriesen *Vodafone* im Jahre 2000. Die Verhandlung hatte eine Vorgeschichte, auf die ich kurz eingehen möchte.

Im Dezember 1999 sorgte Vodafone-Chef Chris Gent durch einen feindlichen Übernahmeversuch von Mannesmann für riesige Schlagzeilen. Es war die spektakulärste Übernahmeschlacht der deutschen Wirtschaftsgeschichte.

Gent interessierte sich primär für das D2-Mobilfunknetz des Düsseldorfer Konzerns. Mannesmann-Chef Esser leistete wochenlang erbitterten Widerstand und ergriff diverse Abwehrmaßnahmen, indem er etwa die Produktlinien erweiterte und eine massive Werbekampagne startete. In der Übernahmeschlacht legte der Börsenwert des Unternehmens massiv zu. Im Oktober 1999 stand die Mannesmann-Aktie bei 144 Euro, Mitte November schnellte der Kurs auf 209,90 Euro hoch. In nur acht Wochen kletterte er auf 240 Euro und landete am Ende bei 340 Euro. Eine rasante und vor allem lukrative Entwicklung für die Aktionäre.

Als Vodafone den Großaktionär Vivendi auf seine Seite ziehen konnte, hatte Gent gewonnen – ebenso die Mannesmann-Aktionäre. Denn ursprünglich hatte Vodafone 100 Milliarden Euro geboten, musste aber am Ende satte 190 Milliarden Euro zahlen. Esser hatte glänzend gepokert. Am 3. Februar 2000 unterzeichnete er den Übernahmevertrag. Es war die teuerste Transaktion der Wirtschaftsgeschichte. Vodafone wurde damals mit einer Marktkapitalisierung von 350 Milliarden USD nach Microsoft, GE und Cisco der viertgrößte Konzern weltweit und mit mehr als 40 Millionen Kunden das größte Mobilfunkunternehmen der Welt.

Eine der entscheidenden Figuren im Hintergrund war Li Ka-shing, ein Multimilliardär aus Hongkong. Li galt als »reichster Mann Asiens« und hatte über seinen Mischkonzern Hutchison Whampoa beim Verkauf seines Aktienpakets am britischen Mobilfunkkonzern Orange an Mannesmann nicht nur 14,6 Milliarden USD an Gewinn eingestrichen, sondern erhielt gleichzeitig 10,1 Prozent-Anteile an Mannesmann. Damit war Hutchison Whampoa der größte Einzelaktionär und geneigt, ein erhöhtes Angebot von Vodafone zu akzeptieren. Aus gutem Grund: Bei der Übernahme kassierte der Mann aus Hongkong nochmal kräftig ab. Allein während der Übernahmeschlacht stiegen Lis Anteile um acht Milliarden Euro.

Angesichts dieses enormen Gewinns schlug Canning Fok, Statthalter von Li im Aufsichtsrat von Mannesmann, nach der Einigung einen Sonderbonus für Esser vor: »Wir haben so gut verdient als Aktionäre, wir sollten Klaus Esser einen Bonus geben. Weil er so viel Wert für die Aktionäre geschaffen hat.« 2012 stellte der Ökonom und Historiker Manfred Pohl trocken fest: »So viel hatte noch kein deutscher Unternehmer für seine Aktionäre erwirtschaftet.« Jahre später traf ich einen Düsseldorfer Taxifahrer, der mir dankte, dass er aufgrund seiner Gewinne mit Mannesmann-Aktien in der Lage war, sich einen neuen Wagen zu kaufen.

Ich war damals seit kurzem Mitglied im Mannesmann-Aufsichtsrat, da ich den Sitz von Hilmar Kopper geerbt hatte, sowie im Präsidialausschuss, der die Vergütungen beschloss. Mit im Gremium saßen der Aufsichtsratsvorsitzende Joachim Funk sowie die beiden Spitzenvertreter der Gewerkschaften IG-Metall-Chef Klaus Zwickel und Betriebsratschef Jürgen Ladberg. Zwickel erhob keinen Einspruch. Ladberg erklärte, er habe die Prämienbeschlüsse nicht unterzeichnet. Die Summe war für deutsche Verhältnisse exorbitant, entsprechend witterten die Medien einen Skandal und die Kommentare fielen infolgedessen harsch aus, als die Summe bekannt wurde.

Im Februar 2000 geriet Klaus Esser wegen seines Bonus von 30 Millionen D-Mark ins Visier der Justiz. Zwei Rechtsanwälte der Stuttgarter Kanzlei Binz & Partner erstatteten Anzeige gegen Esser wegen des Verdachts der Untreue. Ein Jahr später leitete die Staatsanwaltschaft in Düsseldorf ein Ermittlungsverfahren ein. Im August 2001 wurden die Ermittlungen auf die Mitglieder des

Präsidialausschusses ausgeweitet. Nach Auffassung der Staatsanwaltschaft war nicht nur zu viel gezahlt worden, sondern die Millionen unangebracht und nicht im Unternehmensinteresse. Zudem war ein hoher Sonderbonus im Vertrag von Esser gar nicht vorgesehen gewesen.

Das Verfahren wurde im Januar 2004 von der sehr kompetenten und unaufgeregten Richterin Brigitte Koppenhöfer eröffnet. Das Medienecho war enorm. Entsprechend groß war der Druck auf die Richterin. Nach unserer Einschätzung musste sie den Prozess eröffnen, weil man ihr sonst den Fall entzogen hätte.

In allen Rechtsfällen konnte ich auf die außerordentlich kompetente und verständnisvolle Beratung meines Verteidigers Eberhard Kempf zählen. Mit ihm habe ich stundenlang über Fragen der Rechtsstaatlichkeit Deutschlands diskutiert.

Das Verfahren zog sich wochenlang hin. Ein bis zwei Tage pro Woche galt Anwesenheitspflicht, was bedeutete, stundenlang von morgens um 10 Uhr bis zum frühen Abend im Gerichtssaal zu sitzen, Zeugen anzuhören und das Geschehen konzentriert zu verfolgen. Gleichzeitig sollte ich aber auch meinen Bankerjob erledigen. So wurde ich an den Gerichtstagen von Frankfurt nach Düsseldorf und wieder zurückgefahren. Gut, ich konnte dank meines Chauffeurs im Wagen arbeiten und nahm Akten in den Gerichtssaal mit. Die Unterlagen waren mithilfe roter Umschläge als Gerichtsakten getarnt. Das bekam die Anklage irgendwann mit und bemängelte, dass ich arbeite und dem Prozessverlauf gar nicht folgen würde. Worauf die Richterin mich sanft ermahnte: »Herr Ackermann, ich verstehe ja Ihre Bedürfnisse, aber machen Sie das bitte diskret.«

Vor Prozesseröffnung kam es dann zu einem medialen Super-GAU. Wir standen im Gerichtssaal locker in verschiedenen Gruppen zusammen und unterhielten uns. Die Verhandlung verzögerte sich, weil viele Zuschauer eingelassen werden wollten. Mindestens eine halbe Stunde standen wir herum und wussten nicht, wann es losgehen würde. Meine Verteidiger hatten mir vorher geraten: »Sitzen Sie auf keinen Fall herum und lesen etwas, sonst kommen die Fotos (von den Angeklagten) als reumütig und schuldig rüber. Stehen Sie einfach locker da und diskutieren.« »Okay«, sagte ich mir, »das mach ich so«. Ein totaler Fehler. Heute würde ich jedem empfehlen: »Hinsetzen, Zeitung lesen. Was immer die Bilder dann aussagen, man macht sicher nichts falsch.«

Aber so zog sich die Warterei endlos hin. Schließlich sagten die Justizbeamten, die Fotografen müssten den Saal verlassen und dürften nicht mehr fotografieren. In diesem Moment meinte einer der Verteidiger von Klaus Zwickel: »Jetzt geht es uns wie Michael Jackson«. Das war ein unglücklicher Vergleich, denn der Pop-Star war einige Tage zuvor zu spät zu seinem Prozess gekommen. Ganz spontan antwortete ich auf die Anspielung von Michael Jacksons Auftritt samt Geste, mit der er seine Fans begrüßte: »Und dann machte Michael Jackson auch noch so« – und zeigte das Victory-Zeichen. Eine erhobene Hand mit zwei gespreizten Fingern. Es war eine mir völlig fremde Geste, die nie zu meinem Repertoire gehört hatte und deshalb dachte ich mir auch gar nichts dabei.

Das böse Erwachen kam dann ganz schnell. Mir war überhaupt nicht bewusst, welche Wirkung ein Schnappschuss eines Fotografen haben könnte, der just in dem Moment auf den Auslöser drückte, als mein Gesicht zu einem grinsenden Zerrbild mutierte. »Die Zähne gebleckt, die Finger zum V ausgestreckt«, schrieb das *Manager Magazin*. Das Siegeszeichen verleitete Außenstehende zu der Vermutung, da stände einer über dem Gesetz. Die Aufnahme des Fotografen Oliver Berg ging um die Welt. Ein Bild, das laut *FAZ* »Geschichte schrieb«. Mein Schicksal als »Buhmann der Nation« war für viele Monate besiegelt.

Entsprechend hart fiel das Medienecho aus. »Was gibt es da zu lachen?«, fragte die *Bild*-Zeitung empört. Die *Süddeutsche Zeitung* geißelte den »Abgrund an Arroganz«. *Die Zeit* sprach von einem »PR-Desaster«. Kommunikationsberater Michael Spreng nannte mich »selbstgefällig und arrogant« und empfahl »Demut« zu zeigen. Das *Manager Magazin* hatte zumindest ein Fragezeichen gesetzt: »Arrogante Geste oder unglücklicher Schnappschuss?«

Die *Frankfurter Allgemeine Zeitung (FAZ)* zeichnete im Juli 2011 den Werdegang des umstrittenen Fotos nach. »Die Aufnahme wurde an die Bildzentrale der *Deutschen Presseagentur (dpa)* nach Frankfurt geschickt. Um 10.31 Uhr erreichte das Foto die Redaktionen in aller Welt. Zu diesem Zeitpunkt stand für die meisten Zeitungen in Deutschland schon fest: Ackermann verhöhnt das Gericht. Das Bild gehört auf die Titelseite.«

Dabei hatte der Fotograf Oliver Berg, der laut Recherche des Schweizer Journalisten Leo Müller »rund 270 Auslösungen seiner Nikon D2X Kamera« registriert hatte, in das Datenfeld als Bildbeschreibung notiert: »Ackermann gestikuliert, während er mit Esser redet.«

Der Verteidiger von Klaus Zwickel, Professor Rainer Hamm, hat mehrfach öffentlich erklärt, dass die Anspielung auf Michael Jackson von ihm kam. Aber wen interessiert die Wahrheit, wenn ein Foto perfekt passt, um gewisse Vorurteile zu bestätigen.

Wie gesagt war das Medienecho gewaltig und alles andere als erfreulich. Die Zeitungen vom Donnerstag, den

22. Januar 2004 sahen alle erstaunlich gleich aus. Auch die Kommentare waren zum Verwechseln ähnlich. In kaum einer Bewertung des Prozessauftakts fehlte unter dem Eindruck des Fotos die Formel von der »Arroganz der Macht«. Leo Müller notierte nebenbei noch 2006, dass Oliver Berg von keinem Journalisten zu seinem Schnappschuss interviewt worden war. »Niemand hat ihn nach dem Hergang gefragt. Aber gedeutet und kommentiert haben sie alle.«

Als ich zwischen den Verhandlungstagen das Weltwirtschaftsforum (WEF) in Davos besuchte, kam jemand auf mich zu und sagte: »Schönes Bild von Ihnen.« Ich fragte: »Welches Bild?« »Ja, das mit dem Victory-Zeichen – finde ich toll.« »Wieso toll?« »Das zeigt doch, dass Sie an sich glauben.« Dann kam Bundeskanzlerin Angela Merkel an und meinte: »Herr Ackermann, ich glaube, da waren Sie ein wenig zu amerikanisch unterwegs, aber ich verstehe Sie schon.«

Um Missverständnissen vorzubeugen: Selbstverständlich entschuldigte ich mich bei der Richterin in aller Form und bedeutete ihr, dass die umstrittene Geste in keinem Fall gegen sie gerichtet oder eine Beleidigung war. Doch es war vergebliche Liebesmüh, eine echte Schadensbegrenzung war nicht möglich, der Vorfall war an die entsprechenden Narrative wie angekettet. Selbst beim Auftritt in Frank Elstners Show »Menschen der Woche« gelang es nicht, die einseitige Wahrnehmung aufzulösen, obwohl Elstner versucht hatte, mit Sympathie und Humor das V-Thema anzugehen.

Ich hatte jedenfalls schnell gelernt, wie »aus einer Mücke ein Elefant« werden kann. Gleichzeitig war dieser Vorfall ein Weckruf. Ich habe beide Perspektiven kennengelernt und in stundenlangen Debatten meine eigene Haltung einer kritischen Prüfung unterzogen.

Jahre später sagte mir mein ehemaliger Kommunikationschef Stefan Baron: »Ihr habt damals einen Fehler gemacht. Ihr hättet Euch sofort über die *Bild*-Zeitung entschuldigen müssen.« Für seinen Vorgänger Simon Pincombe war das schlicht »no case to answer« und »nonsense«. Baron gewann dem ganzen Tohuwabohu sogar noch eine positive Note ab. Glück im Unglück. Er meinte, man habe mich vor dem Mannesmann-Prozess kaum in der Öffentlichkeit wahrgenommen, dann aber sei ich von einem Tag auf den anderen in ganz Deutschland bekannt geworden. Auch eine Interpretation.

Einige Wochen später stellten wir anhand einer Umfrage fest, dass die Leute nicht mehr wussten, in welchem Zusammenhang ich die Geste gemacht hatte. Wenn ich spazieren ging oder in der Stadt etwas zu erledigen hatte und erkannt wurde, kamen kleine Mädchen und Jungs lächelnd auf mich zu und machten das V-Zeichen, was die Entgleisung auf spielerische Art irgendwie linderte.

Die denkwürdigste Schelte erhielt ich aber von meiner Mutter. Sie rief mich an, als die Berichte samt Foto über die Fernsehkanäle ausgestrahlt wurden, und meinte: »Mein lieber Sohn, wie konntest Du einen solchen Blödsinn machen?« Sie tadelte mich und spendete gleichzeitig mütterlichen Trost angesichts Häme und harter Kritik, die über mich herniederging. Heute würde man das vermutlich einen gigantischen »Shitstorm« nennen.

Die Wirkung wurde noch durch eine Äußerung meinerseits verstärkt, die ebenfalls zum Auftakt des Prozesses für Schlagzeilen sorgte. Ich gebe zu, dass mich das ganze juristische Prozedere gewaltig nervte, weil mir der Anlass nichtig und in gewisser Weise sogar beliebig erschien. Ein Sachverhalt, der im Ausland gang und gäbe war, wurde plötzlich als unmoralisch, ja potenziell kriminell verurteilt. Ein außerordentlich erfolgreicher Topmanager erhält einen Sonderbonus – auf Initiative des größten Aktionärs. Und muss sich vor Gericht verantworten. Das hat mich maßlos geärgert.

Deshalb ließ ich mich zu der Bemerkung verleiten, dass Deutschland das »einzige Land ist, wo die, die Werte schaffen, vor Gericht kommen«. Das kam natürlich gar nicht gut an und wurde als Provokation betrachtet. Ich habe es damals aber genau so empfunden und bin auch heute noch dieser Meinung, selbst wenn man mich deshalb für einen Unverbesserlichen hält. Das Magazin *Stern* schrieb denn auch: Der Prozess hat für Ackermann »mit einem grandiosen Fehlstart« begonnen. Gleich am ersten Tag sorgte er mit dieser Bemerkung und dem Victory-Zeichen im Gerichtssaal für einen öffentlichen Aufschrei über die »Arroganz der Mächtigen«.

Die Staatsanwaltschaft lästerte schlagfertig. »Der Ackermann ist schon ganz ehrlich, zwei Jahre Bewährung«.

Durch die Anwesenheit von Klaus Esser wurde das Echo noch zusätzlich verstärkt, denn die Medien hatten ihm die Rolle des raffgierigen und arroganten Managers zugewiesen. Die *Bild*-Zeitung produzierte die Schlagzeile: »30 Millionen, Tschüss!«, was an der Sache vorbeiging. Esser hätte sicherlich auf die 30 Millionen DM verzichtet, wenn er Vodafone ausmanövriert hätte und bei Mannesmann CEO geblieben wäre. Das Geld war ihm zweitrangig. Er hatte ja gegen die Vodafone-Übernahme wie ein Löwe gekämpft. Nach dem Prozess ging Esser zu der Private-Equity-Gesellschaft General Atlantic, einem global operierenden Privatinvestor.

Im Kreis der Angeklagten war Esser ein sehr angenehmer Mitstreiter. Er war mit Abstand derjenige, der sich am besten vorbereitete. Esser las jedes Wort, jeden Satz, jede Passage, studierte alles und war nebenbei ein vorzüglicher Jurist. Insofern war er für uns alle sehr wertvoll.

Wenn er etwas sagte, war es stets fundiert. Allerdings fehlte ihm etwas Charisma, was ihm in der Öffentlichkeit ein wenig mehr Sympathie hätte einbringen können. Nach dem Prozess war er Persona non grata. Man hat nie mehr von ihm gesprochen. Das hat er nicht verdient. Vielleicht hatte Stefan Baron recht, als er sagte, dass medial inszenierte Berühmtheiten genauso medial sterben.

Mir war bewusst, dass es mir mit dem Victory-Zeichen genauso hätte ergehen können. Ich hatte Glück. Ich blieb Teil der Gesellschaft und wurde nie ausgegrenzt.

Offenbar half es mir, mit Fakten und Außenwirkung den Schaden so zu begrenzen, dass meine Glaubwürdigkeit nie entscheidend erschüttert oder demontiert wurde. Verschiedene Bekannte sagten mir damals: »Ach, Herr Ackermann, wir kennen Sie doch. So etwas Dummes würden Sie gar nicht machen.« Das stimmte auch. Ich würde nie in ein deutsches Gericht gehen und den Richtern signalisieren, dass ein Prozess überflüssig oder unangebracht ist. Unvorstellbar.

Die Mannesmann-Übernahme war sicher ein außergewöhnliches Phänomen und in Deutschland einzigartig. Ein englischer Konzern wollte sich ein deutsches Traditionsunternehmen einverleiben.

Nicht etwa den Röhrenkonzern, der seit 1969 beim Bau der Erdgas-Pipelines nach Russland eine bedeutende Rolle spielte und ein Symbol erfolgreicher Industrialisierung in Deutschland war, sondern die enorm erfolgreiche Telekommunikationssparte.

Sogar die Politik hatte sich eingemischt. Bundeskanzler Gerhard Schröder sprach sich vehement gegen die feindliche Übernahme aus und der britische Premierminister Tony Blair forderte Schröder auf, sich zurückzuhalten. Der *Daily Telegraph* schrieb damals, Schröder solle sich raushalten, hier gehe es ums Geschäft.

In gewisser Hinsicht läutete die Übernahme das Ende der »Deutschland AG« ein. Und dann noch das V-Zeichen, das manche an Winston Churchill erinnern mochte. Vielleicht ist dieser Gedanke an den Haaren herbeigezogen. Und doch wurde damals dieser englische Coup sicherlich als negativ empfunden, weil es die erste feindliche Mega-Übernahme aus dem Ausland war.

Die Korruptionsvorwürfe erwiesen sich im Prozessverlauf als völlig haltlos. Interessanterweise war Vodafone-Chef Chris Gent, der eigentlich für die vermutete Korruption verantwortlich gewesen wäre, am 17. Tag im Mannesmann-Prozess als Zeuge aufgetreten. Und hatte Klaus Esser entlastet. Esser habe sich nicht nur stets professionell verhalten, sondern anständig, betonte Gent, »Er kämpfte in erster Linie für seine Firma, und dann erst für seine Karriere. Im Verlauf dieser Zeit hat er immense Werte für seine Aktionäre geschaffen.«

Nach sechsmonatiger Verhandlungsdauer sprach das Gericht mich und die übrigen Angeklagten frei. Dabei kritisierte die Richterin besonders den Versuch der öffentlichen Einflussnahme auf den Prozess. Sie sprach sogar von Telefonterror, Schmähbriefen und Stammtischdiskussionen, an denen sich auch Politiker beteiligt hätten, die »ganz neue Straftatbestände wie Sauerei, Schweinerei und Perversion erfunden hätten«.

Nur einen Tag nach dem Urteil kündigte die Düsseldorfer Staatsanwaltschaft an, Revision beim Bundesgerichtshof in Karlsruhe einzulegen. Dort sah der Vorsitzende Richter Klaus Tolksdorf Widersprüche und Lücken im Düsseldorfer Freispruch und stellte fest, dass dieses Urteil einer rechtlichen Prüfung nicht standhielt. Am 26. Oktober 2006 kam es zur Wiederaufnahme des Verfahrens, das aber bereits nach vier Wochen eingestellt wurde. Da man ein Neuaufrollen des gesamten Prozesses vermeiden wollte, wählte der Richter die sogenannte »153a-Lösung«.

Dabei geht es um den Paragraphen 153a der Strafprozessordnung, der unter bestimmten Voraussetzungen die »Einstellung eines Strafverfahrens gegen Geldauflage, also gegen Zahlung einer bestimmten Summe ermöglicht«. Dies ist laut Gesetz möglich, wenn die »Schwere der Schuld nicht entgegensteht« und die Auflage geeignet ist, das »öffentliche Interesse an der Strafverfolgung zu beseitigen«. Dieses Vorgehen – Einstellung ohne Schuldanerkennung gegen Geld – kam laut dem Vorsitzenden der 10. Großen Wirtschaftskammer Stefan Drees in jedem Jahr in der Bundesrepublik etwa 126 000 Mal vor. Drees wandte sich auch gegen den Vorwurf, die Beschuldigten hätten sich »freigekauft«. Die Geldauflage betrug in meinem Fall 3,2 Millionen Euro.

Der Aufsichtsratsvorsitzende Joachim Funk hatte eine Million Euro zu bezahlen, erklärte aber, er habe kein Geld. Mir lag daran, die ganze Sache endlich abzuschließen und so streckte ich Funk den Großteil der Summe als Kredit vor. Nach kurzer Zeit konnte er den Schuldendienst angeblich nicht mehr leisten und wir mussten einen Vergleich anstreben. Dies war eine der persönlichen Enttäuschungen in meinem Leben, denn Funk hatte versucht, vom Bonus-Kuchen für Esser ein großes Stück zu erhaschen. Das ließen wir damals rechtlich prüfen. Seine Ansprüche waren als Vorgänger von Esser berechtigt, doch als Aufsichtsratschef stand ihm natürlich nichts zu.

Aus der Politik erhielt ich einige Unterstützung, vom damaligen Bundespräsident Roman Herzog bis zu Bundeskanzler Gerhard Schröder. Linkspolitiker Gregor Gysi hatte sogar angeboten, mein Anwalt zu werden. Ich traf keinen einzigen Politiker, der mir etwas Schlimmes unterstellt hätte, vielfach wurde die Meinung geäußert, dass man mit dem Prozess ein Exempel statuieren wollte. Aus der Wirtschaft kam sowieso keine Kritik.

Kaum war die Geschichte erledigt, sprach kein Mensch mehr davon. In den Medien gab es noch ein paar Randbeobachtungen. Es war interessant zu sehen, wie nach der lauten medialen Ouvertüre bei Prozessbeginn ein Adagio folgte, um in einem fast schon kläglichen Adagietto in der Presse zu enden. Im Verlauf des Prozesses hatte es sich gezeigt, dass man mit den eigenen Argumenten eigentlich einen guten Stand hatte. Aufgeregtheit und Empörung der Journalisten nahmen sichtlich ab. Als dann der Entscheid gefällt wurde, schien alles bis dahin Geschriebene und Publizierte nur noch Makulatur zu sein.

Im Ausland schüttelte man ohnehin nur noch den Kopf. Der TV-Sender CNN Money kommentierte: »In einem der bizarrsten Angriffe auf die Unternehmensexzesse der 90er-Jahre haben deutsche Staatsanwälte Ackermann (55) und fünf andere Personen wegen Untreue oder Vertrauensbruch für ihre Handlungen als Führungskräfte oder Vorstandsmitglieder von Mannesmann, einem deutschen Telekommunikationsunternehmen, angeklagt. Ihr mutmaßliches Verbrechen: die rechtswidrige Gewährung von 56 Millionen USD an Wertschätzungsprämien und beschleunigten Renten an Mannesmann-Führungskräfte, darunter 15 Millionen USD an den ehemaligen CEO Klaus Esser.

Der Vorstand verlieh die Auszeichnungen, um den Erfolg des Managements zu würdigen, Vodafone zu zwingen, sein Angebot um fast 30 Prozent zu erhöhen. Ackermann wird nicht vorgeworfen, Mannesmann geplündert, fiktive Milliardengewinne erzielt oder sich selbst einen Bonus gewährt zu haben. Nein, deutsche Staatsanwälte sind der Ansicht, dass 56 Millionen Dollar einfach zu viel

Wertschätzung sind. Nach einer zweijährigen strafrechtlichen Untersuchung wurden Ackermann, Esser und vier andere, darunter Klaus Zwickel, ehemaliger Chef der IG Metall, Deutschlands größter Gewerkschaft – im vergangenen Februar angeklagt, gegen ein obskures Gesetz verstoßen zu haben (das normalerweise zur Verfolgung von kleinen Betrügern verwendet wird.)«

Ich wünsche niemandem diese 30 oder mehr Verhandlungstage. Der Sinnspruch »Auf hoher See und vor Gericht sind wir in Gottes Hand« gibt die Situation punktgenau wieder. Man wusste nie, ob nicht doch ein Selbstdarsteller wegen der hohen Fokussierung der Medien auf den Prozess die »smoking gun« präsentieren würde und auf einmal meinte, es schon immer gewusst zu haben, dass etwas nicht mit rechten Dingen zuging.

Insgesamt waren wir gleichwohl enttäuscht. Es war nicht nur die aufgeheizte Atmosphäre, sondern die medial erzeugte feindliche Stimmung über einen Fall, der im Ausland viel Kopfschütteln auslöste. Schließlich war der Aufsichtsrat umfassend informiert worden und der Präsidialausschuss hatte entschieden.

Man darf in diesem Zusammenhang durchaus nochmal festhalten: Eine Aktiengesellschaft gehört den Aktionären. Sie sind die Eigentümer und sie dürfen über Strategie, Dividenden oder auch Abfindungen direkt oder indirekt abstimmen. Im Mannesmann-Fall hatte der Großaktionär aus Hongkong die Initiative ergriffen und eine adäquate Belohnung für Klaus Esser vorgeschlagen. Gewiss, man kann über das Wörtchen adäquat wunderbar streiten. Ist eine Million angemessen? Zwei oder fünf Millionen? Zehn Millionen oder mehr? Welcher Betrag ist für wen angemessen? Für den CEO, für den Aktionär oder die Öffentlichkeit? Und was bedeutet unmoralisch? Welche Kriterien sind anzuwenden?

Mannesmann war schon deshalb speziell, weil der Übernahmepreis von 190 Milliarden Euro alles bisher Dagewesene in den Schatten stellte. Also war logisch, dass auch der Bonus überdurchschnittlich ausfallen würde. Dass die betreffende Summe für die meisten Durchschnittsbürger unvorstellbar, unzumutbar oder überzogen war, gebe ich gerne zu.

Man bedenke, dass auch in vielen Industriezweigen, im Kulturbereich oder im Sport immense Saläre und Boni bezahlt werden und an der Tagesordnung sind.

Auch Hollywoodstars verdienen bis zu 20 Millionen USD pro Film, niemand würde deshalb in den USA vor den Kadi ziehen. Von Hedgefonds-Managern, die pro Jahr mehrere hundert Millionen USD oder sogar mehr als 1 Milliarde kassieren, wollen wir gar nicht reden. Gemäß *Bloomberg* haben 2021 die erfolgreichsten 15 Hedgefonds-Bosse sage und schreibe 15,8 Milliarden USD verdient. Beschwerte sich deshalb jemand? Nein. Klagen? Nein. Prozesse? Nein.

Man stelle sich vor, Abfindungen, Boni, goldene Fallschirme oder Antrittsprämien würden nach rein moralischen Kriterien bewertet und beschlossen. Wer setzt die Kriterien? Und welche wären es? Wer würde es kontrollieren oder überwachen? So mancher Kandidat würde erst gar nicht antreten und eine Stelle annehmen, wenn er damit rechnen müsste, durch ein Spalier von Moralaposteln schreiten zu müssen. Umgekehrt gebe ich aber zu, dass es tatsächlich überzogene Kompensationspakete gibt, die in keiner Weise gerechtfertigt und Ausdruck von Exzessen und Gier sind. Bei der Deutschen Bank habe ich versucht, diesen Trend zu bremsen oder gar zu verhindern. Dazu später mehr beim Thema Bonus.

Bei der Mannesmann-Debatte bin ich nie ganz den Eindruck losgeworden, dass der mediale Hype ein typisch deutsches Phänomen ist, gepaart mit einem Neidkomplex und populistischer Stimmungsmache gegen »gierige« Manager und die Finanzindustrie. Gegen einen Bonus für Leistung hätte in der Schweiz niemand opponiert. Ich selbst hatte ja keinen Cent erhalten oder mich in irgendeiner Form bereichert. Dann hätte die Sache ganz anders ausgesehen. Wir hatten zudem den Eindruck, dass gewisse Kräfte den »Ausländer« an der Spitze des renommierten Finanzinstituts desavouieren wollten. Dieser Eindruck war auch im Ausland weit verbreitet.

Aber irgendwann war die »Victory«-Nummer durch, obwohl es bis heute keine TV-Sendung, kaum einen Artikel oder einen Rückblick ohne diese Geschichte gibt. Diejenigen, die mich gut kennen, wissen, dass ich genug davon habe. Und die, die wirklich wissen wollen, was damals geschah, wissen längst, was und wie es passiert ist. Viele interessiert es aber nicht und jene, die immer noch am »Auftritt kapitalistischer Gier« festhalten, halte ich für die Unverbesserlichen. Tempi Passati.

The Big Job – CEO der Deutschen Bank

Bei der Übernahme des Chefpostens bei der Deutschen Bank gab mir der frühere Bundesbank-Präsident Karl Otto Pöhl die wohl klügste Warnung mit auf den Weg. »Sie werden nun nicht mehr nur als Person, sondern auch als Repräsentant der größten Bank Deutschlands beurteilt. Das kann oft unangenehm sein. Damit müssen Sie zu leben lernen. Wichtig ist, dass Sie für die Familie und die Freunde die Person bleiben, die wir kennen.«

An diese Worte habe ich mich oft erinnert. Mir war klar, dass mit der Übernahme des Chefsessels nicht nur eine enorme Aufgabe und Verantwortung verbunden war, sondern strategische Herausforderungen auf mich warteten, denen ich mich stellen wollte.

Im Rückblick kann man meine Zeit als CEO in vier Phasen einteilen:

- PHASE 1 Erste Aufräumarbeiten (Clearing the decks)
- PHASE 2 Ausbau der Deutsche Bank-Plattform (Leveraging the platform)
- PHASE 3 Krisenmanagement
- PHASE 4 Neuausrichtung der Bank

Der erste Schritt war eine Bestandsaufnahme der Lage der Bank, der Kundenwünsche und Finanzmärkte.

Diese PHASE 1 nannten wir intern »Clearing the decks«. Schnell kristallisierte sich heraus, dass die Deutsche Bank bis dahin weitgehend vom inländischen Privatkunden- sowie in- und ausländischen Firmenkreditgeschäft gelebt hatte. Die Deutsche Bank war zwar weltbekannt, solide und sicher, galt aber als langweilig und ertragsschwach. Das Kosten-Ertrags-Verhältnis war zu hoch, die Kapitalallokation bedenklich. Daher galt die Deutsche Bank sogar als Übernahmekandidat. Um international bestehen zu können, brauchte es Veränderungen.

Die Ertragsschwäche war strukturell bedingt. Der Retailmarkt in Deutschland war aufgrund der starken Konkurrenz durch öffentlich-rechtliche Sparkassen sowie Genossenschaftsbanken hart umkämpft und warf kaum Profit ab. Die bescheidenen Netto-Gewinne unseres Hauses von 167 Millionen Euro 2001 und knapp 400 Millionen Euro 2002 zeigten es deutlich. Die Deutsche Bank verdiente operativ kaum Geld.

Ein Großteil der Gewinne resultierte aus Dividenden und Anteilsverkäufen der zahlreichen Industriebeteiligungen, die im allgemeinen Jargon als »Deutschland AG« bezeichnet wurden. Angesichts der zunehmenden Globalisierung und Öffnung der Märkte hatte dieses Modell keine Zukunft mehr. Es bestand die Gefahr, dass wir ohne die Fähigkeiten beim Einsatz von Kapitalmarktinstrumenten unsere angestammte Rolle als führender Partner von deutschen global operierenden Unternehmen verlieren würden. Konzerne wie Siemens machten deutlich, dass sie auch im Ausland von der Deutschen Bank eine professionelle Begleitung erwarteten. In meinem Aktionärsbrief 2003 wies ich auf das komplexe Umfeld hin, dass die gesamte Finanzindustrie im Jahr zuvor mit »enormen Herausforderungen« zu kämpfen hatte. Schwierige Weltwirtschaftslage, eine Serie von Finanzskandalen, terroristische Bedrohungen sowie mögliche militärische Aktionen hätten Unsicherheit verbreitet.

Hinzu kamen Risiken, welche die Bilanz damals belasteten. Vor allem die Beteiligung am Kölner Versicherungskonzern *Gerling*, der durch die Pleite der *Herstatt Bank* ins Trudeln geraten war, erwies sich als problematisch. Allein im Geschäftsjahr 2002 musste die Deutsche Bank 700 Millionen Euro abschreiben. Im ersten Quartal 2003 kam ein weiterer Verlust von 200 Millionen hinzu. Insgesamt beliefen sich die Abschreibungen auf 1,25 Milliarden Euro. Das wollten wir abstellen.

Eine Restrukturierung war also unumgänglich, um die Deutsche Bank aus einer »Position der Schwäche« in eine »Position der Stärke« zu überführen. Wir verständigten uns daher zu Beginn meiner Zeit als CEO auf wichtige Eckpunkte und Phase eins begann:

1. Als strategisches Ziel wollten wir eine führende Corporate und Investmentbank mit einem starken Privatkunden- und Asset-Management-Geschäft schaffen, um uns aus dem inländischen Wettbewerbskorsett zu befreien. Dabei strebten wir an, je die Hälfte des operativen Gewinns in den beiden Säulen zu erwirtschaften. Damit sollte die Deutsche Bank in die Lage versetzt werden, in der Champions League der Bankenwelt zu spielen. Unserer Einschätzung nach konnten wir vor allem im Ausland und im Investmentbanking unsere Ertragssituation signifikant verbessern. Daher war der Gang ins Investmentbanking durch meine Vorgänger, wie der Kauf von *Morgan Grenfell* 1989 und später von Bankers Trust, folgerichtig und unausweichlich. Die Alternative wäre eine große landesweit operierende Sparkasse gewesen, kein erfolgversprechendes Zukunftsmodell. Zur Erreichung unserer Zielsetzung haben wir mehrfach eine Management Agenda mit konkreten strategischen Initiativen aufgesetzt.

2. Wir strebten eine Eigenkapitalrendite von 25 Prozent an, ein sensibles Thema, das ich noch näher erläutern werde. Hier soll der Hinweis genügen, dass das 25-Prozent-Ziel eine Übernahme beziehungsweise Bestätigung der Ziele meines Vorgängers Rolf E. Breuer war.

3. Wir wollten mit einer »One Bank Culture« etwas Neues schaffen. Die Debatte, ob unser Institut weltweit eine deutsche Kultur repräsentieren sollte, hielten wir für

falsch. Vielmehr sollte die Bank von den vielen Kulturen eines globalen Unternehmens profitieren. Das Beste aus allen Kulturen aufnehmen und auf ein Ziel ausrichten: den Erfolg der Bank. Also keine »One Culture Bank«, sondern eine »One Bank Culture«.

4. Einen zusätzlichen Erfolgsfaktor erhofften wir uns von dem Ansatz, dass die Bank besondere Leistungen für ihre Kunden erbringen sollte. Mitarbeiter, die mit Leidenschaft ans Werk gehen. Daher der Leitspruch »A passion to perform«, auf Deutsch: »Leistung aus Leidenschaft«. Unser Werbeslogan bis 2017.

5. Bei Fusionen und Akquisitionen sollte nicht alles von der traditionellen Deutsche Bank-DNA dominiert sein. Ziel war stattdessen, die besten Elemente zu verknüpfen und etwas Besseres zu schaffen.

6. Spezifische Führungsprinzipien und Leitlinien sollten Teil der neuen Strategie sein. Das will ich näher ausführen.

Führungsprinzipien und Leitlinien

In meiner jahrelangen militärischen Ausbildung habe ich einen Führungsstil entwickelt, der sich auch in der unternehmerischen Praxis bewährt hat. Vier allgemeingültige Führungsgrundsätze gilt es zu beachten. Es braucht:

- eine klare, überzeugende Strategie, die auf einer gesamtheitlichen Lagebeurteilung basiert
- eine risikoadäquate Geschäftsstruktur
- eine offene Unternehmenskultur
- eine mitarbeiterzentrierte Führung

Diese Grundsätze lassen sich ohne Abstriche auf die Ökonomie im Allgemeinen und auf die Bankenbranche im Spezifischen übertragen. Was meine ich damit?

Klare überzeugende Strategie aufgrund gesamtheitlicher Lagebeurteilung

Es war US-Präsident Woodrow Wilson, der zu der Einsicht gelangte: »Wer keine Visionen hat, vermag weder große Hoffnungen zu erfüllen noch große Vorhaben zu verwirklichen«. Dies gilt in der heutigen schnelllebigen Zeit fast noch mehr als damals. Es gehört zweifellos zu den Hauptaufgaben des Managements, Visionen in eine Managementstrategie zu übersetzen. Diese muss klar, verständlich und einfach zu kommunizieren sein. Für den Erfolg eines Unternehmens ist es unerlässlich, dass alle Mitarbeiter mit Begeisterung auf ein gemeinsames Ziel hinarbeiten und dieses verinnerlichen. Dazu gehören auch verbindliche Pläne zur konkreten Umsetzung mit klaren Zielen für die kommenden zwei bis drei Jahre. Der französische Schriftsteller und Pilot Antoine de Saint-Exupéry hat es literarisch so formuliert: »Wenn du ein Schiff bauen willst, so trommle nicht Männer zusammen, um Holz zu beschaffen, Werkzeuge vorzubereiten, Aufgaben zu vergeben und die Arbeit einzuteilen, sondern lehre die Männer die Sehnsucht nach dem weiten endlosen Meer.«

Während früher größere Planungssicherheit über einen längeren Zeitraum möglich war, gilt es heute, Vorhaben ständig zu überdenken und entsprechend anzupassen. Alle Entscheidungen müssen im Hinblick auf die finanzielle Tragbarkeit geprüft und entschieden werden. Wichtig ist auch eine gesamtheitliche Sichtweise. Die Finanzkrise 2008 hat nachdrücklich gezeigt, dass jene Akteure scheiterten, die ihre Entscheidungen allein auf einseitige Finanzmodelle oder finanzpolitische Analysen (wie Simulationsmodelle) abstellten.

Eine der Ursachen für die schwere Finanzkrise lag darin, dass viele Banken nicht über den Tellerrand ihrer eigenen Aktivitäten hinausblickten. Zwar mögen Entscheidungen und Geschäftsmodelle aus der Perspektive des einzelnen Unternehmens durchaus rational nachvollziehbar gewesen sein, doch im Systemzusammenhang führten sie zum Kollaps.

Wenn alle Banken auf der Basis der gleichen Risikomodelle dieselben Geschäftsstrategien verfolgen, dann geht das nur unter Schönwetterbedingungen gut. Nach einem heftigen Wetterumschlag müssen alle die gleichen Verluste hinnehmen. Da die Finanzinstitute über den Interbankenmarkt untereinander vernetzt sind, schmelzen die Liquiditäts- und Risikopolster schnell dahin – bis hin zur Insolvenz. Die globale Interdependenz vor allem der systemrelevanten Banken ist nicht zu unterschätzen. Das gilt auch für ein potenziell gefährliches Klumpenrisiko, wenn Finanzinstitute bei denselben Produkten und in denselben hochriskanten Geschäftsfeldern ein großes Rad drehen.

Risikogerechte Struktur

Die Finanzkrise im Zuge der Lehman-Pleite 2008 hat gezeigt, dass eine überzeugende Strategie durch eine Politik der begrenzten Risiken ergänzt werden sollte. Es müssen gezielt Grenzen gesetzt und Grundlagen geschaffen werden, um das langfristige Überleben der Organisation und ihren guten Ruf in Politik und Gesellschaft sicherzustellen. Dazu braucht es ein sinnvolles und effizientes Regelwerk von »Checks and Balances« in der Corporate Governance sowie ein angemessenes Risikomanagement. Während die operative Führung dem CEO obliegt, hat der Verwaltungsrat in der Schweiz die strategischen Vorgaben zu entwickeln und die Geschäftstätigkeit zu überwachen. Der Aufsichtsrat in Deutschland ist zwar Kontrollorgan, legt aber keine Strategie fest.

Solche »Checks and Balances« sind auch für kleinere Unternehmen wichtig. Dazu braucht es eine ausgewogene Zusammensetzung der Gremien, das heißt unter anderem firmenunabhängige Persönlichkeiten aus verschiedenen Fachgebieten.

Meiner Meinung nach ist der Anteil männlicher Topmanager aus Europa und den USA bei der Besetzung von Verwaltungsräten oder Geschäftsleitungsmitgliedern globaler Unternehmen immer noch zu hoch. Hat sich doch gezeigt, dass gemischte Teams in der Regel erfolgreicher operieren.

Für eine risikogerechte Unternehmensstruktur ist ein angemessenes Risikomanagement entscheidend und unverzichtbar. Dieses muss sicherstellen, dass Risiken zutreffend bewertet und kontrolliert werden. Beschlüsse sind an der Risikotragfähigkeit des Unternehmens auszurichten. Dies gilt nicht nur für den Finanzsektor.

Auch das produzierende Gewerbe kennt Zins- und Wechselkursrisiken sowie spezifische Markt- und Absatzrisiken. Das Risikomanagement darf aber keineswegs die alleinige Rolle des Neinsagers übernehmen. Es hat eine wichtige strategische Funktion und muss deshalb auf der obersten Führungsebene im Vorstand oder in der Konzernleitung angesiedelt werden.

Unternehmenskultur einer offenen Kommunikation

Gute Führung steht und fällt mit der Qualität der Kommunikation. Führungskräfte müssen einen klaren Kurs vorgeben und nachvollziehbare Entscheidungen treffen, die von allen Mitarbeitern verstanden und verinnerlicht werden. Eine offene und transparente Kultur dient dazu, Fehlentwicklungen, Mängel und Defizite rechtzeitig zu entdecken und zu korrigieren. Das ist nur in einem Klima des Vertrauens und des »Empowerment« möglich.

Stimmen aus den unteren Ebenen sollten sein, ohne dass sie Angst haben müssen, inger schlechter Nachrichten« bestraft zu : an der Macht ist, läuft stets Gefahr, sich nur noch mit Ja-Sagern zu umgeben und »abzuheben«.

Ich habe immer versucht, dem entgegenzuwirken. Auf meinen Reisen habe ich Mitarbeiter in ihren Büros besucht und junge Talente zu Gesprächsrunden eingeladen.

Von grundlegender Bedeutung ist der Aufbau einer gemeinsamen Unternehmenskultur. Mitarbeiter sollten sich mit den Zielen eines Konzerns identifizieren und als Teil eines gemeinsamen Ganzen verstehen können. Die Basis ist ein kollektives Verständnis grundlegender Werte.

Nur eine solche Corporate Identity ermöglicht Teamwork und eine fruchtbare Zusammenarbeit, die den langfristigen Erfolg und das Bestehen eines Unternehmens sichern. Gemeinsame Identität schließt aber Freiräume und Diversität keineswegs aus. Ganz im Gegenteil: Vielfalt im Unternehmen ist erwünscht und bedeutet Kreativität, Ideenreichtum und gegenseitige Bereicherung. Dies wiederum führt zu Innovation und ständiger Weiterentwicklung.

Eine gemeinsame Unternehmenskultur muss also Unterschiede nicht nur respektieren, sondern diese gezielt einbinden und sich zunutze machen.

In der Führung sollten kulturelle Unterschiede berücksichtigt werden. Um Diversität und Innovationskraft zu fördern ist eine offene und zielgerichtete Kommunikation unabdingbar.

Mitarbeiterfokussierte Führungskultur

Im Zentrum einer guten Unternehmensführung stehen die Menschen. Führung ist nicht nur Sache des Topmanagements, sondern betrifft alle Ebenen eines Konzerns.

Nur mit qualifizierten und hochmotivierten Mitarbeitern am richtigen Ort kann der Gesamterfolg eines Konzerns gesteigert werden. Gezielte Rekrutierung, Förderung und Weiterentwicklung bis zur Nachfolgeplanung sind für ein gutes »Talent Management« unverzichtbar. Auch die Einbindung in Entscheidungsprozesse sollte man berücksichtigen. Um Veränderungen zu ermöglichen, sind Querdenker in einem Team sehr wichtig. Sie können wertvolle Impulse geben. Führungstalente sollten systematisch an künftige Herausforderungen herangeführt werden. Topmanager haben neben ihrer Vorbildfunktion auch eine Verantwortung in der Begleitung und der Beurteilung von jüngeren Kollegen und Kolleginnen. Dieses »Mentoring« ist wichtig und kann nicht an Universitäten oder Consulting-Firmen delegiert werden.

Nur das systematische Delegieren von Aufgaben und das Eröffnen von Handlungsspielräumen fordert und fördert junge Talente. Selbstbefähigung (Empowerment) wirkt sich positiv auf die Produktivität aus. Ich bin Anhänger des Prinzips der Auftragstaktik, die Ziele vorgibt, Ressourcen mobilisiert, Aufgaben delegiert und in Eigenverantwortung umsetzen lässt. Dies motiviert Mitarbeiter in Unternehmen. Sie steht in klarer Abgrenzung zur Befehlstaktik, die einzelne Ziele genau vorgibt.

Anforderungen an die Führungskräfte

Führungskräfte unserer Zeit sollten folgende Qualitäten besitzen:

- Interdisziplinäres Denken
- Flexibler Führungsstil
- Vertiefte Reflexion
- Unternehmergeist mit Veränderungsbereitschaft
- Werteorientiertes Handeln

Was ist damit gemeint? Interdisziplinäres Denken bedeutet eine gesamtpolitische Lagebeurteilung. Und Handlungsoptionen auch auf ihre Auswirkungen auf Politik und Gesellschaft zu prüfen. Was aus rein finanziellen Überlegungen heraus sinnvoll ist, kann sich aus politisch-sozialer Sicht als konfliktträchtig und wenig erfolgversprechend erweisen. So bedeuten Personalabbau oder Filialschließungen immer auch sozialpolitischen Sprengstoff.

Mit zunehmender Komplexität von Themen, Finanzwelt und neuen Wissenschaftszweigen wird interdisziplinäres Denken immer wichtiger.

Es gilt, Brücken zu bauen zwischen volkswirtschaftlichen, betriebswirtschaftlichen, gesellschaftspolitischen und geostrategischen Ansätzen und Faktoren. Ich habe immer mehr Wert daraufgelegt, politische Entwicklungen weltweit in die Lagebeurteilung mit einzubeziehen.

Eine gesamtheitliche Lagebeurteilung setzt aber einen kontinuierlichen Informationsfluss voraus, der auf ein verständliches Maß verdichtet werden muss.

Das wird im digitalen Zeitalter mit der schier endlosen Proliferation an Informationsquellen, sozialen Netzwerken und einem Bombardement an Nachrichten 24/7 und dem daraus resultierenden »channel overload« immer schwieriger.

Denn letzten Endes stellt sich die Frage, was wichtig, unbedeutend oder gar überflüssig ist. Und nicht zuletzt die Frage: De quoi s'agit-il? Worum geht es eigentlich?

Flexibler Führungsstil

Globalisierung und steigende Komplexität zwingen Führungskräfte dazu, ihren Führungsstil an die entsprechende Situation anzupassen.

In einer Krise ist bei Massenentlassungen und Restrukturierungsprogrammen ein anderer Modus Operandi gefragt als bei einer Expansionsstrategie. Auch länderspezifische Gepflogenheiten, kulturelle Unterschiede und Werte spielen eine Rolle und verlangen eine gewisse Sensibilität. In einigen Regionen der Welt werden Statusunterschiede weit stärker gepflegt, als wir dies kennen, in anderen Teilen der Welt sind Harmoniestreben und Konsensorientierung gefragt.

Vertiefte Reflexion

Darunter verstehe ich selbstkritische Reflexion und Infragestellung des eigenen Handelns. Etwa so: Arbeite ich noch an den richtigen und entscheidenden Aufgaben? Welche Auswirkungen kann dies auf Mitarbeiter, Kunden, Aktionäre oder die Gesellschaft als Ganzes haben? Was kann und sollte anders angegangen werden?

Eine vertiefte Reflexion erfordert: stille Momente, Zeiten der Muße, eine intakte Familie und einen Freundeskreis, in dem man sich offen und vertraulich aussprechen kann. Dies hilft dabei, unter dem Dauerfeuer an Informationen nicht den Überblick zu verlieren, sich auf das Wesentliche zu besinnen und daraus die richtigen Schlüsse zu ziehen. Diese Freiräume muss man sich bewusst schaffen.

Gleichzeitig sind regelmäßige Auszeiten unerlässlich, um sich nicht zu übernehmen und sich geistig und körperlich zu erholen. Verantwortung kreiert oft zusätzliche Belastung, auch physischer Art. Sportlicher Ausgleich kann wahre Wunder wirken.

Ich habe am eigenen Leib erfahren, was es heißt, sich zu übernehmen. Beim Neujahrsempfang 2009 in Berlin verspürte ich mit einem Mal große Übelkeit und fiel kurz in Ohnmacht. Ein Notarzt stellte einen Kreislaufkollaps fest. Im Bundeswehrkrankenhaus gaben die Ärzte schnell Entwarnung. Gleichwohl war es ein Schreckmoment und ein Schock für mich, auf jeden Fall ein Weckruf. Damals wurde ich mir meiner eigenen Verletzlichkeit bewusst sowie der Erkenntnis, dass ich mir mehr Zeit für mich selber nehmen muss. Das beträchtliche Medienecho weltweit plus der temporäre Kursabsturz der Deutsche Bank-Aktie nach diesem Vorfall zeigte gleichzeitig, wie sehr ich unter Beobachtung stand.

Unternehmergeist und Veränderungsbereitschaft

Mit der zunehmenden Volatilität des Umfelds und abnehmender Berechenbarkeit kommt unternehmerischem Handeln von Managern noch größere Bedeutung zu. Damit meine ich die Fähigkeit, Veränderungen frühzeitig zu erkennen, sich darauf einzustellen und diese zu beherrschen.

Der Wettbewerb steht nicht still. Wer sich heute auf den Lorbeeren ausruht, läuft Gefahr, morgen ins Hintertreffen zu geraten. Führungskräfte müssen ein eigenes Bild von der Zukunft entwickeln, den Mitarbeitern Visionen aufzeigen und Sicherheit vermitteln. Besonders in Zeiten großer Verunsicherung. Frühwarnsignale gilt es zu erkennen und Geschäftsmodelle regelmäßig zu hinterfragen. Man braucht zudem eine gehörige Portion Mut, gegen vorherrschende Paradigmen, Meinungen, Trends oder Traditionen zu handeln und Veränderungen herbeizuführen. Nicht der Wandel an sich führt zum Scheitern, sondern die Unfähigkeit, ihn rechtzeitig zu erkennen und kraftvoll und mutig zu reagieren.

Wertorientiertes Handeln

Wirtschaft ist für die Menschen da, sie ist kein Selbstzweck. Ohne Unterstützung der Gesellschaft können Unternehmen auf Dauer keinen Erfolg haben. Topmanager müssen stets bedenken, welche Auswirkungen ihre

Handlungen auch auf die Menschen haben. Das bedeutet, sensibel zu sein, genau hinzuschauen, gut zuzuhören und nach umfassender Analyse zu entscheiden.

Alle Unternehmen, aber besonders Konzerne mit mehreren zehntausend Beschäftigten und hunderttausenden oder Millionen von Kunden tragen eine große gesellschaftspolitische Verantwortung. Führung darf nicht nur erfolgsorientiert, sondern muss auch wertorientiert sein. Jede einzelne Führungskraft muss ein Vorbild sein und die eigenen Werte vorleben. Dazu gehören aus meiner Erfahrung als Offizier vor allem Empathie, Vertrauen, Integrität und Rückgrat.

Empathie ist die Fähigkeit, sich in andere Menschen hineinzuversetzen und zu verstehen, was sie bewegt. Das gilt nicht nur für die eigenen Beschäftigten, sondern auch für die Gesellschaft insgesamt. Erfolgreiche Führung impliziert, Menschen mitzunehmen und nicht zu verlieren, sonst hat man am Ende keine Mitarbeiter mehr, die man führen möchte. Man muss vorausgehen, die Menschen motivieren und deren Lebenswirklichkeit erkennen. Im Idealfall identifizieren sich Mitarbeiter mit ihren Chefs und vertrauen ihnen. General Norman Schwarzkopf, ehemaliger Befehlshaber der Koalitionstruppen im Zweiten Golfkrieg, notierte: »Führung ist eine kraftvolle Mischung aus Strategie und Vertrauen. Aber wenn Du ohne eines von beiden auskommen musst, verzichte auf die Strategie.«

Vertrauen ist die Basis von Führung. Vertrauensbotschaften gehen inhaltlichen Botschaften voraus. Wichtig ist, dass Botschaften überhaupt gehört werden. Nur bei vorhandenem Vertrauen sind Menschen bereit, einem anderen zu folgen, selbst wenn sie dessen Ansichten nicht unbedingt teilen. Der vielfach geforderte Kulturwandel ist nicht per Dekret zu haben, sondern Werte müssen glaubhaft vorgelebt werden. Und die Führung muss mit gutem Beispiel vorangehen.

Auf der Erfolgsspur

Nach der steuerlichen Freistellung hatten wir begonnen, die Industriebeteiligungen an *Daimler, Münchener Rück, Allianz, RWE, Continental, Südzucker, Buderus, Deutsche Börse* und *Banque de Luxembourg* zu verkaufen oder signifikant abzubauen. Mit dem Erlös von rund 3,2 Milliarden Euro konnten neue profitable Wege eingeschlagen und erforscht und das Kapital innerhalb der Bank neu zugeteilt werden.

Zudem war klar ersichtlich, dass eine Restrukturierung und damit ein Personalabbau zwecks Kostenreduktion unvermeidlich sein würde. Wir gaben diese Maßnahme im April 2002 bekannt und konnten die operative Kostenbasis von 22,5 Milliarden Euro (2001) auf 17,3 Milliarden (2003) reduzieren.

Dies waren stets Entscheidungen mit Blick auf die internationalen Wettbewerber, die sich alle dem scharfen Blick der Analysten, Ratingagenturen und Aktionäre stellen müssen. 2005 gaben wir einen weiteren Stellenabbau von 6400 Jobs vorwiegend in der Investmentsparte bekannt. Die 1920 Arbeitsplätze in Deutschland wurden sozialverträglich abgewickelt. Auf der damaligen Hauptversammlung gab ich bekannt, dass wir zudem 450 neue Stellen im kundennahen Bereich schaffen würden. Niemand wolle einen »Kapitalismus pur und schon gar nicht einen Raubtier-Kapitalismus«.

Mit PHASE 2 begann die wirksame Aktivierung unserer globalen Plattform (Leveraging our global platform) und es ging aufwärts. Es war eine rasante Aufschwungphase. Bereits nach zwei Jahren zeigte sich, dass die

Bank schlanker und effizienter geworden war und dass sich die Auslandsaktivitäten tatsächlich gelohnt hatten. Zwischen 2003 und 2007 stieg das Einkommen vor Steuern im Investmentbanking von 3,5 Milliarden auf 5,1 Milliarden Euro. Damit waren wir weltweit nach Erträgen die zweitstärkste Investmentbank.

Dank der größten Restrukturierung in der Geschichte des Instituts auf der Kosten- und Ertragsseite wurde der Gewinn nach Steuern von 400 Millionen Euro 2002 bis 2007 auf 6,5 Milliarden Euro gesteigert. Dies entsprach beim damaligen Wechselkurs mehr als zehn Milliarden Schweizer Franken. Der Gewinn vor Steuern in den stabilen Geschäftsfeldern (Retail, Transaction Banking, Asset und Wealth Management) hatte sich von 1,4 Milliarden Euro 2002 auf 3,0 Milliarden Euro im Jahre 2007 mehr als verdoppelt. Gleichzeitig waren die Kredit- und Private-Equity-Risiken stark reduziert worden. Die Börsenkapitalisierung erreichte rund 50 Milliarden Euro. Der Aktienkurs entwickelte sich besser als bei den Konkurrenten und stieg auf 118 Euro. Als Dividende wurden 4,50 Euro pro Aktie ausgeschüttet. Dreimal mehr als wenige Jahre zuvor. Damit konnte die Deutsche Bank zu den europäischen Wettbewerbern aufschließen.

Bei heutigen Vergleichen wird dabei leicht vergessen, dass der Euro-Gegenwert von Erträgen und Gewinnen in USD heute aufgrund der Euroschwäche 20 bis 30 Prozent höher ist.

Betrug die Eigenkapitalrendite vor Steuern 2002 gerade mal ein Prozent, waren es 2004 bereits über 16 Prozent, 2005 immerhin 24 Prozent, 2006 sogar 33 Prozent und 2007 noch 29 Prozent. Ohne solche Renditen kann eine Bank nicht die Risiken tragen, die das Geschäft zwangsläufig mit sich bringt. Sie müsste dann schnell aus dem Rennen aussteigen, weil sie von den Investoren nicht das nötige Kapital erhält. 25 Prozent Return on Equity (RoE) war damals der Weltmaßstab in dem Geschäft.

Bereits 2005 machten die Erträge im Ausland 71 Prozent der Gesamteinkünfte aus. Verzeichneten wir 2003 im Privatkundengeschäft (PCAM) noch Abflüsse von 43 Milliarden Euro, lagen die Neugeldzugänge der Kunden 2007 bei fast 60 Milliarden Euro. Unser Kosten-Ertrags-Verhältnis sank von 2002 bis 2007 von 79 Prozent auf 70 Prozent. Die Bank spielte damit tatsächlich in der Weltliga.

Teil der Strategie war wie erwähnt das Ziel einer Eigenkapitalrendite von 25 Prozent, die wir – wie gerade dargestellt – auch erreichten. Ein Reizthema, das monatelang, ja sogar jahrelang die Schlagzeilen beherrschte, mir jede Menge verbale Prügel von Seiten der Politik und hitzige Kommentare in den Medien einbrachte, aber häufig missinterpretiert oder gar nicht verstanden wurde. Daher möchte ich auf diese heftige Kontroverse etwas näher eingehen.

Renditeziel 25 Prozent – Gejagt, beschimpft und verdammt

Am 2. Juli 2013 schrieb die *FAZ* unter der Überschrift »Ackermanns gefährliche 25 Prozent«: »25 Prozent – von da an wird es unanständig. 25 Prozent – da beginnt die Gier. 25 Prozent – diese Zahl wurde zum Symbol. 25 Prozent Eigenkapitalrendite – dafür haben sie Josef Ackermann gejagt, beschimpft, verdammt – bis hoch von der Kirchenkanzel wurde er als Sünder gemaßregelt.«

Vier Jahre zuvor hatte die staatliche *Kreditanstalt für Wiederaufbau (KfW)* in einer Studie festgehalten, dass mein 2003 gesetztes Renditeziel weder eine Eintagsfliege noch ein »schwarzer Schwan« ist. Das *Handels-*

blatt schrieb am 4.11.2009: »Die KfW kommt zu dem Schluss, dass börsennotierte Großunternehmen aus den Aktienindizes DAX und MDAX in den wirtschaftlichen Boomjahren 2006 und 2007 im Durchschnitt sogar noch höhere Eigenkapitalrenditen erzielen konnten als 25 Prozent. Auch über die Hälfte aller Mittelständler wies eine Eigenkapitalverzinsung aus, die höher lag.«

Die 25-Prozent-Messlatte kam ins Spiel, nachdem wir uns 2001 die europäische Konkurrenz angeschaut hatten und feststellen mussten, dass die französischen, italienischen, holländischen und Schweizer Banken alle so ungefähr vier Milliarden Euro nach Steuern verdienten, während die Deutsche Bank lediglich 200 Millionen Euro an Gewinn einfuhr. 2002 war das Ergebnis kaum besser. Man schaffte 400 Millionen Euro. Die Frage stellte sich von selbst: Wie schaffen wir dieselben Erträge wie die Konkurrenz?

Da wir nicht über sehr viel Eigenkapital verfügten, entsprachen die vier Milliarden Euro einer Eigenkapitalrendite von 25 Prozent *vor* Steuern. Die Frage, wieso wir in Deutschland damals stets die Vorsteuerzahlen nahmen, ist leicht zu beantworten. Wir hatten in Deutschland eine viel höhere Steuerlast als die Konkurrenten. Ich habe immer wieder betont, dass wir bei einem Schweizer Standort – also zwei Autostunden südlich von Frankfurt – eine um 50 Prozent geringere Steuerbelastung hätten. Die Zahlen *nach* Steuern zu vergleichen war schon deshalb schwierig, weil die hohe Steuerlast das Bild verzerrt hätte. Dagegen reflektierten die Zahlen vor Steuern das operative Ergebnis weit besser. Darum haben die Deutsche Bank, aber auch andere deutsche Unternehmen in der Regel mit Vorsteuerzahlen operiert.

In unserem Fall wurde diese Art der Berechnung scharf kritisiert und verrissen. Es wurden zweifelhafte

Vergleiche mit Spargeldern gezogen, bei denen niemand 25 Prozent Rendite oder Zinsen erhält. Oder es wurde behauptet, es handle sich um die Umsatzrendite. Dabei war es schlicht und ergreifend die Rendite auf dem eingesetzten Kapital. Dazu sollte man wissen, dass Banken bezüglich der Bilanzsumme relativ wenig Kapital haben.

Zudem hatte bereits vor mir Rolf E. Breuer die 25 Prozent Eigenkapitalrendite als Zielvorgabe ausgerufen. Unsere Wettbewerber hatten dies längst erreicht. Die Schweizer Finanzinstitute lagen bei über 30 Prozent, die US-Investmentbank Goldman Sachs bei über 60 Prozent. Daher wurden sie an der Börse weit höher bewertet. 25 Prozent waren also im Wettbewerbsumfeld nicht besonders ambitioniert. Es war lediglich das, was die Konkurrenten schafften. Nur uns war es bis dahin noch nicht gelungen.

Die Frage war dann 2002, ob wir unser Ziel senken sollten, weil wir weit davon entfernt waren. Und falls ja, wie die Aktienmärkte darauf reagieren würden. Mir war klar, dass eine negative Reaktion zu erwarten war. Man hätte uns gefragt, wieso wir uns von einem Ziel verabschieden, das eigentlich nur ein Durchschnittsziel ist. Die Erwartungen der Kapitalmärkte und nicht zuletzt der Analysten sind ebenfalls wichtige Indikatoren, die den Aktienkurs einer Gesellschaft massiv beeinflussen können. Abstrafungen haben Konsequenzen. Die Perspektiven in Deutschland und dem Rest der Welt klafften schon immer auseinander. Für globale Konzerne sind die Einschätzungen an der Wall Street, in London oder Tokio mindestens genauso wichtig wie in Frankfurt oder Düsseldorf. Eher mehr.

Deshalb drehten wir den Spieß um und verkündeten die 25 Prozent als erreichbar. Auf der Pressekonferenz gab es damals einige obergescheite Journalisten, die meinten:

»Wir werden Ihnen genau auf die Finger schauen, weil wir nicht glauben, dass dies möglich ist.« Allen Unkenrufe zum Trotz haben wir es bravourös geschafft.

Die entscheidende Frage war, wie wir dieses Ziel von vier Milliarden erreichen wollten. Vier Bereiche wurden geprüft: Das traditionelle Kreditgeschäft, das aber aufgrund stark geschrumpfter Margen nicht sehr profitabel war. Zweitens das Privatkundengeschäft, in dem die Sparkassen und Genossenschaftsbanken traditionell stark und der Marktanteil der privaten Geldhäuser relativ gering war. Es schien unmöglich, in relativ kurzer Zeit in diesem Segment genügend Geld zu verdienen. Auch der dritte Bereich, das Private Banking und Asset Management, kam nicht infrage, weil aufgrund der in Deutschland unterentwickelten Aktienkultur die Schweizer Institute führend waren.

Übrig blieb nur das Investmentbanking, das bereits unter Alfred Herrhausen auf- und von Kopper und Breuer ausgebaut wurde, doch wir waren noch lange nicht am Ziel. Deshalb fokussierten wir uns auf dieses Segment und waren außerordentlich erfolgreich. Schon nach wenigen Jahren erzielten wir einen Gewinn nach Steuern von sechs Milliarden Euro. Das war nur aufgrund erheblicher Fortschritte im Investmentbanking möglich und dank massiver Restrukturierungen, mit denen wir die Kosten senkten.

Der renommierte Unternehmensberater Roland Berger bringt es auf den Punkt, wenn er schreibt:

> »Der Gang ins Investmentbanking durch Alfred Herrhausen Mitte der achtziger Jahre wird … vielfach als die ›Ursünde‹ der Deutschen Bank und die Hauptursache für deren heutige Schwierigkeiten beschrieben … diese Darstellung verkennt … die historische Entwicklung

der internationalen Finanzmärkte. Die Globalisierung und der Trend weg von der Kredit- zur Kapitalmarktfinanzierung (mit neuen Finanzinstrumenten und Disintermediation) führten gegen Ende des vergangenen Jahrhunderts zunehmend dazu, dass die Deutsche Bank als traditioneller Kreditgeber der deutschen Industrie kaum noch Geld verdiente. Ihre Gewinne bestanden damals aus Dividenden der zahlreichen Industriebeteiligungen. Die Bank musste sich also nach einem neuen zukunftsfähigen Geschäftsmodell umsehen, das ihr wettbewerbsfähige Gewinne sicherte. Dies konnte nur das Investmentbanking sein.

Denn die deutschen Großunternehmen, die Stammklientel der Deutschen Bank, bedienten sich zunehmend angelsächsischer Investmentbanken, um ihre Finanzierungs- und Beratungsbedürfnisse an den globalen Finanzmärkten zu decken. In diesem Wettbewerb fehlte der Deutschen Bank das nötige Wissen. Angesichts der gebotenen Eile und der erforderlichen internationalen Präsenz war organisches Wachstum zu langsam. Die Zukäufe von Morgan Grenfell 1989 unter Alfred Herrhausen und von Bankers Trust unter Rolf E. Breuer waren daher absolut richtig und notwendig.

Sie schufen die Voraussetzungen dafür, dass es die Deutsche Bank später unter Josef Ackermann im globalen Investmentbanking unter die Top 3 der Welt schaffte, eine Managementleistung, die höchste Anerkennung verdient: Das Gewinnen von internationalem Spitzenpersonal und internationaler Top-Klienten sowie der Aufbau konkurrenzfähiger Organisations- und Technologiestrukturen und Prozesse rund um die Welt in wenig mehr als einem halben Jahrzehnt sind eine große unternehmerische Leistung.«

Die Stärke der Bank wurde nicht zuletzt während der verheerenden Finanzkrise 2008 auf eine schwere Probe gestellt. Die dramatische Entwicklung rund um die Pleite der US-Investmentbank Lehman Brothers beschreibe ich in den folgenden Kapiteln, doch so viel sei jetzt schon gesagt: Während viele große Banken und Landesbanken in Deutschland ins Schleudern gerieten, fusionieren mussten, vom Staat gerettet wurden oder gar verschwanden, ging die Deutsche Bank gestärkt aus der Krise hervor und konnte deshalb später die Postbank und *Sal. Oppenheim* übernehmen. Unser Finanzinstitut hatte keine Einzelverluste durch kriminelle Machenschaften erlitten wie J.P. Morgan, UBS oder Société Générale.

Auch war die Deutsche Bank nicht auf staatliche Hilfen angewiesen, eine weitere Kontroverse, auf die ich später noch eingehen werde. Ende 2011 war die Deutsche Bank in den »League Tables« bei Fusionen, Aktienemissionen und im Anleihen-Geschäft weltweit auf den vordersten Rängen. Heute gibt es keine Bank aus der Eurozone auf den ersten acht Plätzen. Ohne Aktienhandel kann man im Investmentbanking keine bedeutende Rolle mehr spielen. Dass unser Tun auch mit Risiken und Fehlern verbunden war, änderte nichts an der richtigen Grundüberlegung. Ein positiver Zusatzeffekt unserer hohen Gewinne in PHASE 2 war, dass wir unser Eigenkapital von 2002 bis 2011 von ungefähr 26 Milliarden Euro auf 56 Milliarden Euro steigern konnten. Als wir Bankers Trust kauften, hatten wir noch Probleme einer ausreichenden Kapitalausstattung. Deshalb war damals eine Kapitalerhöhung unausweichlich. Erst mit der Übernahme der Postbank mussten wir erneut zehn Milliarden Euro neues Kapital aufnehmen. Doch ich greife vor.

Zunächst wartete auf die Finanzbranche, auf Aufsichtsbehörden, Notenbanken und Regierungen die größte Herausforderung seit Jahrzehnten – der Tsunami der Finanzkrise. Just zu dem Zeitpunkt, da die Geschäfte glänzend liefen, Banken weltweit Rekorderträge einfuhren und so mancher »Master of the Universe«, wie sich einige Banker gerne nennen ließen, glaubten, dass die Bäume in den Himmel wachsen, bahnte sich die Katastrophe an. Es war kein Blitzschlag oder ein riesiger Knall, der alle auf einen Schlag traf, sondern ein Debakel mit Niederlagen und Pleiten in Raten.

Ich gebe zu, dass damals eine Euphorie in der Finanzszene und nicht zuletzt auf den Aktienmärkten herrschte, die auch uns erfasste und unvorsichtig werden ließ. Ich gestatte mir den Hinweis, dass die Deutsche Bank keineswegs allein in den diversen Gewässern fischte, sondern alle großen Wettbewerber dabei waren und sich zu übertrumpfen versuchten.

Als der Tsunami über uns hereinbrach (siehe Kapitel IKB, HRE und Lehman Brothers), waren eine weitere Neuorientierung und vor allem Krisenmanagement angesagt, weit über das eigene Finanzinstitut hinaus. Ein ungeheurer Stresstest, der allen Beteiligten über Wochen, Monate und Jahre alles abverlangte. Welche Dimension der Überlebenskampf für viele Geldhäuser annehmen und welchem Druck wir angesichts der Lage des »Finanzsystems am Abgrund« unterworfen sein würden, ahnten wir in der Anfangsphase noch nicht. Es begann PHASE 3: »Managing through the crisis«.

Finanzkrise – Die Vorboten

Das Jahr 2007 beginnt mit einem Wetterereignis, das als böses Omen hätte dienen können. Orkan Kyrill rast mit Geschwindigkeiten von mehr als 200 km/h von den Britischen Inseln über Holland, Belgien, Frankreich, Deutschland, Tschechien bis nach Polen und hinterlässt eine Schneise der Verwüstung. 45 Tote und eine Milliarde Euro Schäden lautet die Schreckensbilanz. China schießt im Januar einen eigenen Satelliten aus der Umlaufbahn ab, eine Machtdemonstration. Nach der Wahlschlappe seiner ÖVP 2006 tritt Bundeskanzler Wolfgang Schüssel in Österreich zurück. Im März beschließt der Bundestag in Berlin eine Rentenreform, die eine Erhöhung des Rentenalters auf 67 ab 2012 bringen wird.

Im April stirbt Boris Jelzin, im Mai gewinnt Nicolas Sarkozy die französischen Präsidentschaftswahlen und im Juni tritt der britische Premierminister Tony Blair zurück. Gordon Brown wird sein Nachfolger. Im Juni werden die 19 Angeklagten im Swissair-Prozess freigesprochen, im Juli verteidigt das Schweizer Team Alinghi den America's Cup.

Was die politischen Ereignisse kaschieren: Eine der schwersten Banken- und Finanzkrisen ist im Anmarsch und das seit vielen Jahren. Im August machen drastische Kursverluste an den Börsen die Runde. Das Unheil nimmt seinen Lauf.

Ich hatte am 17. Juni 2007 in einem Interview im *Deutschlandradio* noch keine Anzeichen einer herannahenden Finanzkrise erkennen können und meinte damals: »Alle sagen, irgendwann wird die Musik aufhören zu spielen. Aber niemand weiß, wann und wodurch das ausgelöst wird. Ich bin da eigentlich optimistischer.« Meine Analyse damals: Das System ist stabil.

Ich lag zu diesem Zeitpunkt noch auf der Linie des damaligen US-Notenbankchefs Alan Greenspan, der im April in seinem *World Economic Outlook* festgehalten hatte, dass die Risiken der Weltwirtschaft »extrem gering« seien und es momentan »keinen Grund zu Befürchtungen« gebe. Auch Zentralbanker irren sich.

Im Juni traf ich mich in New York zu einem Mittagessen in exklusiver Runde mit US-Finanzminister Henry M. Paulson Jr., dem Chef der *Federal Reserve Bank of New York* Timothy Geithner und den CEOs der wichtigsten US-Banken. Die Entwicklung der Finanzmärkte war zwar ein Thema, doch die Teilnehmer waren überzeugt, dass die Verbriefungsaktionen die Risiken gestreut und die Banken soweit alles im Griff hätten.

Bei einem Gespräch mit dem damaligen Bundespräsidenten und ehemaligen IWF-Chef Horst Köhler war ich ebenfalls der Meinung, dass noch alles unter Kontrolle sei. Ich ging davon aus, dass alle Marktteilnehmer nur die Risiken eingegangen waren, die sie verkraften können. Köhler war weit skeptischer und das machte mich nachdenklich. Ich begann zu recherchieren und den Themenkomplex vertiefter zu betrachten, etwa unter dem Aspekt der politischen Risiken der Geldpolitik. Wir stellten auch fest, dass wir in verschiedenen Bereichen zu große Positionen hielten. So hatten wir einen 20 Milliarden schweren Fonds, der keine gute Qualität aufwies. Deshalb beschlossen wir, erste Risikopositionen zu reduzieren.

Während eines Urlaubs im Tessin wurde mir klar, dass eine Immobilienkrise nicht nur eine Delle im Wirtschaftssystem bedeutet, sondern es Jahre braucht, bis das System wieder im Gleichgewicht ist. Diese Erfahrung hatten wir in den 1990er-Jahren während der schweren Immobilienkrise in der Schweiz gemacht. Ich gab daher den Auftrag, weitere Risikopositionen aufzulösen.

Das stieß intern auf Widerspruch, weil einige Kollegen meinten, dass die Käufer unserer Produkte günstige Preise und später höhere Gewinne erzielen würden. Manche sahen auch ihren Bonus gefährdet. Ich war aber mittlerweile überzeugt, dass der Abwärtstrend im Markt andauern würde. Am Ende saßen die Käufer auf beträchtlichen Verlusten. Wir konnten unseren Hals rechtzeitig aus der Schlinge ziehen und wurden deshalb später als »Brandstifter« beschimpft.

Die US-Journalistin Maria Bartiromo schreibt in ihrem Buch »The Weekend that changed Wall Street«, ich sei der einzige Banker gewesen, der vor der Finanzkrise große Risiken im US-Immobilienmarkt gesehen habe. Als sie mich ein Jahr später fragte, ob ich alle Risiken abgebaut hätte, lautete meine Antwort: »Nicht alle, aber einige schon.«

Für mich war klar, dass die Risikomargen bei den Zinsen zu niedrig waren. Daher waren die Risiken enteilt und außer Kontrolle geraten. Wenn bei niedrigen Zinsen alle glauben, dass alles perfekt ist, dann sind die Kosten für den Anleger zu gering und eben das führt letzten Endes zu »Blasen«.

Im Sommer 2007 warnte auch die BIZ vor »irrationalem Überschwang«, ein Begriff, den Alan Greenspan bereits 1996 geprägt hatte. Zudem prangerte die Basler Institution »immer undurchsichtigere und komplexere« Finanzprodukte an. Doch auch diese Warnung verhallte.

Dann kam der Schock. Am 21. Juni notiert mein damaliger Pressechef Stefan Baron in seinen Erinnerungen, »kracht es vernehmlich im Gebälk des Finanzsystems«. Zwei Fonds der US-Investmentbank Bear Stearns melden schwere Verluste bei sogenannten »Subprime-Papieren«. Die US-Bank muss drei Milliarden USD nachschießen.

Doch es kommt noch schlimmer, vor allem in Deutschland.

Am 30. Juli 2007 erfährt die erstaunte Öffentlichkeit, dass am Wochenende zuvor die *Düsseldorfer Industrie-Kreditbank (IKB)* vor dem Kollaps gerettet werden musste. Was an Details bekannt wird, macht viele Beobachter sprachlos. Die IKB war eine Mittelstandsbank, galt als bieder und solide, manchen sogar als langweilig. Doch jetzt stellte sich heraus, dass das Finanzinstitut in den USA im Subprime-Markt am großen Rad gedreht hatte.

In sogenannten Zweckgesellschaften wie *Rhinebridge* und *Rhineland Funding* mit einem Eigenkapital von 500 USD hatten die Düsseldorfer Ableger mit Sitz im US-Bundesstaat Delaware mehr als 20 Milliarden Euro in strukturierte Wertpapiere investiert, die mit US-Hypothekenkrediten unterlegt waren, vorwiegend in sogenannte »Collateralized Debt Obligations«, kurz CDOs. Dabei handelt es sich um Finanzprodukte, die sich aus verschiedenen Wertpapieren zusammensetzen und meistens mit Hypotheken besichert sind. Sie dienen Banken zur Refinanzierung am Kapitalmarkt.

Plötzlich stoppte die Refinanzierung, weil die Liquidität am Markt fehlte. Die Lage war derart brisant, dass die staatliche Kreditanstalt für Wiederaufbau die IKB stützen musste und dabei einen Verlust von zehn Milliarden Euro erlitt. Die näheren Einzelheiten erläutere ich im folgenden Kapitel.

Alarmzeichen

Am 9. August 2007 meldet die Nachrichtenagentur *Reuters*, dass die französische Bank *BNP Paribas* 1,6 Milliarden Euro in drei US-Fonds eingefroren hat, das heißt Investoren können keine Gelder mehr abziehen.
Als Begründung werden Turbulenzen im US-Subprime-Hypothekenmarkt und »eine Verdunstung der Liquidität« genannt. Dies ist ein klares Warnzeichen für ernste Probleme am Finanzmarkt, denn plötzlich können keine Preise mehr für strukturierte Produkte – in diesem Falle erneut CDOs (Collateralized Debt Obligations) – gestellt werden. Der Marktwert war damit schlicht nicht ermittelbar.

Für das angesehene *The Wall Street Journal* war diese drastische Maßnahme der französischen Bank der Anfang der Finanzkrise, weil mit einem Schlag ein schwerer Vertrauensverlust entstand und eine Interkonnektivität entdeckt wurde.

Die Leute fragten sich plötzlich, wie es sein kann, dass Subprime-Papiere in Kalifornien Auswirkungen bei einer französischen Bank haben. Außerdem bedeutsam: Während *Bear Stearns* gewisse Hedgefonds eingefroren hatte, waren die drei BNP Paribas-Vehikel »Geldmarktfonds«, betonte Professor Anat Admati von der Stanford Business School 2017 gegenüber dem Radiosender *Marketplace*, und das Einfrieren dieser Fonds, die »so gut wie Bankkonten sein sollten, war außergewöhnlich«. So außergewöhnlich, dass die *Europäische Zentralbank (EZB)* für einen Tag 100 Milliarden Euro als Liquidität ins Finanzsystem kippte, erinnerte sich Lord Mervyn King, ehemaliger Gouverneur der Bank of England in einem BBC-Interview, und »dieser Schritt habe ihn verunsichert«, weniger die Ankündigung der französischen

Bank. Denn »das war eine Menge EZB-Geld«, so Lord King weiter, und wir fragten uns: »Was wissen die, was andere nicht wissen?«

In Washington finden erste Krisensitzungen über die Lage der beiden halbstaatlichen und größten Immobilienfinanzierer der Welt *Fannie Mae* und *Freddie Mac* statt. Fannie und Freddie hatten 50 Prozent des gesamten US-Hypothekenmarktes mitfinanziert, bestätigte US-Finanzminister Henry (Hank) Paulson, der Wert damals: 4,4 Billionen USD.

Es ist angebracht, noch einmal Begriffe und Produkte zu erläutern, die damals in jeder Zeitung und jeder Fernsehsendung tagtäglich auftauchten.

Unter »Subprime« versteht man zweit- oder drittklassige Immobilienkredite, die über »Mortgage Backed Securities« (MBS) – das sind verbriefte Immobilienkredite – von Banken oder Brokern gemischt, gebündelt und mit teilweise erstklassigen Bewertungen der Ratingagenturen versehen an Investoren weitergereicht wurden. In den USA hatte sich dieser Verbriefungsmechanismus zu einem gigantischen Geschäft entwickelt. Die Banken kauften Immobilienkredite massiv auf und gaben selbige als verbriefte Wertpapiere oder strukturierte Produkte an private und institutionelle Investoren ab.

Den Banken ermöglichte dieses System, ihre Liquidität zu erhöhen und ihre Risiken zu entsorgen, da die Kredite so aus der Bilanz verschwanden. Um sich gegen Verluste abzusichern, wurden mit Versicherungskonzernen wie AIG Kreditausfallversicherungen abgeschlossen. Nach Angaben des US-Finanzministeriums waren 2007 von 55 Millionen Hypotheken im Wert von 13 Billionen USD rund 13 Prozent und damit sieben Millionen Hypotheken sogenannte »Subprime-Kredite« im Wert von mehr als 1,5 Billion USD.

Doch die Ursachen der Finanzkrise liegen viel weiter zurück und sind auf mehrere Faktoren zurückzuführen. Eingeleitet wurde die Entwicklung durch elf Zinssenkungen der US-Notenbank im Zeitraum zwischen Mai 2000 bis Dezember 2001. Das waren Maßnahmen nach den Terroranschlägen auf das World Trade Center und dem Platzen der Dotcom-Blase 2000, die besonders Kleinanlegern enorme Vermögensverluste beschert hatten.

Zudem hatte die US-Börsenaufsicht *Securities and Exchange Commission (SEC)* die Kapitalanforderungen für Banken stark reduziert. Sie erlaubte plötzlich Finanzinstituten, ihren »Leverage«-Faktor auf das zwanzig-, dreißig- oder gar fünfzigfache zu erhöhen und damit Hebelprodukte zur Gewinnmaximierung einzusetzen. Darunter waren Goldman Sachs, Morgan Stanley, Lehman Brothers, Merrill Lynch und Bear Stearns.

Zuvor hatte US-Präsident Bill Clinton bereits 1999 den Glass-Steagall Act aus dem Jahre 1933 entschärft, der das Trennbankensystem in Commercial-Banken und Investmentbanken definiert und damit Spekulationswut und Übertreibungen im Markt sowie Klumpenrisiken verhindert oder zumindest gebremst hatte. Wall Street war damals von Main Street getrennt worden. Durch die Lockerung war dies hinfällig. Die Deregulierung betraf auch strukturierte Produkte wie Credit Default Swaps (CDS), die keiner Regulierung unterworfen waren.

Dadurch konnten plötzlich alle Banken ihre Aktivitäten ausweiten, ihr »Leverage« massiv erhöhen und weit größere Risiken eingehen. Billiges Geld, steigende Häuserpreise und Derivateprodukte waren Begleitfaktoren für eine rasant wachsende Immobilienblase.

Das Problem dabei war, dass nun auch finanziell schwache Kreditnehmer erstmals eine Immobilie kaufen konnten. Politisch war dies gewollt, trieb aber die

Preise weiter nach oben. Gleichzeitig stieg auch die Verschuldung der Hausbesitzer, denen neue Kredite oder Zweithypotheken dank höherer Häuserpreise gewährt wurden. Bizarre Formen der Kundenwerbung machten die Runde. In McDonald's-Filialen wurden finanziell klamme US-Bürger angesprochen und mit Hypotheken ohne Anzahlung oder Bonitätsprüfung überschüttet – und kassierten dazu auch noch als Anreiz einige hundert US-Dollar in bar.

Das Wort von »NINJA«-Krediten machte die Runde, ein Kürzel für »No income, no job, no assets«. Auf gut Deutsch: »kein Einkommen, keine Arbeit, kein Vermögen«. Fahrlässige und exzessive Kreditvergabe war die Folge. Und eine Kreditblase.

Dann erhöhte die Fed ab 2004 die Zinsen. Innerhalb von zwei Jahren stieg der Zinssatz auf 5,25 Prozent. Immer mehr Kreditnehmer mit geringen Einkommen kamen finanziell unter Druck und in Zahlungsverzug, viele meldeten komplette Zahlungsausfälle. Plötzlich waren die Eigenheime weniger wert, als die Besitzer dafür bezahlt hatten. Und es geschah »das Undenkbare«, erinnert sich US-Finanzminister Hank Paulson in seinen Memoiren »Am Abgrund«: Viele Hausbesitzer »weigerten sich schlicht«, ihre Raten zu bezahlen. Das allein schon war ein Problem.

Doch was die Notenbanken und Bankkontrolleure unterschätzten, war die fundamentale Veränderung des Hypothekenmarkts durch Verbriefungen. Früher hatten die Banken und Sparkassen Hypothekenkredite vergeben und sie samt der Risiken in den Büchern behalten (Skin in the Game). Das Verbriefungsmodell erlaubte es aber Finanzinstitutionen, Hypothekenprodukte an andere institutionelle Investoren und Pensionsfonds weiter zu verkaufen und die Risiken auszulagern. Ende 2006 waren die ausstehenden Kredite von Privat- und kommerziellen Immobilien auf 6,6 Billionen USD angestiegen.

Die dunkle Seite des Geschäfts bestand darin, dass immer komplexere und kaum zu verstehende Produkte von »Rocket Scientists« erfunden und platziert wurden. So komplex, dass auch mancher CEO mit der Materie überfordert war.

Als die Immobilienblase platzte, riss dies Firmen wie *New Century Financial Corp* in den Abgrund. Im April 2007 erklärte der Investment Trust den Bankrott, nachdem er 2006 noch 60 Milliarden USD an Krediten vergeben hatte. Bereits im Februar und März hatten 25 US-Subprime-Firmen Konkurs angemeldet. Die Immobilienpreise sackten derart schnell ab, dass Kreditnehmer ihre Zinsen nicht mehr bezahlen, aber auch ihre Häuser nicht mehr verkaufen konnten, um ihre Schulden abzutragen. Auch die halbstaatlichen Hypothekenbanken Fannie Mae und Freddie Mac gerieten in den Strudel und mussten 2008 vom Staat gerettet werden. Doch ich greife vor.

Sobald die Ratingagenturen begannen, die mit Hypothekenkredite unterlegten Wertpapiere herabzustufen, stiegen auch die Prämien für Kreditversicherungen, sogenannte »Credit Default Swaps« (CDS). Es wurde dennoch weiter gefeiert. Der Investmentbanking-Chef der Deutschen Bank, Anshu Jain, ließ am 12. Juli 2007 für eine Konferenz in Barcelona die »Rolling Stones« für ein Millionenhonorar anrollen.

Der Immobilienboom und das Hypothekenkarussell mit strukturierten Produkten wie ABS (Asset Backed Securities) – darunter CDS (Credit Default Swaps) oder CDOs (Collateralized Debt Obligations) – erwiesen sich als ein Kartenhaus. Um die Dimension klarzumachen: Ende 2007 lag der Wert der ausstehenden CDS-Kontrakte weltweit bei 62 Billionen USD, meldete das US-Magazin

Fortune am 8. Dezember 2008 unter Berufung auf den Industrieverband International Swaps and Derivatives Association.

Es besteht kein Zweifel. Die Banken gingen zu weit, in dieser exzessiven Stimmung Kredite zu bündeln, zu verbriefen und dann den Anlegern in Form von strukturierten Finanzprodukten anzubieten. Sie waren geradezu berauscht von diesem profitablen Geschäftssegment. Hinzu kommt, dass die Banken nicht immer die Due Diligence in der gebotenen Sorgfalt erledigt hatten. Und es wurden Fehler gemacht. Man hat die Produkte anderen Banken oder Hypothekenbanken wie Fannie Mae und Freddie Mac verkauft, die allerdings beide aufgrund ihrer Marktkenntnis gewiss Bescheid wussten, was in den Papieren steckt. Andere waren ahnungslos und verstanden die Komplexität der Produkte nicht.

Fehlende Transparenz verstärkte die Abwärtsspirale. Das unübersichtlich verschachtelte Derivate-Produktsystem sorgte dafür, dass die Verluste der Banken an viele andere Investoren weitergereicht wurden, ein Kaskadeneffekt. Die Gesamtverluste multiplizierten sich. Das Finanzsystem drohte zu kollabieren. Auch in Deutschland rumorte es gewaltig.

Die Deutsche Bank hatte ebenfalls Bestände an strukturierten Produkten in ihren Büchern und diese Papiere auch an andere Banken verkauft. Dazu gleich mehr. Durch die Volatilität an den Börsen waren wir im dritten Quartal 2007 zu Abschreibungen in Höhe von 2,2 Milliarden Euro gezwungen. Gleichwohl schafften wir für das Gesamtjahr 2007 ein Rekordergebnis von 8,7 Milliarden Euro vor Steuern und von 6,5 Milliarden Euro nach Steuern. Doch die Krise hatte ihren Höhepunkt noch gar nicht erreicht.

Das IKB-Desaster

Im Juli 2007 machen erste Gerüchte die Runde, wonach die Düsseldorfer Deutsche Industriebank (IKB) aufgrund von Problemen mit Subprime-Hypotheken schwer zu kämpfen hat. Die Zahl von 100 Millionen Euro Verlust wird herumgereicht. Das Management dementiert. Ein echter Realitätsverlust. Denn schon bald muss die staatliche Kreditanstalt für Wiederaufbau (KfW) als Hauptaktionär mit einer Kreditlinie von 8,1 Milliarden Euro aushelfen und eine Risikoabschirmung von 2,5 Milliarden Euro übernehmen. Für den damaligen Bundesbankpräsidenten Axel Weber war die IKB-Rettung »der Beginn der Finanzkrise«.

Ich hatte von unseren Händlern erfahren, dass bei der IKB einiges nicht im Lot war, obwohl die Bank noch am 20. Juli 2007 in einer Erklärung bekanntgab, dass die Unsicherheiten am amerikanischen Hypothekenmarkt »praktisch keine Auswirkung« auf die IKB hätten.

Unsere Leute waren anderer Meinung. Sie hatten schließlich einen Teil der »kritischen« Papiere an die IKB verkauft, wofür wir noch eine Menge Prügel einstecken sollten, und kannten daher die Positionen. Ich rief sofort die Vorstandsvorsitzende der KfW-Bankengruppe Ingrid Matthäus-Maier an, da die KfW mit 38 Prozent Hauptaktionärin der IKB war. Ich teilte ihr mit, dass wir Grund zur Annahme hätten, dass die IKB größere Risiken im Portfolio hielte. Sie bedankte sich herzlich mit den Worten: »Das ist aber sehr nett, dass Sie mich anrufen und wenn Sie mir dies mitteilen, nehme ich das wirklich sehr ernst.«

Als nächstes wählte ich die Rufnummer von Jochen Sanio, dem Chef der Bundesanstalt für Finanzdienstleistungsaufsicht (BaFin). Ihm teilte ich ebenfalls mit, dass wir ein großes Problem im Bankensystem vermuteten. Auch er zeigte sich äußerst dankbar und schickte sofort ein Team zur IKB, um dann festzustellen, dass die Lage weit schlimmer als erwartet war. Sanio sorgte sich um die Reputation des deutschen Finanzplatzes, weil die Vernetzung der IKB mit Landesbanken und Sparkassen massive Ansteckungseffekte befürchten ließ.

Innerhalb von nur einer Woche hatte sich die Lage zugespitzt und wir beschlossen am 26. Juli 2007, die Kreditlinie der IKB aufzuheben. Das kam überhaupt nicht gut an, ganz im Gegenteil. Mir wurde später vorgeworfen, den Niedergang der IKB durch diese Maßnahme beschleunigt, ja gar verursacht zu haben.

2010 musste ich als Zeuge im Prozess gegen den früheren IKB-Chef Stefan Ortseifen wegen angeblicher Kursmanipulation aussagen. Ortseifen hatte behauptet, die Deutsche Bank habe erst die Schieflage der IKB durch das Kappen der Kreditlinie ausgelöst. Der Vertrauensverlust am Kreditmarkt sei nicht mehr reparabel gewesen. Das *Handelsblatt* fasste zusammen: »Warum hat die Deutsche Bank der IKB damals eine Kreditlinie gekappt? Und hat die größte deutsche Bank damit den Beinahe-Zusammenbruch der kleinen Mittelstandsbank am 27. Juli 2007 erst ausgelöst, wie der Angeklagte im Prozess behauptet?« Ackermann bestreitet ruhig und klar: »Nein.« Die Deutsche Bank habe die Kreditlinie nur gekappt, weil die Schieflage der IKB schon eingetreten gewesen sei. Das wäre, als ob man »gutes Geld schlechtem Geld hinterhergeworfen hätte«. Schon zehn Tage zuvor am 17. Juli seien die Risikoaufschläge »merklich gestiegen«. Der Markt sei »besorgt gewesen, dass die IKB wegen ihrer milliardenschweren Zweckgesellschaft Rhineland Funding Probleme bekomme. Zudem hätte die IKB der Zweckgesellschaft sieben Milliarden Euro geben müssen, wenn diese sich nicht mehr am Markt hätte refinanzieren können – weit mehr als ihr Eigenkapital. Ein »ungesundes Verhältnis«.

Die IKB hatte sich schlicht übernommen. Das galt vor allem für das Management, das sich im Ausland als starker Partner empfahl. Ich erinnere mich an eine Investorenkonferenz in Kalifornien, als ich bei einer Roadshow auf einen mächtigen erfolgreichen deutschen Konkurrenten angesprochen wurde. Auf meine Nachfrage, wer das denn sei, hieß es, das sei die IKB, die sich auf strukturierte Produkte spezialisiert und in den USA als großer und überlegener Anbieter präsentiert hatte. Man war also keineswegs ein »Opfer«, sondern wollte bei strukturierten Produkten prominent im Geschäft sein. Man drehte in den Staaten am großen Rad. Und überdrehte es.

Noch am 20. Juli baten wir um Überstellung aktuellerer Daten, doch die Anfrage wurde verzögert, was den Anschein erweckte, dass »etwas faul war«. Daher hatten wir auf eigene Faust das Portfolio geschätzt. Rhineland Funding war uns auch deshalb bekannt, weil wir für den Notfall eine Kreditlinie von 500 Millionen Euro zugesagt hatten. Alarmiert durch die eigene Schätzung kappten wir am 26. Juli die Kreditlinie. Ich hatte Jochen Sanio von der BaFin persönlich über diesen Schritt informiert.

Am 29. Juli 2007 fand eine von Finanzminister Peer Steinbrück eiligst einberufene Telefon-Schaltkonferenz statt, an der die wichtigsten Vertreter des deutschen Bankwesens teilnahmen. BaFin-Chef Sanio warnte, »es drohe die größte Bankenkrise seit 1931«. Ein erstes Rettungspaket in Milliardenhöhe wurde beschlossen. Es blieb nicht das einzige. Einen Tag später trat IKB-Vorstandssprecher Stefan Ortseifen zurück.

Das IKB-Desaster hatte noch Monate nach der Rettungsaktion erhebliche Folgen. Am 7. April 2008 trat

Ingrid Matthäus-Maier von ihrem Chefposten bei der KfW zurück. Es war ein »Abschied, in dem jede Menge Verbitterung steckt«, notierte die *FAZ*. Zur Begründung hatte die SPD-Politikerin angegeben, nicht mehr länger »den Kopf für Fehler hinzuhalten, die andere gemacht haben«. Die *FAZ* schätzte die KfW-Verluste damals auf rund 7,2 Milliarden Euro.

Seit ihrem Rücktritt ist Ingrid Matthäus-Maier weder auf Jochen Sanio noch auf den damaligen Finanzminister Peer Steinbrück oder den früheren Bundesbank-Präsidenten Axel Weber und schon gar nicht auf mich gut zu sprechen. In einer ZDF-Dokumentation 2018 erhob sie schwere Vorwürfe gegen mich. Sie bezeichnete mich als »Brandstifter« der Finanzkrise. Ich sei »weder integer noch anständig«, sondern »skrupellos« und hätte mir das Problem »vom Hals gehalten«. Zudem warf sie mir vor, »die Krise selbst ausgelöst zu haben«, um dann andere zu zwingen, die Krise zu lösen, ohne dass die Privaten bluten. »Wir fühlten uns erpresst als KfW-Vorstand, vor allem von Ackermann.«

Diese Sündenbocktheorie möchte ich nicht kommentieren. Nur so viel: Es wäre sicherlich souveräner von ihr gewesen, zuzugeben, dass sie überfordert war.

Wenn ich heute Matthäus-Maier treffen würde, könnten wir das Thema IKB nochmal ausdiskutieren. Vielleicht würde sie mir sagen, dass wir das ganze Problem unter der Hand hätten regeln können. Dass wir einfach einen Deutsche Bank-Kredit hätten gewähren müssen, um das Institut aufzufangen. Und dann müsste ich antworten: »Das Loch war so groß, dass es die deutschen Banken insgesamt nicht hätten stemmen können.« Und: »Es wäre falsch gewesen, so zu handeln.«

Im Nachhinein ist dies alles reine Spekulation. Ich möchte aber festhalten, dass bei der IKB keinerlei bösartige Hintergedanken bestanden oder eine Verschwörung geplant war. Wir hielten die Bank für schlecht geführt und sie stellte mit ihren Positionen eine »Zeitbombe« dar. Die freiwillig eingegangenen Risiken waren derart hoch, dass sie mit dem vorhandenen Kapital nicht mehr zu verkraften waren. Hinterher hat sich dies ja dann bestätigt.

Nicht zu vergessen ist, dass die IKB der erste Dominostein in Deutschland war, der umfiel. Das Drama hatte gerade erst begonnen und weltweit standen Regierungen, Finanzministern und CEOs harte Monate bevor. Erst 2008 wurde das ganze Ausmaß der globalen Finanzkrise sichtbar, das in der Pleite von Lehman Brothers gipfelte, der viertgrößten Bank der USA.

Für mich war das IKB-Debakel ein Weckruf. Ich erkannte, dass die Annahme falsch war, Banken würden nur verkraftbare Risiken eingehen. Die US-Immobilienkrise hatte globale Folgen und rollte wie ein Tsunami über den Atlantik nach Europa.

Als Ökonom war ich daher überzeugt, dass die Krise nicht in drei Monaten vorüber sein, sondern viel länger dauern würde. Da Immobilienmärkte weit weniger liquide sind als Finanzmärkte, benötigt die Korrektur von Ungleichgewichten stets mehr Zeit. Wir mussten daher unser »Exposure« (Gefahrenpotenzial) dramatisch reduzieren. Ende 2007 hatte ich daher im Konferenzraum von Morgan Grenfell in London ein Treffen mit Anshu Jain und seinem Team angesetzt. Hugo Bänziger war an meiner Seite. Das war die vielleicht wichtigste Sitzung, die ich je einberufen habe. Ich forderte damals, unsere Risikopositionen substanziell abzubauen und den Eigenhandel zu beenden. Und den quantitativen Risikoabbau jedes Quartal dem Vorstand vorzulegen. Das löste erheblichen Widerstand aus.

Denn es gab eben auch andere Meinungen. Viele glaubten, die IKB sei nur ein »Einzelfall«, eine Delle im Finanzmarkt, mehr nicht. Etliche Investmentbanker sperrten sich gegen die Vorstellung, dass die »Musik nicht mehr spielt«. Sie leisteten Widerstand und behaupteten, man wolle »ihren Bonus kaputtmachen«. Wieder andere sahen den »Subprime-Markt« lediglich als Teilsegment, der sich kaum international auswirken würde.

Heute weiß man, dass wir – und damit meine ich die gesamte Branche, aber auch die Aufsichtsbehörden, Notenbanken, Regierungen sowie die Ratingagenturen – das Thema Immobilienmarkt und Ramschhypotheken nicht ernst genug genommen haben. Vielleicht wollten wir es nicht wahrhaben, weil die Geschäfte florierten und wir unbedingt dabei sein wollten. Es fällt schwer zuzugeben, dass im Bankengeschäft ein gewisses Herdenverhalten, ein »Lemminge-Effekt« zu beobachten ist.

Erstaunlich ist ebenfalls die mangelhafte Einschätzung über die Gefahren von Liquiditätsengpässen. Wenn es keine Liquidität mehr im Markt gibt, dann »ist man tot«.

Wieso kam die Finanzkrise so unerwartet, obwohl sich die Gefahr über Jahre hinweg langsam, aber stetig und auch mit Warnzeichen aufbaute? Waren wir blind? Überheblich? Etwa naiv? Oder zu gierig? Ein bisschen von allem?

Sicher spielen psychologische Faktoren eine Rolle. Kein Akteur will Schwäche zeigen, keiner will sich den Ruf einhandeln, in einem hochprofitablen Marktsegment nicht dabei zu sein. Jeder der Konkurrenten schielt auf den anderen, seine Resultate, seine guten und schlechten Zahlen. In guten Zeiten mit glänzenden Resultaten sieht man sich bestätigt und Widerspruch oder Kritik verstummen.

Es gibt kein Allheilmittel, keine perfekte Sturmwarnung durch einen digitalen Leuchtturm, keine Glaskugel und kein Computermodell, das einen CEO oder Risikomanager aus dem Alltag herausreißt und ihn zum Handeln zwingt. Ich gebe zu, man tut sich schwer, emotional eine Kehrtwende einzuleiten, allein gegen alle eine komplett entgegengesetzte Strategie einzuschlagen. Man verdrängt eher.

Die Maxime »Thinking the Unthinkable« – das Undenkbare denken – ist unterentwickelt und im Alltag kaum präsent. Man merkt das immer dann, wenn eine Krise ausbricht – und kein Notfallplan vorliegt. Dann beginnt die Hektik, Improvisation, Krisenmanagement. Da sind wir Banker nicht allein, wie der russische Angriffskrieg auf die Ukraine offengelegt hat. Auch die politischen Eliten mussten entdecken, dass sie in ihren Einschätzungen zu Russland beziehungsweise Russlands Staatschef Wladimir Putin entweder schief, ungenau oder gar völlig falsch lagen. Die »Zeitenwende« schlug zwar wie ein gewaltiger Blitz in Europa ein, doch die Entwicklung zum Angriffskrieg in der Ukraine hatte sich über Monate, wenn nicht Jahre angebahnt. Und viele unangenehme Wahrheiten und Versäumnisse wie einseitige Energieabhängigkeit von Russland oder die mangelhafte Ausrüstung der europäischen Streitkräfte traten ans Tageslicht.

Auch beim Ausbruch der Pandemie gerieten Politiker, Mediziner und Gesundheitspolitiker ins Rotieren. Niemand war gerüstet, Improvisation war Trumpf. In diesem Fall aber war es verständlich, weil ein Virus ein unsichtbarer Gegner ist, Ausmaß und Gefährlichkeit am Anfang unbekannt oder schwer einzuschätzen sind, aber bei hohen Todeszahlen schnelles Handeln gefragt ist.

Aber auch bei historischen Glücksfällen wie der Wiedervereinigung Deutschlands hatte die Regierung

Kohl – obwohl es extra ein Bundesministerium für innerdeutsche Beziehungen gab – keinen Plan für die Wiedervereinigung in der Schublade, als die Mauer fiel, und das obwohl man über Jahrzehnte diesen »Traum« beschworen hatte.

Das »Undenkbare denken« ist also durchaus empfehlenswert. Vor allem bei riskanten Geschäften. Aber für die Finanzwelt gilt auch: Wenn wir keine Risiken eingehen, sind wir weg vom Fenster, werden abgehängt und im schlimmsten Fall von einem Konkurrenten geschluckt.

Risiko und Belohnung müssen aber immer in einem vernünftigen Verhältnis zueinanderstehen. Zu viele Risiken können sonst den Untergang bedeuten. Wer nur an die Belohnung denkt, ist in Gefahr, negative Folgen auszublenden.

Sachsen LB – Untergang einer Landesbank

Parallel zur IKB-Krise gerieten die *Sachsen LB* und andere Landesbanken in den Strudel der Ereignisse. Die kleinste Landesbank Deutschlands war 2002 gegründet worden, um dem Bundesland Sachsen neue Finanzierungsmöglichkeiten zu eröffnen.

Doch die Bank schrieb Jahr für Jahr Verluste, weil sie keine relevanten Geschäftsfelder fand. Also beschloss das Management, ab 2003 in den Handel mit US-Hypothekenkrediten einzusteigen. Dazu gründete man die Sachsen LB Europe mit Sitz in Dublin. Niedrige Steuern und hohe Gewinne lockten, das Spiel begann.

Doch schon 2004 warnten Wirtschaftsprüfer, dass in Dublin Kreditgrenzen überschritten und Kreditrisiken kaum kalkulierbar seien. Zudem machten die Kredite das Zwanzigfache des Eigenkapitals der Sachsen LB aus.

Doch 2006 fuhr das Institut mit den Dublin-Geschäften 100 Millionen Euro Gewinn ein, im klassischen Bankgeschäft waren es 60 Millionen Euro Verlust. Also doppelte das Management in Irland nach und kaufte verstärkt »Ramschhypotheken«, die an Personen mit schwacher Bonität vergeben wurden. Unter Investmentbankern galt die Sachsen LB als ein Institut, dem man mit dem Versprechen auf hohe Gewinne »jeden Schrott verhökern kann«, berichtete der MDR 2022 in einem Rückblick auf diese Ereignisse.

Und dieser Schrott entpuppte sich als Mühlstein, der die Bank in den Abgrund riss. Das Institut soll mit bis zu 65 Milliarden Euro an US-Immobilienkrediten gezockt haben, meldete *Der Spiegel* am 26. August 2007. Die Lage war so dramatisch, dass die Sparkassen-Finanzgruppe Bürgschaften in Höhe von 17,3 Milliarden Euro übernehmen musste. Doch die Sachsen LB war nicht zu retten. Bereits im August wurde die Landesbank in einem Notverkauf an die *Landesbank Baden-Württemberg (LBBW)* in Stuttgart für 328 Millionen Euro veräußert, der Deal im Dezember 2007 komplettiert. Sachsen übernahm eine Landesbürgschaft von 2,75 Milliarden Euro.

Auch die LBBW geriet danach ins Trudeln, weil sie in strukturierte Finanzprodukte investiert hatte, und musste am Ende mit Staatshilfen in Milliardenhöhe über Wasser gehalten werden. Nicht besser erging es *WestLB* und *BayernLB*, die alle vom Subprime-Virus befallen waren und riesige Abschreiber vornehmen mussten. Die BayernLB traf es besonders hart. Im Herbst 2008 sprach Ministerpräsident Horst Seehofer von einem »Blitzeinschlag«, man brauche zehn Milliarden Euro, um eine Katastrophe abzuwenden. Gemeint ist: der Bankrott der Bank. Seehofer entschuldigte sich öffentlich bei der Bevölkerung, etwa 5600 Mitarbeiter landeten auf der Straße.

Immerhin: Die BayernLB überlebte, nicht so die stolze WestLB, die nicht mehr zu retten war, trotz Milliardengarantien des Landes Nordrhein-Westfalen und der Sparkassen. Die WestLB meldete für 2007 einen Verlust von 1,6 Milliarden Euro. Rund 80 Milliarden an faulen Papieren wurden in eine *Bad Bank* ausgelagert, das Institut 2012 zerschlagen und aufgelöst. Eine einst mächtige Landesbank war untergegangen.

Die deutsche Regierung beschloss angesichts des Bebens an den Finanzmärkten ein sogenanntes Finanzmarktstabilisierungsgesetz, das im Eilverfahren am 17. Oktober 2008 vom Bundestag verabschiedet und noch am selben Tag vom Bundespräsidenten unterzeichnet und im Bundesgesetzblatt veröffentlicht wurde. Finanzminister Steinbrück hat mich einmal als einen der Architekten dieses Gesetzes bezeichnet. Es sah einen Rettungsfonds von 100 Milliarden Euro vor, der zusätzliche Garantien von 400 Milliarden Euro übernehmen kann. Diese Maßnahme sollte den Bankenmarkt stabilisieren. Denn mittlerweile hatte die Immobilienkrise nicht nur zu einer Liquiditäts-, sondern auch zu einer Vertrauenskrise geführt. Soll heißen: Der Interbankenmarkt war ausgetrocknet. Die Banken trauten sich gegenseitig nicht mehr und liehen sich kein Geld mehr. Die Immobilienkrise hatte sich zu einer handfesten Bankenkrise entwickelt, die das gesamte Finanzsystem ins Wanken brachte.

Und neue Hiobsbotschaften aus dem Ausland verstärken das Misstrauen. Im August 2007 erfährt der Gouverneur der *Bank of England* Mervyn King von großen Problemen bei der *Northern Rock* Bank. Mitte September meldet die BBC, dass die Bank of England bei Northern Rock in Newcastle eine Rettungsaktion gestartet hat. Sofort bilden sich lange Schlangen vor den Filialen. Vor allem ältere Menschen versuchen tagelang, ihre Ersparnisse abzuheben. Die Bilder gehen um die Welt. Schatzkanzler Alistair Darling muss öffentlich versichern, dass die Regierung alle Einlagen der Sparer schützt. Dann pumpt die Bank von England zehn Milliarden Pfund in den Geldmarkt. Es ist der erste *Bank Run* in Großbritannien seit 150 Jahren. Northern Rock dümpelt noch einige Wochen vor sich hin, im Februar 2008 wird das Finanzinstitut verstaatlicht. 2000 Mitarbeiter verlieren ihren Job.

Auch die Schweiz bleibt nicht verschont. Am 1. Oktober 2007 gibt die UBS eine Abschreibung von fünf Milliarden CHF für das dritte Quartal bekannt. Im November muss die größte Bank der Schweiz für das vierte Quartal zusätzliche elf Milliarden CHF abschreiben. Das sind gewaltige Zahlen, die das Ausmaß des Finanzdesasters zeigen. Doch noch ahnt niemand, dass dies erst der Anfang ist.

Die Dominosteine fallen

Das ganze Ausmaß des Billionenkarussells wurde erst 2008 sichtbar. Im März 2008 meldete die US-Investmentbank Bear Stearns große Liquiditätsengpässe und musste mit einem Notkredit der US-Notenbank über Wasser gehalten werden. Der Bridge spielende CEO Jimmy Cayne hatte riesige Wetten auf toxische Hypothekenpapiere abgeschlossen, hohe Schuldenberge und Verluste aufgetürmt.

Die Kunden machten sich in Scharen aus dem Staub. Es war US-Finanzminister Hank Paulson, der mich am 15. März 2008 an einem Samstagmorgen anrief, als ich mit meiner Frau gerade in New York auf der Madison Avenue beim Einkaufen war. Paulson wollte wissen, ob wir Bear Stearns kaufen würden. Unser Amerika-Chef

Seth Waugh hatte ihm den Floh ins Ohr gesetzt. Meine Antwort war glasklar: »Bear Stearns kaufen? Das kann ich mir in der aktuell schwierigen Phase kaum vorstellen.« Und ich erwähnte dabei auch, dass ich noch Probleme bei anderen US-Banken erwarte.

Hank Paulson kannte ich seit meinem ersten Besuch bei Goldman Sachs zu Beginn meiner CEO-Zeit. Paulson, ein Absolvent der Harvard Business School, war 1974 bei Goldman Sachs eingetreten und 1999 zum alleinigen CEO und Chairman ernannt worden.

Nach meinem Besuch bei ihm hieß es aus Mitarbeiterkreisen, Paulson sei zu dem Schluss gekommen, dass man nun die Deutsche Bank im Investmentbanking ernstnehmen müsse. Paulson gibt heute zu, dass er meine Warnung vor dem massiven Vertrauensverlust in US-Investmentbanken gerade in Europa damals »unterschätzt« habe. Gleichwohl traute er uns einen Deal zu. In seinen Memoiren »Am Abgrund« beschreibt er mich als einen »unerbittlichen Konkurrenten, der sich nicht scheute, die vermeintlichen Schwächen seiner Rivalen auszunutzen«.

Hektische Krisensitzungen in Washington und New York folgen. Bear Stearns wird für 236 Millionen USD an *J.P. Morgan Chase* verkauft. Im Januar 2007 war die Bank noch 20 Milliarden USD wert. Die US-Notenbank hält eine Kreditlinie von 30 Milliarden USD für eine Zweckgesellschaft bereit, in die Hypotheken von Bear Stearns geparkt werden. Es war ein Notverkauf. Cayne hatte alle Warnzeichen ignoriert. Als zwei Merrill-Lynch-Hedgefonds im Juli 2007 implodierten, war der CEO nicht zu erreichen, weil er bei einem Bridge-Turnier in Nashville, Tennessee sein Mobiltelefon ausgeschaltet hatte. US-Finanzminister Hank Paulson notierte: »Ich fürchte, die Welt fällt auseinander.«

Neue Hiobsbotschaften folgen im Sommer. Merrill Lynch, mit 15 000 Mitarbeitern und 2,2 Billionen USD an Kundengeldern der größte Broker weltweit, meldet im Juli 2008 mit 4,9 Milliarden USD den vierten Quartalsverlust infolge. Bereits zuvor hatte am 17. Februar 2008 *CNN Money* berichtet, dass sich die Verluste in nur 12 Monaten auf 19,2 Milliarden USD vervierfacht hatten.

Das Finanzinstitut ist eine Ikone, die 1914 von Charles Merrill und Edmund Lynch gegründet wurde. CEO Stanley O'Neal hatte den Broker zum größten *Underwriter* für Subprime-CDOs gemacht und war dadurch immense Risiken eingegangen. Als der CDO-Markt einbrach, bescherte dies Merrill Lynch Milliardenverluste. Ende 2006 hatte der Broker Hypotheken-Anleihen im Wert von 117 Milliarden USD in den Büchern. Zusätzliche 15 Milliarden USD kommen an Verlusten in den ersten neun Monaten 2008 hinzu. Im September wird Merrill Lynch dann von der *Bank of America* geschluckt.

Der Monat September bringt weitere Erschütterungen. Es geht um US-Megainstitutionen wie die staatlich geförderten Hypothekenfinanzierer Fannie Mae und Freddie Mac, Lehman Brothers, Morgan Stanley und *Washington Mutual*.

Am 7. September 2008 werden Fannie Mae und Freddie Mac verstaatlicht. Es ist die dramatischste Intervention der US-Regierung bis zu diesem Zeitpunkt. Washington befürchtet einen Zusammenbruch der beiden Hypothekengiganten und damit kolossale Kollateralschäden für den Finanzmarkt und die US-Wirtschaft. Und die Horror-Nachrichten nehmen kein Ende.

Lehman Brothers – Kollaps einer Legende

Am 15. September 2008 erfolgt mit dem Zusammenbruch von Lehman Brothers der Super-GAU. Diese legendäre US-Investmentbank, 1850 von deutsch-jüdischen Einwanderern aus Unterfranken gegründet, musste fortan als das Gesicht und Symbol für die Finanzkrise 2008 herhalten. Viele werden sich noch an die Fernsehnachrichten erinnern, als Lehman-Angestellte mit ihren Habseligkeiten in Boxen und Schachteln aus dem Hauptquartier strömten und sich einen Weg durch die Menge von Reportern und Schaulustigen bahnten. Unvorstellbares war geschehen.

Ich saß in meinem Dienstwagen und war auf dem Weg von Zürich nach Frankfurt, als mich der Anruf unseres Amerika-Chefs erreichte, der mir sagte: »Es ist vorbei.« Ich konnte es nicht fassen. Die US-Regierung hatte entschieden, Lehman Brothers, die viertgrößte Bank der USA, nicht zu retten. Und das nach all den nicht enden wollenden Turbulenzen der vergangenen Wochen und Monate. Ich hatte es für unwahrscheinlich gehalten, dass Washington dies zulässt, und hatte auf eine Rettung in letzter Minute gesetzt. Und jetzt der GAU.

Wir waren nicht völlig unvorbereitet und ich machte mir über die Deutsche Bank nicht so viele Sorgen. Zum Glück hatten wir unsere Risikopositionen bereits stark abgebaut. Der Lehman-Kollaps war gleichwohl ein Schock für die Finanzmärkte. Er zeigte schlagartig, wie riesig das Liquiditätsproblem war und dass diese Notlage auch andere Institute erfassen konnte. Die Pleite offenbarte zudem die enorme Vernetzung unter den Banken sowie die Ansteckungsgefahren.

Ich telefonierte nach der Hiobsbotschaft mit meinen Vorstandskollegen, unseren Top-Investmentbankern,

Bundesbankpräsident Axel Weber, EZB-Chef Jean-Claude Trichet, US-Finanzminister Hank Paulson und anderen Banken-CEOs. Wir mussten herausfinden, was die Lehman-Insolvenz für uns bedeuten würde.

Der Konkurs von Lehman war deshalb so verheerend, weil diese globale Investmentbank nicht irgendein lokales oder unbedeutendes regionales Institut, sondern ein weltweit vernetztes Finanzinstitut war. Und zudem als zu groß zum Scheitern (too big to fail) galt. Niemand rechnete mit einem Fehlschlag. Die Pleite hat sich seitdem tief ins kollektive Gedächtnis eingegraben.

Lehman hatte 150 Jahre Wall-Street-Geschichte überlebt, war die viertgrößte Investmentbank und beschäftigte 25 000 Mitarbeiter. Die Pleite war die größte Insolvenz einer Bank in der Geschichte der USA. Zum Zeitpunkt des Konkurses hatte das Institut Verbindlichkeiten von mehr als 600 Milliarden USD.

Lehman war eine Geldmaschine, hatte sich wie viele andere auf den Hypothekenmarkt, Verbriefungen und Derivate gestürzt und von 2003 bis 2004 gleich fünf Hypothekenfinanzierer gekauft. 2006 hatte die Bank 146 Milliarden USD an Hypotheken verbrieft. Im Februar 2007 erreichte das Finanzinstitut noch eine Marktkapitalisierung von 60 Milliarden USD. Trotz mehrerer Kapitalerhöhungen und dem Abbau von Hypothekenrisiken konnte sich Lehman nicht aus dem Strudel der Finanzkrise befreien.

CEO Dick Fuld hatte noch versucht, das Ruder herumzureißen. Auf der weltweiten Suche nach einem Investor ruhten alle Hoffnungen auf der Korean Development Bank, die aber am 9. September 2008 einen Rückzieher machte. Die US-Regierung versuchte noch am 13. September, Lehman der Bank of America und der englischen *Barclays Bank* schmackhaft zu machen. Doch die Barclays Bank zog sich in letzter Minute zurück, weil die britische Regierung und die britische *Finanzmarktaufsicht FSA* Bedenken äußerten und einen Deal ablehnten. Die Barclays Bank schnappte sich dann nach dem Lehman-Konkurs für 1,75 Milliarden USD das nordamerikanische Kerngeschäft und das Hauptquartier der Investmentbank. Das rettete 10 000 Jobs.

Am 15. September 2008 war die Pleite unvermeidlich. Als bekannt wurde, dass die US-Regierung die Bank Lehman ihrem Schicksal überlassen würde, brach der Aktienkurs um 93 Prozent ein. Der Dow-Jones-Index sackte an diesem Tag um 504 Punkte ab, um 4,4 Prozent, der größte Absturz seit den Terroranschlägen von 9/11. Ex-Finanzminister Steinbrück erinnerte sich 2018 im *Deutschlandfunk* an den Tag des Untergangs: »Das Arteriensystem der Wirtschaft drohte zu kollabieren. Ihm fehlte das Blut. Da hatte ich richtig Angst.«

Der Zusammenbruch von Lehman erschütterte die Finanzmärkte in den Grundfesten, weil keine helfende Hand des Staates den Untergang verhindert hatte. Monate zuvor hatten das Weiße Haus, das US-Finanzministerium und die US-Notenbank im März 2008 im Falle von Bear Stearns eine Rettungsaktion eingeleitet und den Deal mit J.P. Morgan Chase aktiv unterstützt. Noch am 5. September 2008 hatte Finanzminister Hank Paulson nach wochenlangem Tauziehen mit Unterstützung des Kongresses die Verstaatlichung der beiden Immobilienfinanzierer Fannie Mae und Freddie Mac erreicht, weil ausländische Investoren Anleihen der beiden Unternehmen in Höhe von mehr als 1 Billion USD hielten und deshalb eine Pleite verhindert werden musste. Fannie Mae und Freddie Mac erhielten zudem je 100 Milliarden USD an frischem Kapital und großzügige Kreditlinien. 2009 musste die Regierung Obama –

wie Hank Paulson in seinen Memoiren festhält – Fannie und Freddie erneut mit rund 110 Milliarden USD an frischem Kapital aushelfen.

Doch Lehman Brothers ging unter. Am selben Tag des Lehman Konkurses kündigte die Bank of America an, Merrill Lynch für 50 Milliarden USD zu kaufen. Auch dieser Deal wurde unter Aufsicht der US-Behörden eingefädelt und genehmigt.

Und die Ereignisse überschlugen sich erneut. Mitte des Monats erlitt um ein Haar auch die riesige Investmentbank Morgan Stanley Schiffbruch. Am 20. September 2008 erhielt Finanzminister Paulson einen Anruf von Morgan Stanley-Boss John Mack. Der wollte wissen, ob er angesichts der schweren Marktverwerfungen seine Bank verkaufen sollte. Paulson antwortete: »Wenn Du es kannst, tu es.«

Doch Mack wollte nicht verkaufen, sondern suchte einen strategischen Investor. Zuerst umwarb man den chinesischen Staatsfonds CIC, doch CIC hatte bereits im Dezember 2007 rund 5,6 Milliarden USD in Morgan Stanley investiert und saß auf riesigen Verlusten. Dann kontaktierte CEO Mack den japanischen Finanzriesen *Mitsubishi UFJ Financial Group*, doch die Verhandlungen zogen sich hin. Da Morgan Stanley wie alle anderen auch in den Strudel des Lehman-»Meltdowns« der Märkte hineingerissen wurde und der Aktienkurs massiv einbrach, saßen John Mack die Krisenmanager Hank Paulson, Ben Bernanke und Tim Geithner im Nacken. Sie wollten, dass J. P. Morgan Chase auch Morgan Stanley übernahm, für 1 USD.

Doch Mack wehrt sich und pokert hoch. In seiner Autobiografie »Up close and all in« schildert er die folgende spannungsgeladene Episode: Noch während einer Telefonkonferenz mit seinem potenziellen japanischen

Investor wird er von seiner Assistentin gestört. Mack soll einen Anruf vom Chef der Federal Reserve Bank of New York Tim Geithner entgegennehmen. Der CEO winkt unwirsch ab. Er werde zurückrufen. Kurz danach erneut eine Unterbrechung. Jetzt meldet sich Finanzminister Hank Paulson. Mack sagt gereizt: »Ich rufe zurück.« Wenige Minuten später schon wieder eine Ablenkung. Es ist wieder Geithner, der mit Nachdruck fordert, Mack müsse *jetzt* mit ihm sprechen. Mack schnauzt seine Assistentin an. »Sag ihm, er soll sich zum Teufel scheren!«

In buchstäblich letzter Minute klappte der Deal mit Mitsubishi UFJ. Der japanische Konzern kaufte sich bei Morgan Stanley mit rund neun Milliarden USD ein und erhielt 21 Prozent Stimmanteile. Am 13. Oktober 2008 nach einigem Hin und Her trug ein Bote einen Scheck in Höhe von neun Milliarden USD per Hand zum Hauptquartier von Morgan Stanley. Wer der Bote war, blieb unbekannt.

Die Investmentbank war gerettet und die Übernahme vereitelt. Für die Japaner hatte sich das Risiko gelohnt. Sie machten später einen Gewinn von 25 Milliarden USD. Doch noch war der Flächenbrand im US-Finanzsystem nicht gelöscht, ganz im Gegenteil. Das Unheil war nicht aufzuhalten.

Am 25. September 2008 folgt der nächste Tiefschlag. Die US-Sparkasse Washington Mutual, die noch Ende 2007 rund 43 000 Beschäftigte in 2200 Filialen in 15 Bundesstaaten und 188,3 Milliarden USD an Kundengelder verwaltete, wird vom Einlagensicherungsfonds der Vereinigten Staaten übernommen und für 1,9 Milliarden USD an J.P. Morgan Chase verkauft. Einen Tag später meldet die Holding Washington Mutual Konkurs an, es war die zweitgrößte Pleite einer US-Bank. Für J.P. Morgan Chase war der Kauf ein Schnäppchen. 1,9 Milliarden Dollar für

135 Milliarden Kundengelder. Auch wenn man später 31 Milliarden an faulen Krediten abschreiben musste.

Parallel zu den Rettungsbemühungen für Lehman Brothers tauchte ein weiterer Problemkandidat auf, der die Lage zusätzlich eskalieren ließ. Der größte Versicherungskonzern der Welt, AIG, hatte in toxische Hypotheken investiert, unter anderem in CDS-Derivate, und zwar in einer riesigen Dimension, sodass der Konzern nach eigenen Angaben wegen der Marktturbulenzen nur noch für zehn Tage über Liquidität verfügte. In den letzten drei Quartalen hatte AIG wachsende Verluste verzeichnet. Ein Kollaps von AIG wäre die größte Katastrophe gewesen mit unvorhersehbaren Konsequenzen für das internationale Finanzsystem, denn AIG war mit 74 Millionen Kunden in 130 Ländern weltweit in allen Finanzmärkten aktiv und vernetzt. Zudem wären auch Morgan Stanley und Goldman Sachs gefährdet. Am 15. September 2008 – dem Tag der Lehman-Pleite – hatte sich der AIG-Aktienkurs auf 6,65 USD halbiert. Die Verluste explodierten und AIG benötigte einen staatlichen Überbrückungskredit für zwei Jahre von exorbitanten 85 Milliarden USD. Die US-Regierung beteiligte sich am 16. September am Versicherungsriesen mit 79,9 Prozent.

Zuvor hatten der deutsche Finanzminister Peer Steinbrück und seine französische Amtskollegin Christine Lagarde Alarm geschlagen und US-Finanzminister Paulson gedrängt, AIG auf keinen Fall in Konkurs gehen zu lassen. Außerdem verabschiedete die US-Regierung ein gigantisches »Trouble Asset Relief Program« (TARP) in Höhe von 700 Milliarden USD, um toxische Hypotheken und Derivate aufzukaufen und die Finanzmärkte zu stabilisieren.

Ich war ebenfalls der Auffassung, dass ein AIG-Zusammenbruch den Kollaps des Weltfinanzsystems bedeutet hätte. Finanzminister Steinbrück sagte in einem *Spiegel*-Interview Ende September 2008, eine AIG-Pleite hätte eine »Erschütterungsdynamik« ausgelöst. Und weiter: »Da haben wir alle in einen Abgrund geblickt.« Steinbrück bezeichnete die Lage in Deutschland als »robuster«, ein gewagter Satz.

Kuriose Dinge geschahen in der Hektik und während der Turbulenzen. So hatte die KfW noch 319 Millionen Euro an Lehman Brothers just an dem Tag überwiesen, an dem die Bank unterging. Finanzminister Steinbrück nannte das einen »unsäglichen Hammer« und eine »groteske Fehlhandlung«.

Die Deutsche Bank überlebte diesen Finanz-Tsunami, alles andere als selbstverständlich, und ging sogar gestärkt daraus hervor. Der Steuermann hatte die Eisberge umschifft. Entgegen allen Behauptungen war unser »Nettoexposure« in all diesen Fällen überschaubar. Ich sagte aber immer: »Wenn die Welt zusammenbricht, wird es auch die Deutsche Bank treffen.«

Am Abgrund – Absturz der Hypo Real Estate (HRE)

Ein solches Szenario galt es zu verhindern, denn ähnlich wie in den USA spielten sich auch in Deutschland dramatische Szenen hinter den Kulissen ab.

Während US-Finanzminister Paulson um Fannie Mae und Freddie Mac, Lehman Brothers und AIG kämpfte, trieb in der deutschen Finanzszene ein relativ unbekannter Supertanker auf die Klippen zu. Die *Hypo Real Estate* (HRE) sollte der größte Schadensfall Deutschlands bei der Lösung der Finanzkrise werden.

Die Nachrichtenagentur *Reuters* hat die Chronik der HRE-Ereignisse so zusammengefasst:

- »November 2007: HRE-Vorstandschef Georg Funke erklärt, sein Haus könne sich nicht ganz der Finanzkrise entziehen, werde aber gestärkt daraus hervorgehen.
- Mitte Januar 2008: Die HRE muss überraschend 390 Millionen Euro auf ein US-Wertpapierportfolio abschreiben. Aktionärsvertreter sprechen von Vertrauensbruch und fordern den Rücktritt Funkes.
- Mitte April 2008: Der US-Finanzinvestor JC Flowers kündigt an, mit zwei anderen Investoren für 1,1 Milliarden Euro knapp ein Viertel der HRE zu kaufen.
- Ende September 2008: Die HRE kämpft mit akuten Refinanzierungsproblemen. In einer dramatischen Rettungsaktion wird sie vor dem Zusammenbruch bewahrt.
- Oktober 2008: Funke tritt als Vorstandschef zurück. Nachfolger wird Axel Wieandt von der Deutschen Bank, die maßgeblich an der HRE-Rettung beteiligt war. Auch im Aufsichtsrat hat es einen kompletten Neuanfang gegeben. Chefkontrolleur ist der frühere Deutsche Bank-Vorstand Michael Endres.
- Ende Oktober 2008: Die HRE flüchtet sich als erste Privatbank unter den Rettungsschirm des Bundes. Sie bekommt eine Liquiditätsgarantie von 15 Milliarden Euro. In den Monaten danach wird der Garantierahmen immer weiter aufgestockt und summiert sich auf 52 Milliarden Euro. Zusammen mit den 50 Milliarden Euro schweren Kreditlinien betragen die Hilfen damit beispiellose 102 Milliarden.
- Mitte Dezember 2008: Die Staatsanwaltschaft durchsucht die Büros der Krisenbank wegen des Verdachts der Marktmanipulation und der unrichtigen Darstellung nach dem Aktiengesetz. Kurz vor Weihnachten verkündet Axel Wieandt den Kahlschlag, um aus der Krise zu kommen. Bis 2013 sollen 1000 der insgesamt rund 1800 Stellen wegfallen.

- Ende Januar 2009: Wieandt hofft auf einen schnellen Staatseinstieg. Die Bank habe nur mit der Unterstützung des Bundes eine Zukunft.
- Februar 2009: Die Bundesregierung einigt sich nach langem Streit auf ein Gesetz, das als letzte Option eine Enteignung von Aktionären vorsieht. Das Gesetz ist auf die HRE zugeschnitten, wo es Großaktionär Flowers treffen würde.
- Ende März 2009: Die HRE weist für 2008 einen Verlust von 5,46 Milliarden Euro aus. Der Bund steigt ein und sichert sich in einem ersten Schritt für 60 Millionen Euro 8,7 Prozent der Aktien. Eine Mehrheitsübernahme wird angestrebt, weiteres Kapital in Aussicht gestellt.«

Diese stark geraffte Zusammenfassung kann nicht annähernd die hektischen Bemühungen beschreiben, die stattfanden, um die HRE-Pleite abzuwenden. Auch nicht die fieberhaften und chaotischen Umstände der Rettungsbemühungen, in die Regierung, Bundesbank, BaFin und Banken-CEOs involviert waren und die mich erneut in die Rolle eines Krisenmanagers drängten. Und schließlich in einer dramatischen Nachtsitzung mit einer ad-hoc-Lösung für den schwer angeschlagenen Dax-Konzern endeten.

Doch wie war die HRE überhaupt ins Schlingern geraten? Das Finanzinstitut war als Spezialinstitut für gewerbliche Immobilienfinanzierung aus der bayerischen HypoVereinsbank hervorgegangen und hatte sich massiv bei US-Subprime-Papieren engagiert. 2005 stieg die HRE in den Dax auf. Im Sommer 2007 übernahm Bankenchef Georg Funke für satte 5,2 Milliarden Euro den in Irland angesiedelten Infrastruktur-Finanzierer *Deutsche Pfandbriefanstalt (Depfa)*. Damit stieg die Bilanzsumme der

HRE von 161 Milliarden Euro 2006 auf 400 Milliarden innerhalb eines Jahres. Ein Deal mit Folgen.

Noch im November 2007 glaubte Funke, dass sein Institut die sich anbahnende Finanzkrise gut überstehen würde. Dies war eine krasse Fehleinschätzung, denn schon zwei Monate später musste der Bankenchef Abschreibungen in Höhe von 390 Millionen Euro auf amerikanische CDOs bekanntgeben. Die Aktie stürzte um 35 Prozent ab. Die BaFin ordnete eine Sonderprüfung an. Erste Mängel wurden erkennbar, doch die Führung der Bank sah keine ernsthaften Risiken.

Dabei war das Geschäftsmodell eine Zeitbombe. Die HRE hatte wie die Landesbanken langfristig vergebene Kredite zum Beispiel Pfandbriefe mit der Aufnahme kurzfristiger Darlehen aus dem Interbankenmarkt finanziert und kassierte den Gewinn aus der Zinsdifferenz zwischen den unterschiedlichen Laufzeiten. Das Modell »aus kurz mach lang« funktionierte so lange wie es keine Liquiditätsengpässe gab. Genau das wurde aber der HRE zum Verhängnis.

Im März 2008 wurden allerdings im Prüfzwischenbericht eines Bundesbank-Teams 49 Mängel bei der irischen Banktochter festgestellt, insbesondere im Bereich Risikomanagement. Der Abschlussbericht landete im Juni bei der BaFin und im Juli im Bundesfinanzministerium. Noch im August hieß es in einem HRE-Geschäftsbericht, dass die Tochterbanken »jederzeit uneingeschränkt zahlungsfähig sind«. Doch es kam anders.

Die Pleite von Lehman Brothers löste Schockwellen im gesamten Finanzsystem aus. Das »Finanzsystem brennt«, schrieb der *Focus* in einem Rückblick am 9. September 2015, »es herrscht Panik. Banken mißtrauen sich, leihen sich kein Geld mehr«. Der Interbankenmarkt kam zum Erliegen.

Am 22. September rief mich HRE-Chef Funke an und bat um Liquiditätshilfe. Mir schwante nichts Gutes, ich sagte aber eine Prüfung zu. Gleichzeitig schrieb HRE-Aufsichtsratschef Kurt Viermetz Bundesfinanzminister Peer Steinbrück einen Brandbrief, warnte darin vor einer möglichen Zahlungsunfähigkeit und bat um Hilfe.

Der Untergang der HRE wäre eine Katastrophe gewesen. Die HRE war fast so groß wie Lehman Brothers, achtmal so groß wie die IKB, und extrem vernetzt. Das hieß: Es drohten Ansteckungseffekte, Kettenreaktionen, neue Bankpleiten und heftigste Verwerfungen im Finanzmarkt. Zu den HRE-Gläubigern gehörten Notenbanken, Großbanken, Landesbanken, Sparkassen und Genossenschaftsbanken, aber auch Bundesländer, Gemeinden, Rundfunkanstalten, Pensionskassen und Fondsgesellschaften.

Zudem war die HRE einer der wichtigsten Akteure auf dem Pfandbriefmarkt. Eine Pleite hätte verheerende Folgen gehabt. EZB-Chef Jean-Claude Trichet warnte, ein »Tsunami aus Deutschland« könne Europa erfassen. Das deutsche Kreditwesen »wäre untergegangen«, meinte das Magazin *Focus*, es hätte die Insolvenz der HRE »nicht überlebt«.

Spätestens zu diesem Zeitpunkt musste etwas passieren. Am Donnerstag, 25. September 2008, kam es in Berlin zu einem Treffen zwischen Bankenvertretern, der Bundesbank und BaFin im Bundesfinanzministerium. Die HRE war Thema, doch nur allgemein. Also beschlossen wir nach Ende der regulären Sitzung, in einer kleinen Runde noch einmal zusammenzukommen.

Mehrere Spitzenbanker und ich fuhren um den Block und kehrten durch einen separaten Eingang wieder zurück. Im ersten Stock warteten Bundesbankpräsident Axel Weber, BaFin-Chef Jochen Sanio und Finanzstaatssekretär Jörg Asmussen. Finanzminister Peer Steinbrück schloss sich an, berichtete von dem Viermetz-Brief und verlangte Liquiditätshilfen in Milliardenhöhe. Wir Banker waren nach der Lehman-Pleite hochsensibilisiert und außerordentlich skeptisch. Milliardenhilfen? – unvorstellbar. Aber: Uns war klar, dass es Stabilisierungsmaßnahmen und Kooperation brauchte.

Steinbrück, Asmussen, Weber, Bankenverbandspräsident Klaus-Peter Müller, Commerzbank-CEO Martin Blessing und ich diskutierten bis um 2 Uhr früh. Die Debatte trug Früchte. Ich schlug den Anwesenden in Anlehnung an den Rettungsplan der Bush Administration einen umfassenden Rettungsschirm für alle deutschen Banken vor.

Später hat Peer Steinbrück diese Idee als »die Geburtsstunde des Finanzmarkstabilisierungsgesetzes« bezeichnet und schrieb: »Ich habe Josef Ackermann auf dem Höhepunkt der Krise 2008 als kompetenten und verlässlichen Gesprächspartner schätzen gelernt.« Ackermann »kann mit Fug und Recht behaupten, einer der Väter dieses Gesetzes zu sein«. Ich darf das Kompliment zurückgeben und habe Steinbrück als fähigen Finanzminister erlebt. Wir haben uns gegenseitig vertraut. Ein unverzichtbares Element in einer Krise.

Doch erstmal wurde mein Vorschlag eines Rettungsfonds in der Luft zerrissen. Kanzlerin Merkel lehnte einen Blankoscheck für alle Banken rundweg ab. Doch hinter den Kulissen ließ Steinbrück in seinem Ministerium mit Unterstützung der Bundesbank ein Konzept ausarbeiten, man wusste ja nie.

Am Freitag, dem 26. September 2008, kam es bereits zum nächsten Krisentreffen in den Räumen der BaFin in der Frankfurter Lurgiallee 10. An den Märkten herrschte Panik. Anwesend waren Bundesbankpräsident Axel Weber, BaFin-Chef Jochen Sanio, Commerzbank-Chef Martin Blessing, Bankenverbandspräsident Klaus-Peter Müller und ich. Auch HRE-Chef Funke war gekommen, er saß aber mit seinem Team in einem Nebenraum. Finanzstaatssekretär Jörg Asmussen sollte später dazustoßen. Die ersten Verhandlungsrunden brachten keinerlei konkrete Ergebnisse. Für mich war aber klar, dass die HRE ein systemrelevanter Fall war.

Am Samstag kam die Runde erneut zusammen, doch die Regierung glänzte durch Abwesenheit. Sie wollte lediglich einen Unterabteilungsleiter schicken. Weber, Sanio und ich waren verärgert. Weber wollte keinen »Gasthörer«. Mein Vorstandskollege Hugo Bänziger machte klar, dass bei der HRE »ein schlimmeres Szenario als bei Lehman Brothers drohe«.

Am selben Wochenende kämpften die Regierungen von Belgien, Luxemburg und den Niederlanden um die Rettung der *Fortis*-Gruppe, ein Banken- und Finanzriese, der später für das Geschäftsjahr 2008 einen Verlust von 22 Milliarden Euro meldete. Ursache auch hier: die Subprime-Krise. Fortis wollte zusammen mit der *Royal Bank of Scotland* und *Banco Santander* die angeschlagene *ABN AMRO* Bank übernehmen, geriet aber selber in den Sturm der Finanzkrise. Tausende der 5 Millionen Fortis-Kunden in den Benelux-Staaten hoben Bargeld von ihren Konten in den Filialen ab.

Die Politiker beschlossen, für 11,2 Milliarden Euro große Teile des Konzerns zu übernehmen und das Unternehmen später aufzuspalten. Wenige Tage später musste auch die belgisch-französische Kommunalbank *Dexia* mit einer staatlichen Finanzspritze von 6,4 Milliarden Euro aufgefangen werden. In England wurde die Hypothekenbank *Bradford & Bingley* verstaatlicht und zerschlagen. Am 30. September garantierte die irische Regierung mit 400 Milliarden Euro alle Einlagen bei den größten Banken des Landes. Eine Woche später verstaatlichte Island alle Banken. Dank eines IWF-Kredits wurde ein Staatsbankrott verhindert.

Bei uns spitzte sich am Sonntag, 28. September 2008, die Lage weiter zu. Es musste eine Lösung her, ehe die Märkte in Asien öffneten. Unsere Deutsche Bank-Experten hatten eine riesige Lücke in den HRE-Büchern gefunden, nachdem uns Bundesbank-Präsident Weber gebeten hatte, die Bücher zu prüfen. Die Liquiditätslücke wurde auf rund 35 Milliarden Euro veranschlagt. Ein Vorschlag kam auf den Tisch: Die Banken stellen 15 Milliarden Euro zur Verfügung, wollen aber nur für zwei Milliarden haften. Der Bund soll zusätzliche 20 Milliarden garantieren.

Um 17.00 Uhr war der Auftritt von Finanzstaatssekretär Asmussen. Er schien den Ernst der Lage nicht zu begreifen und stellte sich quer. Der Bund dürfte laut Haushaltsrecht nur Garantien übernehmen, wenn die Eintrittswahrscheinlichkeit für einen Verlust unter 50 Prozent liegt, lautete die Argumentation, dafür brauchte es aber eine »Verpflichtungsermächtigung im Bundeshaushalt oder sogar einen Nachtragshaushalt«. Bundesbankpräsident Weber versuchte einen Kompromissvorschlag über eine »Absichtserklärung« des Bundes. Ich stimmte dem zu. Doch Asmussen blieb hart. Er musste laut Protokoll »erst Rücksprache« halten und betonte, bis morgen wäre »keine Lösung« möglich.

Wir Bankenvertreter waren entsetzt – und erbost. Offenbar begriff Asmussen wirklich nicht, was auf dem Spiel stand. Ich machte ihm klar, dass das Bundesfinanzministerium seit Donnerstag Bescheid wusste. Und ich sagte ihm klipp und klar, dass ich jetzt gehen und mein Institut auf den Zusammenbruch des Interbankenhandels vorbereiten müsste. Die Kollegen folgten mir. Der Zusammenbruch der HRE und die Folgen schienen unvermeidlich. Die Regierung verweigerte sich einer Lösung. Ich warnte meinen Pressechef Stefan Baron, für den Fall bereit zu sein, dass der gesamte Zahlungsverkehr in Europa am nächsten Tag kollabiert.

Doch noch war nicht Schluss. Die Bankenvertreter wurden noch einmal zurückgerufen. Es war 22.45 Uhr. Asmussen hatte mehrere Telefonate mit seinem Chef Peer Steinbrück geführt und wohl gemerkt, dass ein Scheitern ihm persönlich angelastet werden würde. Er präsentierte eine Offerte, die einem Ultimatum glich. Die Verteilung der Lasten hatte so auszusehen: Der Bankensektor »müsse die Mehrheit der Kosten« (Verlustquote 55 Prozent) tragen.

Ich erklärte ihm, dass dies »der Tod des deutschen Bankensystems« wäre. Bei einer Übernahme von Verlustrisiken in Höhe von 17 Milliarden Euro seien die Ratings nicht haltbar und die Refinanzierung würde wegbrechen. Ich sagte zudem deutlich, dass es um das »Überleben des Finanzsystems« ginge. Asmussen machte auf einmal Druck und wollte eine Antwort binnen 20 Minuten.

Einen Verlust von 17 Milliarden Euro konnten die Finanzinstitute nicht verkraften. Ich bot sieben Milliarden an. Asmussen musste wieder telefonieren und erklärte, dass er das Angebot nicht erhöhen könne. Es war 22.55 Uhr und ich war wieder bereit, den Tisch zu verlassen. Um 23.00 Uhr bereiteten sich die BaFin-Teams für den Ernstfall vor. Um 23.30 Uhr legte Asmussen nach. Die Verluste sollten 50:50 geteilt werden.

Wir lehnten ab. Im Protokoll hieß es: »Die Bankenvertreter halten das für nicht akzeptabel und verlassen den Raum. Die Verhandlungen sind gescheitert.« Um 23.35 Uhr informierte BaFin-Chef Sanio die HRE-Spitze über das Scheitern der Verhandlungen und die bevorstehende Pleite.

Die Anwesenden inklusive HRE-Chef Funke im Nebenraum waren geschockt. Sie hatten angenommen, dass über eine Liquiditätsspritze verhandelt wurde. Sie glaubten immer noch, die Bank sei intakt.

Dann passierte es. Finanzminister Steinbrück rief mich an und fragte nach meiner Einschätzung. Ich schilderte ihm die Lage und fügte hinzu: »Wenn Sie jetzt nicht eine Lösung mit staatlicher Hilfe zustande bringen, werden Sie morgen erklären müssen, wieso die Finanzkrise aus Deutschland kommend einen Erdrutsch verursacht.« Ich machte ihm auch klar, dass es ohne staatliche Beteiligung keine Lösung gäbe.

Es war ein sehr ernstes, aber konstruktives und freundliches Gespräch. Steinbrück schlug erneut eine 50:50-Lösung vor. Ich erwiderte ihm: »Ich verstehe Sie. Ich kann auch die politischen Schwierigkeiten nachvollziehen, aber 17,5 Milliarden für die deutschen Banken als Risiko zu nehmen – in einer Situation, wo alle in größten Schwierigkeiten sind – das kann ich einfach nicht unterstützen.« Er fragte dann, wieviel möglich wäre und ich antwortete: »Ich kann nicht für alle Banken sprechen. Aber ich würde mich dafür starkmachen, dass sieben Milliarden eine Lösung sind.« Dann legte Steinbrück auf, um sich mit Kanzlerin Merkel zu beraten.

Um 23.57 Uhr war ich wieder zurück. Acht Minuten später schlich Asmussen herein. Es wurde weiterverhandelt und die Minuten verrannen. Es gab keinen Durchbruch. Wir Banken wollten kein höheres Verlustrisiko übernehmen, aber auch die Bundesregierung gab nicht nach. Um 0.45 Uhr verkündete Asmussen, die Bundeskanzlerin stimme der vorgelegten Lösung nicht zu. Es blieben 15 Minuten bis die Märkte in Asien öffneten.

Plötzlich meldete sich Bundeskanzlerin Angela Merkel auf meinem Handy. Sie sagte: »Zehn Milliarden« – (Protokoll U-Ausschuss). Ich antwortete: »Tut mir wirklich leid. Sieben Milliarden sind das Maximum, das wir stemmen können – wir sind dann, glaube ich, über neun Milliarden auf 8,5 Milliarden Haftungsrisiko gekommen.«

Das war der Durchbruch. Der Bund steuerte 20 Milliarden bei, die Banken 15 Milliarden. Das Haftungsrisiko für die Finanzinstitute wurde auf 8,5 Milliarden begrenzt.

Um 1.05 Uhr konnte ich die Lösung verkünden. Die HRE war nicht kollabiert. BaFin-Chef Sanio sagte zu mir: »Dr. Ackermann – Sie haben die Welt gerettet!« Im Protokoll hieß es:

»1.10 Uhr: Gemeinsame Presseerklärung von BaFin und Bundesbank.«

Die Erleichterung war groß. Wir gönnten uns noch ein Glas Wein und gingen dann erschöpft nach Hause. Am nächsten Morgen sagte ich zu meinem Pressechef Stefan Baron: »Das war verdammt knapp. Wir hätten um ein Haar einen Meltdown weit über Deutschland hinaus erlebt.«

Im Parlamentarischen Untersuchungsausschuss im Sommer 2009 bezeichnete BaFin-Chef Sanio die HRE als »Saustall«. Und gab nebenbei zu, dass das »hochriskante Geschäftsmodell« der HRE seit langem bekannt war und er im Januar 2008 Steinbrücks Staatssekretär über eine »Gefahrenlage« informiert hatte.

Politiker versuchten das Gefeilsche hinter den Kulissen als raffinierten Poker des Kanzleramts im Interesse der Steuerzahler darzustellen. Finanzminister Steinbrück betonte, er habe die Kanzlerin eingeschaltet, weil er wusste, dass Angela Merkel »noch mehr (von den Privatbanken) rausholen kann«. Tatsächlich ein Politpoker?

Ich war anderer Auffassung. Ich hatte den Eindruck, dass die Regierung Merkel lange nicht verstanden hatte, was auf dem Spiel stand.

Stellen Sie sich vor: Hätte ich mein Handy abgeschaltet und mich die Kanzlerin nicht in letzter Minute telefonisch erreicht, wäre es zu spät gewesen. Mit unabsehbaren Folgen.

Bittere Ironie: Das hart erkämpfte Ergebnis eines hochdramatischen Gefeilsches um eine Kompromisslösung hielt lediglich eine Woche. Anfang Oktober hatten sich die Rahmendaten drastisch verändert. Ein Deutsche Bank-Team fand heraus, dass die Liquiditätslage der HRE weit schlechter war als geschildert. Die HRE brauchte mehr Milliarden als alle geglaubt hatten. Die Rede war dann von 50 Milliarden Euro. Und selbst das war noch nicht das Ende der Fahnenstange. Denn insgesamt erhielt die HRE Garantien von bis zu 124 Milliarden Euro. Zehn Milliarden flossen als Kapitalhilfen. Die Lasten trug der Bund allein. Ein einmaliger Vorgang. Und plötzlich war das Thema Rettungsschirm wieder aktuell.

Noch immer spielten die Börsen im Oktober 2008 verrückt. Langsam dämmerte es den politisch Verantwortlichen, dass nur noch massive Rettungsschirme Schutz gewähren konnten. Es ging um Billionen.

Am 3. Oktober 2008 stimmten US-Senat und Repräsentantenhaus dem von US-Finanzminister Paulson ausgearbeiteten Banken-Rettungsplan von mehr als 100 Milliarden USD zu. Am 5. Oktober 2008 einigten sich die deutsche Bundesregierung und die Bankenbranche auf ein erweitertes Rettungspaket für die HRE.

Staatsgarantie für Sparer

Am selben Tag traten Bundeskanzlerin Angela Merkel und Finanzminister Peer Steinbrück vor die Presse und verkündeten eine Staatsgarantie für alle privaten Spareinlagen. Angela Merkel sagte wörtlich: »Wir sagen den Sparerinnen und Sparern, dass ihre Einlagen sicher sind.« Bundesfinanzminister Steinbrück ergänzte: »Ich möchte gerne unterstreichen, dass wir (...) dafür Sorge tragen wollen, dass die Sparerinnen und Sparer in Deutschland nicht befürchten müssen, einen Euro ihrer Einlagen zu verlieren.« Ein Bluff, denn es war von der Größenordnung her undenkbar, dass der deutsche Staat alle Einlagen der Sparer schützte. Und ein einmaliger Vorgang, der das ganze Ausmaß der Krise offenlegte. Offenbar wollte die Regierung verhindern, dass es zu einem massiven Bankensturm kommt und die Bürger ihre Konten leeren. Anzeichen dafür gab es. Die Bundesbank stellte eine spürbar angestiegene Nachfrage nach 500-Euro-Scheinen fest. Die Banken verlangten immer mehr Bargeld von der Bundesbank. An einem Freitag im Oktober waren es allein Scheine im Wert von vier Milliarden Euro.

Am Tag nach dem historischen Merkel-Steinbrück-Auftritt stürzten der Dax um sieben Prozent und der Dow um mehr als 800 Punkte ab. Island stellte das Bankenwesen unter staatliche Kontrolle. Am 8. Oktober 2008 beschloss die britische Regierung ein Rettungspaket von sage und schreibe 500 Milliarden Pfund für angeschlagene Finanzinstitute. Doch die Börsenkurse sackten weiter ab.

Am 10. Oktober war die globale Finanzelite zur traditionellen Herbsttagung der Weltbank und des Internationalen Währungsfonds in Washington versammelt. Wieder brachen die Börsen ein. Mein Auftritt als Präsident des Weltbankenverbandes (IIF) stand ganz im Schatten der Krise. Es gab nichts zu beschönigen.

Ich wählte drastische Worte: »Wir müssen anerkennen, dass die Märkte versagt haben, und wenn der Markt versagt, muss der Staat eingreifen.« Dies war ein »entscheidender Moment«. Und ich ergänzte: »Wir müssen alles tun, um das Vertrauen zurückzugewinnen.« Doch das Vertrauen der Finanzmärkte »wird nicht über Nacht zurückkommen«. Und wenn sich die Finanzmärkte eventuell stabilisieren, wird die Welt »es mit ernsten Problemen in der realen Wirtschaft zu tun bekommen«. Mein IIF-Vize William Rhodes betonte: »Für mich persönlich ist dies die schlimmste Krise in meiner 50-jährigen Bankenkarriere.«

Dann ging es Schlag auf Schlag. Auf einem Krisengipfel der EU-Staaten am 12. Oktober einigte sich Europa, den Finanzinstituten zu helfen.

Am nächsten Tag beschloss die Regierung in Berlin ein Bankenrettungspaket mit einem Volumen von 480 Milliarden Euro.

Meine Idee eines Schutzschirms hatte sich als folgerichtig erwiesen. Die Vorarbeiten aus dem Finanzministerium hatten sich gelohnt. Die Bürgschaften sollten über einen *Finanzmarktstabilisierungsfonds (SoFFin)* erfolgen. Als Abwicklungsorgan wurde die *Finanzmarktstabilisierungsanstalt (FMSA)* eingesetzt.

Der Schritt war notwendig, weil die Immobilienkrise nicht nur zu einer Liquiditäts- und Bankenkrise geführt, sondern auch eine Vertrauenskrise ausgelöst hatte und der Interbankenmarkt tot war. Die Banken trauten sich gegenseitig nicht mehr über den Weg und liehen sich kein Geld mehr.

Und das Vertrauen der Bürger war schwer angeschlagen. Das gesamte Finanzsystem wankte.

Einen Tag später gab die US-Regierung bekannt, sich mit 250 Milliarden USD an Banken zu beteiligen. Am 19. Oktober 2008 meldete die BayernLB als erstes Finanzinstitut, Hilfe aus dem Bankenrettungspaket annehmen zu wollen.

Drei Tage zuvor registrierte die Schweiz ein finanzpolitisches Erdbeben. Der damalige Bundespräsident Pascal Couchepin informierte die Medien über die größte Rettungsaktion in der Geschichte des Landes. Couchepin gab die Maßnahmen des Bundes und der Schweizerischen Nationalbank (SNB) zur Rettung der UBS bekannt, die in den Turbulenzen der Finanzkrise unterzugehen drohte. Es ging um viel. Ein Zusammenbruch hätte allein in der Schweiz gemäß *Swiss Info* die Ersparnisse von einer Million Privatkunden sowie Girokonten von 300 000 Unternehmen gefährdet. Und: Die UBS ist systemrelevant und damit »too big to fail.« Die Bank hatte sich verzockt. Beim Ausbruch der Hypothekenkrise war die UBS die exponierteste ausländische Bank am US-Immobilien- und Derivatemarkt. Nach der Lehman-Pleite geriet die UBS in Liquiditätsprobleme und saß auf einem Berg problematischer Papiere, nachdem sie bereits 40 Milliarden Franken abgeschrieben hatte. Es ging ums Ganze.

Der Hilfsplan sah sechs Milliarden Franken vom Bund zur Wiederherstellung der Eigenmittel und 54 Milliarden USD von der SNB vor, um toxische Wertpapiere in einen Spezialfonds beziehungsweise Zweckgesellschaft auf den Cayman Inseln zu transferieren und zu parken und auf bessere Zeiten zu hoffen. Die Spekulation ging auf. In den folgenden Jahren konnte die SNB die einst illiquiden Papiere veräußern. Am Ende machte der Bund sogar einen Gewinn von gut fünf Milliarden Franken. Doch die UBS verbuchte für das Geschäftsjahr 2008 einen Verlust von 20 Milliarden Franken.

Die US-Regierung ging derweil einen eigenen Weg. Sie zwang die Banken, Staatsgeld zu akzeptieren. In Deutschland setzte man lieber auf das SoFFin-Gesetz, das im Rekordtempo verabschiedet wurde und am 18. Oktober 2008 in Kraft trat. Endlich reagierten die Börsen positiv.

Schande über mich

Doch das Thema Staatsgeld für die Banken war damit nicht erledigt. Die nächste Kontroverse stand an und ich war mal wieder mittendrin. Auf der Jahreskonferenz der 200 wichtigsten Führungskräfte der Deutschen Bank am 16. Oktober 2008 in Frankfurt ließ ich einen Satz los, der mir schnell um die Ohren flog. Ich sagte: »Es wäre eine Schande, wenn wir einräumen müssten, dass wir Geld vom Steuerzahler brauchen.« *Spiegel online* machte daraus die Schlagzeile: »Ich würde mich schämen, wenn wir Staatsgeld annehmen würden.« Jemand hatte das Zitat an die Presse durchgesteckt.

Noch brauste kein Sturm der Entrüstung durchs Land. Vermutlich wegen meines Interviews in der *Bild am Sonntag*, in dem ich bekanntgab, »als persönliches Zeichen der Solidarität« freiwillig auf einen Bonus zu verzichten, obwohl mir rein rechnerisch aufgrund der guten Ergebnisse in den Vorjahren ein substanzieller Bonus zustand.

Das kam nicht überall gut an. Bundeswirtschaftsminister Michael Glos sah zwar ein »erfreuliches Zeichen« und äußerte die Hoffnung, dass andere Bankmanager nachziehen würden, doch SPD-Fraktionschef Peter Struck sprach von einem »peinlichen Vorgang« und einer »reinen Schauveranstaltung«. Grünen-Politikerin Renate Künast schimpfte über eine »ungeheure Chuzpe«.

Wenige Tage später setzte der eigentliche Medienrummel ein. Es ging um die Äußerung, kein Staatsgeld annehmen zu wollen. Man warf mir vor, das Milliarden-Rettungspaket zu gefährden. Kanzlerin Merkel ließ Vize-Regierungssprecher Thomas Steg erklären, Ackermanns Äußerungen seien »außerordentlich bedenklich, absolut unverständlich und inakzeptabel«. Finanzminister Steinbrück sorgte sich, dass andere Institute, die das Rettungspaket annehmen, »in einem ungünstigen Licht« erscheinen könnten. Die Tageszeitung *Die Welt* sah gar ein »verbales Siegeszeichen«.

Dagegen wähnte sich die *FAZ* in einem Tollhaus und sprach von »niedrigsten Instinkten« der Regierungskoalition inklusive »Populismus«.

Der *Stern* meinte sarkastisch: »Eigentlich ist es egal, was Ackermann dieser Tage von sich gibt, denn wie sich jetzt zeigt, wird er sogar beschimpft, wenn er auf Geld verzichtet.« Ackermann sei zwar der »deutsche Potentat des Raubtierkapitalismus«, aber auch »ein frühzeitiger Mahner«, der als »einer der Ersten öffentlich nicht mehr an die Selbstheilungskräfte des Marktes geglaubt hatte, während die Politik noch meinte, die Finanzkrise werde Deutschland nie erreichen«. Wenn der Manager jetzt keine Staatshilfe wolle, sei das »kein leeres Geblubber«.

In einem ZDF-Interview machte ich noch einmal meine Position klar: »Ich verstehe die Diskussion überhaupt nicht. Ich bin dankbar, dass wir das Geld für die einsetzen können, die es nötig haben.«

So blieb ich meinem Prinzip treu, auch wenn mich Finanzminister Steinbrück in einer stillen Stunde bat, doch einmal Geld vom Staat anzunehmen. Und auch Kanzlerin Angela Merkel legte mir einen solchen Schritt nahe, aus »Solidarität mit anderen Banken«. Doch das kam für mich nicht infrage, weil wir es gar nicht brauchten. Andere waren dagegen darauf angewiesen.

Zudem gab es politische Stimmen, die meinen Rücktritt für den Fall forderten, dass die Deutsche Bank Geld vom Steuerzahler annehmen würde. Auch die Obergrenze bei der Vergütung im Falle von Staatshilfen war ein Punkt. Nicht wegen der Gier und Exzesse, sondern weil der globale Talentmarkt ein volatiler Markt ist und die besten Leute die höchsten Saläre erwarten oder einfordern.

Noch heute bin ich überzeugt, dass es auch ordnungspolitisch richtig war, keine Staatshilfe zu beanspruchen, denn wer kein Geld vom Staat nimmt, handelt in Eigenverantwortung. Ein Eingriff des Staates in die Vergütungsstruktur beschädigt zudem die Franchise und bedeutet einen Reputationsverlust. Zudem war meine Bemerkung während einer internen Veranstaltung als Teil einer Motivationsrede an die eigenen Mitarbeiter gerichtet, um zu signalisieren, dass die Bank trotz der Krise gut aufgestellt war.

Ein CEO muss den Mut haben zu sagen: »Habt keine Angst, wir schaffen das alleine.« Für mich war das »Nein Danke« ein Zeichen der Stärke in der Krise und hatte die Bank gegen Geldabflüsse immunisiert. Mit dem umstrittenen Satz hatte ich mich weit aus dem Fenster gelehnt und angezeigt, dass es der Bank relativ gut ging. Manchmal muss man in einer Krise mit entscheidenden Sätzen die Lage beruhigen.

»Ackermann und die Deutschen«, schrieb das Nachrichtenmagazin *Der Spiegel* im Oktober 2008, »das war von Anfang an ein großes Missverständnis. Der Banker sagt, was er denkt, unverstellt und undiplomatisch. Er hält das für authentisch.« Ich erklärte derweil im selben Magazin, Deutschland sollte stolz darauf sein, eine Bank zu haben, die »in diesen ganz schwierigen Zeiten einen Gewinn erzielt«.

Und das war der Fall. Im Krisenjahr 2007 erwirtschafteten wir einen Rekordgewinn von 6,5 Milliarden Euro nach Steuern und eine Eigenkapitalrendite von 30 Prozent. 2008 rutschten wir mit 3,8 Milliarden in die roten Zahlen, doch 2009 gab es einen weiteren Gewinn von 4,9 Milliarden Euro. Die Commerzbank dagegen erhielt eine Kapitalspritze vom Staat in Höhe von 18 Milliarden Euro. Dafür kassierte der Bund eine Beteiligung von 25 Prozent. Und der CEO der Commerzbank ist an die vorgeschriebene Obergrenze von 500 000 Euro Jahresgehalt gebunden.

Immer wieder frage ich mich, was eigentlich los ist. Wieso fällt man über einen Manager her, der es schafft, aus einer Krise heraus immer noch achtbare Gewinne für sein Finanzinstitut zu erzielen? Der auf Steuergeld und auf Boni verzichtet? Mit umgekehrten Vorzeichen wäre es ja leicht verständlich. Aber so?

Vielleicht liegt es schlicht daran, dass der Chef des größten deutschen Finanzinstituts Ikone, Reizfigur und Prügelknabe in einer Person für all jene ist, die dem Finanzsektor kritisch gegenüberstehen oder Banker sogar hassen. Man kann sie als Zocker, gierige Spekulanten und rücksichtlose Raffkes beschimpfen und verunglimpfen. Oder einfach, weil man Sündenböcke braucht und dadurch komplexe Zusammenhänge ganz schlicht auf einzelne Figuren herunterbrechen kann.

Um noch einmal die Dimension aufzuzeigen: Die Finanzkrise brach nicht nur wie ein Hurrikan über die USA und Europa herein, sondern löste einen Serienkollaps der namhaftesten und einflussreichsten Finanzinstitute aus. Regierungen und Politiker rotierten weltweit, um die Lage in den Griff zu bekommen. Man hatte den

Eindruck, gleich mehrere Titanic-Kolosse hatten einen Eisberg gerammt.

Die politischen Entscheidungsträger, egal welcher Couleur, mussten eingreifen, um eine Kernschmelze des Finanzsystems zu verhindern. Billionen wurden eingesetzt, um Banken zu stützen, zu fusionieren oder zu retten. Mehrere Finanzinstitute in Deutschland, Großbritannien, den Niederlanden oder Island wurden verstaatlicht.

Nur wenige Geldhäuser wie Barclays, Credit Suisse und die Deutsche Bank überlebten ohne Staatshilfe.

Spät, aber nicht zu spät, ist mir zuletzt auch noch die protestantische Theologin Margot Käßmann als eine Schwester im Geiste zu Hilfe geeilt. Im Oktober 2022 schrieb sie in ihrer *Bild-Online*-Kolumne: »Liebe Bundesregierung, mir geht es gut, ich kriege das auch alleine hin. Deshalb will ich diese unnötige Unterstützung (gemeint ist die Gaspreisumlage) NICHT! Und ich finde: Wenn der Regierung nichts anderes einfällt, als Geld mit der Gießkanne an alle Bürger zu verplempern, dann haben die Wohlhabenden die Pflicht, selbst etwas für Gerechtigkeit zu tun. Ich würde mich schämen, Geld anzunehmen, das andere dringend brauchen. (…) Schämen müssen sich nicht diejenigen, die Hilfe brauchen, sondern diejenigen, die Geld vom Staat nehmen, das sie nicht brauchen.« Nun, ich gehe noch weiter. Es ist eine wichtige Pflicht des CEO, dafür zu sorgen, dass sein Unternehmen auch in schwierigen Zeiten in Eigenverantwortung überleben kann.

Mit PHASE 4 begann die Neuausrichtung der Deutschen Bank. Es ging darum, die Bank angesichts der dramatischen Folgen der Finanzkrise neu aufzustellen. Zwischen 2008 und 2011 reduzierten wir die Risiken zusätzlich bei Derivaten und Level-3-Vermögenswerten um 50 Prozent. Die Liquiditätsreserven wurden von 2007 bis 2011 von 65 Milliarden auf 219 Milliarden verdreifacht. Auch deshalb waren und sind wir immer noch stolz, dass wir ohne Staatshilfe die Krise überstanden haben. Zudem nahmen wir frisches Kapital in Höhe von zehn Milliarden Euro auf und suchten eine neue Balance beziehungsweise stärkere Fokussierung auf die stabilen Geschäftsfelder in einem Verhältnis zum Corporate und Investmentbanking von 50:50. Gleichzeitig verstärkten wir die eigene Stellung auf dem Heimatmarkt. Diesem Ziel dienten die Übernahmen der Postbank, Sal. Oppenheim und Teilen der holländischen ABN AMRO Bank. Im Investmentbanking lagen wir aber immer noch auf Rang 3. Diese Maßnahmen erlaubten es uns, als relative Gewinner den Tsunami zu überstehen und unsere Strategie erneut anzupassen. Einmal mehr kämpften wir aber an mehreren Fronten gleichzeitig, da in Europa Eurokrise und Schuldenkrise immer größere Kreise zogen.

Eurokrise, Schuldenkrise, Rezession

Nach der Verstaatlichung der HRE braute sich über Europa der nächste Sturm zusammen. Mit Ansage. Es war Thomas Mayer, damals Chefvolkswirt der Deutschen Bank in London, der bereits 2007 angesichts massiv ansteigender Staatsverschuldung vor »wirtschaftlichen Tretminen mitten in Euroland« warnte, die »praktisch jederzeit explodieren können«. Das »Orakel von London« sollte recht behalten.

2008 war klar erkennbar, dass die Finanzkrise zu einer Rezession in den wichtigsten Industriestaaten führen würde. Der Konsum brach ein und schon bald die

Industrieproduktion. Die wichtigsten Zentralbanken der Welt inklusive EZB und SNB senkten deshalb die Zinsen massiv. Mit Konjunkturprogrammen versuchten die Regierungen, das Schlimmste zu verhindern oder wenigstens abzufedern.

Dies führte zu einer Verschuldungsorgie zahlreicher EU-Staaten, die schließlich in die Schulden- und Eurokrise mündete. Die Alarmglocken schrillten 2009, als sich herausstellte, dass die Finanzlage Griechenlands weit gravierender war als vermutet. So lag die griechische Staatsverschuldung mit 130 Prozent des Bruttoinlandsprodukts (BIP) mehr als doppelt so hoch wie die von der EU vorgegebene Obergrenze von 60 Prozent. Griechenland stolperte dem Staatsbankrott entgegen und brauchte dringend Hilfe von der EU und dem IWF.

Aber auch andere Staaten wie Italien, Portugal, Spanien, Irland oder Zypern waren hochverschuldet, dank niedriger Zinsen aufgrund des Euro-Bonus. Vor der Einführung des Euro hatten Italien und Griechenland für ihre Staatsanleihen stellenweise bis zu elf Prozent Zinsen bezahlen müssen. Sie profitierten vom Euro, indem sie plötzlich wie Deutschland oder die Niederlande als erstklassige Kreditnehmer behandelt wurden. Entsprechend leicht beschaffte man sich frisches Geld – und häufte neue Schuldenberge auf.

Im Oktober 2009 stuften die Ratingagenturen *Fitch* und *Standard & Poor's* Griechenlands Kreditwürdigkeit herab, nachdem die Regierung in Athen zugeben musste, dass das Defizit doppelt so hoch ausfallen würde wie geplant. Das wiederholte sich im Dezember 2009. Investoren flohen, Versicherungen und Pensionskassen stießen griechische Staatsanleihen ab. Die Zinsen für griechische Anleihen explodierten. Spekulationen über eine Staatspleite machten die Runde.

Der Euro-Kurs brach ein. Im März 2010 wurde ein Hilfspaket der EU-Staaten beschlossen für den Fall, dass Athen am Kapitalmarkt keine Kredite mehr aufnehmen konnte. Doch die Lage beruhigte sich nicht. Der Euro blieb unter Druck. Für zehnjährige griechische Staatsanleihen forderte der Markt bis zu 20 Prozent Zinsen, zehnmal mehr als für deutsche Bundesanleihen.

Nicht nur Griechenland war im Visier der Kapitalgeber. Auch Spanien und Portugal gerieten in den Sog. Im Mai nahm Portugal den Rettungsschirm in Anspruch.

Am 10. Mai 2010 beschlossen die Finanzminister der 27 EU-Staaten einen gigantischen Rettungsschirm von 750 Milliarden Euro für die Eurozone bis 2013, mit Auflagen. Ein Drittel kam vom IWF. Die Krisenländer sollten ihre Haushalte sanieren. Die EZB kündigte gleichzeitig den umstrittenen Ankauf europäischer Staatsanleihen an, gegen die Stimmen von Bundesbankpräsident Axel Weber und EZB-Chefvolkswirt Jürgen Stark. Im Juni kam es in Griechenland zu Massenprotesten gegen die harten Sparauflagen der Regierung.

Am 13. Mai 2010 saß ich bei ZDF-Moderatorin Maybrit Illner im Studio zum Thema »Griechenland und der Euro«. Das *Handelsblatt* schrieb »Vatertag mit Ackermann« und »Deutsche Bank-Chef zweifelt öffentlich an Griechenland.«

Gemeint waren meine Zweifel, ob Griechenland angesichts eines immensen Schuldenbergs von 300 Milliarden Euro »über die Zeit wirklich in der Lage ist, diesen Schuldendienst zu bedienen«. Gleichzeitig verteidigte ich aber die Rettung des Landes, weil es darum ging, eine »Kernschmelze zu verhindern«. Und die »Ansteckungsgefahr« in Richtung Italien und Spanien zu bannen. Zudem müsse man jetzt »alles tun, um Griechenland zu stabilisieren«.

Die politischen Reaktionen ließen nicht lange auf sich warten. Bundeswirtschaftsminister Rainer Brüderle nannte meine Einschätzung »ärgerlich«, der parlamentarische Geschäftsführer der Unionsfraktion Peter Altmaier »unverantwortlich«, die Kanzlerin zeigte »null Verständnis«. Solche Reaktionen haben mich nie besonders getroffen, weil mir immer wichtig war, das Richtige und Wahre zu sagen und zu tun. Besonders als Vorstandschef einer Großbank steht man in der Verantwortung mitzuteilen, was man für real und richtig hält. In der Politik wird das manchmal missverstanden, doch Teilnehmer des Finanzmarktes achten sehr genau darauf.

Am 19. Mai 2010 berichtete die *Süddeutsche Zeitung*, jetzt sei amtlich, dass »Griechenland nur durch falsche Zahlen in die Währungsunion gelangen konnte«. Die Zeitung sprach von »schummeln« und »verschleiern« und hielt fest: »Der südeuropäische Staat verstieß seit 1997 ununterbrochen und acht Jahre in Folge gegen die Euro-Stabilitätskriterien, die nur eine Haushaltslücke von höchstens drei Prozent der Wirtschaftsleistung eines Landes zulassen.« Der Berliner *Tagesspiegel* sprach von Betrug. Konsequenzen hatte die Manipulation der Zahlen keine.

Im Juni 2010 einigten sich die EU-Staaten, über die Europäische *Finanzmarktstabilitätsfazilität (EFSF)* 750 Milliarden Euro für weitere Krisenhilfen bereitzustellen. Im November 2010 bat Irland um Hilfe aus dem Rettungsschirm und erhielt 85 Milliarden Euro. Dublin hatte seit 2008 bereits rund 63 Milliarden Euro in die irischen Banken gepumpt.

Kurz vor dem EU-Sondergipfel in Brüssel am 21. Juli 2011 trieb die Staatsschuldenkrise auf einen neuen Höhepunkt zu, weil jetzt auch Italien ins Visier der Kapitalanleger geriet. Gestritten wurde um ein zweites Milliardenprogramm für Athen und einen Forderungsverzicht der Gläubiger. Letztere Debatte war durch einen Entschlussantrag im Deutschen Bundestag im Juni 2011 hochgekommen. In dem von Union und FDP gemeinsam verabschiedeten Antrag wurde ein zweites Rettungspaket für Athen unterstützt, aber nur mit strengen Auflagen, soll heißen: eine Beteiligung privater Geldgeber und einen Zahlungsaufschub.

Bundeskanzlerin Angela Merkel rief mich an und ich sagte ihr, dass eine solche Lösung möglich ist, wenn man gleichzeitig klarstelle, dass Griechenland ein Einzelfall sei. Von Seiten des Weltbankenverbandes, des Institute of International Finance (IIF), haben wir diese Bemühungen intensiv begleitet.

So hatte ich hinter den Kulissen mit dem Chef der *Eurogruppe* Jean-Claude Juncker versucht, Frankreich und andere Staaten mit ins Boot zu holen. Die französische Seite lehnte einen Forderungsverzicht ab, weil sie einen Dominoeffekt und hohe Verluste bei französischen Banken befürchtete. Auch an den Finanzmärkten gab es erhebliche Bedenken. Staatsanleihen in der Eurozone galten stets als sicher, eine plötzliche Restrukturierung wäre Neuland gewesen und beinhaltete unwägbare Risiken. Sollte dies zum Regelfall werden, könnten Investoren europäische Staatsanleihen meiden, mit gravierenden Folgen für die Staatshaushalte.

Bundeskanzlerin Angela Merkel hatte vor dem EU-Sondergipfel Frankreichs Staatspräsident Nicolas Sarkozy zu einem Abendessen nach Berlin eingeladen. EZB-Präsident Jean-Claude Trichet wurde hinzugebeten. Trichet rief mich auf dem Weg ins Kanzleramt an und ich versicherte ihm, dass etliche Privatbanken von einem Forderungsverzicht überzeugt werden könnten. Trichet reagierte ganz trocken: »Ich nehme es zur Kenntnis.« Begeisterung klingt anders.

Kanzlerin Angela Merkel kontaktierte mich während des Abendessens oft mit SMS-Nachrichten, um meine Einschätzung zu verschiedenen Detailfragen einzuholen. Nach langem Hin und Her gaben Sarkozy und Trichet ihren Widerstand auf.

Auf dem EU-Sondergipfel wurde ein zweites Hilfspaket für Griechenland in Höhe von 109 Milliarden Euro geschnürt, die Finanzinstitute verzichteten auf ein Fünftel ihrer Forderungen, rund 35 Milliarden Euro. Die französischen Banken hatten lediglich 15 Prozent als Zielvorgabe genannt. Illusorisch. Hinterher rief mich der Vorstandschef der BNP Paribas an und beschwerte sich lautstark über diese Lösung. Doch es sollte noch weit drastischer kommen. Am Ende belief sich der Schuldenschnitt auf 50 Prozent.

Griechenland hing nicht nur am Tropf, sondern brauchte immer mehr Milliarden. Neue Sparmaßnahmen und Massenentlassungen folgten – und lautstarke Demonstrationen. Erstmals wurden in Athen bei Protesten hässliche Poster von Kanzlerin Merkel in SS-Uniform oder mit Hakenkreuzbinde gezeigt. Am 29. September 2011 verabschiedete der Bundestag einen gigantischen Euro-Rettungsschirm (EFSF) mit einem Garantierahmen von 780 Milliarden Euro.

Ich hatte mich stets dafür eingesetzt, Griechenland zu retten. Das Lernen der altgriechischen Sprache während der Schulzeit und die Kenntnis der griechischen Philosophen haben mir das Land, die Menschen und die Kultur nähergebracht. Ich erhielt zahlreiche Briefe griechischer Staatsbürger, die mir für meinen Einsatz dankten. In einem hieß es: »Sie sind jemand, der das Land liebt.« Später erhielt ich die Ehrendoktorwürde der Demokrit-Universität Thrakien und wurde Ehrenbürger der wunderschönen Insel Samothraki, von deren Gebirge aus laut

Homer der griechische Meeresgott Poseidon die Schlacht um Troja beobachtet haben soll.

Auf die Frage, wieso ein Land mit einem Anteil von 1,5 Prozent am Bruttoinlandsprodukt (BIP) der Eurozone (2021) eine solch potenzielle Gefahr für einen Dominoeffekt in der Eurozone darstellen kann, habe ich stets folgendes Bild benutzt: Wenn ein Haus in Flammen steht und ringsherum andere Häuser nicht mehr so stabil sind, dann ist es besser, das Feuer des ersten Hauses zu löschen, bevor es andere erfasst. Deshalb musste man Athen auffangen. Ein Übergreifen auf Italien und Spanien hätte die Eurozone nicht verkraftet. Eine Pleite Griechenlands hätte einen Flächenbrand ausgelöst, der nicht mehr kontrollierbar gewesen wäre.

Am 27. Oktober 2011 beschlossen die europäischen Staats- und Regierungschefs beim entscheidenden Gipfeltreffen einen Schuldenschnitt für Griechenland von 50 Prozent. Banken, Versicherungen und Fonds mussten auf Forderungen von rund 100 Milliarden Euro verzichten. Nach harten Diskussionen.

Ich war damals in Moskau und saß nach einer Galavorstellung anlässlich der Eröffnung des Bolschoi-Theaters und einem Treffen mit dem russischen Präsidenten Dmitri Medwedew nachts in einer Suite des Moskauer Ritz-Carlton-Hotels und hing ständig am Telefon. Am anderen Ende saß in Brüssel IIF-Geschäfts- und Verhandlungsführer Charles Dallara, der den Kompromiss mit mir koordinierte und meine Zustimmung brauchte. Morgens um 3 Uhr Ortszeit war der Deal zwischen EU und der Finanzbranche in trockenen Tüchern.

Die Reise nach Moskau hatte ich mir entspannter vorgestellt. In der fulminanten Galavorstellung des nach sechsjähriger Totalsanierung neu eröffneten Bolschoi-Theaters nahm ich in der ersten Reihe mit zahlreichen geladenen Gästen Platz. Hinter mir saß Michail Gorbatschow. Ich drehte mich um, stand auf und schüttelte ihm die Hand. Ich war der Einzige. Kreml-Chef Dmitri Medwedew bezeichnete das Prestigeprojekt als »großes Wunder«.

In einem persönlichen Gespräch fragte ich Medwedew, weshalb Russland sich ständig mit Staaten wie Syrien, Iran oder Nordkorea zusammen gegen den Westen positioniere, wenn es große Chancen auf Wirtschaftsbeziehungen mit dem Westen gebe. Medwedew antwortete lächelnd: »Das müssen Sie mit Wladimir Putin besprechen.« Da war mir mal wieder klar, dass machtpolitische Erwägungen die wirtschaftlichen Belange dominieren.

Die Lage blieb auch 2012 hochspannend:

Im Januar 2012 prüfte eine Troika aus EU, EZB und IWF die Reformfortschritte Griechenlands.

Am 5. Februar 2012 nahm ich an der Münchner Sicherheitskonferenz teil und warnte vor einer Insolvenz Griechenlands und einem Auseinanderbrechen der Eurozone. Dies würde zu »enormen Kollateralschäden« führen. Am 7. Februar, meinem 64. Geburtstag, saß ich mit dem griechischen Ministerpräsidenten Lucas Papademos in dessen Amtssitz zusammen. Draußen lieferten sich Demonstranten eine Straßenschlacht mit der Polizei.

Am 21. Februar 2012 gaben die EU-Finanzminister grünes Licht für eine konkrete Lösung der Umschuldungsverhandlungen.

Am 30. März 2012 einigten sich die EU-Finanzminister in Kopenhagen darauf, die Gesamtkapazität des permanenten Euro-Rettungsschirms (ESM) auf mehr als 800 Milliarden Euro zu erhöhen. Eine »Brandmauer« sollte hochgezogen werden, um in Krisenzeiten Ansteckungsgefahren zu vermeiden.

Im April 2012 rutschte Spanien in die Rezession, das Land wurde von einer Ratingagentur herabgestuft, die Zinsen für spanische Staatsanleihen stiegen, die Börse brach ein. Die Regierung verstaatlichte die angeschlagene Großbank *Bankia*.

Im Juni 2012 beantragte Spanien ein Rettungspaket zur Sanierung der Banken und erhielt eine Zusage von 100 Milliarden Euro. Im selben Monat ersuchte Zypern um 17 Milliarden Euro aus dem Krisenfonds, wollte aber keine Auflagen erfüllen. Ende Juli spitzte sich die Lage in Griechenland erneut zu.

Ich war zu dieser Zeit mehrfach in den USA und nahm an diversen Diskussionsrunden zum Thema Eurokrise teil. Immer wieder hörte ich dort die Einschätzung, dass man den Zusammenbruch des Euro erwarte. Meine These war dagegen, dass dies nicht geschehen wird, solange der politische Wille besteht, die Eurozone zu erhalten. Doch es liefen damals starke Wetten gegen den Euro.

In diesem Zusammenhang denke ich an ein von mir moderiertes Gespräch zwischen Jean-Claude Trichet und Alan Greenspan auf dem Europäischen Bankenkongress in Frankfurt 2004. Trichet frotzelte zum Auftakt, dass ein Ökonom, der die Wirtschaftslage nur mit einem Wort umschreiben soll, in der Regel mit »gut« antworte. Gebe man ihm zwei Worte würde er sagen: »nicht gut«. Entsprechend wollte ich von Alan Greenspan, der als Euroskeptiker galt, wissen, mit welchen zwei Worten er die Situation des Euro umschreiben würde: Seine Antwort lautete: »überraschend gut«.

Am 26. Juli 2012 sprach EZB-Präsident Mario Draghi ein Machtwort. Mit seinem Satz, die EZB wird »alles tun, was zum Schutz des Euros notwendig ist« (»Whatever it takes«) löste Draghi ein Kursfeuerwerk aus. Die Märkte erwarteten, dass die EZB in großen Mengen Staatsanleihen der angeschlagenen EU-Staaten aufkaufen werde. Der Tabubruch als Dauerinstrument.

Führende US-Ökonomen sagten mir damals, dass sie die Bereitschaft der EZB unterschätzt hätten, als Kreditgeber der letzten Instanz aufzutreten. Die Aktionen der EZB haben also den Euro stabilisiert.

Am 6. September 2012 bestätigte Draghi, dass die EZB tatsächlich unbegrenzt Anleihen von Krisenländern kaufen werde. Das sogenannte OMT-Instrument (Outright Monetary Transactions) wurde vom EZB-Rat gegen den Widerstand von Bundesbankpräsident Jens Weidmann beschlossen. Weidmann sah darin einen klaren Verstoß gegen das Verbot der Staatsfinanzierung durch die unabhängige EZB.

Ende 2012 stieg der gigantische Schuldenberg in der Eurozone auf 8,6 Billionen Euro an. Allein in den letzten 12 Monaten um 375 Milliarden, meldete *Eurostat*.

Im August 2013 überwand die Eurozone die Rezession. Die EZB senkte den Leitzins im November auf ein Rekordtief von 0,25 Prozent.

In einem Interview mit der *NZZ* im Juni 2022 begrüßte ich rückblickend diese Aktion von Mario Draghi. »Das war zum damaligen Zeitpunkt richtig und das glaube ich auch im Nachhinein. Nur hat man es zu lange ausgedehnt.« Wenn man so will, wurde aus einem Krisenmanagement mit extremen Maßnahmen ein Dauerzustand gemacht. Besonders mit der Nullzinspolitik, die später gar zu einer Negativzinspolitik mutierte. Die Forderungen der EZB nach Sanierung der Staatsfinanzen oder Produktivitätssteigerungen wurden nicht erfüllt. Es fiel leichter, sich »auf den Schultern der Zentralbanken auszuruhen«.

Ganz ähnlich argumentierte Bundesbankpräsident Weidmann bei seinem Abschied von der EZB im Oktober

2021. In einem Schreiben an die Mitarbeiter warnte er in Bezug auf das Anleihekaufprogramm, dass dessen Flexibilität nur in Notsituationen verhältnismäßig sei, also nicht zur Norm werden dürfe. Schon 2012 hatte Weidmann angemahnt, dass Hilfe per Notenpresse »wie eine Droge sei«, die zur Abhängigkeit der Schuldenstaaten führen könne.

Die Zentralbanken glaubten, mit Tiefzinsen der Wirtschaft endlos unter die Arme greifen zu können. »Kollateralschäden« wurden übersehen, in Kauf genommen oder gar ignoriert. Sparer wurden enteignet, Schuldner belohnt, Teilmärkte wie Aktien oder Immobilien gedopt. Entsprechend zügellos griffen Investoren, Immobilien-Spekulanten oder Privatbeteiligungsgesellschaften nach dem billigen Geld.

Wachsende Schuldenberge

Noch einen wichtigen Nebeneffekt hatte die Politik der offenen Geldschleusen. Auch die Staaten verschuldeten sich weiter. Konsolidierung der Haushalte, Strukturreformen, Bürokratieabbau oder mehr Wettbewerbsfähigkeit der während der Eurokrise stark gebeutelten Staaten fanden nicht statt. Im Krisenmodus ist das auch nicht zu erwarten. Als Folge führte die Finanzkrise zur Schuldenkrise.

Die Eurozone hat strukturelle Schwächen. Auch gibt es keine gemeinsame Fiskalpolitik. Vor der Einführung des Euro war es Ländern wie Italien oder Griechenland möglich, das Produktivitätsdefizit durch eine Abwertung der eigenen Währung wettzumachen. Doch das geht jetzt nicht mehr. Jetzt gilt es, die eigene Wettbewerbsfähigkeit durch Produktivitätsgewinne zu erreichen. In einem einheitlichen Währungsraum ist dies aber weit schwieriger. Skeptiker glauben, dass es nicht ewig so weitergehen kann.

Zehn Jahre nach der Eurokrise sind die strukturellen Asymmetrien immer noch ungelöst. Stattdessen wird der Ruf nach Lockerung der Haushaltsregeln und Verschuldungsgrenzen sowie gemeinsamer Schuldenaufnahme in der EU – und damit gemeinsame Haftung – immer lauter. Auch die Forderung nach qualifizierten Mehrheitsentscheidungen – statt Einstimmigkeit – bei fiskalpolitischen Beschlüssen ist darauf angelegt, die Barriere weiter zu senken.

Im Juli 2020 einigten sich die Mitglieder der EU, einen eigenen 750 Milliarden Euro schweren Corona-Wiederaufbaufonds aufzulegen und an die EU-Staaten zu verteilen. Der damalige Bundesfinanzminister Olaf Scholz feierte den Fonds in einem Interview der *Funke*-Mediengruppe im August 2020 als »echten Fortschritt für Deutschland und Europa, der sich nicht mehr zurückdrehen lässt«.

Als einer der wenigen hatte der damalige Bundesbankpräsident Jens Weidmann im Herbst 2020 vor einer vermehrten Schuldenaufnahme der EU gewarnt. »Defizite seien nach der Krise wieder herunterzufahren«, so Weidmann gegenüber dem *Handelsblatt*. Ein frommer Wunsch und dennoch wichtig, denn laut *Statista* sieht die Prognose für die Staatsverschuldung der EU 2024 so aus:

Griechenland: 156,9 Prozent des BIP, Italien 142,6 Prozent, Spanien 112,1 Prozent, Frankreich 110,2 Prozent, Belgien 108,6 Prozent, Zypern 77,7 Prozent, Deutschland 65,4 Prozent – und das angesichts einer im Maastricht-Vertrag festgelegten Zielgröße von 60 Prozent.

Die Versuchung, immer mehr Milliarden zu verteilen, ist groß. Maastricht-Kriterien oder Schuldenbremse wirken bereits heute wie fiskalpolitische Dinosaurier. Auch der Kampf gegen die Klimakrise wird riesige Summen verschlingen. Die EU ist als Vorreiter geradezu prädestiniert, dies über Schulden zu finanzieren. Am Ende könnte sogar die Fiskalunion stehen.

Wenn es erstmal in der Kasse klingelt, gibt es kein Halten mehr. Man muss kein Prophet sein, um vorauszusagen, dass weitere Schritte in diese Richtung eine zusätzliche Schuldenexplosion auslösen werden. Kaum jemand macht sich Gedanken, wer das alles bezahlen soll beziehungsweise woher die Riesensummen stammen. Natürlich von den Finanzmärkten und den Banken, die man während der Finanzkrise retten musste. Und die man – teilweise zu Recht – in Bausch und Bogen verdammte.

Die Frage muss erlaubt sein, wer eigentlich von wem mehr abhängt: die Märkte von der Politik oder die Politik von den Märkten?

Die Politik legt die Rahmenbedingungen fest, kann es aber nicht wagen, gegen die globalen Finanzmärkte zu operieren. Das wäre gefährlich, da alle Regierungen, die sich am Finanzmarkt verschulden, von Investoren abhängen, die ihnen ihre Staatsanleihen abkaufen.

Die Symbiose ist gegeben, aber sie ist riskant und voller Interessenskonflikte.

Wer rettet wen? Gilt das Primat der Politik noch? In Krisenzeiten ja, aber sonst? Die Machtverhältnisse verschieben sich dann, wenn Notenbanken wie die EZB zum größten Anleihenkäufer werden. Doch gleichzeitig wird die eigentlich verbotene Staatsfinanzierung durch die Hintertür salonfähig gemacht. Und Staaten haben kaum Anreize, ihre Hausaufgaben zu machen – ein Teufelskreis mit Folgen.

Früher oder später werden die Finanzmärkte die politischen Akteure testen. Wenn die Geldgeber zum Schluss kommen, dass nicht nur einzelne europäische Staaten, sondern auch die EU keine erstklassige Bonität mehr verdienen, ist die nächste Krise vorprogrammiert.

Die Aktienmärkte haben seit 15 Jahren den Langzeit-Boom bejubelt, Korrektur der Indizes hin oder her. Man erinnere sich: Der Dow Jones sackte am 6. März 2009 im Zuge der Finanzkrise auf 6547 Punkte ab, im Dezember 2021 überschritt er die 39000er-Marke und lag im Dezember 2023 immer noch bei mehr als 37000 Punkten. Rechtfertigen die Fundamentaldaten der Wirtschaft, die Gewinne der Unternehmen oder herausragende Produktivitätsdaten eine solche Kursexplosion? Oder ist es wieder einmal das Ergebnis von Narrativen, »Irrational Exuberance« (Irrationale Übertreibungen) oder gar Ausdruck von Ignoranz der Finanzakteure, die jedes Quartal und jedes Jahr ihren Kunden und Aktionären satte Gewinne ausweisen müssen, um ihre eigene Existenz zu rechtfertigen?

Fest steht: Dank des billigen Geldes der Zentralbanken pumpten Investoren immense Gelder in den Aktien- und Immobilienmarkt, hat die »Feuerkraft« von Private-Equity-Gesellschaften und Hedgefonds enorm zugenommen, sind neue Formen wie »SPACS« oder »Swarm Investing« über soziale Medien und Plattformen wie Reddit oder den Online-Finanzdienstleister Robinhood entstanden, die für hektische Aktivitäten, Übertreibungen und jede Menge Schlagzeilen sorgen.

Das britische Wirtschaftsmagazin *Economist* nennt Private-Equity-Gesellschaften die »neuen Könige der Wall Street«, die in der letzten Dekade um das Dreifache gewachsen sind und rund 10 Billionen USD verwalten. Sie zählen zum Schattenbankensystem und unterliegen nur schwacher oder gar keiner Regulierung.

Investiert wurde neben dem Aktienmarkt auch in Immobilien, was wiederum inflationäre Tendenzen auslöste. Eine Energiekrise aufgrund des russischen Angriffskriegs auf die Ukraine und Lieferkettenprobleme im Zuge einer gefährlichen, weltweiten Corona-Pandemie heizten die Inflation weiter an. Die Notenbanken ignorierten die Warnzeichen und beruhigten die Bürger mit dem Narrativ, es gebe keine außergewöhnlichen Inflationsraten beziehungsweise die Teuerung sei nur »vorübergehend«. Welch eine Fehleinschätzung.

Dieses Mantra war 2022 nicht mehr zu halten. Erst Mitte März hob die US-Notenbank *Federal Reserve* den Leitzins zum ersten Mal in drei Jahren um lediglich 25 Basispunkte an. Viel zu spät und viel zu wenig. Die Fed musste eine Zinserhöhung nach der anderen durchziehen, doch die Inflation hatte sich eingenistet, nicht nur in den USA, sondern auch in Europa und anderswo.

Noch drei weitere Inflationstreiber möchte ich erwähnen: Dies sind die »grüne Inflationierung« aufgrund der ökologischen Transformation der Wirtschaft, zweitens die geopolitischen Risiken wie der Angriffskrieg gegen die Ukraine oder die Konfrontation zwischen China und den USA. Und drittens die Pandemie, die durch diverse Lockdowns zu starken Produktionsausfällen und massiv gestörten Lieferketten geführt hat. All das muss man in einer Gesamtschau mitberücksichtigen. Schon deshalb hätte man von Seiten der Notenbanken viel früher reagieren müssen.

Doch auch die nachhaltigen Zinsschritte schaffen neue Probleme, wie der Fall der kalifornischen *Silicon Valley Bank (SVB)* 2023 zeigt. Das Institut hatte massiv US-Staatsanleihen gekauft, die als absolut sichere Anlage gelten. Doch durch die starken Zinserhöhungen der Fed sanken die Preise dieser US-Staatsanleihen (Treasuries). Als die SVB nach einer gescheiterten Kapitalaufnahme einen Bank Run erlebte, musste sie diese Wertpapiere mit hohen Verlusten verkaufen.

Und viele Kunden wollten ihr Geld zurück. An einem einzigen Tag wurden mehr als 40 Milliarden USD abgezogen.

Die US-Behörden waren zum Eingreifen gezwungen und beschlossen die Übernahme. Alle Einlagen der Kunden wurden von der US-Regierung und dem *Einlagensicherungsfonds FDIC* garantiert, über die normalerweise gesetzlich festgelegte Obergrenze von 250 000 USD hinaus. Dies war ein einzigartiger Vorgang, zumal die SVB nicht als systemrelevant galt.

Bereits 2009 wurde ich in einem *FAZ*-Interview gefragt, ob die Aufsicht künftig auch das Ansteckungsrisiko berücksichtigen müsse, das von einer Bank auf das Finanzsystem ausgeht. Meine Antwort damals: »Die Krise hat gezeigt, dass die Vernetzung von Banken heute so groß ist, dass schon mittelgroße Banken systemrelevant sein können. Damit ist die Gefahr gewachsen, dass Bankmanager zu große Risiken eingehen, weil sie erwarten, im Zweifelsfall aufgefangen zu werden.« Das ist die »Moral Hazard«-Komponente.

Jamie Dimon, CEO von J.P. Morgan und einer der erfahrensten Banker der Welt, kritisierte nach dem SVB-Debakel im März 2023 in seinem Jahresbrief an die Aktionäre die US-Regierung, Finanzinstitute zum Kauf von US-Staatsanleihen ermutigt zu haben, ohne die Konsequenzen im Falle mehrfacher Zinserhöhungen zu bedenken. Auch die jährlichen Stresstests seien für ein solches Szenario nicht ausgelegt. Das stimmt und ist ein Beleg für die These, dass Krisen stets aus einer anderen Richtung kommen, als Experten erwarten, und dass Notenbanken und Finanzaufsicht immer wieder auf dem falschen Fuß erwischt werden.

Risikomanagement

Die Finanzmärkte haben in den letzten Jahrzehnten eine gewaltige und in gewisser Hinsicht erschreckende Dimension angenommen. Allein der Devisenmarkt hat 2019 ein Tagesvolumen von rund 6,5 Billionen USD erreicht. In vierzig Jahren hat sich der Markt um das 120-fache vergrößert. 2021 wurden an der New Yorker Börse Aktien im Wert von 29 Billionen USD gehandelt, an der *Nasdaq* war es ein Volumen von 27,8 Billionen USD. Der Wert des globalen Aktienbestandes belief sich Ende 2020 laut *Statista* global auf 105,9 Billionen USD. Hatten Investoren 1980 Wertpapiere noch im Schnitt zehn Jahre gehalten, wurden sie 2020 bereits nach etwa 7,2 Monaten wieder verkauft.

Technologie, Innovationen, Märkte und traditionelle sowie neue Akteure haben dieses gigantische Rad in immer gewaltigere Dimensionen gedreht. Derivateprodukte wie CDOs, CDCs, Warrants oder Swaps revolutionierten die Finanzmärkte und schufen gleichzeitig eine zunehmende Komplexität. Die teilweise mangelhafte Transparenz führte wiederum zu massiv erhöhten Risiken. Der weltweite Derivatemarkt hat nach verschiedenen Schätzungen die unglaubliche Dimension von 600 bis 900 Billionen USD erreicht. Der legendäre US-Investor Warren Buffett bezeichnete Derivate bereits 2002 als »Finanzielle Massenvernichtungswaffen«, *Focus online* sprach noch 2014 von einer »tickenden Zeitbombe«. Diese war aber bereits 2007 explodiert.

Für uns spielte das Thema Risikomanagement eine entscheidende Rolle. Bei der Risikobeurteilung ist neben wirtschaftlichen und institutionellen Überlegungen eine politische Umweltanalyse äußerst relevant. Es war ungeheuer wichtig, angesichts der enormen Volumina möglichst alle Risiken zu kennen und zu begrenzen und der Frage nachzugehen, wie weit man in bestimmten Bereichen gehen kann. Mathematische Modelle sind für die Risikosteuerung wichtig. Eine ergänzende Beurteilung, die auf dem gesunden Menschenverstand und Plausibilitätsüberlegungen basiert, habe ich stets eingefordert.

Ich wusste, dass die Öffentlichkeit von dem Umgang mit hunderten von Millionen oder Milliarden fasziniert und gleichzeitig befremdet sein würde. Man fragt sich auch, welches Verhältnis man zum Geld hat? Und welche Motive die eigenen Mitarbeiter antreibt, wenn sie Millionen verdienen? Geht es nur darum, ganz schnell reich zu werden, ohne Rücksicht auf Verluste? Zählen nur Einnahmen, Gewinn und Bonus? Ist der Fokus zu einseitig? Braucht es eine Umgebung mit Familie und Freunden, um auf dem Teppich zu bleiben?

Auch das Umfeld hat einen starken Einfluss, etwa die Erwartungen der Aktionäre und der Analysten, die starken Druck ausüben. In jedem Quartal soll man herausragende Resultate liefern, möglichst höhere Zahlen als im Vorjahresquartal. Auch die ständigen Vergleiche mit den Konkurrenten erhöhen den Druck. Die Medien verstärken diesen Effekt. Es gibt »wenig Streicheleinheiten«, wenn man den Rivalen hinterherhinkt. Ein CEO agiert nie im luftleeren Raum.

Ich habe mich oft gefragt, ob man in Deutschland viel eher mit kleinen Banken, Sparkassen oder Genossenschaftsbanken zufrieden ist, die stabil, ruhig und gelassen ihren Geschäften nachgehen, in den Kommunen und Städten gut verankert sind, einen Kindergarten stiften oder ein paar iPads verschenken. Gut möglich, und für Privat- und Firmenkunden in der Region sind diese Institute durchaus eine Option. Allerdings kaum für global agierende Industriekonzerne, die in der Exportnation

Deutschland eine führende und bedeutende Rolle spielen. Sie benötigen eine globale Bank, die sie im Ausland begleitet. Es sei denn, man wollte diese Aufgaben den angelsächsischen Konkurrenten komplett überlassen. Das kam für uns nicht infrage.

Bereits beim Vergleich mit Konkurrenten wurde man schnell geerdet. Wenn das eigene Institut eine Milliarde Euro Gewinn erwirtschaftete, war das natürlich eine Menge Geld, doch wenn die Konkurrenten 4 Milliarden Euro oder mehr an Profit einstrichen, war das für einen selbst schon weniger erhebend. Angesichts der riesigen Bilanzsummen beschlich einen gelegentlich schon das beklemmende Gefühl, ob man alle Risiken beherrscht.

Bei einer Bilanzsumme von 2 Billionen Euro und 50 Milliarden Euro an Risikopositionen ist das Verhältnis zur Bilanzsumme zwar ein kleiner Betrag, aber im Verhältnis zum Gewinn und Kapital richtig gefährlich. Schon deshalb ist ein gutes Risikomanagement unverzichtbar.

Das Bankgeschäft ist ohne das Eingehen von Risiken nicht möglich. Wenn man alle Risiken vermeiden will, hat man bald keine mehr zu vermeiden. Soll heißen, man ist dann bald nicht mehr im Geschäft. Da aber jedes Engagement ein Risiko darstellt, muss man Unwägbarkeiten kalkulieren. Ein ganz entscheidender Faktor ist deshalb, dass man Risiken zum Beispiel mit Absicherungsgeschäften steuert. Es ist bloß fraglich, ob man den Systemen zur Risikoerfassung trauen kann oder nicht. Ein CEO muss ein gutes Gefühl für Risiken, deren Einschätzung und Steuerung entwickeln. Wenn alle Zahlen überraschend positiv waren, stellte ich mir die Frage: »Where is the catch?« Wo ist der Haken? Was steckt dahinter? Es ist immer gut zu wissen, wo versteckte Gefahren lauern, die man kennen muss, um gegenzusteuern.

Allerdings darf man nicht erwarten, dass ein CEO alle Risiken einer Bilanzsumme kennt. Das ist angesichts von hunderttausenden von Positionen schlicht unmöglich. Deshalb muss man sich auf jene Mitarbeiter verlassen können, die an der Front kämpfen beziehungsweise im Risikomanagement angesiedelt sind.

In der Deutschen Bank war Hugo Bänziger der Risikovorstand. Bänziger war wie ich von der Credit Suisse gekommen. Wir hatten ein absolutes Vertrauensverhältnis, weil wir dieselbe militärische Ausbildung durchlaufen und denselben kulturellen Hintergrund hatten. Das war ungeheuer wichtig. Bänziger spielte bei meinen Entscheidungen eine bedeutsame Rolle. Mit ihm tauschte ich mich fast täglich aus, im engen Schulterschluss.

Kriminelle Einzelverluste hatten wir in der Finanzkrise nicht. Unsere Mitarbeiter waren keine Megarisiken böswillig oder fahrlässig eingegangen und hatten deshalb keine massiven Verluste eingefahren.

Diesen Umstand führe ich auf unsere Konzernkultur zurück. Mein Credo war und ist: »Kein Geschäft ist es wert, den Ruf der Bank zu schädigen.« Das war top down immer ganz klar. Zudem hielt ich es für außerordentlich wichtig, dass Fehlpositionen und Verluste sofort und freiwillig gemeldet wurden. Solche Pannen sind meist Vorboten von weit dramatischeren Hiobsbotschaften. Außerdem ist es falsch, den Überbringer von Schreckensmeldungen abzustrafen. Mein Motto hieß: »Don't shoot the messenger.« Fatal ist es auch, wenn ein Mitarbeiter bei Misserfolg versucht, etwa eine Fehlinvestition auf eigene Faust zu bereinigen, denn das führt in der Regel nur zu noch höheren Verlusten. Viel besser ist es, zusammenzustehen und gemeinsam nach Lösungen zu suchen. Es muss allerdings klar gesagt werden, dass aufgrund der späteren Klagewelle die Rechts- und Compliance-Bereiche eine immer wichtigere Rolle spielen. Diese Erfahrung hat seit der Finanzkrise massiv an Bedeutung gewonnen.

Bankster und Boni

Nichts scheint die breite Öffentlichkeit, Medien und Kritiker mehr in Rage zu versetzen als das Thema *Bankster und Boni*. Besonders während der Finanzkrise wurde diese Melodie auf der Klaviatur der Entrüstung und Empörung von Politik und Medien zum Dauerhit. Der Archetypus des »gierigen, rücksichtslosen, exzessiven und kriminellen Banksters«, der den Millionen nicht nur hinterherjagt, sondern dubiose oder kriminelle Spielchen treibt und »den Hals nie voll genug bekommt«, ist in der Tat die »perfekte« Hassfigur, auf die sich vermeintlich alle Probleme dieser Welt projizieren und zurückführen lassen.

In der Tat verdient das Boni-Phänomen eine nähere Betrachtung. Es ist ein heikles Thema und wird meist sehr emotional behandelt. Das ist verständlich, dennoch möchte ich klarstellen: Dass jeder Bonus-Empfänger ein Bankster ist, darf mit aller Entschiedenheit zurückgewiesen werden. Gleichwohl muss man zugeben, dass es einzelne kriminelle Elemente weltweit in Finanzinstituten gegeben hat, die Preise manipulierten, mit Riesensummen spekulierten, gewaltige Verluste aufhäuften oder Kunden abzockten.

In einem der gravierendsten Fälle schaffte es der Derivatehändler Nick Leeson, eine der ältesten Handelsbanken Großbritanniens in den Abgrund zu reißen. Die 335 Jahre alte Barings Bank musste 1995 nach einem Milliardenverlust seines Händlers in Singapur aufgrund von riskanten Wetten mit Derivaten die Tore schließen.

Leeson saß vier Jahre im Gefängnis, schrieb eine Autobiografie, die verfilmt wurde und tritt ab und zu im englischen Fernsehen auf.

Millionenboni, Antrittsprämien oder goldene Fallschirme als Abfindungen sind schon deshalb ein Reizthema, weil hier moralische Kategorien ins Spiel kommen und Fragen der sozialen Gerechtigkeit. Viele hart arbeitende Menschen kennen solche Dimensionen nicht, können sich solche Saläre nicht einmal vorstellen und beobachten mit steigender Wut, dass gewisse CEOs, Investmentbanker, Hedgefonds-, Private-Equity-Manager oder Hochfrequenzhändler pro Jahr zwei- oder gar dreistellige Millionensummen kassieren. In der Tat kann man kaum Verständnis erwarten, wenn ein Topmanager in einem Monat so viel Geld verdient wie einfache Angestellte weder in einem Jahr noch als Erspartes im gesamten Lebensverlauf zusammenbringen.

Doch das Phänomen der Millionensaläre ist nicht auf die Bankenwelt begrenzt. Chefs von Ölkonzernen, Pharma-Unternehmen, Automobilherstellern oder Telekommunikationsfirmen, Rohstoffhändler, Sportler, Rennfahrer oder Hollywood-Stars kassieren ähnlich hohe Summen, genehmigt vom Aufsichtsrat oder Verwaltungsrat. Die Kontrollgremien tragen die Verantwortung.

Man kann solche Zahlungen als moralisch verwerflich geißeln, anprangern, protestieren und Obergrenzen und das Eingreifen der politisch Verantwortlichen verlangen. Ob sich deshalb etwas ändert, steht auf einem anderen Blatt. Immerhin hat es der Schaffhauser Ständerat und Unternehmer Thomas Minder mit seiner »Abzocker-Initiative« geschafft, große Zustimmung in der Schweizer Bevölkerung zu erhalten.

Die Volksabstimmung im März 2013 wurde sogar gewonnen. Sie verbietet Antrittsprämien, Abgangsentschädigungen sowie Provisionen für die Übernahme von Unternehmen.

Lassen Sie mich das Thema aus der CEO-Perspektive angehen. Banken und Firmen stehen in einem Wettbewerb um Kunden, Marktanteile und die besten Köpfe. Im Bankengeschäft und besonders im Investmentbanking hat die Spezialisierung in den letzten Jahrzehnten enorm zugenommen.

Die Topspezialisten, auch »Rainmaker« genannt, kann man in keinem Kaufhaus von der Stange kaufen oder im Internet herunterladen.

Diese Toptalente wissen, was sie wert sind. Sie sind überdurchschnittlich gut ausgebildet, sehr selbstbewusst, stellen enorme Forderungen und pokern hoch. Wer in New York lebt, verlangt außerordentliche Saläre, weil die Mieten horrend sind, Lebenshaltungskosten, Privatschulen oder die Mitgliedschaft in einem Golf-Club große Summen verschlingen. Und ein entsprechender Sportwagen soll es auch sein.

Mit solchen Argumenten werden außergewöhnliche Forderungen häufig begründet. Ich kann nachvollziehen, dass solche Erklärungen weder in der Gesellschaft noch in den Medien Unterstützung finden.

Und doch, gerade in den USA zeigt man seinen Erfolg. Und Millionengehälter sind der Maßstab des Erfolgs, nicht nur in den USA, sondern in den Finanzzentren auf allen Kontinenten.

Als wir bei der Deutschen Bank eine Gruppe von hochbezahlten Investmentbankern hatten, die eigentlich ein Verlustgeschäft waren, nahm ich einen Anlauf, die Verträge neu zu verhandeln. Dieser Schuss ging nach hinten los, denn die Betreffenden kündigten einfach und wechselten zur Konkurrenz, in diesem Fall zur Credit Suisse. Dort wurden sie mit offenen Armen empfangen.

Daraufhin schrieben deutsche Zeitungen, dem »Ackermann laufen die besten Leute weg«.

In der Aufbauphase verloren wir dauernd vielversprechende Talente, weil sie bezweifelten, dass wir ernsthafte Konkurrenten für die Platzhirsche werden könnten. Das war in New York besonders ausgeprägt. Auch viele amerikanische Bankenbosse waren skeptisch. Erst als wir Bankers Trust übernahmen, wurden wir ernst genommen.

Für mich war stets entscheidend, dass Vergütung leistungsorientiert und flexibel sein muss. Ohne Leistung keine Belohnung. 2008 haben das gesamte Executive Committee und ich freiwillig auf den Bonus verzichtet, weil das Geschäftsjahr aufgrund der Finanzkrise schlecht ausgefallen war.

Doch das ist bei Spitzenkräften, die jederzeit wechseln können und Lockangebote erhalten, nicht so leicht möglich. Wenn man einen Talent-Pool erhalten will, muss man marktgerechte Vergütungen offerieren, auch dann, wenn man eine Söldnermentalität unfreiwillig unterstützt.

Ich habe lange darum gekämpft, die Boni zurückzufahren. Als Variante haben wir leistungsabhängige variable Boni eingeführt, die erst nach Jahren ausbezahlt werden. Da sie mehrheitlich in Form von Aktien ausgezahlt wurden, hing die Höhe der Summe sehr stark von der Entwicklung des Aktienkurses ab. Zudem wurden sogenannte »Clawback«-Klauseln eingeführt. Das sind Rückforderungsvereinbarungen, die festlegen, unter welchen Bedingungen Aufsichtsgremien variable Gehaltsbestandteile nachträglich zurückfordern können.

Im Grunde genommen steht man aber immer im Konflikt, ob man im Kampf um die Talente mitmischen will oder nicht. Wenn man das bejaht, muss man bei der Vergütung auf gleicher Ebene wie die Konkurrenten agieren. In der leidenschaftlich geführten Debatte kommt häufig zu kurz, dass Topmitarbeiter der eigenen Bank und damit den Aktionären enorme Gewinne bescheren und dafür prozentual belohnt werden wollen. Das geht so weit, dass die »Rainmaker« mehr verdienen als der CEO. Auch bei uns.

Die Kehrseite der Medaille ist in der Tat, dass riesige Kompensationspakete einen »Wettlauf« der Exzesse herbeiführen oder verstärken und damit übertriebene und gefährliche Risiken eingegangen werden, ohne Rücksicht auf Verluste, nur mit dem Ziel des Eigengewinns. Das mag man als selbstsüchtig, moralisch verkommen oder schändlich verurteilen, doch der »homo oeconomicus« existiert auch in anderen Wirtschaftszweigen.

Noch aus einem anderen Grund ist Vorsicht geboten. Hohe Vergütungen verärgern Kunden und Aktionäre in einem Ausmaß, dass das Vertrauen in die Institution beschädigt wird oder gar verloren geht. Und Vertrauen ist die vielleicht wichtigste Währung einer Bank.

Auch im Fußball sind Fans oder Aktionäre unglücklich, wenn die besten Spieler gehen oder verkauft werden. Man erwartet Topleistung und zahlreiche Tore und nimmt dafür Millionengehälter hin. Die Kunden einer Bank setzen ebenfalls auf Spitzenkräfte, etwa bei Übernahmen oder Fusionen.

Neben Fußballgrößen oder Tenniscracks erhalten auch Hollywood-Schauspieler, Pop-Stars, Dirigenten oder Formel-1-Piloten Millionen. Im Fußball geht der Trend unaufhörlich steil nach oben. Die fünf wertvollsten Fußballspieler des Jahres 2023 sind laut *Statista* Kylian Mbappé, Erling Haaland, Jude Bellingham, Vinícius Júnior und Bukayo Saka. Ihr Marktwert liegt zwischen 180 Millionen und 110 Millionen Euro. Für Superstar Cristiano

Ronaldo bezahlten die Saudis eine halbe Milliarde Euro. Pro Saison zahlt ihm der Club Al-Nassr 200 Millionen Euro. Mit Werbeverträgen bringt er es auf rund 300 Millionen Euro im Jahr. Sein Rivale Lionel Messi wechselte 2023 zum US-MLS-Verein Inter Miami. Dort soll er nach Medienberichten 200 Millionen Franken pro Jahr verdienen. Das ist jenseits aller Bankensaläre – mit Ausnahme der Hedgefonds und Beteiligungsgesellschaften.

Hier setzen Kritiker nur in den seltensten Fällen an, monieren kaum die Auswüchse der Kommerzialisierung des Sports. Dass auch Superstars Elfmeter verschießen oder einen schlechten Tag haben, aber deshalb keine Lohneinbußen erleiden, hält man für normal. Und feiert seine Helden immer wieder aufs Neue.

Der Vergleich mag hinken, weil die Finanzindustrie andere Aufgaben hat als die Unterhaltungsbranche. Doch machen wir uns nichts vor, in allen Fällen geht es um viel Geld, Prestige, Ansehen und Ruhm. Und jeder versucht, anhand seines Marktwerts, so viel wie möglich für sich herauszuholen. Mit Superstars wollen Banken wie Fußballvereine oder Hollywood-Produzenten sich den Erfolg kaufen. Oder sie versuchen es zumindest.

Andere Aspekte könnte man ergänzen, zum Beispiel dass Boni nicht nur für das eigene Ego oder Luxusleben verwendet werden, sondern auch für gute Zwecke wie Spenden an die eigene Alma Mater, Museen oder für Entwicklungshilfeprojekte in vielen der ärmsten Staaten. Oder dass der Kurssturz an den Börsen 2008 massive Boni-Einbußen bewirkte. Der Kollaps der Credit Suisse hat die Angestellten nach dem brutalen Kurssturz 2023 rund zwei Milliarden Franken gekostet. Auch Wechselkursverluste schmälern das Einkommen.

Trotzdem bleibt der Streit um Sinn oder Unsinn von Boni aktuell und nach dem Scheitern der Credit Suisse mehr denn je. Politiker aller Parteien und Journalisten ereifern sich, ob jene CS-Topmanager, die in den letzten 15 Jahren zweistellige oder dreistellige Millionensummen kassierten, einen Großteil zurückzahlen sollten oder nicht. Ein juristischer Alptraum.

Verzerrte Wahrnehmung

Meine Ansichten zu verschiedenen Themen sind unter anderem geprägt durch die Tätigkeit in insgesamt 25 Aufsichts- und Verwaltungsratsmandaten, unter anderem bei Shell, Siemens, Bayer, *Lufthansa*, Vodafone, Nasdaq oder *Linde*. Am Ende meiner Karriere bei der Deutschen Bank war ich nur noch bei Siemens, *Royal Dutch Shell* und *Zürich Versicherung* mandatiert.

Im Ausland sind die Dimensionen bei Gehältern, Abfindungen oder Zuteilung von Aktien oder Optionen noch einmal ganz andere. So standen 2021 laut US-Datenfirma *Equilar* auf den ersten drei Plätzen unter den Top 100 der bestverdienenden CEOs drei US-Topmanager. Spitzenverdiener war Patrick Gelsinger, CEO von *Intel* mit einem Kompensationspaket von 178 Millionen USD, gefolgt von *Apple*-CEO Tim Cook mit 98 Millionen USD und Hock E. Tan, Chef von *Broadcom* mit 60 Millionen USD. In der Schweiz lag *Roche*-CEO Severin Schwan mit 15,1 Millionen CHF vor dem damaligen UBS-Boss Ralph Hamers mit 11,5 Millionen CHF, in Deutschland rangierte Linde-CEO Stephen Angel mit 19,4 Millionen Euro auf Rang eins vor *VW*-Chef Herbert Diess mit 11,5 Millionen Euro. 2022 schoss der CEO von *Peleton* mit 168 Millionen USD den Vogel ab. Timothy Cook, CEO von Apple, landete bei 99,4 Millionen USD auf Platz zwei, gefolgt von AIG-CEO und -Chairman Peter Zaffino mit 75,3 Millionen USD.

Ich erwähne das lediglich, um zu zeigen, dass die Themen Gehälter, Lohn und Kompensation nach wie vor nicht nur aktuell sind, sondern nirgendwo in Gerichtssälen ausgefochten werden. Ausnahmen sind Konflikte zwischen Topmanagern und Unternehmen, die aus unterschiedlichen Gründen zu Streithähnen werden und Differenzen vor Gericht klären lassen. Unterschiedliche Perspektiven gibt es immer wieder.

Was mich aber seinerzeit an einigen Spekulationen von außen gewaltig störte, waren Behauptungen und Unterstellungen, die mit der Realität nicht übereinstimmten. So wurde immer wieder kritisiert, dass ich im Zuge der Investmentbanking-Strategie das Privatkundengeschäft mit ganz gewöhnlichen Kunden und den Heimatmarkt vernachlässigen würde. So hieß es, unter meiner Führung sei das Filialkundengeschäft in die Deutsche Bank-Tochter db24 ausgelagert worden. Das Gegenteil war der Fall. Die Auslagerung war Rolf E. Breuers Idee, weil er das Retailbanking für unprofitabel hielt, für einen Kostenklotz, der den Weg zur Internationalisierung behindern würde. Breuer schwebte vor, eine Tochterfirma zu gründen, an der sich andere Institute wie die Commerzbank beteiligen sollten.

Als ich CEO wurde, nahm ich diese Entscheidung zurück, denn Breuers Idee kam nicht gut an. Dies war lange vor dem Kauf der Postbank. Selbst prominente Politiker kamen zu mir und sagten: »Herr Ackermann, wir haben einen Brief bekommen, wir sind jetzt nur noch Kunden der db24 und das passt uns nicht.«

Die Kunden bewerteten diesen Schritt als einen Affront hin zur Zweitklassigkeit und damit als Hybris unsererseits. Die Deutsche Bank erweckte den Eindruck, Kleinkredite, Sparguthaben und Kundenservice vernachlässigen zu können.

Mit der Reintegration des Retailbanking wollte ich das Geschäft in Deutschland wieder stärken. Den Kauf der Postbank forcierte ich, weil die spanische Bank Santander in Lauerstellung lag und zuschlagen wollte.

Ähnlich war die Situation bei der Kölner Privatbank Sal. Oppenheim, welche sich die französische Bank BNP Paribas schnappen wollte.

Man stelle sich vor, die Postbank wäre heute spanisch, Sal. Oppenheim in französischen Händen und die Deutsche Bank wäre auf dem deutschen Markt nur geschrumpft. Genau das wollten wir verhindern, und es ist uns gelungen.

Ein weiteres unerfreuliches Beispiel war die schier endlose Debatte um eine angeblich bevorstehende Verlagerung der Deutsche Bank-Konzernzentrale nach London. So schrieb das *Manager Magazin* am 26. September 2001: »Das Management der Deutschen Bank erwägt offenbar, den Sitz ihres Headquarters (Corporate Center) von Frankfurt nach London zu verlagern. So will es angeblich der designierte Sprecher Josef Ackermann.« Aufsichtsratschef Hilmar Kopper nahm gegenüber dem Magazin mit folgendem Satz Stellung: »Ich habe selten so gelacht.«

Das hielt die *Welt am Sonntag* nicht davon ab, unter Berufung auf Unternehmenskreise nachzulegen. Es sei geplant, »den Hauptsitz der Bank weiterhin in Frankfurt« zu belassen, doch die »strategischen Entscheidungen« würden dann in London gefällt, schrieb das Blatt, wenn »Ackermann sich durchsetzen könne und nicht mehr Sprecher des Vorstandes, sondern Chief Executive Officer« sei. Dann hätte er für die Umsetzung seiner Strategie »freie Hand«.

Unglaublich. Nichts war an diesen Gerüchten wahr, das muss ich ganz klar feststellen. Wenn jemand alles tat, um die Deutsche Bank so gut aufzustellen, dass sie auch weiter aus Deutschland geführt werden konnte, dann war ich das.

Interessanterweise war Breuer viel entspannter in der Frage der Verlagerung. Er stand einem Ortswechsel nach London oder Luxemburg aufgeschlossener gegenüber und legte in der Standortfrage weniger patriotische Gefühle an den Tag als ich.

Ich war immer der Auffassung, dass man im eigenen Heimatmarkt eine dominante Rolle spielen muss, um global erfolgreich sein zu können. Damit man auch in Australien sagen kann, dass man daheim die Nummer 1 und deshalb so gut ist. Wenn man dagegen zuhause unter ferner liefen agiert, hegen potenzielle Kunden Zweifel, wie eine internationale Strategie klappen soll. Für mich war klar, dass man in Deutschland stark sein muss, um international erfolgreich sein zu können.

Zudem war ich der festen Überzeugung, dass auch die deutsche Industrie und Firmen wie *BASF*, VW und Siemens eine deutsche Bank im Ausland brauchen, weil sonst amerikanische oder Schweizer Banken eine dominante Rolle einnehmen und damit Abhängigkeiten schaffen, die bei Auseinandersetzungen zu Interessenskonflikten führen können. Dann entscheidet eine US-Bank im Zweifelsfall zugunsten des amerikanischen Kunden.

Ich betone noch einmal, dass ich in diesem Kontext trotz gegenteiliger Medienberichte nicht mit dem Hauptsitz der Deutschen Bank nach London umziehen wollte. Das Gegenteil war der Fall. Die Gründe habe ich genannt.

Es war klare Strategie, die Deutsche Bank aus Deutschland heraus national und international stark und profitabel aufzustellen.

Buhmann der Nation – Die Rolle der Medien

Ich kann mich über fehlende Aufmerksamkeit in Deutschland wahrlich nicht beklagen. Und über Spitznamen auch nicht. Von »Big Joe« bis zum »Buhmann der Nation« war so ziemlich alles dabei. Der frühere Unionsfraktionschef Volker Kauder bezeichnete mich als »geniales Schlitzohr«, Ex-SPD-Chef Oskar Lafontaine dagegen als einen »Boss einer Drogenbande«, da war die Bezeichnung der *Frankfurter Rundschau* als »Turbokapitalist« schon fast ein Kompliment und die *ntv*-Ernennung zur »Reizfigur« eine vornehme Untertreibung.

Man hat mich als »skrupellos« beschimpft, als »Brandstifter« und als »Prototyp des kalten Kapitalismus«. Oder gar als »heimlicher Kanzler«, wie die *taz* schrieb. Der Schauspieler Peter Sodann, bekannt als ARD-Tatort-Kommissar, setzte sich im Oktober 2008 mit dem Satz in Szene, er »würde gerne Deutsche Bank-Chef Josef Ackermann verhaften lassen«. Sodann erklärte später, das sei »nur eine Kabarettnummer« gewesen, ließ sich dann als Kandidat der Linken für das Amt des Bundespräsidenten aufstellen und erhielt 2009 in der Bundesversammlung 91 Stimmen.

Auf dem Frankfurter *Euro Finance Week*-Kongress im November 2008 habe ich mich zum Thema: »Lehren aus der Finanzkrise« für eine deutlich erweiterte Befugnis für die Bankenaufsicht ausgesprochen und fügte hinzu: In dieser Frage habe ich mich »vom Saulus zum Paulus« gewandelt. Keine Sorge, biblische Dimensionen habe ich weder angestrebt noch stehen sie mir zu.

Im Ausland klang das Medienecho viel freundlicher. Der *Institutional Investor* nannte mich 2010 einen »Bannerträger der deutschen Wirtschaft«. Das angesehene *Wall Street Journal* verlieh mir den Titel »Einer der mächtigsten Banker der Welt« und die US-Nachrichtenagentur *Bloomberg* den Beinamen »Davos-Man«. Und die *NZZ* schrieb: »Die Deutsche Bank hat es unter Josef Ackermann an die Weltspitze geschafft.«

Auf dem Swiss Media Forum in Luzern wurde ich im Mai 2013 vom Chefredakteur der *Schweiz am Sonntag* gefragt, wie man mit Medien umgehen solle. Meine Antwort damals: »Das Wichtigste ist, authentisch aufzutreten.« Und: »Ich habe immer Ecken und Kanten aufgezeigt, auch wenn es nicht allen gepasst hat.«

Ich teile nicht die Auffassung mancher Medienkritiker, die hinter fast jeder Publikation und beinahe jedem dritten Schreibtisch einen linken Journalisten oder Verleger wittern. Aber es gibt sie und prinzipiell ist das auch in Ordnung. Kritik ist mir nicht nur wichtig, sondern auch willkommen. Aber bei allem Enthusiasmus und Verständnis für knallige Schlagzeilen oder »Breaking News«-Berichte und dem Bedürfnis, es den Bankern oder Bankstern heimzuzahlen, sollte Kritik trotzdem sachlich sein.

Erstaunlich war dann aber doch, wie sensibel Journalisten auf sie selbst betreffende Kritik reagieren. Zudem ist mir der Widerspruch aufgefallen, dass viele Pressevertreter immer wieder den Kontakt zu mir suchten, obwohl sie meinen Beruf oder meine Ansichten verabscheuten. Womöglich befinden sich in der schreibenden Zunft auch manche »Skalpjäger«.

Dieser Gedanke ging mir durch den Kopf, als mich ein gewisser ZDF-Mitarbeiter in mehreren einschmeichelnden Briefen und Lobeshymnen zu einer Dokumentation einlud und um ein Exklusiv-Interview bat. Lange zögerte ich, und ein Medienprofi warnte mich. Ich habe dann trotzdem zugesagt und ein rund vierstündiges Interview gegeben, das dann in der Endabnahme und ausgestrahlten Sendung gefühlte sechs bis acht Minuten O-Ton umfasste.

Dass gerade TV-Journalisten viel Material benötigen, ist bekannt. Ebenfalls, dass sie stundenlange oder tagelange Aufnahmen machen. Doch so mancher Befragte wundert sich dann, wenn in den abendlichen regionalen Nachrichtensendungen nach einem kompletten Drehtag gerade mal ein anderthalbminütiger Bericht erscheint. Beim ZDF war die Gesamtproduktion immerhin 89 Minuten lang. Und »Ackermann Bashing« garantiert. Und wie klischeehaft. Auf der Webseite sind – einmal mehr – Mannesmann-V-Zeichen-Foto, Gier und Deutsche Bank vereint. Steht ZDF etwa für »Zweitklassiges Fernsehen« statt für Zweites Deutsches Fernsehen? Meine sonstigen Erfahrungen mit den öffentlich-rechtlichen Sendern der ARD und auch des ZDFs sind gleichwohl überwiegend positiv. In einem ARD-Porträt 2010 wurde ich erfreulich inhaltsstark und fair beurteilt.

Ich habe persönlich viele Redakteure, Kommentatoren und Verleger kennengelernt; erstklassige Publizisten, hochqualifizierte Finanzkorrespondenten, aber auch schlecht vorbereitete oder gar ahnungslose Reporter, die auf mich losgelassen wurden. Da gab es merkwürdige Begegnungen. Ab und zu wurde mir als CEO der Deutschen Bank eine wohlwollende Berichterstattung im Austausch für Exklusivinformationen offeriert. Solche Angebote habe ich immer abgelehnt, weil sie dubios sind, Abhängigkeiten schaffen und Erpressbarkeit ermöglichen. Dafür habe ich mich nie hergegeben.

Noch eine Beobachtung von der Medienfront: Auch Medienprofis geben zu, dass sich in den letzten Jahren ein »Gesinnungsjournalismus« entwickelt hat, der in den Redaktionsstuben zu ideologisch gefärbter Berichterstattung führt. Ein Redakteur der *FAZ* zum Beispiel antwortete mir einmal auf die Frage, wieso seine Berichterstattung über meine Person so negativ ausfalle, mit dem Hinweis: »Da müssen Sie meine Redaktion fragen.« Ein anderer Journalist meinte einmal, dass er mich »beeindruckend fände«, dies aber »nicht schreiben dürfe«. Das fand ich nicht nur erstaunlich, sondern geradezu peinlich.

Ich habe nie nachgeprüft, welchen politischen Einfluss es bei den Medien gibt beziehungsweise welches Parteibuch bei den öffentlich-rechtlichen Sendern Intendanten, Programmdirektoren oder Chefredakteure haben. Ich nehme einfach an, dass auf den unteren Ebenen in den Redaktionen Profis sitzen, die wissen, was sie tun – und die keine Anweisungen aus der Chefetage erhalten.

Geärgert habe ich mich nur über unfaire Berichte, die sachlich falsch waren oder ziemlich einseitig. Oder wie Informationen, die einer Kernaussage widersprachen, nach hinten rückten und dadurch dann bei mir und anderen den Eindruck erweckten, dass Autoren nach dem Motto verfahren: »Ich lasse mir doch meine Geschichte nicht kaputtmachen.« Ein Journalist hat mir einmal bestätigt, dass es einen Kardinalfehler im Journalismus gibt: Wenn »nur noch die eigene Story im Kopf« recherchiert wird – und selektive Wahrnehmung und Recherchen diesen Prozess begleiten.

Das führt zum nächsten »heißen« Thema. Wenn kritische Beobachter oder Wutbürger das Gefühl bekommen, dass der Qualitätsjournalismus nachlässt und einseitige Berichterstattung überhandnimmt, dann wird es gefährlich. Die heftigen Debatten über mutmaßliche »Lügenpresse« und »Fake News«, massive Proteste und teilweise gewalttätige Übergriffe auf Journalisten sind besorgniserregend. Sie zeigen einen steigenden Vertrauensverlust eines Teils der Bevölkerung den Medien gegenüber und das ist toxisch. »Etwas braut sich zusammen«, warnt der Ex-Chefredakteur des Bayerischen Rundfunks Sigmund Gottlieb, die Stimmung »kommt nicht aus dem Nichts, sondern speist sich aus dem Gefühl, ein Teil der Informationen würde ihnen vorenthalten«.

Verstärkt wird dieses Gefühl durch die mittlerweile schier grenzenlose Verbreitung von professionellen, aber auch fragwürdigen oder dubiosen Informationsquellen in den sozialen Netzwerken. Erstklassige fundierte Information trifft hier auf Geschwätz, Klatsch und Tratsch und leider auch auf Verschwörungstheorien mit teilweise absurden und abstrusen Thesen. Die bunte Mischung aus seriösen Nachrichten, gespickt mit Hits und Tipps von Influencern, Online-Entertainern (via Tiktok) und Möchtegern-VIPs erschwert dem Konsumenten die Selektion und Einschätzung. Wichtig oder unwichtig, richtig oder falsch, Lüge und Wahrheit liegen oft nur einen Mausklick voneinander entfernt. Der Nutzer entscheidet, welche Informationen für ihn relevant sind. Das ist ok. Doch was ist, wenn vorgefasste Meinungen, Klischees, Stereotypen oder Hassbotschaften gezielt durch Foren und Gruppen verstärkt, zementiert oder gar verherrlicht werden? Medien als Echokammern der eigenen Vorurteile?

Fakt ist, dass die traditionellen Medien ihre »Gatekeeper« Funktion verloren haben. Umso wichtiger ist es, dass harte Fakten im Zentrum der Berichterstattung stehen und weniger die Suche nach der »Wahrheit«. Was wahr oder unwahr ist, entscheiden letzten Endes Fernsehzuschauer, Radiohörer oder Internet-Nutzer.

Die Glaubwürdigkeit vieler Medien hat gelitten. Leider. Das zeigen auch die Popularitätsquoten bei Umfragen. Sie sind für Politiker, Journalisten und Banker ähnlich niedrig, um nicht zu sagen miserabel. Bei einer Umfrage der *Konrad-Adenauer-Stiftung* 2019 sagten nur

25 Prozent der Befragten, Politiker seien gut angesehen. Journalisten rangierten weit unten. Schon 2013 hat das *Allensbach Institut* bei einer ähnlichen Umfrage festgestellt, dass Banker und Fernsehmoderatoren mit je drei Prozent Zustimmung noch unbeliebter sind als Politiker mit sechs Prozent. An der Spitze lagen Ärzte und Krankenschwestern, Polizisten und Lehrer.

Um es klar zu sagen: Kritik begrüße ich ausdrücklich. Ja, ich finde sogar, dass Journalisten noch viel kritischer sein könnten. Kritik hilft dabei, die außenstehende Perspektive zu erfassen und eigene Fehler zu erkennen und zu korrigieren. Meine Einstellung war immer: Ein Bericht sollte in den wichtigsten Fakten stimmen, die Einordnung überlasse ich dem Reporter oder Kommentator.

Ich möchte den Medienschaffenden auch ein besonderes Kompliment machen. Während der Finanz- und Eurokrise wurde in den wichtigsten Vertriebskanälen sachlich, zurückhaltend, rational und klug berichtet. Die meisten Journalisten hatten begriffen, dass wir alle im selben Boot sitzen und mit einem Zusammenbruch des Finanzsystems niemandem gedient ist.

Medien sind als vierte Gewalt im Staat und in ihrer Rolle als unabhängige Institution für jede Demokratie und jeden Rechtstaat nicht nur notwendig, sondern unverzichtbar. Das versteht sich von selbst. Aber selbstverständlich ist es nicht. Wir erleben in jüngster Zeit immer wieder aggressives staatliches Vorgehen gegenüber Redakteuren, Verlegern oder Medien. Journalisten werden zensiert, verhaftet, eingesperrt und zu langen Haftstrafen verurteilt. China, Türkei, Ägypten und Saudi-Arabien sind nach Angaben des New Yorker Komitees zum Schutz von Journalisten *CPJ (Committee to Protect Journalists)* allein für 60 Prozent der weltweiten Fälle verantwortlich. Die Vorwürfe sind meist grotesk, verleumderisch oder schlicht erfunden. Auch in Russland hat man alle kritischen Medien mundtot gemacht, Studios und Redaktionen durchsucht, geschlossen, Webseiten blockiert und Redakteure eingeschüchtert. Mehrere Journalisten wurden getötet, mindestens 13 allein im Ukraine-Krieg.

Aber auch in Kamerun, Myanmar, Mexico, Nicaragua oder Ruanda werden Journalisten verfolgt, umgebracht und unabhängige Berichterstattung unterdrückt. Im April 2023 berichtete das Medium *Deutsche Wirtschaftsnachrichten*, dass in den letzten 20 Jahren weltweit 1657 Journalisten getötet wurden. Das ist eine schockierende Zahl und ein Weckruf für alle.

Wir erleben aber auch, dass aggressive Debatten und eine Verrohung der Sprache in vielen Teilen der Welt zu Polarisierung und sogar Spaltung von Gesellschaften führen. Die USA sind das beste Beispiel. Dort haben sich Fernsehsender oder »Talk-Radio«-Hosts schon vor vielen Jahren als Plattformen einseitiger ideologischer Berichterstattung etabliert, auf denen geschimpft, provoziert, intrigiert und gepöbelt wird. Im Zuge der Trump-Schimpfkanonaden, verbalen Ausrutscher und obszönen Beleidigungen wandelten sich so manche Anchormen zum Werkzeug eines manipulativen Volkstribuns.

Wohin diese bedenkliche Entwicklung noch führen wird, ist nicht abzusehen. Aber schon heute erlebt man die USA nicht mehr als die »Vereinigten Staaten von Amerika«, sondern die »Geteilten Staaten von Amerika«. Die Debatten sind nicht nur hitzig, sondern oft vergiftet. Die Schlacht um »fake news« des politischen Gegners hat ganze Fernsehkanäle erfasst und Sendungen politisch und ideologisch gefärbt. Manchmal entsteht der Eindruck, dass nur noch »passende« Nachrichten, Themen oder Meinungen auftauchen. Was »nicht passt«, wird ausgeblendet oder ignoriert. Falsche oder irreführende Inhalte sind in sozialen Medien alltäglich. Verschwörungstheorien finden so reichlich Nahrung. In einer Umfrage des Forschungsinstituts *Ipsos Public Affairs* wurde bereits 2016 festgestellt, dass viele US-Bürger, die »fake news« konsumieren, sie auch für wahr halten. Mehr noch: Forscher fanden zusätzlich heraus, dass gefälschte Nachrichten besser im Gedächtnis bleiben.

Meine Devise lautet: Eine Wertung durch Journalisten ist in Ordnung, es sollten aber bitte keine Fakten verschwiegen werden.

Gute Geister im Backoffice

Ein Konzernchef kann nur so gut wie sein Team sein, wenn alle an einem Strang ziehen oder zumindest Unterstützung leisten. Das ist eine Binsenwahrheit, trifft aber auf mich voll und ganz zu. Ich hatte unglaubliches Glück mit meinen »guten Geistern« im Sekretariat, ohne die ich all die Krisen, Verwerfungen, endlosen Überstunden oder persönlichen Angriffe kaum ohne größere Blessuren überstanden hätte. Auch die positive Außenwirkung meiner Assistentinnen muss ich lobend erwähnen. Viele Kunden rühmten die Freundlichkeit und Hilfsbereitschaft sowie die vorbildliche Planung von Terminen durch meine engsten Mitarbeiterinnen.

Mit meinen Büroleiterinnen im Sekretariat Ulrike Oeverdieck, Anke Leise und Beate Schnabel waren mir selbstbewusste und durchsetzungsstarke Vollprofis vergönnt, die wussten, was sie wollten. Sie setzten Strukturen, zeigten Effizienz und Organisationstalent und wer zu mir wollte, hatte es nicht leicht. Sogar die Chauffeure hatten gelegentlich Probleme und waren verzweifelt, wenn die Vorzimmerdamen ihre Prioritäten setzten und sich auch für die Familie Ackermann stark machten.

Frau Oeverdieck war gefürchtet. Man munkelte, dass nicht nur die Chauffeure Angst vor ihr hatten. Die resolute Vorzimmerdame bestimmte, wer den »Chef« sehen durfte und wer nicht. Es gab Besucher, auf die sie keine Lust hatte und die sie auf der Türschwelle zurückwies mit dem Hinweis, sie sollten lieber anrufen. Sie organisierte alle Vorbesprechungen mit meinen Assistenten und bestimmte Termine und Themen. Frau »Oe«, wie sie intern hieß, gab allen einen guten Rat: »Dr. Ackermann mag keine dummen Leute.« Wer nun darunter fiel oder nicht, hat sich mir nie erschlossen.

Mein Tagesablauf wurde perfekt und minutiös organisiert, und wehe, es ging was schief. Was mir zugutekam, vergällte den Fahrern ab und zu gehörig den Alltag. Viele Jahre lang war Herr Breidenbach mein Chauffeur. Er zog dann leider nach Schweden um. Ich erinnere mich, dass er die geplanten Fahrstrecken bereits am Vortag abfuhr, um die beste und sicherste Route zu finden. Begleitet wurde ich stets von zwei Bodyguards, die als Personenschutz eingeteilt waren. Für meine Familie war dies ungewohnt und im Alltag nicht einfach zu bewältigen.

Mein üblicher Arbeitstag sah so aus, dass ich um 6.30 Uhr aufstand und um 8 Uhr im Büro saß. Es folgten Sitzungen, Besprechungen oder Konferenzen, dazu Kundenkontakte, politische Ansprechpartner und zahllose Gespräche mit Mitarbeitern. Wenn ich den ganzen Tag in Frankfurt verbrachte, war ich komplett durchgetaktet. Bei zeitweise rund 100 000 Beschäftigten mussten viele Gespräche per Telefon erfolgen. Meistens war ich bis 20 Uhr im Büro, danach waren diverse Abendtermine nichts Ungewöhnliches. Es gab viel zu koordinieren und zu organisieren.

Meine umfangreiche Reisetätigkeit verlangte ebenfalls viel Aufwand. Ich war schon immer davon überzeugt, dass persönliche Kontakte nicht nur unverzichtbar, sondern der persönliche Eindruck vor Ort und subjektive Erfahrungen oft entscheidend sind. Bei Filialbesuchen suchte ich den Kontakt zu den Mitarbeitern vor Ort. In unzähligen »Townhall Meetings« rund um den Globus warb ich für meine Denkansätze und Strategie. Mich interessierte vor allem die persönliche Begegnung, die Erfahrungen anderer und ihre Motivation. Reisen waren deshalb für mich ein zentraler Bestandteil meiner Arbeit. Ohne die tatkräftige Unterstützung des Backoffice wäre dies unmöglich gewesen.

Früher nahm man nach einer längeren Auslandsreise, etwa nach Hongkong, einen Tag frei, eine kurze Auszeit. Heutzutage ist dies undenkbar. Man rasiert sich noch im Flugzeug, wird nach der Ankunft sofort abgeholt und geht direkt zur ersten Sitzung. Man ist zudem ständig erreichbar. Ruhephasen zählen zu den kostbarsten Momenten.

Als die ersten Mobiltelefone auf den Markt kamen, waren die Geräte derart groß und sperrig, dass sie fast den gesamten Kofferraum eines Autos füllten. Heute trägt man das Smartphone in der Hosen-, Jacken- oder Handtasche. Man ist 24/7 erreichbar, das nennt sich Fortschritt. Mit der Multiplikation der Informationsquellen, neuen Anbietern in den sozialen Medien, durch Influencer oder Podcast-Experten, Verschwörungstheoretikern mit eigenen Plattformen oder Fake-News-Spezialisten hat eine zusätzliche Dimension der Beschleunigung und der Manipulation eingesetzt. Dieses Tempo erfordert eine erhöhte Reaktionsgeschwindigkeit. Wenn sogar ein US-Präsident mit »alternativen Fakten« operiert und dabei Millionen Fans erreicht und beeinflusst, ist Vorsicht angebracht.

Durch das Internet zirkulieren Nachrichten heute in Hochgeschwindigkeit rund um die Uhr um den Globus. Technologie und neue Formen wie »Multitasking« und der wachsende Zeitdruck haben eine enorme Beschleunigung unser aller Leben bewirkt. Das gilt für die Privatsphäre ebenso wie für den beruflichen Alltag. Im Bankengeschäft müssen wir seit neustem lernen, dass ein Bank Run – ein digitaler Bankensturm – in wenigen Sekunden per Mausklick erfolgen kann und über Nacht Milliarden an Geldern abgezogen werden können.

Zu meiner Zeit waren wir froh, wenn meine Assistentinnen in jedem Hotel ein Faxgerät besorgen konnten. Das war vor der Einführung des »Internets für alle« mit E-Mailverkehr, Nachrichten ohne Ende oder unbegrenzten Recherchemöglichkeiten. Das Faxgerät diente auch so mancher Hilfestellung in der Familie. Wenn unsere Tochter in der Schule etwas nicht verstanden hatte, schickte sie mir die Aufgabe an meinen Aufenthaltsort. Ich löste dann bei Gelegenheit das Problem und faxte das Ergebnis zurück.

Meine Termine wurden vor Einführung des digitalen Kalenders per Hand geführt. Ja, mit einem Papiertaschenkalender. Jedes Treffen wurde minutiös eingetragen. Natürlich gab es durch aktuelle Termine Überschneidungen und die Korrekturen mussten mit dem Radiergummi vorgenommen werden. So etwas wäre heute undenkbar.

Meine beiden Personenschützer waren als diskrete Begleiter stets eingeplant. Einer der beiden reiste bei auswärtigen Terminen voraus und klärte die Sicherheitsvorkehrungen in den entsprechenden Hotels ab. So wurden die Hotelzimmer auf versteckte Abhörvorrichtungen überprüft. Der zweite Bodyguard begleitete mich persönlich. Das war mir nicht immer angenehm. Ich habe nie verstanden, dass es Politiker geben soll, die Leibwächter als Prestigesymbol ansehen.

Pünktlichkeit war für mich immer wichtig, auch heute noch. Ich hätte nie jemanden warten lassen, hat mir eine meiner Büroleiterinnen einmal eröffnet, das hätten meine Gesprächspartner sehr geschätzt.

Abends und am Wochenende habe ich in meiner Frankfurter Privatwohnung gearbeitet, Home Office sozusagen. Da gab es weniger Ablenkung und es war gut für die Konzentration. Wer das 4-Zimmer-Apartment gesehen hatte, wunderte sich, dass ich weder einen Balkon noch eine Terrasse hatte.

Ständig »auf Achse« zu sein, Präsenz und stete Konzentration zu zeigen ist nicht nur anspruchsvoll, sondern belastend. Als Ausgleich ging ich wandern oder habe geschlafen. Dies tat ich meistens im Flugzeug, wenn es der Terminplan beziehungsweise die Flugdauer zuließ, und stets in Absprache mit meinen »guten Geistern«.

Mein Büro half auch bei der Koordinierung der familiären Anliegen, zumal auch viele Wochenenden dienstlich ausgebucht waren. Für unsere Tochter war ich sicher nicht der omnipräsente Vater. Wenn sie heute schlecht gelaunt oder sauer ist, wirft sie mir vor: »Wenn ich ein Klavierkonzert gegeben habe, warst Du nie da.«

Das stimmt, aber es gab auch Momente, da ich das Versäumte nachzuholen versuchte. So erreichte mich ein dringender Anruf während einer Hauptversammlung des Bayer-Konzerns. Meine Tochter war mit einem Blinddarmdurchbruch ins Krankenhaus eingeliefert worden. Ich sagte dem Aufsichtsratsvorsitzenden, dass ich sofort nach Zürich müsste. Der Flug war bereits organisiert und so konnte ich ihr im Spital Beistand leisten. Wenn es ernst wurde, war ich da.

Gleichwohl habe ich meiner Frau und meiner Tochter viel zugemutet. In einem sehr mutigen und offenen Interview mit der *Süddeutschen Zeitung* 2014 hat unsere Tochter Catherine über ihre gelegentlichen Panikattacken und emotionale Achterbahnfahrt gesprochen. Und über ihre Angst – und wie sie diese später überwunden hat.

Das Echo auf diesen Artikel war überwältigend. Nicht nur wurde sie in zahlreichen Zuschriften für ihre Offenheit beglückwünscht, eine überraschend hohe Zahl an Lesern bekannte sich dazu, ebenfalls unter Angstzuständen zu leiden. Darunter waren Schauspielerinnen, Musikerinnen und Vertreter der Wirtschaft. Seither zählen Themen wie »Burn-Out-Syndrom«, Überlastung, Stress, Erschöpfung oder Überforderung zum Alltag. Leider.

Catherine beschrieb auch die Umstände, wenn sie mit dem Vater joggen ging – und drei Leibwächter folgten. Sie musste Sicherheitsregeln lernen: nicht die U-Bahn nehmen, besser an der Ecke aussteigen und die letzten Meter zu Fuß zurücklegen. Keinem Fremden trauen, riet ein Sicherheitscoach, jeder Schritt ist eine Gefahr. Dazu das Verhalten von Klassenkameradinnen: Der Name Ackermann löste Provokationen aus. Es wurde gestichelt, Gerüchte gestreut, manche schauten einfach weg.

Ich bin Ulrike Oeverdieck, Anke Leise und Beate Schnabel daher umso dankbarer, dass sie über die Jahre die familiäre Komponente stets mitbedacht und berücksichtigt haben. Viele Jahre habe ich die Kontakte zu meinem Team auch nach meinem Ausscheiden noch gepflegt. Irgendwann lud ich sie ins Tessin ein. Bei der Gelegenheit erhielt ich von den Damen einen Aschenbecher als Geschenk. Ein Erinnerungsstück, das mit einer kleinen Anekdote verbunden ist:

Ich pflegte ab und zu eine Zigarre zur Entspannung zu rauchen. Das Dumme war, dass bei der Renovierung der Zwillingstürme der Deutschen Bank strenge Brandschutzmaßnahmen ergriffen wurden. Neben Brandschutztüren gab es auch neue Sprinkleranlagen, dazu ein striktes Rauchverbot im Turm. Ein Mitarbeiter wusste um mein heimliches Laster und versprach Abhilfe. »Ich baue bei Ihnen im Büro einen Schalter ein, mit dem können Sie die Sprinkleranlage abschalten und gemütlich eine rauchen. Da passiert dann nichts.« Gute Idee, dachte ich, und wie nett. Gesagt, getan. Doch »nobody is perfect«. Eines Tages nach einem sehr anstrengenden Arbeitstag zog ich mich in mein Büro zurück und griff zur Zigarre zwecks Entspannung. In diesem Moment dachte ich überhaupt nicht an den genialen Spezialschalter und paffte einfach los. Kaum hatte ich den ersten Zug genommen, ging die Rauchmeldeanlage mit ohrenbetäubendem Lärm los – Gott sei Dank – ohne Sprinkleranlage. Meine Sekretärin stürzte herein und schrie: »Zigarre weg!«, schnappte sich den Aschenbecher und versteckte ihn. Zum Glück konnte man rasch Entwarnung geben. Für mich war aber seither klar: Rauchen im Büro ist tabu. Es war genau jener Aschenbecher, der damals versteckt wurde, den mir die Damen als Geschenk ins Tessin mitbrachten. Wir haben alle herzhaft gelacht. Trotz dieser »Panne« rauche ich auch heute noch gerne ab und zu eine Montecristo No. 4 mit dem typischen Havanna-Geschmack. Sie ist intensiv und doch von einer angenehmen Leichtigkeit. Einen »smoke« finde ich mental anregend. Schon während meiner Doktorarbeit rauchte ich gerne Pfeife. Doch irgendwann wurde mir das zu aufwendig.

Bombenalarm

Am 7. Dezember 2011 tauchte in der Poststelle der Deutschen Bank ein DIN-A5-Briefumschlag auf, der an mich persönlich adressiert war. Den Mitarbeitern der Poststelle kam das Schreiben verdächtig vor und sie verständigten die Polizei. Spezialisten des Landeskriminalamts holten den Brief ab, röntgten ihn und fanden eine funktionsfähige Briefbombe. Sie hätte beim Öffnen schwere Verletzungen auslösen können. Die Sendung war in Mailand aufgegeben worden. In einem Bekennerschreiben war vom »Krieg dem Europa der Bankiers, Tod den Blutsaugern, die uns regieren« die Rede. Hinter dem Attentat wurde die linksextremistische Anarchistengruppe FAI vermutet. Die Täter wurden nie gefasst.

Der Generaldirektor der italienischen Steuereinzugsbehörde Quitalia erhielt zur selben Zeit ein solches Schreiben, doch der Sprengsatz wurde nicht entdeckt. Beim Öffnen des Briefs verlor er durch die Explosion einen Finger und musste an beiden Augen operiert werden.

Ich war sehr schockiert über diesen Vorfall und bin den Mitarbeitern der Poststelle noch heute ausgesprochen dankbar für ihren ungemein professionellen Einsatz. Wäre die Briefbombe unentdeckt geblieben, hätte sie meine Sekretärinnen erreicht und schwere Verletzungen anrichten können. Eine entsetzliche Vorstellung. Damals häuften sich die Drohungen gegen mich, nicht zuletzt auch im Internet. Die Satire eines Liedermachers »Oh Ackermann« will ich gar nicht kommentieren.

Ich habe mich oft gefragt, woher Hass und Aggressivität gerade im Zusammenhang mit der Eurokrise kamen. Es stimmt, dass die Finanzkrise und die Folgen viele Menschen wütend gemacht, Existenzkrisen und große Verunsicherung ausgelöst haben. Mit den Griechenlandhilfen wollten wir aber gerade verhindern, dass ein EU-Mitglied in einer endlosen Spirale einer Wirtschaftskrise untergeht.

Abschied

Der 31. Mai 2012 war ein schwül-warmer Donnerstag und es war ungewöhnlich heiß für diese Jahreszeit. Hitzig wurde einmal mehr auch meine letzte Hauptversammlung als Vorstandschef der Deutschen Bank. Es hatten sich rund 7000 Aktionäre angemeldet, so viele wie noch nie. Es war mein letzter offizieller Arbeitstag und gleichzeitig die Stabübergabe an meine designierten Nachfolger Anshu Jain und Jürgen Fitschen. Es wurde ein sehr langer Tag.

Die erste Dusche verpasste aber die Stadtverwaltung mit ihren Sprühwagen dem Asphalt, um den Straßenbelag zu kühlen. Am Morgen strömten die eigentlichen Eigentümer der Bank in die Festhalle der Messe Frankfurt in der Ludwig-Erhard-Anlage 1. Zum Frühstück hatten Caterer mehr als 11 000 belegte Brötchen vorbereitet. Nicht allen schmeckte das Gebotene. Etliche Aktionärsvertreter waren gekommen, um ihrem Ärger freien Lauf zu lassen.

Das zeigte sich bereits vor dem Eingang, wo Bankkritiker stinkende Gülle ausschütteten und meinen Nachfolger Anshu Jain mit »Jain, lass es sein«-Rufen empfingen und ihn zum Ausstieg »aus umstrittenen Geschäften« aufforderten, notierte *Der Spiegel* genüsslich. Auch »drinnen kochen die Emotionen hoch«, meldete der Korrespondent, und zitierte Markus Kienle von der Schutzgemeinschaft der Kapitalanleger (SdK), der zornig und mit hochrotem Kopf Aufsichtsratschef Clemens Börsig zurief: »Sie wollen Streit haben, Herr Börsig, den kriegen Sie jetzt auch.« Gleich mehrere Vertreter großer Fonds und Aktionärsvereinigungen hatten beantragt, dem Aufsichtsrat die Entlastung zu verweigern, eine Art Höchststrafe für das Kontrollgremium.

Ich hatte mich wochenlang auf diesen Tag vorbereitet. Es ging um viel, um eine persönliche Bilanz für eine Dekade an der Spitze des größten Finanzinstituts des Landes, um Zahlen und Fakten und um Reflektionen. Auch darum, die Querelen um meine Nachfolger vergessen zu machen, die wochenlang die Schlagzeilen beherrschten. Und um den internen Zwist zwischen Aufsichtsratschef Börsig und mir abzuschließen, den zahlreiche Medien immer wieder als »Machtkampf« stilisiert und hochgekocht hatten.

In der Tat hatte es intern einige Ungereimtheiten und Reibereien gegeben. Der Berliner *Tagesspiegel* sprach gar vom »Kampf zweier Giganten«. Mein Wunschkandidat als Nachfolger war der frühere Präsident der Deutschen Bundesbank Axel Weber. Im Präsidialausschuss gab es zwar Unterstützung für den Notenbankchef, doch Börsig und Weber fanden nicht zueinander. Auch die Medien sahen einen Wechsel Webers von der öffentlichen Hand in die Privatwirtschaft mit Skepsis. Ein harmonischer Übergang war so nicht möglich. Hinterher hatte Axel Weber verlauten lassen, man habe ihm nahegelegt, seine Kandidatur fallen zu lassen. Börsig war der Auffassung, Weber habe die Bank im Stich gelassen. So blieb die Frage unbeantwortet, ob Axel Weber ein sehr guter CEO gewesen wäre. Als Axel Weber dem hochattraktiven Ruf in die Schweiz als Verwaltungsratspräsident der UBS folgte, hatte sich das Thema erledigt.

Ich wollte eigentlich 2009 die Bank einige Monate früher als ursprünglich geplant verlassen. In der Tat gab es Gespräche und Spekulationen in den Medien im Zusammenhang mit dem Chairman-Posten bei UBS und *Citigroup*. Doch eigentlich wollte ich nicht zu einem Konkurrenten in der Finanzbranche abwandern und machte dies in allen Gesprächen deutlich. Verlockend war allerdings eine Einladung von Henry Kissinger, bei ihm als Partner einzusteigen. Ich lehnte höflich ab.

Da sich die Sache mit Axel Weber zerschlagen hatte, schlug sich Börsig selber als CEO-Kandidat vor. Der Aufsichtsrat lehnte ihn ab, denn der Aufsichtsratsvorsitzende war im Zuge einer internen Untersuchung zur sogenannten »Datenaffäre« schwer belastet worden. Dabei ging es um die Beschattung des Aktionärs Michael Bohndorf durch Privatdetektive. Der damalige Sicherheitschef und der ehemalige Investor-Relations-Chef waren daraufhin entlassen worden. Im Bericht der Anwaltskanzlei *Cleary Gottlieb* geriet Börsig unter Verdacht, die Beschattung angestoßen zu haben. Damit war er vorbelastet und ich wurde gebeten, meinen Vertrag zu verlängern. Dies tat ich dann auch.

Im Vorfeld der Hauptversammlung kam es bei der Zusammenstellung des neuen Vorstands zu einer weiteren Panne. So wurde der als Risikochef designierte Deutsche Bank-Veteran William Broeksmit, ein Vertrauter von Anshu Jain, von der Finanzaufsicht BaFin abgelehnt. Wegen »mangelnder Erfahrung in der Leitung großer Belegschaften«, meldete das *Manager Magazin* 2014. An seiner Stelle wurde Stewart Lewis berufen, der Stellvertreter von Hugo Bänziger.

Diese Turbulenzen wurden Börsig in der Hauptversammlung angelastet. Klaus Nieding von der *Deutschen Schutzvereinigung für Wertpapierbesitz (DSW)* sprach von »Peinlichkeiten«.

Auch die vielen Klagen in den USA wegen der Hypothekengeschäfte hatten die Aktionäre massiv verärgert. Sie befürchteten einen großen Imageschaden. All dies waren keine idealen Voraussetzungen für meinen finalen Auftritt als Chef der Deutschen Bank. Deshalb hatte ich mich auf diesen 31. Mai 2012 noch sorgfältiger vorbereitet als sonst. Ich prüfte die Sicherheitsvorkehrungen und die Einstellung des Teleprompters persönlich, um ja keine Panne zu erleben.

Die Choreografie musste stimmen. Das Publikum sollte nicht sehen, dass ich meinen Text ablas. Die Kleidung musste passen. Bevorzugt waren dunkler Anzug, hellblaues Hemd und dunkle einfarbige Krawatte. Bloß keine gemusterten Krawatten. Ein Tabu. Man lernt hinzu.

Festivitäten hatte ich bereits im Vorfeld abgelehnt und es damit begründet, dass dies »nicht in die Zeit passt«. Am Vorabend hatte es in der Villa Sander ein Abendessen mit dem Aufsichtsrat gegeben. Als Geschenk überreichte man mir eine gebundene Ausgabe aller Quartalsberichte in meiner Zeit inklusive der verfassten Aktionärsbriefe. Eine tolle Geste, die mich sehr freute. Noch heute blättere ich ab und zu in diesen Dokumenten. Vom Vorstand gab es als Präsent einen Silberteller mit den eingravierten Namen der wichtigsten Mitarbeiter. Auch dieses Geschenk genießt einen Ehrenplatz in unserem Haus.

Zum Abschied hatten meine Frau und ich noch wenige Tage vor der Hauptversammlung privat ins Städel Museum eingeladen. Dort wartete eine doppelte Überraschung auf uns.

Der Free-Jazz-Improvisationskünstler Rüdiger Carl war mit seiner Lebenspartnerin, der Galeristin Bärbel Grässlin, erschienen, packte seine Klarinette aus und legte los. Einfach großartig. Und schließlich waren zur Vollendung des Abends auch noch die Cellisten der Berliner Philharmoniker angereist und was das heißt, können Sie sich bestimmt ausmalen. Sie zählen zu den bekanntesten und erfolgreichsten Kammermusikern der Welt und das zu Recht.

Doch zurück zur Hauptversammlung, die sich zu einem 10-Stunden-Marathon auswuchs. Man sitzt die ganze Zeit, soll stets präsent, aufmerksam und konzentriert sein. Trotzdem schweift man gelegentlich ab, trinkt Wasser, aber ja nicht zu viel.

Nervös war ich nicht, aber angespannt. Hauptversammlungen sind ganz spezielle Events. Seriöse Aktionäre teilen sich die Halle mit Selbstdarstellern und Exoten, die die Veranstaltung als Schaubühne nutzen. Viele Kleinaktionäre wollen es »denen da oben einfach nur mal zeigen«.

Zum Auftakt betonte Chefaufseher Clemens Börsig, dass eine »Epoche zu Ende geht«. Und dass es meinen strategischen Entscheidungen zu verdanken sei, dass die Bank »keine Staatshilfe« gebraucht habe. Da gab es stehende Ovationen der Aktionäre, die mich emotional sehr berührten.

Meine Rede begann ich wie immer mit der Begrüßung der Aktionärinnen und Aktionäre im Saal und im Internet und betonte mit Nachdruck, Rechenschaft ablegen zu wollen. Ich sagte aber auch, dass dieser besondere Tag »Wehmut und Freude« auslöse. Wehmut beim »Abschied von einem Land, das mich mit offenen Armen empfangen und stets mit großer Offenheit begleitet hat«. Das empfand *Der Spiegel* angesichts der jahrelangen Anfeindungen als »überraschend«. Und Freude wegen der »guten Abschlussbilanz«. Der Gewinn vor Steuern beträgt 5,4 Milliarden Euro, eine Steigerung gegenüber dem Vorjahr um 36 Prozent. Allerdings ist das Ziel, die Deutsche Bank bei der Marktkapitalisierung zu den zehn stärksten Banken der Welt zu machen, nicht erreicht worden. 2002 lag die Deutsche Bank bei der Börsenkapitalisierung auf Rang 18 mit 26 Milliarden Euro. Die Spitzenplätze belegten damals Citigroup (169 Milliarden Euro), *HSBC* (99 Milliarden Euro) und Bank of America (99 Milliarden Euro). Die UBS schaffte Rang sechs.

Unter der Schlagzeile »Der verwundbare Riese« schrieb *Der Spiegel* im Mai 2002: Mit Josef Ackermann wird erstmals ein Ausländer Chef der Deutschen Bank. Auf den Oberst der Schweizer Armee wartet eine gewaltige Aufgabe: Das größte deutsche Geldhaus ist international weit abgerutscht und muss sogar fürchten, geschluckt zu werden.« Das war die Ausgangslage.

Ende 2011 lagen wir in der Vergleichsgruppe auf Rang 13, Marktkapitalisierung 27 Milliarden Euro. Die Topinstitute waren *Wells Fargo* (112 Milliarden Euro), HSBC (105 Milliarden Euro) und J.P. Morgan Chase (97 Milliarden Euro). Die UBS war auf Platz elf zurückgefallen. Der Deutsche Bank-Aktienkurs lag am 31. Mai 2012 bei knapp 30 Euro. Dabei ist zu betonen, dass der DAX damals bei rund 6500 Punkten stand. Unbefriedigend für die Aktionäre – und für mich. Vor der Finanzkrise hatte der Kurs noch 118 Euro erreicht, ehe er während der dramatischen Bankenpleiten stark fiel.

Ich ging auch auf die hitzige Debatte um die gesetzte 25 Prozent Eigenkapitalrendite ein und betonte, dass dies »nie Selbstzweck« war, sondern es allein darum ging, »so profitabel zu werden, wie es die besten Banken der Welt schon längst waren«. Und ich unterstrich erneut die Botschaft, wie wichtig die Reputation einer Bank ist. »Kein Geschäft darf es uns wert sein, den Ruf und die Glaubwürdigkeit der Bank aufs Spiel zu setzen.«

Noch ein Nachtrag zum Thema Eigenkapitalrendite: Ende 2022 beziffert die Beratungsfirma McKinsey in ihrem *Global Banking Annual Review* die durchschnittliche Eigenkapitalrendite aller Banken weltweit zwischen 11,5 und 12,5 Prozent nach Steuern. Die Quote deutscher Banken schätzt das Unternehmen allerdings nur auf etwas mehr als fünf Prozent, sie liegt damit weit unter ihren Eigenkapitalkosten. Deutsche Banken »sind damit nur halb so profitabel wie der weltweite Durchschnitt«. Auch das rückt die eigene Bilanz in eine durchaus erwähnenswerte Relation. In einem Beitrag des Magazins *Cicero* wird bemerkenswerterweise hinzugefügt, dass das »maßlose Renditeziel« von 25 Prozent »gar nicht so übertrieben« war, lag doch die Kapitalrendite aller deutschen Unternehmen von 1994 bis 2007 im Schnitt bei 32,1 Prozent.

Viel wichtiger war aber, dass in der Zwischenzeit der Abstand deutscher Finanzinstitute zu den Konkurrenten in Europa und in Übersee rasant zugenommen hatte. In der *BanksDaily*-Liste der 50 größten Banken der Welt Anfang 2023 rangieren unter den Top Ten vier US-Banken, vier chinesische Institute, eine kanadische und eine europäische Bank (HSBC) – die Deutsche Bank landet auf Platz 46.

Zurück zur Hauptversammlung. Am Ende meiner Rede ist mir diese Botschaft wichtig: »Ich habe meine Pflicht getan und dem Unternehmen mit meiner ganzen Kraft gedient.« Die Anwesenden erheben sich und applaudieren minutenlang. Die Zeitung *Die Welt* berichtet am nächsten Tag von »Ovationen für den Vorstandschef«.

Auf der Hauptversammlung hagelte es gleichwohl Kritik, schimpften Attac-Aktivisten gegen »Kapitalismus« und »Großkapital«. NGO-Vertreter wetterten über die Deutsche Bank als »Waffenschmiede«, »Hungermacher« oder »Klimakiller«. Ich verwies darauf, dass man die Geschäftsbeziehungen zu Unternehmen, die direkt oder indirekt an der Produktion von Streubomben beteiligt waren, »eingestellt« hatte und dass »keine neuen börsengehandelten Anlageprodukte auf der Basis von Grundnahrungsmitteln« mehr aufgelegt werden sollten.

Apropos Streubomben. Dass sich der Zeitgeist verändern kann, zeigte die Debatte und Forderung nach Lieferung von Streubomben an Kiew im Jahre 2023 aufgrund des Ukraine-Kriegs. Russland war im Jahr zuvor von *amnesty international* beschuldigt worden, Streumunition eingesetzt zu haben.

Ein Aktionärsvertreter dankte mir sogar, dass die Deutsche Bank in der Krise »nicht zur Staatsbank« geworden war, notierte ein Korrespondent der *Zeit*, tatsächlich »ist es ein großes Verdienst Ackermanns, dass er die Geschäfte am amerikanischen Immobilienmarkt rechtzeitig einstellte – anders als andere Bankenlenker, deren Institute anschließend vom Staat gerettet werden mussten.« Wohl auch deshalb ist »Ackermann einer der wenigen Bankchefs, die in der Krise ihren Job behielten, neben Lloyd Blankfein (Goldman Sachs) und Jamie Dimon (J.P. Morgan Chase)«.

Das Medienecho war geteilt – wie könnte es anders sein. Das *Handelsblatt* erhob mich zum »Weltstaatsmann«, die *New York Times* zum »Pop-Star«, der *Stern* zum »Buhmann der Nation«. Ackermann hatte es in seiner Amtszeit zu »Starqualitäten« gebracht, meinte das Magazin *Cicero*, wenn auch zu denen »einer höchst umstrittenen Berühmtheit«. Und: »Er wird uns fehlen. Wer sonst eignet sich so gut fürs deutsche Publikum, den Schurken des Finanzkapitalismus zu spielen? Wen sollen wir zukünftig beschimpfen, wenn das Geldgewerbe mal wieder gegen gute Sitten verstößt und zulasten aller Vabanque spielt?«

Die *FAZ* ergänzte: »Für uns Journalisten wird es schwer. Eine Welt ohne Ackermann? Noch kaum vorzustellen. Rund ein Jahrzehnt war Ackermann nicht nur der »Mister Finanzplatz« in Deutschland. Er war der »Mister Wirtschaft«. Einer, an dem sich alle reiben konnten. Wer kennt schon die Namen von Bankchefs? Ackermann kannten alle … Wenn man die Leute in Deutschland fragt, wer so richtig viel Geld verdient, sagen sie »Ackermann«. Als irgendein Magazin mal wissen wollte, wer der schönste Manager sei, sagten die Befragten »Ackermann«. Und wenn man sich an den Stammtischen umhören würde, warum wir in Wirklichkeit die Griechen retten, käme sicher auch die Antwort »Ackermann«. Wer wird künftig das »Gesicht des Kapitalismus sein?«

Das war nicht meine Sorge. Stattdessen traf ich mich nach der Hauptversammlung mit den Auszubildenden der Bank und jenen Aktionären, die noch ein Autogramm wünschten. Hinterher ging ich zu einem Umtrunk mit all den Mitarbeiterinnen, Beschäftigten, Helfern und guten Geistern, die hinter den Kulissen harte Arbeit geleistet und die Mega-Veranstaltung wochenlang vorbereitet und begleitet hatten. Und danach besuchten mein Pressechef und ich noch ein Steakhouse, wo wir es uns schmecken ließen. Am nächsten Morgen saß ich im Flieger nach Washington. Ziel war die Bilderberg-Konferenz in Chantilly im US-Bundesstaat Virginia.

Die Bilderberg-Konferenzen sind informelle Treffen von einflussreichen Personen aus Wirtschaft, Politik, Militär, Hochschulen, Hochadel und Geheimdiensten. Nur einzelne Medienvertreter sind geladen. Es geht primär um einen Gedankenaustausch zu politischen, wirtschafts- und finanz- oder gesellschaftspolitischen Fragen.

Kritiker behaupten seit Jahren, die Bilderberger seien eine heimliche Weltregierung, die im Verborgenen die Geschicke der Menschheit lenkt. Daher wird jedes Treffen von Protesten begleitet. Doch von »geheimen Strippenziehern« kann nicht die Rede sein. Die Tageszeitung *Die Welt* spricht von »Infobörse der Mächtigen«.

Auch in jenem Jahr waren bekannte Namen unter den Gästen im Westfields Marriott Hotel: Henry Kissinger, der kanadische Notenbankchef Mark Carney, der niederländische Regierungschef Mark Rutte, der britische Schatzkanzler Kenneth Clarke, mehrere Außen- und Finanzminister, Vorstandschefs von Ölmultis, Banken, *Airbus*-CEO Thomas Enders war ebenso dabei wie Siemens-Chef Peter Löscher, Linde-CEO Wolfgang Reitzle oder Wolfgang Ischinger, langjähriger Leiter der Münchner Sicherheitskonferenz. Auch der spätere US-Außenminister John Kerry und Ex-Schachweltmeister Garri Kasparow waren gekommen.

Es ging einmal mehr um die klassischen Themen: die politische Lage in den USA, im Nahen Osten, der Zustand der transatlantischen Beziehungen, Chinas Wirtschaftskraft … Besonders spannend: Der Chef des US-Cyber-Commands und Direktor des US-Geheimdienstes NSA Keith B. Alexander hielt einen Vortrag zum Thema »Wie können souveräne Staaten im Cyberspace zusammenarbeiten?« Wir reden vom Jahr 2012.

Auf einer Bankenkonferenz kam Prinz Philippe von Belgien, der heutige König seines Landes, plötzlich auf mich zu und machte mir ein spontanes Kompliment: »Herr Ackermann, Sie können Zusammenhänge immer so gut erklären.« Ich fühlte mich geschmeichelt.

Auch der »Group of Thirty« (G30) habe ich einige Jahre angehört. Die Gruppe ist eine private 1978 von der Rockefeller-Stiftung gegründete Institution, die sich zweimal im Jahr trifft. Die dreißig Mitglieder, darunter Zentralbankpräsidenten, Wirtschaftsprofessoren und Bankmanager, diskutieren internationale Wirtschafts- und Finanzfragen und weisen auf potenzielle Gefahren im Finanzsystem hin. Ich war dabei, als die Risiken von Derivategeschäften untersucht wurden. Bereits 2019 warnte das G30-Gremium davor, dass den großen Industriestaaten bis 2050 eine gigantische Rentenkrise mit einer Finanzierungslücke von 15,8 Billionen Dollar bevorsteht.

Rückblick

Von einem hektischen 12-Stunden-Tag praktisch über Nacht in den Stillstand abgebremst zu werden, ist eine Erfahrung, die jeder spätestens mit dem Eintritt ins Rentenalter macht. Ich war in gewisser Hinsicht immer darauf vorbereitet, weil ich mich nie über die Position definiert oder legitimiert habe. Anders gesagt: Ein CEO-Job ist von vornherein zeitlich limitiert und damit endlich. Darüber muss man sich im Klaren sein.

Viele können nicht loslassen und leiden darunter. Sie suchen nach Auswegen, Ersatzjobs, Positionen in Verwaltungsräten, Vereinen oder Clubs. Golf spielen allein kann das Fehlen eines Spitzenpostens nicht wettmachen.

Bei mir war der Abschied von der Deutschen Bank noch nicht der Eintritt ins Rentenalter, da ich als Verwaltungsratsmitglied der Zürich Versicherung schon bald eine neue Aufgabe als Präsident des Verwaltungsrats übernehmen durfte. Dazu komme ich gleich. Doch zuvor ist eine kleine persönliche Bilanz fällig.

Mich haben die 15 Jahre bei der Deutschen Bank und vor allem die zehn Jahre an der Spitze persönlich stark verändert. In der Schweiz waren Geschäftsbeziehungen sehr individuell geprägt und überschaubar. Der Wechsel nach Deutschland führte sofort in die europäische Dimension, durch viele EU-Themen und die Eurozone. Hinzu kam, dass die Deutsche Bank nicht nur das größte und wichtigste Finanzinstitut des Landes ist, sondern immer besonders stark im Fokus von Politik, Wirtschaft, Medien und der Öffentlichkeit stand. Nicht nur in Deutschland. Das war schon immer so, wenn man

Führungskräfte von Hermann Josef Abs bis Alfred Herrhausen betrachtet, der 1989 von einem RAF-Kommando brutal ermordet wurde.

Die Deutsche Bank war stets Ratgeber von Regierungen, Unternehmen und Kunden. Politische Kontakte gehörten zum Alltag. Das habe ich schnell begriffen und entsprechend gehandelt. Politische Einschätzungen von Personen, aktuellen politischen Themen, gesellschaftlichen Strömungen und ideologischen Debatten waren unverzichtbar. Ein Chef der Deutschen Bank kann sich nicht in einer »Bubble« oder in seinem Turm in der Taunusanlage 12 verstecken.

Es war nicht leicht, als Schweizer auf diesem Chefposten zu sitzen, weil man vermutlich in jedem Land am liebsten einen Einheimischen an der Spitze einer Ikone sieht. Jedes Wort, jeder Satz, jede Geste, jeder Kommentar wurde aufgegriffen und kritisch analysiert. Insofern war der Posten sehr anspruchsvoll. Ich habe immer wieder festgestellt, wie unterschiedlich die Kulturen in der Schweiz und in Deutschland sind.

Im Ausland standen mir viele Türen offen. Das war eine beeindruckende und erhebende Erfahrung. Wer für die Deutsche Bank spricht, findet Gehör. Bei Staatspräsidenten, Regierungschefs, Staatsfonds, Zentralbanken, Maharadschas, Parlamentariern oder Finanzakteuren, unabhängig vom politischen System. Wer kann schon von sich behaupten, Staatsoberhäupter, Mitglieder einer Königsfamilie oder verschiedener Dynastien persönlich getroffen und kennengelernt zu haben? Nicht als Selbstzweck, sondern stets »im Dienst«.

Ich habe wunderbare Stunden in Deutschland und im Ausland erlebt. Besonders gerne erinnere ich mich an das festliche Abendessen in der Villa der Industriellenwitwe Gabriele Henkel in Hösel unweit von Düsseldorf anlässlich meines Abschieds. Eine private Veranstaltung mit ausgesuchten Prominenten wie Harald Schmidt, Bruno Ganz, Frank Elstner oder Peter Scholl-Latour. Nach einem spektakulären Feuerwerk sagte die großzügige Gastgeberin zu mir: »Vergessen Sie Ihre deutschen Freunde nicht.«

Auch das mittlerweile publizistisch kräftig ausgeschlachtete private Abendessen im Kanzleramt im April 2008 auf Einladung von Bundeskanzlerin Angela Merkel anlässlich meines 60. Geburtstags war für mich eine große Ehre, großzügige Geste und Zeichen der Anerkennung.

Das passte natürlich nicht allen. *Der Spiegel* meldete damals: »Party im Kanzleramt – Ackermann feierte auf Staatskosten.« Die *Deutsche Welle* berichtete: »Empörung über Abendessen im Kanzleramt«. Die SPD forderte Aufklärung, die Linke-Politikerin Gesine Lötzsch sah »die Demokratie gefährdet« und der Haushaltsausschuss des Bundestags musste sich mit dem Fall beschäftigen. Die linke *taz* sprach von »Merkels großer Bankersause« und frotzelte genüsslich: Es gab »Kalbsschnitzel und Spargel für eine ausgewählte Gesellschaft«, für »15,11 Euro das Kilo« Spargel.

Der Spargelpreis war enorm wichtig, weil ein Verbraucherschützer (Thilo Bode von *foodwatch*) nachgefragt hatte, wer denn alles eingeladen war und wieviel das Essen gekostet hatte. Er wollte mögliche Verbindungen zwischen Politik und Wirtschaft offenlegen. Kein neuer Gedanke. Man kann den Party-Kalender im ganzen Land sowie internationale Konferenzen wie das Weltwirtschaftsforum (WEF) in Davos, die Münchner Sicherheitskonferenz oder die Hannover-Messe auf Teilnehmer und diesen Aspekt abklopfen. Man wird bestimmt fündig.

Da das Kanzleramt allerdings bei der Offenlegung der Details wie der Gästeliste zunächst mauerte, wurde das

Dinner zum politischen Schaukampf. Das »gerichtliche Nachspiel dauerte länger als sein Anlass«, notierte die *Süddeutsche Zeitung* trocken am 7. April 2011, nachdem das Thema vor einer Richterin gelandet war. Am »Ende der fast vierstündigen Verhandlung«, schrieb Nico Fried, damaliger Leiter der Parlamentsredaktion der *SZ*, »knurrten am Donnerstag im vierten Stock des Berliner Verwaltungsgerichts einige Mägen vernehmlich«. Und weiter: Das Abendessen ist – mit Verlaub – »eine der am häufigsten wiedergekäuten kulinarischen Veranstaltungen der jüngeren deutschen Geschichte. Es ist ein Essen, bei dem weniger der Geschmack in Rede steht, als vielmehr, ob es nicht ein G'schmäckle hat.«

Gestritten wurde nicht nur um die Offenlegung der Gästeliste, sondern auch um den Terminkalender der Kanzlerin. Es war zu klären, ob das Führen eines Kalenders eher »Regierungs- oder Verwaltungstätigkeit« ist, las der erstaunte Leser. »Warum plötzlich so viel Aufregung?«, fragte die *Bild*-Zeitung irritiert.

Nico Fried konnte seine Leser beruhigen. Im Kanzleramt geht es bescheiden zu. »Bei Brandt gab es Schnittchen, Merkel ließ Kartoffelsuppe servieren«, schrieb Fried am 17. Mai 2010, »Es hat schon Menschen gegeben, die zum Kaffee bei der Kanzlerin nicht einmal einen Keks bekommen haben.«

Übrigens: Der Steuerzahlerbund hielt die Kritik an dem Essen laut *Handelsblatt* für »unbegründet«. Und Verfassungsrechtler und Parteienkritiker Hans Herbert von Arnim sprach von einer »Lappalie.« Ex-BDI-Präsident Hans-Olaf Henkel verwies darauf, dass er mehrfach bei Helmut Kohl und Gerhard Schröder mit Gewerkschaftsführern und Verbandsoberen zu Gast war. Und »Natürlich gab's da was zu essen.« *FAZ*-Mitherausgeber Frank Schirrmacher notierte nüchtern: »Ich war dabei.

Ich habe gegessen und ich habe geredet, allerdings kaum getrunken. Ich habe auch nicht danach gefragt, wer das Essen zahlt.«

Für mich war die ganze Episode eine exotische Debatte. Schweizer würden sagen: »recht bünzlihaft«. Ich war Gast im Weißen Haus, Tony Blair lud mich nach Chequers in der Grafschaft Buckinghamshire ein, dem offiziellen Landsitz des britischen Premierministers, und in Frankfurt hat Oberbürgermeisterin Petra Roth regelmäßig Künstler, Politiker, Wirtschaftsvertreter und Bankenrepräsentanten zum »Dinner for Many« gebeten.

Zwei Jahre später hatte Angela Merkel ein weiteres Abendessen im Kanzleramt für IG-Metall-Chef Berthold Huber zu seinem 60. Geburtstag ausgerichtet, im selben Rahmen wie bei mir. Huber stieg auf »in dieselbe Bewirtungsklasse von Deutsche Bank-Chef Josef Ackermann«, notierte die *Süddeutsche Zeitung* genüsslich. Dieses Mal gab es keine Proteste.

Ganz nebenbei, was die Gästeliste betraf: Es waren am besagten Abend mindestens vier Verleger und Journalisten dabei. Danke für Ihre Anwesenheit.

In den strapaziösen Jahren waren auch harte Zeiten dabei. Dauerstress über Monate hinweg, Kundenbesuche, Mitarbeiterbesprechungen, Arbeitsessen, Gremiensitzungen, Kongressauftritte, Auslandsreisen. Und eine Krise jagte die nächste. Zahllose Themen, zahllose Schlagzeilen, zahllose Überstunden – das hinterlässt Spuren. Einmal sagte ich: »Mein Zuhause ist das Flugzeug«. Hunderttausende von Kilometern habe ich zurückgelegt.

Glücklicherweise war ich in guter Verfassung und robust genug, Enttäuschungen und Krisen gut wegzustecken. Ich konnte auch immer gut schlafen. Natürlich hat mir auch meine Familie sehr geholfen, die das immer mitgetragen und mich unterstützt hat.

Im Rückblick wird die Dimension der Finanz- und Schuldenkrise noch einmal deutlich. Es war erschütternd, erschreckend, brutal und faszinierend zugleich. Wir hatten es mit einer katastrophalen Entwicklung und einer brandgefährlichen Eskalation zu tun. Das Finanzsystem stand hart am Abgrund. Ich war nicht nur stiller Beobachter, sondern half dabei, Lösungen zu finden. Ob es mir zur staatsmännischen Manier gereicht hat, mögen andere entscheiden. Auf jeden Fall war ich mit dabei und mittendrin.

Bilanz

Am Ende meiner Zeit als CEO war mir klar, dass man das Geschäftsmodell ändern musste. Die regulatorischen Veränderungen nach der Finanzkrise mit höheren Eigenkapitalanforderungen und weniger Hebelprodukten hatten entsprechenden Einfluss auf das Geschäftsmodell.

Meine Nachfolger waren anderer Meinung und beschlossen, vorerst am bisherigen Geschäftsmodell festzuhalten. Frei nach dem Motto: »The last man standing.« Im Protokoll der letzten Vorstandssitzung habe ich allerdings festgehalten, das Geschäftsmodell schnell anzupassen. Daher hätte ich auch gerne Axel Weber als Nachfolger gesehen, der mehr mit den regulatorischen Veränderungen und Anforderungen vertraut war.

Was würde ich bei der Führung der Deutschen Bank im Nachhinein anders machen?

Im Wesentlichen drei Dinge:

1. Wie Sie mittlerweile wissen, bin ich ein großer Anhänger der Auftragstaktik, die im krassen Gegensatz zur Befehlstaktik steht. Erfahrungen aus der Militärzeit. Die

Auftragstaktik soll schnelles, entschlossenes Handeln ermöglichen und die Eigenverantwortung stärken.

Meinen Mitarbeitern habe ich immer gesagt: »Ihr bekommt ein Ziel, Ihr bekommt die Ressourcen und wir kontrollieren die Zielerreichung.« Aber: Allein die Größe des Konzerns mit seinen 100 000 Beschäftigten lässt eine ständige und direkte Kontrolle jedes Einzelnen bei der Umsetzung von Vorgaben nicht zu. Es ist schlicht nicht möglich. Auch Risikomanagement und Compliance-Abteilungen können nicht alle Gefahren und Risiken ausschalten.

Heute sehe ich die Auftragstaktik etwas kritischer. Vielleicht waren die Freiräume zu groß und die Kontrollen nicht streng genug. Besonders den Handelsbereich würde ich stärker überwachen.

2. Eine Stärkung der regionalen Verantwortung scheint mir empfehlenswert, weil die Vertreter vor Ort die entsprechenden Normen umsetzen und einhalten müssen.

3. Die Rekrutierungsfrage ist verbesserungswürdig. Wenn ein Bewerber von Goldman Sachs anklopft und ein ausgewiesener M&A-Spezialist ist, sagt dies noch nichts über seine sozialen Kompetenzen oder die Erfolgschancen aus. War er nur im Umfeld von Goldman Sachs erfolgreich oder auch bei anderen Banken? Hat er eine weiße Weste und kann er unsere Werte vertreten? Oft blieben diese Fragen unbeantwortet oder waren eher nebensächlich.

Wie mir Emilio Botín, langjähriger Chef der spanischen Santander Gruppe, immer wieder sagte, haben viele Finanzinstitute versucht, in die Topliga des Investmentbanking aufzusteigen. Die Deutsche Bank sei die Einzige, die es tatsächlich geschafft habe. Das heißt:

- Sie hat in allen einschlägigen Investmentbanken-Rankings vorderste Plätze erreicht.

- Sie hat dreimal in einer Dekade die Auszeichnung »Bank of the Year« gewonnen, die als eine Art Oscar der Finanzbranche gilt.
- 2007 erzielten wir mit 6,5 Milliarden Euro (oder mehr als 10 Milliarden CHF) Gewinn nach Steuern den höchsten Wert und zahlten eine Dividende von 4,50 Euro. Die Marktkapitalisierung stieg auf mehr als 50 Milliarden Euro.
- In meiner Amtszeit wurden Erträge von insgesamt 270 Milliarden Euro erwirtschaftet.
- Der Jahresüberschuss von 400 Millionen Euro im Jahr 2002 wurde bis 2011 auf 4,3 Milliarden verzehnfacht und trotz der Finanzkrise zwischen 2002 und 2012 rund 44 Milliarden Euro Gewinn vor Steuern erzielt.
- International wettbewerbsfähige Eigenkapitalrenditen wurden erreicht. Die 25-Prozent-Zielvorgabe war damals der Weltmaßstab. Noch heute stuft der IWF eine Rendite von zehn Prozent n a c h Steuern als gesund ein. Angesichts der aktuellen deutlich höheren Eigenkapitalanforderungen entspricht dies ungefähr den 25 Prozent v o r Steuern. Nicht die Eigenkapitalrendite war zu hoch, sondern die regulatorischen Eigenkapitalanforderungen waren zu niedrig.
- Steuergeld vom deutschen Staat wurde nicht benötigt.
- Die stabilen Geschäftsfelder trugen 2011 fast vier Milliarden Euro oder rund 50 Prozent zum Gewinn vor Steuern bei.
- Durch verschiedene Akquisitionen (Postbank, Sal. Oppenheim, Berliner Bank) wurde unsere Position im deutschen Heimatmarkt stark ausgebaut.
- In den folgenden drei Jahren (2012 bis 2015) wurden unter der Führung von Anshu Jain und Jürgen Fitschen über 90 Milliarden Euro an Erträgen erwirtschaftet. Der Gewinn vor Steuern erreichte trotz der

Rechtskosten sechs Milliarden Euro. Und die Marktkapitalisierung betrug rund 35 Milliarden Euro. Die Ertragskraft der Bank war also weiterhin intakt.

Wie schätze ich meine eigene Leistung ein? Lassen Sie es mich kurz so zusammenfassen:

Ausgangspunkt war ein schwieriges Umfeld im Filialgeschäft durch die Zersplitterung des deutschen Bankenmarktes und starke Konkurrenz von Sparkassen und Genossenschaftsbanken. Auch das Private Banking war schwierig. Deshalb der Auf- und Ausbau des Investmentbanking-Geschäfts, das in den ersten Jahren hohe Erträge einbrachte, aber später zugunsten des Retailgeschäfts mit der Übernahme von Postbank, Sal. Oppenheim und anderen Instituten zurückgefahren wurde.

Wir sind, wie mehrfach betont, ohne fremde Hilfe durch diese Krisen gekommen und das sage ich mit einer gewissen Befriedigung, insbesondere wenn man bedenkt, welches Schicksal andere Finanzinstitute erlitten haben. Wir mussten auch keine Schockerlebnisse durch kriminelle Handlungen einzelner Investmentbanker wie bei J.P. Morgan, Société Générale oder UBS erleben.

Gleichwohl gab es auch bei uns Unerfreuliches. So sorgte ein Projekt im Spielerparadies Las Vegas für einiges Kopfzerbrechen. Wir wollten den Bau des 3,9 Milliarden Dollar teuren Hotel und Kasinokomplexes *Cosmopolitan* mit 3000 Zimmern und Suiten nur finanzieren, doch der Bauherr geriet 2008 in Zahlungsschwierigkeiten und das Gebäude wurde zwangsversteigert. Die Baugrube war ausgehoben, für uns stellte sich die Frage, ob wir das Projekt komplett abschreiben oder in Eigenregie vorantreiben. Bei einem Milliardenabschreiber wären uns Schlagzeilen wie: »Teures Loch in Vegas« oder »Deutsche Bank verzockt sich beim Cosmopolitan Poker« sicher gewesen. Also wurden wir Eigentümer, das Hotel wurde 2010 fertiggestellt und 2014 für 1,7 Milliarden USD an den Finanzinvestor *Blackstone* verkauft. Blackstone hat sieben Jahre später das Resort für 5,7 Milliarden an den Kasinobetreiber *MGM Resorts International* weiter veräussert. Das Beispiel zeigt, dass Privatbeteiligungsgesellschaften mit längerem Atem operieren und dabei sehr erfolgreich sein können. Heute ist das »Cosmopolitan«eine der ersten Adressen in Las Vegas.

Der New Yorker Kreditderivate-Spezialist Boaz Weinstein, der Milliardengewinne erzielte, hatte sich 2008 verspekuliert und im CDS-Handel einen Verlust von 1,8 Milliarden Dollar eingefahren. Das löschte alle Gewinne der vorherigen beiden Jahre in seiner Abteilung aus und bescherte uns einen Jahresverlust von 3,9 Milliarden Euro. Weinstein, ein passionierter Schach- und Pokerspieler, musste gehen und gründete hinterher seinen eigenen erfolgreichen Hedgefonds.

Kein Einzelfall. Auch Larry Fink, legendärer Gründer des größten Vermögensverwalters der Welt *BlackRock*, hat in den 1980er-Jahren bei der First Boston einen 100-Millionen-US-Dollar-Verlust eingefahren und damals seinen Ruf als Trader ruiniert. Er gilt zudem als Erfinder der Collateralized Mortgage Obligations (CMOs). Ja, genau jene komplexen Finanzprodukte, die in der Finanzkrise 2008 ebenfalls eine bedenkliche Rolle spielten. Nachdem Fink geschasst wurde, widmete er sich neuen Aufgaben und gründete 1988 BlackRock, eine Erfolgsgeschichte sondergleichen.

Mir ist einmal vorgeworfen worden, obwohl dies primär die Aufgabe des Aufsichtsrats ist, ich hätte keinen Nachfolger aufgebaut. Das lag daran, dass ich eine Nachbesetzung nicht über Beziehungen, sondern letztlich durch Leistung und Überzeugungskraft für richtig hielt.

Ich gehörte nie zu den CEOs, die sich einen schwachen Nachfolger wünschen, um noch länger zu »strahlen«. Mein Wunsch war stets, den bestmöglichen Nachfolger zu finden, und das aus zwei Gründen. Erstens geht es nicht um Egos, sondern um die Zukunft eines liebgewonnenen Unternehmens, und zweitens tendieren schwächere Nachfolger dazu, Vorgänger anzuschwärzen, um das eigene Grau aufzuhellen.

Nachdem mein Favorit Axel Weber abgesagt hatte, kristallisierte sich die Doppelspitze Anshu Jain und Jürgen Fitschen heraus. Fitschen war der Auffassung, man komme um Jain nicht herum, aber der könne es nicht allein. Deshalb müsse auch er dabei sein. Er meinte, dass er und Anshu als Co-CEOs und ich als Aufsichtsratsvorsitzender ein »Dream Team« wären.

Mit Anshu Jain kam ich gut aus. Bis zu seinem tragischen Krebstod im August 2022 hatten wir regelmäßigen Kontakt. Ich hatte ihn ja auch stets gefördert. Trotzdem hielt ich ihn als Nachfolger nicht für die richtige Wahl. Das hatte mehrere Gründe. Jains kultureller Hintergrund und seine relative Gleichgültigkeit Deutschland gegenüber machten ihn angreifbar. Deutschland war ihm fremd, er war in London zuhause und eher den USA und natürlich Indien zugewandt. Zweitens kam er einseitig aus dem Investmentbanking. Jain, der sich eine private Cricket-Mannschaft leistete, hatte seine eigene Truppe aufgebaut, der er verpflichtet war.

Intern war die Gruppierung als »Anshu's Army« bekannt. Ein enges Team, mit dem er jahrelang zusammengearbeitet hatte und eine verschworene Gemeinschaft bildete. Das zeigte sich schnell, als Jain Co-CEO wurde und einige seiner Leute mit nach Frankfurt brachte. Er wollte Loyalität um jeden Preis. Entweder war man für ihn oder gegen ihn. Das war als Ansatz nicht gut. Als

Jain Co-CEO wurde, mussten die alten Kämpen Bänziger und Lamberti gehen. Für ihn war klar, dass er nur »seine Leute« um sich haben wollte, mit anderen konnte er nicht so gut. Er war felsenfest davon überzeugt: »Wer nicht für mich ist, muss weg.«

Jain war im Schlepptau des ehemaligen Merrill-Lynch-Tophändlers Edson Mitchell im Mai 1995 zur Deutschen Bank gekommen. Mitchell ist im Jahre 2000 zwei Tage vor Weihnachten mit seinem Privatflugzeug tödlich verunglückt. Das war ein enormer Schock für uns. Mitchell hatte das Handelsgeschäft in London aufgebaut und zum profitabelsten Geschäftsbereich gemacht. Wir verdankten ihm viel. Jain übernahm damals die globale Handelsabteilung, galt als genialer Analytiker, Tüftler und Händler und kämpfte für seine »Leutnants«, wenn es um die Boni ging. Wir hatten viele Kämpfe um die Vergütung, weil ich das untere Limit suchte und Jain das Maximum. Wenn es zur Sache ging, warnte er: »Dann fällt mir alles auseinander.« In Wahrheit ging es um das angelsächsische Mantra »I will make you rich.«.

Das Investmentbanking ist mitunter ein Schlangennest. Jeder versucht sich in Szene zu setzen und den Konkurrenten zu übertreffen. Die besten Talente treten nicht nur selbstsicher auf, sondern wissen um ihren Marktwert und stellen harte Forderungen. Sagt man Nein, sind sie weg. Den Verlust einzelner Spitzenleute kann man verkraften. Doch manchmal ziehen ganze Teams ab. Wir reden von 20, 50 oder 100 erstklassigen Spezialisten.

Mir ging es bei den Boni primär darum, dass die Bank gut dastand. Am Ende haben wir uns immer irgendwo in der Mitte getroffen. Ich habe Jain als extrem schnellen Denker kennengelernt, der bei Produkten und Spezifikationen einer der besten Händler der Welt war. Und er war sehr ehrgeizig. Mehrmals stellte er mir diese Frage:

»Wie kann ich je in Deiner Gegenwart glänzen?« Meine Antwort lautete stets: »durch gute Ergebnisse«. Kurz vor seinem Tod ließ er mich wissen: »Du hattest recht. Die Deutsche Bank braucht für die Deutschen einen deutschen Vorstandschef.«

Meine größte Niederlage waren die hohen Rechtskosten, besonders in den USA; meine größte Enttäuschung, dass wir bei Exzessen mitgemacht hatten. Ja, wir waren nicht ohne Fehl und Tadel. Und Selbstgefälligkeit und Fehleinschätzungen gab es auch unter den »Masters of the Universe«. Wir haben wie alle anderen auch die Risiken von Derivaten und der Verbriefung von Hypotheken unterschätzt, ebenso die Gefahren durch krasses »Leveraging« sowie Vernetzung und Ansteckungseffekte, wenn die Märkte verrücktspielten. Die Risikokontrolle hat nicht immer funktioniert.

Fehler, Manipulationen, Regel- und Rechtsverstöße sind nicht zu entschuldigen. Klagen, hohe Bußen und teure Vergleiche waren dem Ansehen der Bank gerade in Deutschland abträglich. Vergleiche hinken, doch in den meisten Fällen traf es uns zwar hart, aber die Konkurrenten Bank of America, Citibank oder J.P. Morgan noch härter. In unserem Fall waren dies rund fünf Prozent der Erträge in meiner Zeit.

Im Juni 2015 berichtete das *Manager Magazin*, dass die Rechtskosten der internationalen Großbanken erstmals die 300-Milliarden-Dollar-Marke durchbrechen, die Deutsche Bank liegt im oberen Mittelfeld. Die Bank of America muss zwischen 2010 und 2014 fast 100 Milliarden Dollar berappen, J.P. Morgan zahlt 50,3 Milliarden Dollar, bei uns sind es nach einer Studie der Londoner *CCP Research Foundation* im selben Zeitraum 14,3 Milliarden Dollar. Das ist beschämend und beklagenswert. Da gibt es nichts zu beschönigen. Die juristischen Streitfälle und Rechtskosten entstanden insbesondere in der Handelsabteilung unter Jains Verantwortung. Auch für mich sind die Geldbußen ein »schwarzer Fleck«.

Zum Thema Manipulationen des LIBOR-Zinssatzes, einer der wichtigsten Referenz-Zinssätze für Hypotheken und andere Kredite, nur so viel: Es stimmt, dass die Deutsche Bank daran beteiligt war, doch *Ringleader* war die UBS. Als die Spekulationen ins Kraut schossen, habe ich sofort meine Leute darauf angesetzt, um herauszufinden, ob wir dabei waren. Die Rückmeldung lautete: »Wir sind nicht dabei.« Das war eine interne Falschmeldung und es dauerte eine ganze Weile, bis wir die wahren Umstände herausfanden, weil die Absprachen nur in einem sehr engen Kreis auf Händlerebene in einer geschlossenen Gruppe abliefen. Ex-UBS-Händler Tom Hayes war Kopf einer 22-köpfigen Gruppe, die den LIBOR manipulierte. Insgesamt waren rund ein Dutzend Banken beteiligt. Die UBS beschloss, sich als Whistleblower zur Verfügung zu stellen, um einer hohen Buße zu entgehen. Wir mussten das Fehlverhalten Einzelner zugeben sowie Defizite bei der Kontrolle. Die Kartellstrafe aus Brüssel belief sich auf 725 Millionen Euro. Die UBS sollte 2,5 Milliarden Euro bezahlen. Da sie aber die Rolle des Whistleblowers übernommen hatte, wurde ihr die Strafe erlassen.

Viele der großen Rechtsfälle wurden erst nach meinem Abschied bekannt und konnten daher vorher nicht abgearbeitet werden. Dies mussten meine Nachfolger übernehmen. Nicht weil ich selber dazu nicht in der Lage gewesen wäre, sondern wegen des zeitlichen Verzugs. Ich bedaure dies, da wir einen beträchtlichen Teil der Rechtskosten über eine Reduktion des Bonuspools aufgefangen hätten.

Ja, es war eine Zeit der Prüfungen, der Hindernisse, der Konflikte, der Zwangslagen, des Notstands, der Stresstests ohne Ende für viele Beteiligte und Unbeteiligte, auch eine Zeit der Erniedrigung, Verunglimpfung und Schmähung, aber auch der Bewährungsproben, die mit kräftiger Hilfe und Unterstützung von Politik, Notenbanken und Kollegen bestanden wurden. In jedem Falle gilt: Wer im Rampenlicht steht, darf sich nicht beklagen. Es gibt für alles einen Preis.

Ich wurde einmal gefragt, wieso ich mich zum »Gesicht der Krise« machte. Meine Antwort damals lautete: »Irgendjemand muss es tun und die Sicht der Banken darstellen.« Das hat mir viel Kritik, harte Attacken, Beschimpfungen und Beleidigungen eingebracht. Ja, es gab Momente, da habe ich gedacht: »Das brauche ich wirklich nicht mehr.«

Grundsätzlich bin ich kein emotionaler Typ. Ich zeige meine Gefühle nicht. Das ist mein Naturell. Das hilft dabei, kontroverse Themen nicht sofort auf ideologische Aspekte zu reduzieren, sondern offen und rational nach pragmatischen Ansätzen zu suchen. Bei unfairen Angriffen aus Politik und Medien habe ich die »high road« nie verlassen oder im gleichen Ton zurückgeschlagen. Ich hielt mich an den amerikanischen Grundsatz »When they go low, I go high.« Aber fairerweise muss auch gesagt werden, dass mir freundliche Unterstützung, Zuspruch und sogar tolle Komplimente zuteilwurden. Der ehemalige US-Außenminister Henry Kissinger lobte mich zum Abschied als einen der »brillantesten, innovativsten und scharfsichtigsten europäischen Banker, die auf dem internationalen Finanzmarkt tätig sind«. Das ist schon fast ein Ritterschlag. José Manuel Barroso, ehemaliger Präsident der Europäischen Kommission, betonte meine »zuverlässige Unterstützung«, die der EU geholfen habe, durch die »schwierigen Zeiten« der Finanzkrise zu steuern. Wolfgang Reitzle, Aufsichtsratsvorsitzender der Linde AG, schrieb einmal, man könne sich »auf Josef Ackermann und sein Wort jederzeit verlassen – ohne Wenn und Aber«. Professor Jürgen Strube, Ehrenvorsitzender des Aufsichtsrats der BASF SE, lobte mein »Krisenmanagement« und Unterstützung für Institutionen wie Universitäten oder das Zentrum für Globale Ethik insbesondere bei der Umsetzung des »Leitbilds für verantwortliches Handeln in der Wirtschaft«.

Ex-Bundesbankpräsident Axel Weber, der während der ganzen Finanzkrise an meiner Seite war, hob die »Wertschätzung jenseits des Atlantiks« hervor. Und Bundesminister a.D. Peer Steinbrück lobte mich als »kompetenten und verlässlichen Gesprächspartner« auf dem Höhepunkt der Krise 2008 und fügte hinzu, dass es unserem Verhältnis »nicht geschadet hat«, dass wir »unsere jeweiligen Professionen wechselseitig kritisch betrachtet haben«.

Stardirigent Sir Simon Rattle erwähnte ein Treffen aus dem Jahre 2002, als es um die Beschaffung von Geldern ging. Damals habe er den »glücklichsten und überraschendsten Moment« erlebt. Nach einer halben Stunde hatte ich zu ihm gesagt: »Sie haben jetzt eine wertvolle Stunde damit verbracht, mich um eine relativ geringe Geldsumme zu bitten. Warum erzählen Sie mir nicht von einem großen Traum, den Sie für Berlin haben? Und dann sehen wir, was Sie brauchen, um diesen Traum wahr werden zu lassen.« Sir Simon dazu: »Ich hoffe nur, er hat nicht gesehen, wie ich mich selbst gekniffen habe, weil ich sicher war, das wäre nur ein schöner Tagtraum! Mit einem Schlag hat er all unsere Arbeit in den Bereichen Bildung und Kommunikation möglich gemacht, die uns so sehr am Herzen liegt.«

Als mir das englischsprachige Monatsmagazin *Euromoney* 2009 den *Lifetime Achievement Award* verlieh, notierte die Fachzeitschrift, dass »Ackermann kein Cheerleader (der Branche) ist. Seine Ehrlichkeit bezüglich der Fehler, die gemacht wurden, der Herausforderungen, die es zu bewältigen gilt und die Lektionen, die gelernt werden müssen, verdient höchste Anerkennung.« Ackermann wurde »viele Male für seinen Kurs kritisiert, die Deutsche Bank zu etwas anderem zu machen als dem Hausfinanzierer der Deutschen Industrie«. Doch trotz der Verluste im Jahre 2008 war die Weisheit seiner Strategie für alle sichtbar, als er sich »hartnäckig weigerte, Staatshilfe anzunehmen«. Man kann dies, stellt *Euromoney* fest, »mit dem Abschneiden der anderen deutschen Banken vergleichen, die dabei versagt haben, ihr Geschäftsmodell anzupassen«.

Genug des Eigenlobs. Ich erwähne es nur, um den Eindruck zu vermeiden, ich sei immer nur das Opfer eines permanenten Trommelfeuers aus den Medien oder der Politik gewesen. So war es ganz gewiss nicht.

Sprecher der globalen Finanzindustrie

Political Animal

Während der Finanzkrise und Eurokrise spielte ich im Rahmen des globalen Krisenmanagements eine Doppelrolle: einmal als Repräsentant der Deutschen Bank und einmal als Chef des *International Institute of Finance (IIF)*, des weltweiten Bankenverbands mit rund 450 Mitgliedern aus 60 Staaten.

Meine Doppelrolle beim IIF und der Deutschen Bank bescherte mir jede Menge Kontakte und Begegnungen mit Spitzenpolitikern und Regierungen. Ich hätte allerdings nicht einmal im Traum daran gedacht, dass ich eines Tages aufgrund der dramatischen Ereignisse als ständiger Ratgeber, Verhandlungspartner, Vertrauter und Zeitzeuge auch in eine explizit politische Rolle, etwa als Berater oder Krisenmanager, hineingedrängt werden würde. In gewisser Hinsicht haben mich die Ereignisse seit 9/11 und den nachfolgenden Risiken, Gefahren, Bedrohungen und Krisen nicht nur geprägt, sondern auch zum »political animal« gemacht. Es war WEF-Gründer Professor Klaus Schwab, der mir den Status eines »Business-Statesman« verlieh, der zu den »wenigen Unternehmensführern« gehöre, die »in globalen Zusammenhängen denken«.

Die politische Rolle erfolgte notgedrungen durch die packenden und nervenaufreibenden Umstände. Die Terroranschläge von New York und Washington, der anschließende Krieg gegen den Terror, islamistische Attacken in Europa und anderswo sowie die Finanz- und Schuldenkrise haben »tektonische« Erschütterungen ausgelöst und die Welt verändert. Politik und Wirtschaft sowie alle Teile der Gesellschaft waren betroffen, man denke nur an die verschärften Sicherheitsvorkehrungen an Grenzen und Flughäfen oder an die harten Sparmaßnahmen in Griechenland oder Zypern. Die Grenzen verschwammen und jeder Frontakteur hatte unglaubliche Herausforderungen zu bewältigen.

Die Funktion beim IIF gab mir tiefe, umfassende und fundierte Einblicke in die Bereiche der globalen Regulierung, Risikomanagement sowie in die Bedürfnisse und Herausforderungen für Finanzinstitute auf anderen Kontinenten und wie sich die Parallelwelten von Politik, Finanzwelt, Notenbanken und Aufsichtsgremien überschneiden. Der folgende Exkurs soll dies verdeutlichen.

Führungsrolle beim Weltbankenverband (IIF)

Im Jahr 2003 wurde ich, wie bereits erwähnt, zum Vorsitzenden des Verwaltungsrats des Institute of International Finance (IIF) gewählt, ein Amt, das ich bis Juni 2012 innehatte. Dies war nicht meine erste Begegnung mit dem Weltbankenverband. Zuvor war ich von 1999 bis 2002 stellvertretender Vorsitzender des Verwaltungsrats und Mitvorsitzender mehrerer wichtiger Ausschüsse gewesen, die sich mit der Finanzierung von Schwellenländern sowie der Prävention und Bewältigung von Finanzkrisen befassten.

Meine zehnjährige Amtszeit an der Spitze des IIF fiel in die vielleicht turbulenteste und schwierigste Zeit seit der Großen Depression in den 1930er-Jahren, sowohl für die Finanzinstitute als auch für die nationalen Regierungen, insbesondere in den Vereinigten Staaten und Europa. Die Finanzkrise von 2007 bis 2009 und die darauffolgende Staatsschuldenkrise im Euroraum in den Jahren 2010 bis 2013 sind uns noch in guter Erinnerung, sowohl was ihre Entstehung als auch ihre Bewältigung betrifft.

Ebenso frisch im Gedächtnis sind die Narben, die diese Krisen vor allem in Europa hinterlassen haben. Die Debatten über die Ursachen und Angemessenheit der politischen Hilfsmaßnahmen, sowohl über Geschwindigkeit und Intensität als auch – ich wage zu behaupten – über Zweckmäßigkeit oder Ausmaß sind noch nicht abgeschlossen.

Finanz- und Eurokrise haben die Bedeutung des IIF als wichtigster globaler Verband der Finanzindustrie, als deren Vertreter und als verlässlicher Partner bei der Zusammenarbeit mit dem öffentlichen Sektor und den nationalen sowie globalen Regulierungsbehörden bei der Suche nach angemessenen politischen Antworten erhöht. In meiner neuen Funktion als Sprecher der globalen Finanzindustrie war dies für mich natürlich sowohl eine Chance als auch eine Herausforderung.

Während meiner Dekade an der Spitze des IIF beherrschten die Finanzarchitektur zur Lösung von Staatsschuldenkrisen, die Regulierungsvereinbarungen über die Eigenkapitalausstattung und das Risikomanagement von Finanzinstituten die öffentliche Debatte und die Interaktionen zwischen dem öffentlichen Sektor und der privaten Finanzindustrie.

Das Institute of International Finance wurde im Mai 1982 auf einem zweitägigen vertraulichen Treffen in der kleinen Bibliothek von Ditchley Park in der englischen Grafschaft Oxfordshire, von 38 hochrangigen Teilnehmern aus der Finanzindustrie angeregt. Eile tat not, weil die Staatsschuldenkrise von Mexiko nach Brasilien überschwappte.

Die Sorge über Ansteckungseffekte der Staatsschuldenkrise in Mexiko auf andere lateinamerikanische Länder war berechtigt. Das Recycling der in den 1970er- und frühen 1980er-Jahren angehäuften Milliardenbeträge an Petrodollars durch die großen US-amerikanischen und europäischen Geschäftsbanken hatte zu einer erheblichen Ausweitung der Bankkredite an die Regierungen der lateinamerikanischen Länder geführt. Aufgrund des damals vorherrschenden Klimas der Geheimhaltung von Finanzströmen und der Wirtschaftsleistung im Allgemeinen waren jedoch kaum Informationen über Kreditvolumina einzelner Institute beziehungsweise über gesamte Kreditaufnahmen und ausstehende Schulden der Empfängerländer vorhanden. Ebenso wenig gab es öffentlich zugängliche Daten über die Gesamtbelastung durch den Schuldendienst oder Bewertungen der Fähigkeit der kreditnehmenden Länder, ihren Verpflichtungen nachzukommen. So stellte sich erst später heraus, dass die 13 größten US-Banken an fünf lateinamerikanische Staaten Kredite in Höhe von 58 Milliarden USD vergeben hatten, was 158 Prozent des Eigenkapitals entsprach. Genauso wenig bekannt war die Höhe der Belastungen bei den Rückzahlungen oder die Zahlungsfähigkeit der Länder.

Das IIF wurde offiziell 1983 gegründet und richtete sein Büro in Washington, D. C. ein, direkt gegenüber dem Internationalen Währungsfonds, der wichtigsten multilateralen Institution für offizielle Kredite an bedürftige Mitgliedsländer. Die Hauptaufgabe des IIF bestand darin, diese besagten Informationslücken zu schließen und seinen Mitgliedern eine Einschätzung der Wirtschaftsleistung, der Entwicklung der Staatsverschuldung und der Schuldendienstrisiken für die damals wichtigsten Kreditnehmer unter den Schwellenländern zur Verfügung zu stellen.

Seitdem hat das IIF einen langen Weg zurückgelegt. Aus einer relativ obskuren Institution ist es in den intensiven Krisenjahren 2007 bis 2012 zu großer Bekanntheit, Einfluss und Prestige gelangt. Die Zahl der Mitglieder des IIF wuchs ständig, von anfänglich 42 Geschäftsbanken auf mehrere hundert. Bei meinem Amtsantritt waren es bereits 360 Institutionen, bei meinem Ausscheiden, trotz der starken Konsolidierung der Branche, sogar 450 Firmen, die in mehr als sechzig Ländern tätig waren. Auch die Art der IIF-Mitgliedschaft änderte sich im Laufe der Zeit und spiegelte den Wandel in der Finanzbranche wider. Die Zugehörigkeit im IIF wurde erweitert und umfasst nun nicht nur große Geschäftsbanken weltweit, sondern auch kleinere Banken, Versicherungsgesellschaften, Vermögensverwalter, große Investmentbanken, spezialisierte Anwaltskanzleien, Private-Equity-Firmen sowie multilaterale Finanzinstitute und Entwicklungsbanken.

Vier Faktoren haben dazu beigetragen, dass sich die Rolle des IIF gewandelt hat.

Der erste Faktor ist die sich verändernde Struktur der Finanzindustrie und der Finanzinstrumente sowie des wirtschaftlichen und politischen Umfelds, in dem sie operieren. Die Kreditvergabe an Regierungen in Schwellenländern verlagerte sich von bilateralen Bankkrediten zu Konsortialkrediten und zur Emission von Anleihen in Fremd- und Landeswährungen.

Die Aufhebung von Handelsbeschränkungen förderte den internationalen Handel und die Handelsfinanzierung, während die schrittweise Liberalisierung des Kapitalverkehrs nicht nur die ausländischen Direktinvestitionen, sondern auch die kurzfristigen Kapitalströme sowie die Aktien- und Portfolioinvestitionen ankurbelte. Der Fall des Eisernen Vorhangs eröffnete auch in Osteuropa neue Chancen.

Der zweite Faktor spiegelte die Notwendigkeit wider, dass der öffentliche Sektor diese Krisen bewältigen musste. Besonders heikel war die Einbeziehung des privaten Sektors bei der Bereitstellung weiterer oder neuer Finanzmittel und die Schaffung einer neuen Finanzarchitektur zur Bewältigung von Staatsschuldenkrisen. Die wachsende Rolle der Finanzinstitute auf globaler Ebene erforderte auch die Einführung oder Anpassung von Mindeststandards für Eigenkapitalanforderungen, um die Finanzstabilität zu gewährleisten.

Die politischen Entscheidungsträger der großen Länder und die multilateralen Kreditgeber hielten es zunehmend für notwendig, Kommentare und Vorschläge der Finanzinstitute in ihren Ländern und anderswo informell auszuloten und einzuholen. Das IIF verfügte zu diesem Zweck über eine einzigartige Position. Durch regelmäßige Veranstaltungen, an denen leitende Angestellte und Manager der IIF-Mitglieder sowie hochrangige Beamte teilnahmen, bot es eine wichtige Plattform für persönliche Interaktion und Koordination. Die IIF-Arbeitsgruppen lieferten fundiertes Fachwissen und praktische Kenntnisse, während die hochrangigen IIF-Ausschüsse die Führungskräfte großer Banken und anderer Finanzinstitute für die politischen Entscheidungsträger zugänglich machten.

Der dritte Faktor war das breite Spektrum an Vorteilen, welches das IIF selbst seinen aktuellen und potenziellen Mitgliedern bieten konnte. Durch seine analytischen Berichte und regelmäßigen Veranstaltungen zu aktuellen Entwicklungen wurde das IIF zu einem unvergleichlichen Forum, in dem sich Finanzinstitute aus fortgeschrittenen und aufstrebenden Märkten gleichermaßen treffen und austauschen konnten. Dieser Dialog ermöglichte es den IIF-Mitgliedern, voneinander zu lernen und ihr Fachwissen sowohl auf regionaler als auch auf globaler Ebene zu bündeln. Außerdem half es, bei Kontakten mit politischen Entscheidungsträgern und Regulierungsbehörden sachkundige Positionen zu beziehen.

Der letzte Faktor war eindeutig die dynamische Führung durch den langjährigen geschäftsführenden Direktor des IIF, Charles Dallara. Dallara war von 1993 bis 2013 in dieser Funktion tätig. Die Wahl fiel auf ihn aufgrund seiner umfangreichen Fachkenntnisse und Erfahrungen als politischer Entscheidungsträger im US-Finanzministerium, insbesondere wegen seiner Beteiligung an der Entwicklung und Umsetzung des Brady-Plans zur Lösung der Staatsschuldenkrisen in den späten 1980er- und frühen 1990er-Jahren.

Zu Beginn seiner Tätigkeit beim IIF erkannte Charles die Notwendigkeit und Vorteile eines verstärkten Dialogs zwischen dem öffentlichen und dem privaten Sektor und die Rolle, die das IIF als Brücke zwischen den beiden Sektoren spielen könnte. Er beschloss eine neue Strategie für das IIF, die »drei Beine eines Hockers«, die über die traditionelle analytische Arbeit zu den Schwellenländern hinausging und auch die politische Arbeit zu globalen Regulierungs- und Bankfragen sowie die Zusammenarbeit der Finanzwelt mit der G7-Gruppe und den multilateralen Finanzinstitutionen umfasste. Dieser dreigleisige Ansatz wurde während meiner Amtszeit weiter ausgebaut und vertieft. Charles und ich haben vor allem in den Krisenjahren sehr eng zusammengearbeitet und sind gute Freunde geworden. Wir haben sogar in der Schweiz Ferienhäuser nebeneinander.

Vor diesem Hintergrund bestand meine erste Aufgabe als IIF-Vorsitzender darin, die Rolle des Verbands zu stärken. Darüber hinaus habe ich die Expansion des IIF-Verwaltungsrats und die Beteiligung der wichtigsten Finanzunternehmen auf globaler und regionaler Ebene an diesem Gremium (auf der höchstmöglichen Ebene, zum Beispiel als Chairman oder CEO) gefördert. Letztendlich haben wir einen IIF-Verwaltungsrat mit 36 Mitgliedern zusammengestellt, der eine prestigeträchtige Zusammensetzung aufwies und den Großteil der Finanztransaktionen und Finanzanlagen auf globaler Ebene repräsentierte. Dies hat das Ansehen, die Glaubwürdigkeit und den Einfluss des IIF enorm gesteigert, wie die Interaktionen des IIF mit dem Financial Stability Board und dem Basler Ausschuss für Bankenaufsicht nach der großen Finanzkrise sowie die Finanzierungszusagen für Griechenland gegenüber den Staatsoberhäuptern der Eurozone im Juli 2011 gezeigt haben.

Eine weitere Priorität lag auf der Annahme und Herausgabe einer ehrgeizigeren Agenda. In der neuen Erklärung verpflichtete sich das IIF, die Finanzindustrie bei einem umsichtigen Risikomanagement zu unterstützen, bewährte Praktiken zu entwickeln und für eine Regulierungs-, Finanz- und Wirtschaftspolitik einzutreten, die im umfassenden Interesse der IIF-Mitglieder liegt und die Finanzstabilität fördert.

Unter den wichtigsten und weltweit folgenreichsten Aktivitäten, mit denen sich das IIF während meiner zehnjährigen Amtszeit befasst hat, stechen vier Themen hervor:

- erstens die Verbesserung der Finanzarchitektur für die Umstrukturierung von Staatsschulden und die Krisenprävention;

- zweitens die verstärkte Zusammenarbeit und der Dialog mit den globalen Regulierungsbehörden bei der Verbesserung des regulatorischen Rahmens, der zu *Basel II* und *Basel III* führte;
- drittens die Selbsteinschätzung der Finanzindustrie bezüglich der Lehren aus der großen Finanzkrise und der wünschenswerten Best Practices für die Zukunft;
- und viertens der Dialog mit den Behörden des Euroraums bei der Einführung geeigneter neuer Krisenbewältigungsinstrumente im Zusammenhang mit der Staatsschuldenkrise im Euroraum und die damit verbundene intensive Beteiligung des IIF an den Verhandlungen über die beispiellose Umstrukturierung der griechischen Staatsschulden in den Jahren 2011 und 2012.

Die Finanzkrisen in Mexiko und Asien in den 1990er-Jahren führten zu einer erneuten Debatte über die Beteiligung des Privatsektors an der Lastenteilung bei der Umstrukturierung von Staatsschulden. Anders als in den 1980er-Jahren unterschieden sich die Ansichten des öffentlichen Sektors diesmal deutlich von denen der privaten Gläubigergemeinschaft. Nach einigen Jahren pointierten Austauschs näherten sich die Ansichten jedoch 2004 einem kooperativen und marktorientierten Rahmen an, den der Privatsektor seit langem befürwortet und gefordert hatte und der in den »Principles for Stable Capital Flows and Fair Debt Restructuring« zusammengefasst ist.

Die Grundsätze stellen einen freiwilligen Verhaltenskodex für staatliche Kreditnehmer und ihre privaten Gläubiger dar. Sie enthalten Leitlinien sowohl für die Krisenprävention als auch für die Krisenbewältigung mit dem Schwerpunkt auf Datentransparenz und Beziehungen zu Investoren.

Als Reaktion auf die Finanzkrisen der 1990er-Jahre sah sich das IIF veranlasst, einen stärkeren Ansatz für einen freiwilligen und kooperativen Rahmen zur Krisenprävention und -bewältigung zu befürworten. Dieser Ansatz wurde von einem 1998 eingerichteten hochrangigen IIF-Lenkungsausschuss, dessen Vorsitz ich gemeinsam mit Bill Rhodes, einem Veteranen der Schuldenrestrukturierung und einem der Gründerväter des IIF innehatte, unterstützt und vorangetrieben. In seinen Arbeitsgruppen schlug der Ausschuss mehrere Maßnahmen zur Stärkung der Datentransparenz, zur Verbesserung der Beziehungen zu den Investoren, zum politischen Dialog und zu kooperativen Prozessen vor.

Im Gegensatz dazu setzte sich der offizielle Sektor über die G10-Gruppe und den IWF für weniger kooperative Ansätze und unilaterale von oben nach unten durchgeführte Umschuldungen ein. Dieser Ansatz wurde zum Teil mit der angeblichen Rettung privater Gläubiger in der mexikanischen Krise und ihre sehr begrenzte Lastenteilung in der asiatischen Krise begründet. Allerdings wurde anerkannt, dass das Engagement der asiatischen Länder gegenüber privaten Gläubigern sehr bescheiden war und sich die Verpflichtungen auf viele Banken, institutionelle Anleger und andere Gläubiger verteilten.

Die unterschiedlichen Ansätze erreichten 2001 ihren Höhepunkt, als Anne O. Krueger, die damalige Erste Stellvertretende Geschäftsführende Direktorin des IWF, mit Unterstützung des damaligen US-Finanzministers Paul O'Neal die Einrichtung eines Mechanismus zur Umstrukturierung von Staatsschulden (SDRM) vorschlug. Der SDRM sollte vom Internationalen Währungsfonds verwaltet werden und die Befugnis erhalten, alleinige Entscheidungen über den erforderlichen Umfang und die Bedingungen eines Beitrags privater Gläubiger zu einer

Umschuldung zu treffen. Dieser Mechanismus sollte die Lücke schließen, die bei den internationalen Insolvenzverfahren für Staatsschulden und den Schuldnerschutzmechanismen klaffte.

Außerdem sollten die Entscheidungen beschleunigt sowie Objektivität und Fairness gewährleistet werden, indem man sich auf den Rat von Experten stützte und alle Gläubiger umfassend einbezog.

Natürlich wurde der SDRM-Vorschlag heftig abgelehnt, nicht nur vom IIF und anderen privaten Gläubiger- und Handelsorganisationen, sondern auch von mehreren großen Gläubigern aus Schwellenländern (vor allem Mexiko und Brasilien), und zwar sowohl innerhalb als auch außerhalb des IWF-Exekutivdirektoriums. Ein solcher Mechanismus würde nicht nur die gesetzlichen Rechte privater Investoren ohne deren Konsultation oder Zustimmung außer Kraft setzen, sondern auch die Risiken und Renditen für künftige Neuemissionen von Staatsanleihen auf den Kapitalmärkten erhöhen. Darüber hinaus gab es kein einfaches oder zeitnahes Verfahren zur Umsetzung einer solchen Regelung in die nationale Gesetzgebung des Emissionslandes oder in das Vertragswerk, auf dem die meisten internationalen Anleiheemissionen basieren. Der IWF versuchte, einige der Schwachstellen zu beseitigen, doch der SDRM-Vorschlag blieb höchst umstritten.

Die scheinbare Sackgasse wurde im September 2002 von Jean-Claude Trichet, dem damaligen Präsidenten der *Banque de France*, durchbrochen, der die Idee eines informellen, freiwilligen und kooperativen Verhaltenskodex vorschlug, der sowohl vom öffentlichen Sektor als auch von privaten Gläubigern angenommen werden sollte. Diese Idee wurde stark von der Arbeit des IIF beeinflusst und führte 2003 zu einer Vereinbarung über die

Grundsätze für stabile Kapitalflüsse und faire Schuldenrestrukturierung in Schwellenländern.

Sehr wichtig in diesem Zusammenhang war auch die Positionsänderung der USA. Der neue US-Finanzminister John W. Snow, der Paul O'Neal im Februar 2003 ablöste, vertrat den Standpunkt, dass der SDRM-Vorschlag weder notwendig noch durchführbar sei. Der IWF selbst rückte schnell von diesem Vorschlag ab und verfolgte stattdessen einen freiwilligen, kooperativen Ansatz, der auf der Einbeziehung der sogenannten »Collective Action Clauses (CACs)« in allen Neuemissionen von Staatsanleihen beruhte. Sie ermöglichten einer Mehrheit der Anleihegläubiger, über eine Anleiherestrukturierung zu entscheiden. Mexiko war in der Tat das erste Land, das im Februar 2003 erfolgreich CACs in seine Neuemissionen von Staatsanleihen einführte, ohne einen befürchteten Renditeaufschlag hinnehmen zu müssen. Die Grundsätze wurden schließlich im November 2004 von der G20-Ministertagung in Berlin formell gebilligt.

Die Verabschiedung der Grundsätze stellte einen wichtigen Meilenstein in der internationalen Finanzarchitektur dar. Da es sich jedoch um einen freiwilligen Verhaltenskodex für Gläubiger und Kreditnehmer handelte, mussten sie im Zuge der notwendigen Umstrukturierung von Staatsschulden unter den sich verändernden wirtschaftlichen Bedingungen getestet werden. Die Bedeutung der Grundsätze wurde während der Staatsschuldenkrise in der Eurozone im Rahmen des politischen Dialogs des IIF mit den Behörden der Eurozone und der Beteiligung des IIF an der Umstrukturierung der griechischen Staatsschulden deutlich.

Beamte der Europäischen Kommission luden Ende 2010 und Anfang 2011 Experten des IIF ein, um die besten Verfahren für die Modalitäten der Beteiligung des

Privatsektors zu erläutern, die zu diesem Zeitpunkt als integraler Bestandteil jeder künftigen öffentlichen Finanzhilfe des Euroraums für Mitgliedstaaten, die sich in einer Schuldenkrise befinden, in Betracht gezogen wurden. Diese Modalitäten hat man in den Europäischen Stabilitätsmechanismus aufgenommen.

In ähnlicher Weise wurde das IIF als Hüter der Grundsätze von den griechischen Behörden und den größten griechischen Geschäftsbanken Ende 2010 und Anfang 2011 (bevor das griechische Finanzprogramm aus dem Ruder lief) aufgefordert, Unterstützung bei der Verbesserung der Beziehungen zu Investoren zu leisten. In diesem Zusammenhang organisierte das IIF drei Roadshows für die griechischen Behörden, um aktuelle und potenzielle Anleiheinvestoren in London, Paris und Frankfurt zu treffen. Trotz einiger vorübergehender Versuche des IWF, auf eine diktierte Umschuldung zu drängen, stand die letztendliche Umstrukturierung der griechischen Staatsanleihen voll und ganz im Einklang mit den Grundsätzen und beruhte auf einer freiwilligen Verhandlungsvereinbarung, der alle Gläubiger zustimmten.

Nach der Umschuldung Griechenlands wurden die Grundsätze 2013 teilweise geändert, um einige der daraus gezogenen Lehren einzubeziehen. Darüber hinaus wurde 2014 zwischen ausgewählten politischen Entscheidungsträgern, dem Internationalen Währungsfonds, dem Institute of International Finance und der International Capital Markets Association eine Einigung über eine Modellklausel für Sammelklagen erzielt. Diese Sammelklausel (Modell) gilt für alle Anleiheemissionen und ergänzt die Sammelklageklauseln für einzelne Anleiheserien. Sie soll das Auftreten von Hold-out-Gläubigern minimieren und wünschenswerte Umstrukturierungen von Staatsschulden erleichtern.

Diese Vereinbarung enthielt auch verschärfte Bestimmungen für die Weitergabe von Informationen durch den IWF über die Aussichten der Schuldentragfähigkeit eines Landes sowie Leitlinien für die Bildung repräsentativer Gläubigerausschüsse. Zehn Jahre später wurde dieser verbesserte Rahmen in den jüngsten Fällen von Anleiherestrukturierungen erfolgreich angewandt. Ironischerweise sind die gemeldeten aktuellen Umschuldungsschwierigkeiten auf Meinungsverschiedenheiten zwischen offiziellen und nicht privaten Gläubigern zurückzuführen, insbesondere auf das Zögern Chinas, sich den offiziellen Gläubigern, den Mitgliedern des Pariser Clubs, anzuschließen und bestimmten Entwicklungs- und Schwellenländern (wie Sambia, Tschad und Sri Lanka) Schuldenerleichterungen zu gewähren.

China ist mit seiner exzessiven Kreditvergabe zu undurchsichtigen Bedingungen im Rahmen seiner Neuen-Seidenstraße-Initiative aktuell für etwa die Hälfte der ausstehenden Staatsschulden vieler armer Länder verantwortlich. Die Zurückhaltung Chinas und sein angebliches Beharren auf der Beteiligung multilateraler Organisationen an der Schuldenerleichterung blockieren im Wesentlichen jede neue Programmfinanzierung durch den IWF. Dies wird von der Zeitschrift *Economist* als die derzeit größte Herausforderung für die Führung des IWF angesehen.

Rückblickend bin ich der Meinung, dass die Festlegung informeller Regeln zur Krisenprävention und -bewältigung bei Staatsanleihen und die Rolle der privaten Gläubiger im Kontext eines freiwilligen, marktbasierten Vertragsrahmens eine dauerhafte Errungenschaft auch für staatliche Kreditnehmer sind.

Dieses Ergebnis fand ich sehr erfreulich. Von Anfang an ging es mir darum, die Eigentumsrechte der Investoren zu schützen. Privatanleger mögen es nie, wenn ihnen die Bedingungen für die Umstrukturierung von Anleihen ohne ihre Zustimmung diktiert werden. Stattdessen würden sie höchstwahrscheinlich einer Umstrukturierung von Anleihen zustimmen, wenn sie davon überzeugt wären, dass dies durch Informationsaustausch und Dialog mit dem Emissionsland und seinen offiziellen Gläubigern in ihrem eigenen Interesse sei. Die gelegentliche Tendenz des IWF, einseitig auferlegte Umschuldungslösungen zu bevorzugen, ähnelt eher einem wohlwollenden Diktator, der es am besten weiß, aber etwas kurzsichtig ist und keine Geduld für lange Diskussionen oder für die gemeinsame Entscheidungsfindung hat. Eine solche Tendenz ist natürlich in der Praxis nicht hilfreich, da sie die Interessen sowohl der Kreditnehmer als auch der Investoren langfristig untergräbt und die Aussichten der betroffenen Länder beeinträchtigt, wieder Zugang zur Kapitalmarktfinanzierung zu erlangen und zu behalten.

Das zweite wichtige Thema, das meine Amtszeit im IIF-Verwaltungsrat beherrschte, war die Zusammenarbeit mit den globalen Finanzregulierungs- und -aufsichtsbehörden, sowohl vor als auch insbesondere nach der globalen Finanzkrise 2007 bis 2009. Davor hatten diese Behörden große Mühe mit dem sich rasant verändernden Finanzsektor Schritt zu halten. Das Verständnis und der effektive Umgang mit Innovationen im Finanzsektor bei Finanzinstrumenten, Verbriefungsoptionen und Risikomanagementpraktiken sowie die Komplexität und Undurchsichtigkeit von Finanzprodukten und Verflechtungen über geografische Gebiete und Rechtsordnungen hinweg waren und sind immer noch große Herausforderungen für die Regulierungsbehörden.

Das IIF ist seit Anfang der 1990er-Jahre in den Mittelpunkt der Debatte gerückt, nicht zuletzt deshalb, weil das

Interesse der IIF-Mitglieder an den sich entwickelnden aufsichtsrechtlichen Rahmenbedingungen immer größer wurde. Der Weltbankenverband spielte eine zunehmend proaktive Rolle bei der Bewertung von Entwicklungen, der Unterstützung und Analyse von Regulierungsoptionen und schließlich bei der Aufnahme enger Konsultationen und der Zusammenarbeit mit den globalen Regulierungsbehörden.

Der wichtigste Gesprächspartner des IIF bei diesen Diskussionen ist der *Basler Ausschuss für Bankenaufsicht*, ein Forum, dem zunächst die G10-Staaten und seit 2009 die offiziellen nationalen Regulierungsbehörden der G20-Staaten angehören; sie vertreten 45 Institutionen aus 28 Ländern. Das Sekretariat des Ausschusses ist bei der in Basel ansässigen Bank für Internationalen Zahlungsausgleich angesiedelt, die im Wesentlichen als Zentralbank der Zentralbanken fungiert. Im Laufe der Zeit hat der IIF jedoch auch mit anderen wichtigen Behörden zusammengearbeitet, wie dem Financial Stability Board und den Aufsichtsbehörden für das Versicherungs- und Rechnungswesen.

Die Analysen und Empfehlungen des IIF zu aufsichtsrechtlichen Fragen beruhen traditionell auf der detaillierten Arbeit von Experten aus den Mitgliedsinstituten, die in mehreren Arbeitsgruppen organisiert sind und einem hochrangigen Lenkungsausschuss für Kapitaladäquanz und andere aufsichtsrechtliche Fragen Bericht erstatten.

Dieser Prozess fördert im Wesentlichen die Konsensbildung unter den teilnehmenden IIF-Mitgliedern. Darüber hinaus sorgen Vorschläge und Initiativen sowie die Überwachung dieses Prozesses durch den IIF-Verwaltungsrat für zusätzliche Glaubwürdigkeit. Die Zustimmung des Verwaltungsrats zu allen IIF-Empfehlungen signalisiert die Unterstützung der wichtigsten im Verwaltungsrat vertretenen Institute für die vorgetragenen Positionen und Empfehlungen.

Der Basler Ausschuss legt weltweit Mindeststandards für den Bankensektor fest, hat aber keine Durchsetzungsbefugnis. Um wirksam zu sein, müssen diese Regeln von den nationalen Behörden verabschiedet werden, die auch die Basler Anforderungen ergänzen dürfen. Der erste Standard des Basler Ausschusses, die Basler Eigenkapitalvereinbarung (oder *Basel I*), wurde 1988 veröffentlicht und 1992 in den G10-Ländern gesetzlich verankert. Basel I deckte die Eigenkapitalanforderungen für das Kreditrisiko ab und wurde 1996, um auch das Marktrisiko zu berücksichtigen, erweitert und zwar entweder durch einen standardisierten Ansatz oder durch Bewertungen auf der Grundlage interner Risikomodelle (Value-at-Risk-Modelle) durch anspruchsvollere Banken, die strengen qualitativen und quantitativen Standards unterlagen. Das IIF trug zu dieser Änderung von Basel I bei. Parallel dazu gab der Basler Ausschuss 1997 seine Grundprinzipien für eine wirksame Bankenaufsicht heraus, die als Leitlinien für die Bankenaufsicht in allen Ländern dienen können.

Im Jahr 1998 war die Eigenkapitalvereinbarung Basel I überholt. Damals war man allgemein der Ansicht, dass ihr einheitlicher Ansatz für die Eigenkapitalanforderungen nicht mit den fortschrittlicheren Risikomessverfahren und den Marktinnovationen Schritt halten konnte. Insbesondere die begrenzte Differenzierung zwischen den Risikograden führte dazu, dass die berechneten Eigenkapitalquoten wenig aussagekräftig oder sogar irreführend waren. Darüber hinaus schuf sie Anreize für Banken, das System durch regulatorische Arbitrage, einschließlich der Verbriefung von Forderungen, zu »umgehen«.

Vor diesem Hintergrund leitete der Basler Ausschuss im Zeitraum von Juni 1999 bis Juni 2004 Konsultationen und Diskussionen mit interessierten Parteien über einen neuen Basler Standard, Basel II, ein. Die Konsultationen mit dem Bankensektor, vertreten durch das IIF, waren besonders umfangreich und detailliert, insbesondere was die Methodik und die Flexibilität bei der Berechnung der Eigenkapitalanforderungen für hochentwickelte Banken mit fortgeschrittenen internen Fähigkeiten zur Risikomessung und -bewertung betraf.

Die im Juni 2004 angekündigte endgültige Rahmenvereinbarung Basel II löste Basel I ab und basierte auf drei Säulen. Säule I legte die Mindest-Eigenkapitalanforderungen fest, die sich von den vereinfachenden Regeln von Basel I entfernten und Flexibilität bei der Berechnung sowohl des Kredit- als auch des Marktrisikos von Bankaktiva ermöglichten, und zwar entweder durch einen standardisierten Ansatz oder durch die Möglichkeit, sich bei größeren Finanzinstituten auf interne Bewertungsmodelle zu stützen. Außerdem wurden explizite Kapitalanforderungen für das operationelle Risiko eingeführt, ebenfalls mit einigen flexiblen Optionen. Säule II sah eine Überprüfung und Bewertung der angemessenen Ausstattung von Eigenmitteln (Kapitaladäquanz) und der internen Risikobewertungsverfahren eines Instituts vor. Säule III schließlich widmete sich der Offenlegung von Schlüsselinformationen über Bankaktivitäten, um die Marktdisziplin zu stärken und solide Bankpraktiken zu fördern.

Der Beitrag des IIF zur neuen Basler Eigenkapitalvereinbarung während der vierjährigen Vorbereitungszeit war ziemlich umfangreich und komplex. Er basierte auf den übereinstimmenden Ansichten der IIF-Mitglieder, die von fünf verschiedenen Arbeitsgruppen unter der Aufsicht des IIF-Lenkungsausschusses für Kapitaladäquanz und der Aufsicht des IIF-Verwaltungsrats formuliert worden waren. Die Beiträge des IIF umfassten eine detaillierte Analyse der bestehenden internen Risikobewertungsmodelle seiner Mitglieder sowie quantitative Folgenabschätzungen zu den wahrscheinlichen Auswirkungen der neuen Vorschriften.

In meiner Funktion als Vorsitzender des Verwaltungsrats habe ich in öffentlichen Erklärungen mehrfach betont, dass die Beiträge des IIF dazu beigetragen haben, die neuen Eigenkapitalvorschriften besser an die internen Risikomanagementpraktiken und die Realitäten der Finanzbranche anzupassen. Gleichzeitig betonte das IIF in öffentlichen Erklärungen die entscheidende Bedeutung einer effektiven Annahme und Umsetzung der Basel-II-Anforderungen durch alle wichtigen Länder bis zum Stichtag im Januar 2008, um gleiche Wettbewerbsbedingungen zu gewährleisten. Diese Bedenken wurden vor allem durch die Entscheidung der US-Regulierungsbehörden ausgelöst, die Einführung von Basel II um ein Jahr zu verschieben, um den kleinen Banken in den USA mehr Zeit für die Anpassung zu geben – eine sehr kritische Lücke, wie sich herausstellte.

Kleinere US-Banken (praktisch alle Banken mit Ausnahme der 20 größten US-Banken) hatten Bedenken geäußert, dass Basel II ihnen hohe Umsetzungskosten auferlegen und sie im Wettbewerb benachteiligen würde. Ergänzend zu seiner Arbeit an Basel II gab das IIF über seine Ausschüsse im Jahr 2006 Empfehlungen zur Verbesserung der Unternehmensführung und im März 2007 zum Liquiditätsmanagement heraus.

Der Ausbruch der weltweiten Finanzkrise 2007 bis 2009 war für alle ein großer Schock und für die Finanzindustrie, gelinde gesagt, eine Blamage. Die Art der Krise und insbesondere der Zusammenbruch des Subprime-

Hypothekenmarktes in den USA und die Exzesse bei verbrieften Finanzinstrumenten führten zu der schnellen Erkenntnis, dass Basel II sein beabsichtigtes Ziel, das Risikomanagement zu verbessern und eine angemessene Kapitalausstattung der Banken sicherzustellen, verfehlt hatte.

Wie die BIZ selbst auf ihrer Webseite feststellt, war die Notwendigkeit einer grundlegenden Stärkung des Basel-II-Rahmens bereits vor dem Zusammenbruch von Lehman Brothers im September 2008 deutlich geworden. Die BIZ weist darauf hin, dass der Bankensektor mit einer zu hohen Verschuldung und unzureichenden Liquiditätspuffern in die Finanzkrise geraten war. Diese Schwächen gingen einher mit einer teils schlechten Unternehmensführung und einem unzureichenden Risikomanagement sowie unangemessenen Anreizstrukturen für das Management der Banken. Die gefährliche Kombination dieser Faktoren zeigte sich in der falschen Bewertung von Kredit- und Liquiditätsrisiken und einer übermäßigen Kreditexpansion.

Innerhalb des IIF war ich – mit voller Unterstützung meiner Kollegen im Verwaltungsrat – der festen Überzeugung, dass sich die Finanzindustrie ihrer Verantwortung stellen, ihre Fehler erkennen und frühzeitig entscheidende Korrekturmaßnahmen ergreifen muss. Zu diesem Zweck richtete der Verwaltungsrat schon bald nach den ersten Anzeichen der Finanzkrise Mitte 2007 einen Sonderausschuss für bewährte Marktpraktiken ein, der den klaren Auftrag erhielt, Schwachstellen an den Märkten und in den Risikomanagementpraktiken zu ermitteln, Lehren aus den gemachten Fehlern zu ziehen und Empfehlungen für geeignete bewährte Praktiken zu erarbeiten.

Ich habe die Ergebnisse und Empfehlungen des Ausschusses am 17. Juli 2008, zwei Monate vor dem Zusammenbruch von Lehman Brothers am 15. September 2008, bei einem Auftritt im National Press Club in Washington, D.C. vorgestellt. Wie später auch von der BIZ und anderen hervorgehoben wurde, zählte der Ausschuss folgende Schwachstellen auf:

- eine Verschlechterung der Kreditvergabestandards einiger Kreditgeber;
- eine Verschlechterung der Underwriting-Standards, insbesondere bei strukturierten Kreditprodukten;
- schlechtes Liquiditäts- und Kreditrisikomanagement bei den Käufern von verbrieften Produkten;
- schlechte interne Führungs- und Risikomanagementstrukturen;
- ungenaue Risikobewertung von strukturierten Finanzprodukten und von aggregierten Risiken über alle Produkte hinweg;
- und verzerrte Vergütungsanreize für das Management, die sich in unangemessener Weise auf die kurzfristige Leistung konzentrierten und die Schwachstellen verstärkten, die zur Krise beitrugen.

Die Empfehlungen des Ausschusses waren recht breit gefächert und forderten unter anderem verstärkte interne Strukturen zur Verbesserung der Unternehmensführung und des umfassenden Risikomanagements, ein verändertes Liquiditätsmanagement, vernünftige Vergütungsstrukturen, die die Belohnungen des Managements mit den langfristigen Interessen des Unternehmens und der Aktionäre in Einklang bringen, sowie mehr Transparenz. Die Schlussfolgerungen des Ausschusses wurden an alle IIF-Mitglieder weitergegeben, wobei auch Aufsichtsbehörden und andere interessierte Kreise einbezogen wurden. Der Verwaltungsrat richtete einen speziellen Umsetzungsausschuss ein, der jährlich die Fortschritte bei der Übernahme und Einhaltung der Best Practices durch die IIF-Mitglieder überprüfte.

Parallel dazu ergriffen der öffentliche Sektor, die nationalen Regulierungsbehörden und die Finanzindustrie im Rahmen der allgemeinen Bemühungen zur Bewältigung der Finanzkrise rasch geeignete Korrekturmaßnahmen zur Verbesserung des Rechtsrahmens. Ursprünglich konzentrierten sich diese Bemühungen in den Jahren 2008 und 2009 auf die Notwendigkeit einer rechtzeitigen und einheitlichen Umsetzung von Basel II. Nach erneuten intensiven Konsultationen mit interessierten Parteien, einschließlich des IIF, hat der Basler Ausschuss jedoch rasch gehandelt und bis Dezember 2010 eine Reihe neuer Vorschriften, bekannt als Basel III, erlassen.

Die globale Agenda für die Regulierungsreform wurde über die Kernelemente der Stärkung der Kapital- und Liquiditätsstandards hinaus erweitert. So befasste sich beispielsweise das Financial Stability Board mit Fragen der Vergütung von Bankmanagern sowie der Sanierung und Abwicklung systemrelevanter Finanzinstitute. Das Dodd-Frank-Gesetz in den USA befasste sich mit Fragen der übermäßigen Risikobereitschaft und des Verbraucherschutzes. Im Rahmen dieser Diskussionen reagierte das IIF konstruktiv auf formelle Konsultationsanfragen und gab auf eigene Initiative Berichte mit Empfehlungen zu einem breiten Spektrum von Regulierungsfragen heraus, unter anderem zur Abwicklung gescheiterter Finanzunternehmen, zur Perspektive der Finanzindustrie für eine wirksame Aufsicht und zum Schattenbankwesen.

Das IIF hatte auch Berichte veröffentlicht, in denen die potenziellen wirtschaftlichen Auswirkungen der vorgeschlagenen Basel-III-Reformen für die USA, die Eurozone und Japan bewertet wurden. In diesen Berichten unterstrich der Verband, dass es wünschenswert sei, die Umsetzung der vorgeschlagenen höheren Eigenkapitalanforderungen schrittweise vorzunehmen, um die beginnende Erholung von der Krise nicht abzuwürgen. Darüber hinaus wies das IIF darauf hin, dass ein übermäßiges Ausschlagen des regulatorischen Pendels und das damit verbundene Risiko einer Fragmentierung vermieden werden müsste, insbesondere wenn die neuen regulatorischen Reformen nicht einheitlich umgesetzt würden.

Letztendlich wurden mit der endgültigen verbesserten Basel-III-Rahmenregelung die drei Säulen von Basel II überarbeitet und gestärkt und in mehreren Bereichen erweitert. Die meisten dieser Reformen wurden zwischen 2013 und 2019 schrittweise eingeführt und spiegeln zum Teil die Empfehlungen des IIF wider. Zu den neuen Anforderungen unter Basel III gehören:

1. strengere Anforderungen an die Qualität des aufsichtsrechtlichen Eigenkapitals (insbesondere die Stärkung der zentralen Rolle des harten Kernkapitals);
2. zusätzliche Kapitalanforderungen in Form von Kapitalerhaltungspuffern und antizyklischen Puffern;
3. die Einführung einer Leverage Ratio von drei Prozent für den Mindestbetrag an verlustabsorbierendem Kapital im Verhältnis zu den gesamten Aktiva der Banken, sowohl in der Bilanz als auch außerhalb der Bilanz und unabhängig von ihrer Risikogewichtung;
4. neue Liquiditätsanforderungen (Liquidity Coverage Ratio und Net Stable Funding Ratio) und zusätzliche Kapitalanforderungen für systemrelevante Banken (inklusive der Banken, die als »too big to fail« gelten), einschließlich zusätzlicher Verlustabsorptionskapazitäten und verstärkter Regelungen für die grenzüberschreitende Aufsicht und Abwicklung.

Der Basel-III-Rahmen wurde in der Zeit nach meiner Amtszeit beim IIF erheblich weiterentwickelt.

Als Ergebnis sind die Banken nun besser kapitalisiert, straffer geführt und verfügen über ein verbessertes Risikomanagement und vorteilhaftere Governance Strukturen. Meiner Ansicht nach wird es jedoch immer zwei Herausforderungen geben.

Die erste besteht darin, dass es wünschenswert ist, einheitliche Regulierungsstrukturen in allen Rechtsordnungen zu gewährleisten, insbesondere zwischen den USA und Europa. In diesem Zusammenhang bin ich besorgt darüber, dass das US-Bankensystem in der Praxis immer noch einen weniger strengen Regulierungsrahmen genießt als das europäische Bankensystem. Wie ich in Interviews mit *Bloomberg* und in Zeitungsartikeln zum zehnten Jahrestag der Finanzkrise betont habe, spiegelt dies vor allem die Tatsache wider, dass in den USA etwa 70 Prozent des Finanzierungsbedarfs des privaten Sektors über die Kapitalmärkte gedeckt werden. In Europa sind es nur 30 Prozent. Das bedeutet, dass die US-Banken mehr von Investmentbanking-Gebühren als von Zinserträgen aus der Kreditvergabe abhängen und weniger Aktiva in ihren Bilanzen ausweisen als europäische Banken. Darüber hinaus neigen US-Banken dazu, Hypotheken zu vergeben, diese aber an andere Institute zu verkaufen, anstatt sie, wie europäische Banken, in ihren Büchern zu behalten. Im Gegensatz zur Praxis in Europa werden in den USA auch die Derivatpositionen in den Bankbilanzen auf Nettobasis und nicht auf Bruttobasis ausgewiesen. Infolgedessen müssen die US-Banken nicht nur wesentlich geringere Eigenkapitalanforderungen erfüllen, sondern reagieren auch weniger empfindlich auf Veränderungen der Wirtschaftstätigkeit und der Zinssätze.

Rund fünfzehn Jahre nach der größten Finanzkrise der letzten Jahrzehnte dominieren die USA – Hauptverursacher der Krise und Schauplatz der spektakulärsten Bankenpleiten – mehr denn je das globale Kapitalmarktgeschäft. Während die amerikanischen Banken wieder florieren, befindet sich das Bankwesen in der Eurozone, insbesondere das Investmentbanking, in einem labilen Zustand. Die amerikanischen Banken sind insgesamt deutlich rentabler und gesünder als ihre europäischen Konkurrenten, die hoffnungslos ins Hintertreffen zu geraten drohen. Sicherlich tragen gravierende Fehler des Managements einiger großer europäischer Institute dazu bei. Aber die Ursachen für diese besondere und besorgniserregende transatlantische Divergenz liegen viel tiefer.

Die Eurozone stürzte von der globalen Finanzkrise in eine regionale Staatsschuldenkrise, die ihre Banken im Krisenmodus hielt, während sich ihre amerikanischen Konkurrenten darauf konzentrierten, klar Schiff zu machen und sich an die neue Finanzwelt anzupassen.

Während die EU-Regierungen die Struktur des Bankensektors nach der Finanzkrise mehr oder weniger unangetastet ließen, setzten sich die US-Behörden über alle Bedenken hinweg, dass Banken »zu groß zum Scheitern« seien oder werden könnten. Sie führten rasch eine Marktkonsolidierung durch, die zu noch größeren und stärkeren Finanzinstituten führte. Um das Wachstum anzukurbeln, rekapitalisierten sie unter anderem die größten Banken, auch solche, die kein zusätzliches Kapital benötigten, ohne – was besonders wichtig ist – die Aktionäre zu verwässern. Im Gegensatz dazu scheuten die Regierungen der Eurozone davor zurück, ihre nationalen Bankenmärkte zu konsolidieren, und hielten mehr oder weniger alle angeschlagenen Banken über Wasser.

Die Einführung von Vergütungsobergrenzen für das Management von Banken, die mit Steuergeldern finanziert wurden, führte zu einer Abwanderung von Fachkräften und zu einer Verwässerung der Aktionäre, was die Stärke des Sektors weiter beeinträchtigte.

Die zweite Herausforderung besteht in der immerwährenden Notwendigkeit, eine wirksame Durchsetzung des Regulierungsrahmens durch die Aufsichtsbehörden zu gewährleisten. Die Entwicklungen im US-Bankensystem in den ersten Monaten des Jahres 2023 haben deutlich gezeigt, dass Schwächen in der Bankenaufsicht und ein schlechtes Risiko- und Liquiditätsmanagement bei kleinen oder regionalen Banken immer noch zu Zusammenbrüchen führen können.

Die Marktwertbilanzierungsregeln spielen ebenfalls eine wichtige Rolle bei den derzeitigen Schwierigkeiten der US-Regionalbanken. Realisierte Kapitalverluste, die sich aus der Differenz zwischen dem aktuellen Marktwert von Bankaktiva wie US-Staatsanleihen oder Hypotheken und ihren ursprünglichen Anschaffungskosten ergeben, wirken sich direkt negativ auf die Gewinne der Banken aus. Gleichzeitig untergraben die nicht realisierten Kapitalverluste aus denselben Vermögenswerten das Vertrauen der Einleger und Investoren in die Banken und fördern den Abfluss von Einlagen in großem Umfang. Aus genau diesen Gründen hatten die Marktbewertungsregeln eine ähnlich wichtige Rolle in der globalen Finanzkrise 2007 bis 2009 gespielt.

Die Marktbewertungsregeln zeigen jedoch nur die zugrunde liegenden Schwächen auf und sind nicht die eigentliche Ursache der Krisen, auch wenn sie Schwankungen in den Bankbilanzen verursachen und zu Komplikationen führen können, wenn sie nicht angemessen antizipiert und gesteuert werden. Ich vertrete diese Ansicht schon seit langem und war sehr überrascht, dass ich von Hank Paulson, dem ehemaligen US-Finanzminister, in seinen Memoiren »On the Brink« über die globale Finanzkrise als Gegner dieser Rechnungslegungsvorschriften zitiert wurde.

Nicht unerwartet spielten dieselben Marktbewertungsregeln auch in der europäischen Staatsschuldenkrise von 2010 bis 2013 eine wichtige Rolle. Die Auswirkungen dieser Regeln waren einer der Hauptgründe, die den politischen Dialog zwischen dem IIF und den Behörden der Eurozone und schließlich die Beteiligung des IIF an der Umstrukturierung der griechischen Staatsschulden förderten. Die sich verschlechternde Lage Griechenlands im Rahmen seines von der Troika unterstützten Finanzprogramms führte Anfang 2011 zu einem steilen Anstieg der Renditen griechischer Staatsanleihen, was sich auf die Anleiherenditen anderer hoch verschuldeter Länder des Euroraums, insbesondere Italiens und Spaniens, auswirkte. Viele große europäische Banken und Versicherungsgesellschaften waren zu diesem Zeitpunkt in griechischen Staatsanleihen (GGB) engagiert, hatten aber noch größere Engagements in italienischen, spanischen und anderen europäischen Anleihen. Infolge des starken Anstiegs der GGB-Renditen bestanden die Wirtschaftsprüfer der Banken darauf, dass GGB-Bestände in den Portfolios der Banken und Versicherungsgesellschaften wertgemindert wurden, selbst bei Beständen, die bis zur Fälligkeit gehalten wurden und dass daher entsprechende Rückstellungen gebildet und in den Quartalsabschlüssen dieser Institute für das Ende Juni 2011 endende Quartal ausgewiesen werden mussten, was zu einer geringeren Rentabilität führte.

Angesichts dieser Eventualität erkannten europäische Banken, Versicherungsgesellschaften und andere ähnliche Investoren in GGBs, dass es in ihrem besten Interesse war, das griechische Finanzprogramm so schnell wie möglich wieder auf Kurs zu bringen, um etwaige Verluste bei GGBs zu begrenzen und ihre größeren Investitionen in andere europäische Anleihen so weit wie möglich zu schützen. Die Wiederherstellung der Finanzstabilität im europäischen Bankensystem und die Stabilität des Euro wurden zu einem gemeinsamen Ziel all dieser Institutionen, von denen die meisten IIF-Mitglieder waren, sowie der Behörden der Eurozone.

Vor diesem Hintergrund reagierten der IIF-Verwaltungsrat und die betroffenen IIF-Mitglieder sehr positiv auf ein Ersuchen der Eurogruppe vom Mai 2011, Griechenland zusätzliche Finanzierungszusagen für den Zwölfmonatszeitraum bis Juni 2012 zu geben, um den Abschluss der IWF-Überprüfung des griechischen Programms und die Freigabe zusätzlicher IWF-Mittel zu erleichtern. Diese Zusicherung wurde vom IIF-Verwaltungsrat genehmigt und Anfang Juli 2011 öffentlich bekanntgegeben. Darüber hinaus erklärte sich der IIF im Namen seiner Mitglieder bereit, mit dem Arbeitskreis der Eurogruppe Gespräche über die Modalitäten einer zusätzlichen Beteiligung des Privatsektors an der Finanzierung eines neuen Dreijahresprogramms für Griechenland aufzunehmen, was eine Voraussetzung für neue öffentliche Finanzmittel war.

Dies leitete eine intensive Verhandlungsphase zwischen der Eurogruppe und dem IIF und seinen interessierten Mitgliedern ein, die in der Genehmigung des IIF-Finanzierungsangebots für Griechenland durch den Rat der Eurozone am 21. Juli 2011 gipfelte. Dieses Angebot beinhaltete eine fließende Umschuldung der im Zeitraum 2011 bis 2020 fälligen GGBs mit einem Nettogegenwartswertverlust für Griechenlands GGB-Gläubiger von 21 Prozent.

Da sich die finanziellen Bedingungen in Griechenland jedoch deutlich verschlechterten, bevor dieses Angebot umgesetzt werden konnte, wurden im Oktober 2011 neue Verhandlungen aufgenommen. Im Rahmen dessen wurde am 26. Oktober 2011 eine vorläufige Einigung mit dem Europäischen Rat über einen nominalen Schuldenschnitt von 50 Prozent aller ausstehenden GGBs erzielt. Diese Vereinbarung sollte nach detaillierten freiwilligen Verhandlungen zwischen den privaten Gläubigern Griechenlands und Vertretern des öffentlichen Sektors (Griechenland, Europäische Kommission, IWF, EZB und Eurogruppe) abgeschlossen werden.

Die privaten Gläubiger organisierten sich in einem Gläubigerausschuss für Griechenland und wählten eine Lenkungsgruppe, die die Verhandlungen unter dem gemeinsamen Vorsitz von Charles Dallara, dem geschäftsführenden Direktor des IIF, und Jean Lemierre, dem leitenden Berater des Vorstandsvorsitzenden der BNP Paribas, mit Unterstützung von zwei leitenden Mitarbeitern des IIF führte. Die Verhandlungen wurden am 21. Februar 2012 abgeschlossen und von allen privaten Gläubigern im März und April 2012 gebilligt.

Die endgültige Einigung, die größte Schuldenumstrukturierung der Geschichte, betraf 206 Milliarden Euro an GGBs und beinhaltete unter anderem einen nominalen Schuldenschnitt von 53,5 Prozent. Insgesamt verhielt sich der IIF in diesen Gesprächen und Verhandlungen wie ein ehrlicher Makler, der sich den Respekt und die Wertschätzung sowohl des offiziellen Sektors als auch der privaten Gläubiger verdiente. Der Beitrag des IIF bestand darin, dass er in der Lage war, die Interessen und Anliegen der privaten Gläubiger mit denen Griechenlands und die der Behörden des Euroraums im Allgemeinen sorgfältig und behutsam auszugleichen und gleichzeitig die Wiederherstellung der Finanzstabilität in Europa zu wahren und zu fördern.

Das war eine bemerkenswerte Leistung. Als Vorsitzender des IIF-Verwaltungsrats habe ich während dieser Ereignisse eine aktive Rolle gespielt und wurde von der Mehrheit des Verwaltungsrates stark unterstützt. Ich hatte von Anfang an gespürt, dass es für die Entschärfung der Krise in Griechenland und Europa im Allgemeinen von entscheidender Bedeutung war, schnell eine Einigung zu erzielen. Der IIF-Verwaltungsrat und die IIF-Mitglieder erkannten, wie wichtig eine Lastenteilung bei der Lösung der griechischen Schuldenprobleme mit dem öffentlichen Sektor zum Nutzen der Finanzgemeinschaft und der Eurozone sein würde. Wir waren auch erfreut, dass die endgültige Einigung in einer Weise erzielt wurde, die mit den Leitlinien der IIF-Prinzipien für stabile Kapitalflüsse und faire Schuldenrestrukturierung übereinstimmte.

Als ich Ende Mai 2012 von meinem Posten bei der Deutschen Bank zurücktrat, endete auch meine Amtszeit im IIF-Verwaltungsrat. Am 6. Juni 2012 hatte ich die Gelegenheit, in Erinnerungen zu schwelgen und darüber nachzudenken, was der IIF in den zehn Jahren, in denen ich an der Spitze des Verwaltungsrats stand, erreicht hatte. Diese Zeit umfasste von 2007 bis 2012 sechs der schwierigsten und herausforderndsten Jahre im globalen Finanzsystem seit den 1930er-Jahren. An diesem Tag war ich Ehrengast bei einem Abschiedsdinner auf der Frühjahrstagung in Kopenhagen. Der Ort dieser Veranstaltung war außergewöhnlich: das Renaissance-Schloss Kronborg in Elsinore, auch bekannt als Shakespeares Hamlet-Schloss. Die Veranstaltung wurde von allen IIF-Mitgliedsvertretern besucht, die an der Frühjahrstagung teilnahmen, und beinhaltete Reden und Botschaften wichtiger Persönlichkeiten des Finanzsektors, aber auch zu meiner Freude als Opernliebhaber einen großartigen Auftritt der virtuosen amerikanischen Sopranistin Alyson Cambridge. Es war ein sehr rührender Abschied, den ich nie vergessen werde.

Ich hatte das Gefühl, dass während meiner Amtszeit viel erreicht worden war. Als ich den Weltbankenverband verließ, war die Institution trotz der turbulenten Krisenjahre, die wir durchlebt hatten, viel stärker, dynamischer und angesehener geworden. Die globale Finanzindustrie hatte sich bereits von den Krisen erholt, auch in Europa, wo die Staatsschuldenkrise ihren Höhepunkt überschritten hatte, während ein neuer, effektiverer globaler Regulierungsrahmen in Kraft war. Die Finanzbranche hatte aus ihren Fehlern gelernt und bereits große Fortschritte bei der Beseitigung aller festgestellter Schwachstellen gemacht.

Ich fühlte mich sehr geehrt, Teil eines hoch angesehenen Verwaltungsrats mit engagierten und effizienten Führungskräften als meinen Kollegen zu sein. Ich habe das nicht allein geschafft. Ihre Unterstützung sowie die des IIF-Managements und der Mitarbeiter waren für die erzielten Fortschritte von entscheidender Bedeutung. Ich schätzte es sehr, dass ich durch meine Position beim IIF Führungskräfte aus dem Finanzsektor und hohe politische Entscheidungsträger aus allen wichtigen Industriestaaten und Schwellenländern treffen konnte. Es war eine einzigartige und belohnende Erfahrung.

Bei meinem Abschied wurden mir zahlreiche Komplimente zuteil, von denen ich gerne einige mit den Lesern teilen möchte.

EZB-Präsidentin Christine Lagarde bescheinigte mir, ein Mensch mit großer Würde, Eleganz, Einblicken und der Fähigkeit zu sein, Themenkomplexe ausgesprochen schnell aus verschiedenen Blickwinkeln erfassen zu können. Sie schrieb weiter: »Er verkörpert den Europäer, der international geworden ist. Ein Schweizer, der sagen kann, dass er ein Deutscher ist und angeblich ein Amerikaner. Ein Banker, der sich um professionelle Entwicklung kümmert. Ein Mann mit vielen Talenten und Standpunkten. Und woran ich mich besonders gerne erinnere: Er ist ein großartiger Tänzer.«

Der ehemalige US-Notenbank-Chef Paul Volcker notierte, dass man mit mir »sehr gut zurechtkomme«. Er »ist sehr mitteilsam, sehr offen … man darf fairerweise sagen, dass er der führende Banker in einer verworrenen Zeit für die Banken ist. Er ist ein führender europäischer Banker, aber er ist auch generell ein Führer in der Bankenwelt.«

Der frühere kanadische Zentralbankchef und Chairman des Financial Stability Board, Mark Carney, hielt fest: »Ich bedaure sagen zu müssen, dass in der ganzen Zeit, in der ich Joe erlebt habe, wir eine Krise durchstehen mussten. Doch der eigentliche Punkt, um den es mir geht, ist Joe's Fokus auf das Allgemeinwohl.« In all den Fragen, wie wir die fundamentalen Schwächen überwinden, Resilienz in das globale System hineinbringen und in ein offenes System, das allen Mitgliedern der Gesellschaft hilft, hat Joe stets »das größere Bild im Auge behalten und versucht, diesem Bild etwas mitzugeben.«

Der frühere britische Handelsminister Lord Stephen Green bezeichnete mich als »internationalen Banker par excellence«. Ich hätte »Führung in einer Zeit gezeigt, als man händeringend danach suchte«.

Besonders freute mich eine kollegiale Geste von Jamie Dimon, dem langjährigen Chef von J. P. Morgan. Er rief mich an und bedankte sich für meinen Beitrag zur Finanzindustrie mit den Worten: »You are a class act.«

Geschätzt habe ich auch die Worte von Otmar Issing, dem bisherigen Präsidenten des Center for Financial Studies der Goethe-Universität Frankfurt. Er schrieb: »Josef Ackermann ist eine außergewöhnliche Person. Außergewöhnlich ist die seltene Kombination exzellenter professioneller Kapazität und tiefer kultureller Dimension. Er verdient Bewunderung für seine Standhaftigkeit, Ruhe und Klarheit, mit der er die freien Kapitalmärkte verteidigt hat.«

Der Weltbankenverband IIF wird auch in der Zukunft eine gewichtige Rolle spielen, wenn es um Themen wie digitale Währungen, Krypto-Börsen, Schattenbanken, Herdenverhalten von Investoren (Meme Stocks) oder die neuesten Entwicklungen im Bereich Künstlicher Intelligenz oder Quantencomputer geht.

Auch die Rolle sozialer Medien als potenzieller Beschleunigungsfaktor bei Bankenkrisen muss aufgearbeitet werden. Erste bittere Lektionen sind bereits beim Milliardenschwund von Einlagen durch den blitzschnellen Abzug von Kundengeldern per Internet in den USA bei den jüngsten Krisen von Regionalbanken erteilt worden. Die aktuellen Banken-Stresstests scheinen keinesfalls ausreichend. Und das »too big to fail«-Syndrom ist ungelöst.

Noch ein Wort zur Politisierung der Finanzwelt. Sie ist seit langem ein Fakt. Regierungen und Staatschefs streben vermehrt Einfluss bei zahlreichen Zentralbanken an, und auch die Personalrochaden aus Regierungsämtern in die Finanzwirtschaft oder umgekehrt zeigen dies deutlich. Bei einem Vortrag an der Georgetown University in Washington, D.C. habe ich einmal vor Studenten gesagt, dass die Politik immer stärker in die Bankenwelt drängt. Wenn dies so ist, müssen auch Konzernchefs politisch stärker agieren und reflektieren. Viele Themen sind ohnehin nicht mehr sauber zu trennen. Von der »too big to fail«-Problematik über Kryptowährungen bis hin zu Cyberattacken überschneiden sich Finanzwelt und Politikfelder immer mehr.

Zürich Versicherung und Bank of Cyprus

Zürich ruft

Die Rückkehr in die Schweiz war für mich mit der neuen Aufgabe als Verwaltungsratspräsident der *Zurich Insurance Group* verknüpft, einer der größten Versicherungskonzerne der Welt. Verbunden mit einem »Heimvorteil«, da ich in Zürich gewissermaßen an meine alte Wirkungsstätte zurückkehrte beziehungsweise stets durch die Familie verbunden war.

Der Wechsel begann holprig, weil ich bereits seit März 2010 Vizepräsident dieses Finanz- und Versicherungskonzerns war und mir parallel noch bei der Deutschen Bank der Aufsichtsratschefposten offeriert wurde. Nach dem deutschen Corporate Governance Codex ist dies frühestens nach einer »Cooling off«-Periode von zwei Jahren möglich. Zudem wurde es nicht gerne gesehen, wenn ein CEO anschließend Chef des Kontrollgremiums desselben Unternehmens wird.

Ich beriet mich mit BlackRock-Boss Larry Fink, den ich noch aus meiner Zeit bei der Credit Suisse kannte. Er betonte nach Rücksprache mit seinen Corporate Governance Experten, sein Unternehmen halte sich an die »Best Practices«-Regeln in jedem Land. Er würde zwar für mich stimmen, aber nicht den Vorreiter spielen. Er empfahl mir, das Angebot der Zurich Insurance Group anzunehmen. Das führte zu einer heiklen Situation, da ich einerseits die Deutsche Bank nicht vor den Kopf stoßen wollte, andererseits der Zürich Versicherung gewissermaßen verpflichtet war. Angesichts der Unwägbarkeiten entschied ich dann: Ich gehe nach Zürich.

Das hatte zudem mehrere Vorteile. Durch die Tätigkeit in Deutschland unterlag ich der Doppelbesteuerung. Steuerprüfungen, nervige Zollkontrollen, die irgendwie besonders auf Prominente ausgerichtet zu sein schienen, die nachhaltige Kontrollwut deutscher Behörden, so manche besserwisserische Oberlehrerattitüde und die Kämpfe mit der Justiz erleichterten mir den Weg zurück in die Schweiz.

Um nur ein Beispiel zu nennen: Bei einer Zollkontrolle auf der Fahrt von Zürich nach Frankfurt ließ man an der Schweizer Grenze meinen Fahrer und mich herauswinken. Eine genaue Inspektion durch die deutschen Grenzer folgte. Kofferraum, Innenraum, Koffer, Aktentasche, Telefon, Geldbeutel und auch vertrauliche Geschäftspapiere wurden untersucht. Das hat mich überhaupt nicht gestört, weil Zollbeamte ja nur ihre Pflicht tun. Dann aber meinte der zuständige Zöllner auf Nachfrage zu der überaus strengen Kontrolle: »Bei Prominenten muss man besonders aufpassen.« Die Tonalität und Attitüde fand ich ätzend. Es steckte ein Stück Weltanschauung und Generalverdacht dahinter. Vielleicht bringt das aber auch der Beruf mit sich.

In Zürich bewegte ich mich auf vertrautem Pflaster, hatte viele Bekannte und Freunde in der Finanzszene. Es war Heimat. Und eine neue Herausforderung wartete.

Mein Vorgänger als Verwaltungsratspräsident bei der Zurich Insurance Group war der ehemalige Finanzchef von Daimler Chrysler Manfred Gentz gewesen, der mir persönlich seine Nachfolge angeboten hatte. Gentz lebte in Berlin und reiste zu den erforderlichen Sitzungen des Konzerns per Flugzeug an. Einmal pro Woche traf er sich zum »Jour fixe« mit dem CEO, berichtete die *Bilanz* 2013. In Zürich war er also eher selten. Das lag auch daran, dass der Konzern seit Jahren schon zu Zeiten von James Schiro schwer CEO-lastig war, soll heißen: Der Konzernchef traf praktisch alle Entscheidungen. Schiro hatte die verlustbringende Zürich Versicherung 2002 übernommen, saniert und in sieben Jahren zurück in die Gewinnzone gebracht. Gentz führte eher zurückhaltend, »wie ein Aufsichtsratsvorsitzender in Deutschland«, wie er einmal selber sagte. Manche meinten passiv. Das wollte ich ändern, denn ein Verwaltungsratspräsident in der Schweiz hat im Gegensatz zu einem deutschen Aufsichtsratsvorsitzenden besonders in strategischen Fragen mehr Einfluss.

An meinem ersten Arbeitstag, als ich mein Büro am Mythenquai 2 beziehen wollte, erlebte ich eine unerfreuliche Überraschung. Ich erinnere mich noch genau daran. Als ich nach meinem Arbeitsplatz fragte, wurde mir ein Mini-Büro mit einem Tisch voll unerledigter Papiere zugewiesen. Die zugeteilte Sekretärin – pardon – war ganz offensichtlich überfordert. Kein Einstieg nach Maß.

Ich rief umgehend meine ehemalige Assistentin bei der Deutschen Bank in Frankfurt, Kerstin Thoma, an und bat sie um Hilfe. Sie möge ein paar Wochen in die Schweiz kommen, um mich zu unterstützen. Thoma war eine hervorragende Kraft, tüchtig und kompetent. Wunderbarerweise sagte sie direkt zu und die Aufräumaktion begann. Als Erstes beseitigten wir die Unordnung, um eine Übersicht zu bekommen.

Um Missverständnisse auszuräumen. Die kolportierte Behauptung, ich hätte sofort auf einem Zimmer mit Seeblick bestanden, stimmt nicht. Aber ich hatte verlangt, dass der Verwaltungsratspräsident, der nationale und internationale Investoren und Kunden empfängt, ein repräsentatives Büro erhält, das nicht einem Vorzimmer des CEO ähnelt. Damit wollte ich auch signalisieren, dass ich dem Verwaltungsrat eine Führungsrolle einräumen wollte. Zudem konnten wir Emmanuelle Beunis als meine Büroleiterin verpflichten, die ausgezeichnete Arbeit leistete.

Es trifft auch nicht zu, dass die Zürich Versicherung für mich »zweite Wahl« war, wie behauptet wurde. Dafür ist das Unternehmen viel zu wichtig und weltweit hervorragend aufgestellt. Mit rund 60 000 Mitarbeitern bietet der Konzern Versicherungsprodukte in mehr als 200 Ländern an. Anfang Januar 2024 erreichte der Versicherer eine Marktkapitalisierung von 75,3 Milliarden USD.

Mein Ansatz bedeutete nicht, den Versicherungsriesen von Kopf bis Fuß neu aufzustellen, radikale Reformen zu verordnen oder auf Personalwechsel zu drängen. Stattdessen schien mir der Konzern ein bisschen »verschlafen«. Etwas Pep, also mehr Tempo, würde nicht schaden. Fritz Gerber, einer der bekanntesten Wirtschaftsführer der Schweiz und ehemaliger Chef von Roche und Zürich Versicherung, bestätigte mich in meinem Ansatz mit dem Satz: »Endlich kommt wieder Bewegung in die Zürich Versicherung.«

Man hat mir vorgeworfen, meine »Bankermentalität« auf den Versicherer übertragen zu haben. Das ist übertrieben, aber ich war der Auffassung, dass das Anlagegeschäft, insbesondere in Zeiten zu erwartender tiefer Zinsen, breiter aufgestellt werden sollte. Ob ich deshalb ein »Fremdkörper« in der Versicherungswelt geblieben bin, wie ebenfalls kolportiert wurde, müssen andere beurteilen. Es trifft aber zu, dass ich mich in der Versicherungswelt nicht ganz zu Hause gefühlt habe.

Allerdings habe ich es als sehr positiv empfunden, dass in der Versicherungswirtschaft eine andere Einstellung gegenüber Kunden herrscht, etwa die Hilfsbereitschaft bei Naturkatastrophen wie Hurricanes, Tornados, Dürren oder Überschwemmungen. Da wird unbürokratisch vor Ort geholfen. Mir imponiert, dass bei der Zürich Versicherung Verwaltungsräte weniger üppig bezahlt werden.

Mit CEO Martin Senn habe ich regelmäßig gesprochen, oft per Telefon, wenn wir beide auf Reisen waren und bei einem festen Termin jeden Monat. Wir haben gut zusammengearbeitet. Senn war fleißig, diszipliniert, nachdenklich, ein Perfektionist. Er hat sich in der Finanzkrise durch eine vorsichtige Anlagestrategie bewährt. Ich habe stets versucht, Senns Position nach innen und außen zu stärken.

Er hat mich oft um Rat gefragt. Bei einer privaten Geburtstagsfeier bei mir zu Hause waren er und seine Gattin neben Freunden eingeladen. Senns Gemahlin, eine Violinistin, kam die Treppe herunter und spielte zu aller Freude auf ihrer Geige »Happy Birthday«.

Tod des Finanzchefs

Am 26. August 2013 erreichte uns die schockierende Nachricht, dass Zürich-Finanzchef Pierre Wauthier in seinem Haus in Walchwil tot aufgefunden worden war. Er hatte sich das Leben genommen.

Allein diese Meldung war für Familie, Freunde, Bekannte, seinen Arbeitgeber und auch für mich unfassbar, unvorstellbar und unbegreiflich. Der dramatische Freitod, eine Katastrophe für alle, wurde noch durch eine weitere furchtbare Nachricht verschärft. Sie betraf mich persönlich.

Pierre Wauthier hatte einen Abschiedsbrief hinterlassen, in dem er mich nicht nur hart kritisierte, sondern auch persönlich für seinen Freitod verantwortlich machte und damit schwer belastete. Es war ein Horror. Ich war fassungslos, erschüttert, entsetzt. Ich wurde beschuldigt, ein unerträgliches, druckbeladenes Arbeitsumfeld geschaffen und Kollegen respektlos behandelt zu haben. Die bestürzende Botschaft lautete: Ackermann ist schuld an meinem Freitod. Fabienne Wauthier, die Ehefrau, war verzweifelt und wütend, auf mich, auf ihr Schicksal und das ihrer Familie. Ich konnte das nachvollziehen, denn es war eine unermessliche menschliche Katastrophe.

Ich war von diesen ungeheuren Vorwürfen tief getroffen. Wie hätte es auch anders sein können. Man grübelt und zermartert sein Gehirn. Warum? Wann ist wo etwas schiefgelaufen? Habe ich einen Menschen in den Tod getrieben? Bin ich wirklich schuldig? Habe ich Wauthier bedrängt, schikaniert oder gar gemobbt?

Wir hatten ein professionelles Verhältnis, trafen uns jeweils alle sechs Wochen vor einer Verwaltungsratssitzung, etwa eine Stunde lang. Wir hatten Meinungsunterschiede, ja, aber nie Streit, nie Zoff, keine Fehde, kein Zerwürfnis, keinen Krieg. Es wurde nie laut. Ich habe ihn weder angeschrien noch kritisiert, noch wollte ich ihn ersetzen.

Bei einem Treffen, das auch im Abschiedsbrief erwähnt wurde, hatten wir um eine Formulierung für eine Analystenpräsentation des ersten Quartalsberichts am 15. August 2013 gerungen, eine Diskussion, mehr nicht. Es war der 13. August 2013 und wir trafen uns um 13 Uhr zu dritt mit Investor-Relations-Chef James Quin. Es ging um einen bestimmten Satz, genauer gesagt um ein Wort im Geschäftsbericht. Die Formulierung lautete: »Progressing on our strategy to deliver our 2013 targets.«

Ich schlug alternativ vor, auf das Wörtchen »deliver« zu verzichten. Der kleine Unterschied bedeutete, dass Pierre Wauthiers Version den Konzern »im Plan« sah, ich aber der Meinung war, dass wir »nicht im Plan« lagen und deshalb die Formulierung anpassen sollten. Er meinte dann, dass der Aktienkurs darunter leiden würde und ich antwortete, dass das sein möge, wir aber der Wahrheit verpflichtet seien. Ich habe mich dann durchgesetzt, der Geschäftsbericht wurde vorsichtiger formuliert.

Das war unser letzter Kontakt. Wauthier hatte meiner Sekretärin noch beim Weggehen gesagt, wie angenehm es sein müsse, mit mir zusammenzuarbeiten. Der bei der Sitzung anwesende James Quin schickte hinterher per Mail das Protokoll an den Zürich-Hausjuristen Yannick Hausmann und berichtete über die unterschiedlichen Positionen. Quin beschrieb den Verlauf des Gesprächs als »professionell und angemessen,« in einer späteren internen Untersuchung hieß es, das »Treffen war offen und direkt, mit klaren Botschaften«. Quin bestätigte den Dissens um die Formulierung und notierte: »Der Chairman hat die erste Option (ohne den Begriff: deliver) empfohlen.« Er sehe darin keine »Unterminierung von Pierre Wauthiers Autorität.«

Auch ein anderer Punkt wurde in dem Memo erwähnt. Der Chairman habe die »Performance« der Gruppe im Vergleich zu anderen Versicherern erwähnt und sei der Meinung, dass die »overall operative performance« verbessert werden sollte. Offenbar frustriert habe der Chairman angemerkt, dass es »keinen klaren Aktionsplan« gebe. Quin interpretierte das so, dass der Druck auf Wauthier stieg, in absehbarer Zeit das Thema zu lösen, mit »klaren Aktionen« und »strategischen Überlegungen«. Gleichwohl – betonte Quin zum Schluss – war es »generell ein konstruktives Treffen« und »zu keiner Zeit bedrohlich oder feindlich oder Mobbing«. Auch eine spätere Untersuchung der Finanzaufsicht FINMA hat mich entlastet. Es seien keine Hinweise auf »ungebührlichen oder unangemessenen Druck auf Pierre Wauthier festgestellt« worden, hieß es im Abschlussbericht.

Doch das ist kein Trost. Die Familie Wauthier hat ihren Ehegatten und Vater verloren. Es ist und bleibt eine Katastrophe. Die Frage nach einer Mitschuld hat mich wochenlang intensiv beschäftigt und tut es bis heute immer wieder. Man brütet, sinniert, schürft in den Erinnerungen und bleibt fassungslos

Nach langen Gesprächen mit meiner Schwägerin, einer Psychiaterin, kam ich zu dem Schluss, dass ich mir nichts vorzuwerfen hatte. Mir wurden zudem Informationen zugetragen, die mehr Fragen aufwarfen als Antworten gaben. Wauthier hatte den Abschiedsbrief auf einem Computer geschrieben, ohne ihn auszudrucken. Es gab keine Unterschrift. Möglicherweise hatte er gesundheitliche Probleme, definitiv Schwierigkeiten bei der Renovierung einer erworbenen Immobilie in Walchwil wegen Denkmalschutzauflagen oder eventuell familiäre Probleme. Ein Augenzeuge berichtete, dass Wauthier auf der Heimfahrt vom Büro mehrfach lange Zeit im Auto vor seinem Haus sitzen blieb und sich nicht rührte.

Ich kann und will nicht werten. Ich denke, dass einem Suizid ein äußerst komplexer Prozess vorausgeht, der durch eine einzige Ursache kaum zu erklären ist. Ob Kurzschlusshandlung oder nicht, wer kann das wissen? Man kann in einen Menschen nicht hineinschauen.

Es bleiben Bestürzung und Betroffenheit. Ein Mensch ist in Not – und niemand bemerkt es. Auch alle anderen Mitarbeiter nicht. CEO Martin Senn war noch kurz zuvor zwei Tage mit Pierre Wauthier auf einer Road Show in London unterwegs gewesen. Wauthier leistete »hervorragende Arbeit«, berichtete Senn gegenüber der *NZZ am Sonntag*, »Ich habe ihn dafür gelobt. Pierre wirkte topfit.« Er habe »nichts festgestellt, was auf irgendwelche Probleme hätte hindeuten können«. Niemand war aufgefallen, dass es Wauthier schlecht ging, dass er bedrückt, deprimiert oder verzweifelt war. Und: Er hatte sich wohl niemandem geöffnet.

Drei Tage später beschloss ich, Konsequenzen zu ziehen. Mir war klar, dass die schweren Anschuldigungen unabhängig vom Wahrheitsgehalt irgendwie an mir hängen bleiben würden. Der Freitod eines Menschen ist ein derart erschütterndes Ereignis, dass man sofort in die Defensive gerät, und keine Erklärung, kein Wort der Betroffenheit oder der Anteilnahme kann daran etwas ändern.

Ein einfaches Weitermachen war so im Konzern nicht möglich. Mein Freiraum wäre massiv eingeschränkt gewesen, das Klima im Unternehmen unerträglich. Der düstere Schatten wäre nie verschwunden. Aus diesem Grunde beschloss ich kurzerhand, am 29. August 2013 meinen Rücktritt einzureichen. In der Sondersitzung des Verwaltungsrats wurden die meisten Mitglieder von dem abrupten Schritt überrascht. Nach drei Minuten war alles vorbei. Es gab Versuche, mich zum Bleiben zu bewegen, doch mein Entschluss stand fest.

Dass meine Entscheidung richtig war, hat sich später in bizarrer Weise bestätigt. CEO Martin Senn erklärte im Dezember 2015 auf Druck des Verwaltungsrats seinen Rücktritt. Und nahm sich fünf Monate später das Leben. In den Medien wurde spekuliert, dass er seine abrupte Absetzung nicht verkraftet habe. Ein Freund erklärte auf der Trauerfeier, Senn sei »hereingelegt« worden, von seinem Arbeitgeber. Dass er seine Arbeit als CEO nicht weiterführen konnte, traf ihn tief, meinte Pfarrer Niklaus Peter.

Dieses Mal gingen die kritischen Fragen an den Verwaltungsratsvorsitzenden Tom de Swaan. Nicht auszudenken, wenn ich damals noch Chefkontrolleur der Zürich gewesen wäre.

Im Land der Aphrodite

Bei meinem Rücktritt aus dem Verwaltungsrat der Zurich Insurance Group war ich 65 Jahre alt. Ich begann meine Aufsichtsratsmandate zurückzufahren, insbesondere bei Shell und Siemens. In der Münchner Siemens-Zentrale fand ich den internen Umgangsstil gegenüber CEO Peter Löscher als unfair und zermürbend. Löscher war als großer Hoffnungsträger bei Siemens angetreten, blieb sechs Jahre und wurde dann nach einer Berg- und Talfahrt und zwei Gewinnwarnungen einfach abserviert. Dabei hatte er bei der Aufräumaktion im Zuge der Siemens-Korruptionsaffäre gute Arbeit geleistet. Man wollte ihn loswerden, und die Art und Weise, wie dies geschah, fand ich inakzeptabel.

Für Siemens-CEO Klaus Kleinfeld und Aufsichtsratschef Heinrich von Pierer hatte die sogenannte Schmiergeldaffäre persönliche Konsequenzen. Beide erklärten im April 2007 ihren Rückzug. Einen Monat später übernahm Löscher den Posten des Vorstandsvorsitzenden. Ich war seit 2003 Vizechef im Aufsichtsrat.

Im November 2006 durchsuchten bei einer Großrazzia 200 Steuerfahnder und Polizisten die Siemens-Konzernzentrale und brachten so die Affäre ins Rollen. Siemens musste danach dubiose Zahlungen in Höhe von 400 Millionen Euro einräumen. Später stieg die Zahl auf 1,3 Milliarden Euro. Kleinfeld und von Pierer beteuerten ihre Unschuld. Der Aufsichtsrat hatte keine Kenntnisse von Schmiergeldzahlungen gehabt. Aber bei den Wettbewerbern hatten sich Unregelmäßigkeiten in zahlreichen Ländern herumgesprochen. Der Aufsichtsrat musste daher handeln. Es war menschlich eine schwierige Situation.

Von Pierer war ein Siemens-Urgestein, 37 Jahre im Unternehmen, ab 1989 Vorstandsmitglied, von 1992 bis 2005 Vorstandschef und ab 2005 Aufsichtsratsvorsitzender. Der Topmanager war wirtschaftspolitischer Berater von Bundeskanzlerin Angela Merkel und saß in mehreren Aufsichtsräten. Von Pierer war nicht irgendwer, sondern einer der profiliertesten und bekanntesten Manager Deutschlands.

Wir waren im Aufsichtsrat der Auffassung, dass es sich um ein Systemversagen handelte. Wir gaben daher Kleinfeld zu verstehen, dass eine Vertragsverlängerung erst erfolgen könnte, wenn alle Vorwürfe geklärt wären. Er wollte das nicht abwarten und übernahm einen Spitzenposten beim US-Aluminiumkonzern Alcoa. Heinrich von Pierer trat im April 2007 freiwillig zurück, »nicht im Zusammenhang mit der Schmiergeldaffäre«, wie er betonte, sondern »im Interesse der Firma und Mitarbeiter«.

Bei Shell erlebten wir mit dem Rücktritt von CEO Peter Voser eine unangenehme Überraschung. Sein Abgang kam völlig unerwartet. Voser, ein Landsmann, hatte eine beeindruckende Karriere hinter sich: lange Jahre bei Shell, ab 2002 Finanzchef bei *ABB* bis zur Rückkehr zu Shell 2004, ebenfalls als CFO. Shell war nach einem Buchhaltungsskandal in Schieflage geraten und Voser stellte das Vertrauen der Anleger in den Ölmulti wieder her. Dafür wurde er 2009 mit dem CEO-Posten belohnt. Eine weitreichende Reorganisation des Konzernriesen, Megaprojekte in Katar oder massive Investitionen in Biotreibstoffe in Brasilien sind mit seinem Namen verbunden. Das Wirtschaftsmagazin *Bilanz* hat Voser einmal den inoffiziellen Titel »Der stille Star« verliehen. Heute ist der gebürtige Aargauer Verwaltungsratspräsident der ABB-Gruppe.

Bei Shell hatten wir uns im Präsidialausschuss, als es um Vosers Nachfolge ging, etwas Besonderes ausgedacht. Wir konfrontierten die vier Bewerber mit einem Krisenszenario, um ihre Reaktionen zu testen. Etwa die Explosion einer Bohrinsel oder massive NGO-Attacken in Afrika. Es war erstaunlich zu sehen, wie unterschiedlich die einzelnen Anwärter reagierten. Wir fanden innerhalb kurzer Zeit heraus, wer der beste Kandidat war.

Meinen Sitz beim schwedischen Unternehmen *Investor AB*, hinter dem die legendäre Familie Wallenberg steht, behielt ich dagegen. Die Wallenbergs wurden schon als die schwedischen Rockefellers, Gettys oder Rothschilds bezeichnet. Ich war beeindruckt, dass die Familiendynastie ihr Milliardenvermögen nicht sinnlos für Luxus oder Pomp verprasst, sondern unter anderem mithilfe einer eigenen Stiftung die Wirtschaft des ganzen Landes unterstützt.

Das Industrieimperium der Wallenbergs gilt daher auch als Paradebeispiel kooperativer industrieller Beziehungen unter Wahrung der eigenen Familienwerte. In einem Interview mit der *NZZ* sagte Familienoberhaupt Jacob Wallenberg: »Ich bin bloß Angestellter.« Ein Understatement par excellence. Beim Weltwirtschaftsforum in Davos kam Wallenberg nicht mit Chauffeur, sondern allein zu Fuß. Privat fährt er immerhin einen Aston Martin Sportwagen, Baujahr 1964.

Mit seinem Cousin Marcus – Husky genannt – pflege ich bis heute regelmäßigen und freundschaftlichen Umgang. Marcus ist Chairman von Saab und der Bank SEB, welche die Wallenbergs 1856 gegründet haben. Seine erste Begegnung mit Künstlicher Intelligenz (KI) hatte er bereits 1977 als Student an der Universität Stanford in

Kalifornien. Als er auf dem Campus herumspazierte, fiel ihm ein großes Schild mit dem Titel »SAIL« auf. Als passionierter Segler war seine Neugier geweckt. Er sah sich die Hinweistafel genauer an und siehe da: SAIL war das Kürzel für *Stanford Artificial Intelligence Laboratory*. Die Wallenbergs zählen in Europa mittlerweile zu den größten Investoren in KI-Projekte.

Seine Philosophie hatte Marcus während der Verleihung des *European Business Leadership Award* 2003 so formuliert: »Führung muss auf einem Fundament solider Werte ruhen.« Besser kann man es gar nicht sagen. Er ist ein Bruder im Geiste. Besonders gefreut hat mich seine großzügige Geste, jedes Mal eine positive ermutigende Nachricht zu schicken, wenn mich die Medien scharf attackierten. Ich betrachte ihn deshalb als Freund. Und habe bei Kollegen ähnlich gehandelt, wenn sie unter Beschuss kamen. Wenn man in der Not anderen beisteht, gewinnt man Freunde fürs Leben.

Mein letztes berufliches Engagement im Bankenbereich bei der *Bank of Cyprus* wurde damals von Journalisten und Beobachtern sowie von einigen Freunden mit Verwunderung aufgenommen. Ein Kommentator vermutete als Motiv gar eine gewisse Reue meinerseits für die Ansteckungseffekte auf Zypern, die durch die Umschuldung Griechenlands verursacht worden waren, an der ich durch meine Rolle am Institute of International Finance beteiligt war. Es war also ein merkwürdiger Start! Umso bemerkenswerter ist es, dass diese Jahre zu den erfüllendsten meines Lebens zählen würden.

Meine neue Tätigkeit als Chairman bei der Bank of Cyprus ergab sich über meine Kontakte zum russischen Oligarchen Victor Vekselberg und dem ehemaligen US-Handelsminister Wilbur Ross, die beide nach der Finanzkrise eine Beteiligung bei der angeschlagenen zyprischen

Bank erworben hatten. Ross wurde mit 17,5 Prozent der größte Aktionär. Er hatte sich mit seiner Beteiligungsgesellschaft auch bei der *Bank of Ireland* und der griechischen *Eurobank Ergasias SA* eingekauft.

Vekselberg hatte sich bereits schon vorher mithilfe seiner Investmentgesellschaft *Renova* an den Schweizer Industrie-Ikonen *OC Oerlikon* und *Sulzer* beteiligt. Ross und Vekselberg offerierten mir den Vorsitz im Verwaltungsrat der Bank of Cyprus und ich sagte zu.

Wieso man mich angesprochen hatte, erklärte Wilbur Ross 2014 in einem Interview mit *Bloomberg* so: »Es gab nur eine kleine Liste von Namen, und der prominenteste war Josef Ackermann. Er hat ein riesiges Rolodex. Sie können sich vorstellen, dass er praktisch jedermann in Europa kennt, jeden in Osteuropa und eine riesige Zahl von Menschen in den USA und anderswo.«

Warum Zypern? Warum die Bank of Cyprus?

Zypern ist in der Tat das drittkleinste Land in der Eurozone, und die Bank of Cyprus zwar die größte Geschäftsbank des Landes, aber nach europäischen oder amerikanischen Maßstäben nur eine sehr kleine. Ihre Aktiva betrugen damals etwa 25 Milliarden Euro.

In einem engen, sachlichen Sinn sind dies wahrscheinlich zwei berechtigte Fragen der Skeptiker. Beide Punkte gehen jedoch an der Sache beziehungsweise am Kontext vorbei, in dem sich Zypern und die Bank von Zypern damals befanden, und an den außergewöhnlichen Herausforderungen, denen sie gegenüberstanden. Zypern war der vierte und letzte Mitgliedstaat des Euroraums, der im Zusammenhang mit der europäischen Staatsschuldenkrise von 2010 bis 2013 um finanzielle Unterstützung durch die Troika (das Trio der offiziellen Gläubiger: Internationaler Währungsfonds, Europäische Kommission und Europäische Zentralbank) ersuchte. Bei seinem

Start im März 2013 beinhaltete dieses lange verzögerte Anpassungsprogramm ein beispielloses »Bail-in« (und nicht das traditionelle »Bail-out«) für die Aktionäre, Anleihegläubiger und nicht versicherten Einleger der beiden größten Geschäftsbanken Zyperns, einschließlich der Bank of Cyprus – der erste »Bail-in«-Fall einer Bank in Europa und wahrscheinlich weltweit.

Somit und vor dem Hintergrund meiner umfassenden Beteiligung an der Bewältigung von Finanzkrisen und deren Folgen in den letzten zehn Jahren war mein neuer Posten eine natürliche Weiterentwicklung meiner Karriere als Banker und Politikberater. Die Annahme dieser Spitzenposition war keinesfalls von finanziellen Überlegungen getrieben. Ganz im Gegenteil. Vielmehr war es eine Gelegenheit, zur Umstrukturierung und zum Wiederaufbau der größten systemrelevanten Bank beizutragen, die ums Überleben kämpfte. Und dies in einem Land, das selbst am Rande des Euroraums in großen Schwierigkeiten steckte. »Es war eine Gelegenheit, meine Fähigkeiten in den Dienst der Sache zu stellen und der Gesellschaft etwas zurückzugeben«, betonte ich damals in einem Interview der *New York Times*.

Gleichzeitig bot meine neue Aufgabe den immateriellen Vorteil, die griechische Kultur, Küche und Musik wieder kennenzulernen. Es war eine wunderbare Gelegenheit, die Schönheit Zyperns mit seinen idyllischen Stränden und seiner Landschaft, die traditionelle Gastfreundschaft seiner Menschen und seine reichhaltige Geschichte zu geniessen. Meine Frau Pirkko und ich haben diese Gelegenheit tatsächlich wahrgenommen.

Es stimmt, dass die Umstrukturierung der griechischen Schulden erhebliche negative Auswirkungen auf die Bank of Cyprus und die *Popular Bank of Cyprus* – die beiden größten zyprischen Geschäftsbanken – hatte. Ihre

Bestände an griechischen Staatsanleihen (GGB) beliefen sich auf 2,2 Milliarden Euro beziehungsweise 3,2 Milliarden Euro (das entspricht 70 Prozent beziehungsweise 170 Prozent ihrer Eigenkapitalbasis, was ein gefährlich hohes Risiko darstellt). Darüber hinaus waren diese beiden Banken durch die Kreditvergabe ihrer Zweigstellen in Griechenland noch umfangreicher im griechischen Privatsektor engagiert, dessen Qualität durch den starken Rückgang der Wirtschaftstätigkeit wesentlich beeinträchtigt wurde. Die griechische Finanzkrise und die Umschuldung waren die wichtigsten unmittelbaren Ursachen für die Finanzkrise in Zypern, aber sie waren weder der einzige Grund noch die eigentliche Ursache für die finanziellen Schwierigkeiten und Ungleichgewichte Zyperns und des lokalen Bankensystems. Das Problem lag viel tiefer und war viel grundlegender.

Die Ursprünge der Finanz- und Bankenkrise in Zypern haben mit einer Reihe verschiedener Faktoren zu tun, die mit dem Zeitpunkt des Beitritts Zyperns zur EU im Januar 2004 und dem späteren Beitritt zur Eurozone (Europäische Währungsunion – EWU) im Januar 2008 zusammenhängen. Im Rahmen der Konvergenzanforderungen hob Zypern seine Zins- und Kapitalverkehrskontrollen auf, behielt jedoch ein erhebliches positives Zinsgefälle gegenüber dem Euroraum bei. Dieser Faktor und der neue, aufgewertete Status Zyperns als EU-Mitglied förderten Kapitalzuflüsse in Form von Immobilienkäufen und Bankeinlagen und machten Zypern zu einem internationalen Finanzzentrum. Unterstützt wurde dieser Prozess durch die traditionellen Vorteile Zyperns als Investitionsstandort. Dazu gehörten der niedrige Körperschaftssteuersatz (zehn Prozent), die gut ausgebildeten Arbeitskräfte, der weit verbreitete Gebrauch der englischen Sprache, der hochwertige professionelle Dienstleistungssektor (Rechtsanwälte, Buchhalter, Finanz- und Unternehmensberater) und ein auf dem englischen Common Law basierendes Rechtssystem. Viele russische und andere osteuropäische Unternehmen eröffneten Niederlassungen auf Zypern und wickelten ihre finanziellen Transaktionen über zyprische Banken ab.

Die Banken leiteten ihre neuen Kundengelder an die zyprische Wirtschaft weiter, um oft minderwertige Kredite zu vergeben. Die Banken suchten auch aktiv nach potenziell renditeträchtigen Investitionen in Griechenland und osteuropäischen Ländern, indem sie neue Filialen oder Tochtergesellschaften eröffneten. Der expandierende Finanz-, Bau- und Dienstleistungssektor kurbelte die Wirtschaftstätigkeit in Zypern an und führte zu hohen Staatseinnahmen und Haushaltsüberschüssen (bis 2008), einer Blase bei den Immobilienpreisen, einer Ausweitung des Leistungsbilanzdefizits, einem steilen Anstieg der Verschuldung der Privathaushalte und Unternehmen und einer außergewöhnlich starken Expansion des zyprischen Bankensystems auf das Achtfache des BIP bis 2010. Die beiden größten Geschäftsbanken waren auf der Suche nach hohen Renditen mit risikoreichen Investitionen führend, selbst nach dem Ausbruch der globalen Finanzkrise im Jahr 2008. Die Bank of Cyprus eröffnete Tochtergesellschaften in Serbien, Rumänien, der Ukraine und, einen Monat nach dem Zusammenbruch von Lehman Brothers, im Oktober 2008 in Russland. Die Bank erwarb 80 Prozent der *Uniastrum Bank*, einer relativ großen russischen Bank mit schwacher Führung und ungenügendem Risikomanagement. Sie unterhielt 164 Filialen in ganz Russland – mehr als alle Filialen der Bank of Cyprus in Zypern selbst. Die Ausweitung der Einlagenbasis sowohl innerhalb Zyperns als auch in den zyprischen Bankfilialen im Ausland ging mit einer wenig beachteten Ausweitung der staatlichen Eventualverbindlichkeiten für versicherte Bankeinlagen von bis zu 100 000 Euro pro Person einher, die sich 2011 auf den Gegenwert von 128 Prozent des BIP beliefen.

Das schlechte Risikomanagement und die minderwertige Kreditvergabe der zyprischen Banken – einschließlich der *Cyprus Cooperative Bank*, der drittgrößten Geschäftsbank, die keine ausländischen Einlagen akzeptierte – wurden durch drei weitere entscheidende Faktoren noch verschärft:

- die schwache Unternehmensführung;
- die damals vorherrschende anachronistische Kreditvergabepraxis, die auf dem Wert der Sicherheiten und nicht auf der Rückzahlungsfähigkeit der Kreditnehmer beruhte;
- und die zu enge Definition von notleidenden Krediten. Bankkredite wurden erst dann als notleidend eingestuft, wenn sie 280 Tage im Rückstand waren und der Wert des ausstehenden Kapitalbetrags und der überfälligen Schuldendienstverpflichtungen den Wert der Sicherheiten überstieg (in der Regel in Form von Häusern oder Grundstücken, die routinemäßig überbewertet wurden). Im Gegensatz dazu galten als gängige Definition in anderen europäischen Ländern alle Kredite, die mehr als 90 Tage im Rückstand waren, als notleidend.

Die bis 2012 von der zyprischen Zentralbank ausgeübte Bankenaufsicht war eher schwach und ineffektiv, wenn es darum ging, die zunehmenden Risiken für die Finanzstabilität sowie für die makroökonomische Performance zu erkennen und zu verringern. Trotz einiger Bemühungen des damaligen Gouverneurs der Zentralbank, die bisherige allzu großzügige Kreditvergabe im Wohnungsbau einzudämmen, wurde eine effiziente Bankenaufsicht durch politische Einmischung und den Unwillen, das Ruder herumzureißen sowie durch geheime Absprachen zwischen Bankmanagement und politischen Parteien behindert.

Der Ausbruch der weltweiten Finanzkrise ließ die Immobilienblase in Zypern platzen, was zu einem Rückgang der Immobilienpreise um etwa 50 Prozent führte und die makroökonomischen Aussichten verschlechterte. Als Reaktion darauf erhöhte die kommunistisch geführte Regierung (unter der Führung von Präsident Dimitris Christofias), die im Februar 2008 ihr Amt antrat, drastisch die Ausgaben für die Beschäftigung im öffentlichen Dienst und die staatlichen Sozialleistungen. Dies trug dazu bei, dass sich der Haushaltssaldo von einem Überschuss in ein großes Defizit verwandelte (was sieben Prozentpunkten des BIP entsprach) und die öffentliche Kreditaufnahme in den Jahren 2008 bis 2010 deutlich anstieg. Die Wirtschaftstätigkeit ging zurück, insbesondere nach einer Explosion von gelagerter Militärmunition im Juli 2011, die das wichtigste Kraftwerk zerstörte und die Stromversorgung um die Hälfte reduzierte.

Die Kosten für die Staatsschulden stiegen steil an. Diese Entwicklungen sowie die zunehmenden Eventualverbindlichkeiten im Zusammenhang mit Bankeinlagen und das Engagement des Bankensystems gegenüber den GGB führten dazu, dass die Kreditwürdigkeit Zyperns mehrfach unter Investment Grade herabgestuft wurde und das Land im Mai 2011 de facto keinen Zugang mehr zu den ausländischen Kapitalmärkten hatte. Der Regierung ging 2011/2012 trotz eines bilateralen Notkredits aus Russland buchstäblich die Liquidität aus. Die Herabstufung der Staatsanleihen auf Ramschstatus führte dazu, dass die zyprischen Banken ab Juni 2012 keinen Zugang mehr zum Rediskontfenster der EZB hatten.

Dennoch nahm die Kreditvergabe weiter zu, obwohl das Vertrauen in die Banken schwand und die Einlagen abnahmen, sodass die Popular Bank of Cyprus in großem Umfang auf die Notfall-Liquiditätshilfe (ELA) der Europäischen Zentralbank (EZB) zurückgreifen musste.

Vier zusammenhängende Ereignisse haben die Schwachstellen in den Staatsfinanzen und die zunehmenden Liquiditäts- und Insolvenzrisiken im Bankensystem aufgedeckt und den Ausbruch der Wirtschafts- und Bankenkrise in Zypern ausgelöst:

- die sich verschärfenden fiskalischen Ungleichgewichte und der damit verbundene Verlust des Zugangs zu ausländischer Finanzierung;
- die Durchführung zweier Stresstests durch die Europäische Bankenaufsichtsbehörde für alle systemrelevanten europäischen Banken in den Jahren 2010 und 2011, die unter anderem die Rekapitalisierung schwacher Institute bis Juni 2012 verlangten, um die Lücke zwischen dem Nominalwert und dem Marktwert der von den Banken gehaltenen Staatsanleihen (einschließlich GGBs) Ende September 2011 auszugleichen;
- die Umstrukturierung der griechischen Staatsanleihen, zunächst im Juli 2011 und schließlich im Oktober 2011 (abgeschlossen im April 2012), die zu hohen Rückstellungen und Verlusten in den Bilanzen sowohl der Bank of Cyprus als auch insbesondere der Popular Bank of Cyprus führte;
- der Verlust des Zugangs zyprischer Banken zum Refinanzierungsfenster der EZB im Juni 2012.

Daraufhin beantragte die zyprische Regierung im Juni 2012 sehr widerstrebend Finanzhilfen bei der Troika. Sie wollte ursprünglich keine Vereinbarung mit der Troika abschließen und war somit gezwungen, die politischen Kosten für die Aushandlung und Vereinbarung eines solchen Programms vor dem Hintergrund zunehmender Ungleichgewichte, Verzerrungen und Finanzierungsbedürfnisse zu akzeptieren. Dieses Hinauszögern dauerte bis März 2013, als der neu gewählte Präsident Nikos Anastasiades sich gezwungen sah, innerhalb weniger Tage nach seinem Amtsantritt eine Vereinbarung um jeden Preis zu akzeptieren. Im Rahmen der überstürzten Einigung, die mit der Eurogruppe bei zwei Treffen in Brüssel im März 2013 erzielt wurde, hat man Zypern eine Finanzhilfe in Höhe von 10 Milliarden Euro gewährt – viel weniger als ursprünglich erhofft –, um den Finanzierungsbedarf der Regierung zu decken, ohne den Rekapitalisierungsbedarf der Banken zu berücksichtigen.

Die Vereinbarung beinhaltete auch die folgende Restrukturierung des Bankensektors:

- erstens der sofortige Beginn der Abwicklung der Popular Bank of Cyprus, wobei ein Grossteil der Vermögenswerte, aller versicherten Einlagen und die ELA-Verpflichtungen in Höhe von 10 Milliarden Euro mit der Bank of Cyprus verschmolzen wurden. Dieser Transfer wurde mit 18 Prozent des Kapitals der Bank of Cyprus bewertet. Dabei übernahm die Zentralbank die Rolle der Abwicklungsbehörde.
- zweitens die Rekapitalisierung der Bank of Cyprus durch ein Bail-in von Aktionären, Anleihegläubigern und nicht versicherten Einlegern. Dabei wurden die Aktionäre und Anleihegläubiger fast vollständig aus dem Markt gedrängt und 47,5 Prozent der nicht versicherten Einlagen in Eigenkapital umgewandelt.
- drittens wurden alle zyprischen Bankfilialen in Griechenland (hauptsächlich die Filialen der Popular Bank

of Cyprus und der Bank of Cyprus) über Nacht verkauft, um Griechenland vor den Spillover-Effekten aus Zypern zu schützen und die Größe des zyprischen Bankensystems sowie die damit verbundenen Verbindlichkeiten der staatlichen Einlagensicherung zu verringern.

Presseerklärungen von Vertretern der Eurogruppe und des IWF zufolge wurde die Bail-in-Option gewählt, um eine nicht tragfähige zyprische Staatsverschuldung und eine zu hohe Belastung der zyprischen Steuerzahler zu vermeiden. Etwa zwei Drittel der durch den Schuldenschnitt (Haircut) nicht versicherten Einlagen gehörten russischen und anderen ausländischen Investoren.

Bail-in und die anderen Bedingungen des Anpassungsprogramms, die man dem Land auferlegte, wurden von der zyprischen Gesellschaft und den politischen Parteien als unangemessen hart empfunden und erzeugten allgemein Wut. Trotz dieser Empörung blieb die Bevölkerung mit Ausnahme der ehemaligen Aktionäre und Anleihegläubiger der beiden Banken ruhig. Es kam zu keinen Streiks oder Protesten wie in Griechenland.

Die lokalen Behörden zeigten mit breiter politischer Unterstützung bemerkenswerten Pragmatismus, Fleiß und Engagement bei der Umsetzung der makroökonomischen Maßnahmen und der meisten Strukturreformen, die im Rahmen des Anpassungsprogramms vorgesehen waren. Das Programm wurde im März 2016 erfolgreich abgeschlossen, zu diesem Zeitpunkt befand sich Zypern bereits auf einem stabilen Erholungskurs.

Ich hoffe, dieser ausführliche Exkurs zeigt die komplexen und tief verwurzelten Ursprünge der Krise des zyprischen Bankensystems auf und verdeutlicht die äußerst prekäre Lage, in der sich die Bank von Zypern im März

2013 und in der Zeit bis November 2014 befand, als ich mein Amt antrat.

Kurz gesagt, die Bank of Cyprus war zu diesem Zeitpunkt nicht mehr mit ihrer früheren Struktur zu vergleichen. Von März bis Juli 2013 wurde sie unter die Kontrolle der Zentralbank von Zypern gestellt, und ihre obersten Führungskräfte und ihr Verwaltungsrat wurden ausgetauscht. Die Zusammensetzung ihrer Aktiva und Passiva hatte sich nach der Fusion mit Teilen der Popular Bank of Cyprus stark verändert, und ihre Mitarbeiter waren durch die Ereignisse – die Fusion mit den Teams der Popular Bank und die Kürzung ihrer Gehälter um durchschnittlich 30 Prozent – weitgehend demoralisiert. Neben den Problemen mit der Qualität der Aktiva, den Liquiditätsengpässen und der negativen Rentabilität sah sich die Bank mit einer hohen Kostenstruktur, einem Personalüberschuss (selbst nach freiwilligen Ruhestandsregelungen) und einer viel zu hohen Zahl von Filialen in ganz Zypern konfrontiert. Einzigartig war auch der Umstand, dass sich die Bank anfangs mit über 80 Prozent im Besitz der nicht versicherten Einleger befand, bei denen es sich größtenteils um Ausländer insbesondere um Russen handelte.

Obwohl die Bank nach diesen Maßnahmen die Mindestkapitalanforderungen einhielt, hatte sie enorme Liquiditätsprobleme, die sich in einem außergewöhnlich hohen Verhältnis zwischen Krediten und Einlagen von fast 150 Prozent und in den größtenteils geerbten ELA-Verpflichtungen gegenüber der EZB in Höhe von 11,4 Milliarden Euro widerspiegelten, was mehr als 50 Prozent des zyprischen BIP entsprach. Auch die Qualität des Kreditportfolios war eher gering und verschlechterte sich rapide, da die lokale Wirtschaft schrumpfte, die Arbeitslosigkeit stieg und der Wert von Immobilien und anderen Kreditsicherheiten stark sank. Hinzu kamen die zunehmende Zahlungsunwilligkeit strategischer Schuldner und anderer Kreditnehmer, die negative Stimmung gegen Banken und die Unfähigkeit, die Einhaltung von Verträgen und den Schutz von Eigentumsrechten zu gewährleisten.

Gerichtsverfahren gegen Schuldner dauerten in der Regel mehr als zehn Jahre, obwohl das zyprische Justizsystem im Allgemeinen als fair und objektiv galt.

Die ersten Schätzungen der tatsächlich und potenziell notleidenden Kredite (NPL) im Rahmen des Stresstests, der von der US-Investmentgesellschaft *PIMCO* auf Ersuchen der Troika für ein dreijähriges negatives Szenario durchgeführt wurde, hatten das Ausmaß dieses Problems unterschätzt. Die EZB-Bankenaufsicht (SSM, Single Supervisory Mechanism) forderte 2014 eine Überprüfung der Kreditqualität, die weitere Probleme zutage förderte. Parallel dazu erweiterte die Europäische Bankenaufsichtsbehörde den Erfassungsbereich von NPLs auf alle notleidenden Kredite (NPEs), das heißt sämtliche Kredite, die mehr als 90 Tage im Rückstand beziehungsweise deren vollständige Rückzahlung unwahrscheinlich waren. Infolgedessen sah sich die Bank of Cyprus mit einer Rekordhöhe an NPEs konfrontiert, die sich in der Spitze im März 2015 auf etwa 15 Milliarden Euro beliefen, was 63 Prozent der gesamten Kredite und etwa 75 Prozent des BIP entsprach. Auch im Vergleich zur durchschnittlichen NPE-Quote der europäischen Banken, die damals bei unter fünf Prozent lag, war dies ein außergewöhnlich hoher Wert.

In diesem Zusammenhang führte der Vorstand unter der Leitung des neuen CEO John Hourican im November 2014 eine erfolgreiche Kapitalerhöhung von einer Milliarde Euro mit Hilfe ausländischer Investoren durch – ein

Rekordwert für zyprische Verhältnisse. Nach dieser Kapitalerhöhung sank der Anteil der Einleger mit Haircut am Kapital der Bank of Cyprus auf 44 Prozent. Zu den neuen Investoren gehörten vor allem mehrere auf notleidende Vermögenswerte spezialisierte US-Fonds unter der Leitung von Wilbur Ross, aber auch die Europäische Bank für Wiederaufbau und Entwicklung sowie Renova, die in Zürich ansässige Investmentgruppe unter der Leitung von Viktor Vekselberg. Vekselberg ist seither der größte Anteilseigner der Bank of Cyprus (mit einem Anteil von derzeit 9,3 Prozent). Bis April 2018 war ich Mitglied des Verwaltungsrats von Renova. Nach der Aufnahme von Renova in die Liste der vom US-Finanzministerium sanktionierten Unternehmen trat ich zurück.

Wie man sich vorstellen kann, war die Arbeit des nach der Kapitalerhöhung neu gebildeten Verwaltungsrats unter meiner Leitung angesichts der gewaltigen Herausforderungen nicht einfach zu bewältigen. Ein Scheitern kam nicht in Frage. Die Bank von Zypern war immer noch die größte Geschäftsbank des Landes, und ihr effektives Funktionieren war für das Überleben und die Erholung der Wirtschaft von entscheidender Bedeutung. Die Bank und das Land saßen, wie ich in meinen Ansprachen auf den jährlichen Aktionärsversammlungen immer wieder betonte, im selben Boot, und es war enorm wichtig, dass beide in die dieselbe Richtung ruderten.

Gemeinsam mit meinen Verwaltungsratskollegen haben wir nach meinem Amtsantritt sofort und mit viel Energie und Enthusiasmus eine weitreichende und umfassende Reform zum Wiederaufbau der Bank in Angriff genommen. Kurz gesagt bestand die erste Priorität darin, die Unternehmensführung und die Transparenz zu verbessern, den Auftrag der Bank neu zu definieren und die höchsten ethischen Standards und Werte zu übernehmen und strikt zu befolgen. Parallel dazu beinhaltete die Strategie die Umstrukturierung der Bank über drei Säulen hinweg.

Die erste Säule betraf die Neuausrichtung der Bank auf ihre Kernaktivitäten in Zypern. Die zweite Säule galt der Sanierung der Bank, indem das Vertrauen ihrer Kunden und der Gesellschaft insgesamt rasch wiedergewonnen, das Risikomanagement verbessert und eine enge Zusammenarbeit mit den Regulierungs- und Aufsichtsbehörden aufgebaut wurden. Darüber hinaus umfasste sie die Senkung der Risikointensität der Aktiva der Bank durch den schrittweisen Abbau des hohen NPE-Portfolios, die Aufrechterhaltung einer angemessenen Kapitalposition und die schnellstmögliche Einhaltung aller Liquiditäts- und sonstigen aufsichtsrechtlichen Anforderungen. Die dritte Säule bildete den Neuaufbau der Bank mit einer Stärkung der Funktion und der Effektivität ihres Managements sowie ein Digitalisierungsprogramm zur Erzielung einer nachhaltigen Rentabilität, wobei der Schwerpunkt auf der Diversifizierung der Ertragsquellen und der Verbesserung der IT-Infrastruktur lag.

Ich hatte das Glück, von Anfang an bei dieser Aufgabe die volle Unterstützung des Verwaltungsrats, aller Großaktionäre und von John Hourican, dem dynamischen neuen CEO der Bank und ehemaligen Leiter des Investmentbanking bei der Royal Bank of Scotland, zu haben. Besonders wichtig war Wilbur Ross, der sich als Vizepräsident des Verwaltungsrates bis zu seiner Berufung in die US-Regierung sehr stark engagiert hat.

CEO John Hourican hatte seit seinem Amtsantritt im Oktober 2013 bereits einen bemerkenswerten Weg eingeschlagen. Er war maßgeblich am Zustandekommen der Rekapitalisierung der Bank beteiligt. Er setzte die Bank of Cyprus buchstäblich auf die globale Finanzkarte und erhielt zu Recht die Auszeichnung *Banker of the Year*, die ihm 2015 bei den Euromoney Awards for Excellence verliehen wurde. In kurzer Zeit hatte er bereits den Verkauf der nicht zum Kerngeschäft gehörenden Vermögenswerte der Bank außerhalb Zyperns eingeleitet, den eher entmutigten Mitarbeitern Selbstvertrauen eingeflößt, sie motiviert und neue Managementstrukturen geschaffen. So hat er ein professionelles Risikomanagement und neue Abteilungen für Umstrukturierungen und Sanierung aufgebaut, die von ausländischen Experten geleitet und von externen Beratern unterstützt wurden.

Bei der Erfüllung meiner Aufgaben half mir mein Senior Advisor, Mikis Hadjimichael, ein vertrauter Kollege aus meiner Zeit am Institute of International Finance, wo wir beide unter anderem bei der Umstrukturierung der griechischen Staatsschulden sehr eng zusammengearbeitet hatten. Mikis stiess im April 2015 zu uns, nachdem er 28 Jahre lang erfolgreich beim IWF und vier Jahre lang beim IIF gearbeitet hatte. Er verfügte über umfassende Kenntnisse der globalen und europäischen makroökonomischen und fiskalpolitischen Entwicklungen sowie über Insiderwissen hinsichtlich der griechischen, zyprischen und anderen europäischen Schulden- und Bankenkrisen. Mikis wurde in Zypern geboren, sprach Griechisch und kannte die lokale Kultur, die Institutionen und die wirtschaftliche und politische Geschichte Zyperns sehr gut. Ebenfalls außerordentlich hilfreich war meine langjährige Assistentin Christina Lehmann, die griechische Sprachkenntnisse besitzt und damit bei vielen Gelegenheiten schnell und effizient eingreifen konnte.

Die schwierige Aufgabe der Umsetzung unserer Drei-Säulen-Strategie war in hohem Maße vom CEO und der obersten Führungsebene abhängig, wobei der Verwaltungsrat und seine Fachausschüsse sie konstruktiv überwachten und unterstützten. Aber auch das aktive Engagement des gesamten Personals der Bank war notwendig. Alle Säulen umfassten äußerst komplizierte, mühsame und schmerzhafte Aufgaben, die nicht nur die Mobilisierung sämtlicher interner Talente der Bank erforderten, sondern auch ein großes Maß an externem Fachwissen in den Bereichen Finanzen, Recht, Investmentbanking, Steuern, Immobilien, Kreditumstrukturierung, Risikomanagement, Rechnungswesen, IT und digitale Transformation.

Der Verwaltungsrat verabschiedete rasch einen Corporate-Governance-Kodex auf der Grundlage bewährter Praktiken sowie eine Reihe strikter Anforderungen, um die dunklen Wolken über der Tätigkeit der Bank in den vergangenen Jahren zu vertreiben. Diese Erfordernisse umfassten Integrität, Zuverlässigkeit, Sorgfalt, Professionalität und die strikte Einhaltung der besten Corporate-Governance-Standards und der sich ständig erweiternden Compliance-Anforderungen durch den Verwaltungsrat und alle Mitarbeiter, wobei es bei Verstößen keine Toleranz gab.

Da wir uns von zahlreichen Kunden trennen mussten, kam der neue Corporate-Governance-Kodex nicht überall gut an. Auf einer Hauptversammlung meinte ein Aktionär: »Herr Ackermann, Sie gefährden ja das Geschäft, wenn Sie sich von so vielen Kunden trennen.« Und ich erwiderte: »Ich bin froh, dass Sie das sagen, wir wollen das Geschäft nämlich sauber machen«.

Mit der Notierung der Bank an der Londoner Börse im Januar 2017 über eine in Irland gegründete und eingetragene Bank of Cyprus Holding musste die Bank gleichzeitig die einschlägigen regulatorischen Anforderungen und Governance-Kodizes von drei Ländern –

Irland, dem Vereinigten Königreich und Zypern – einhalten, die wohl zu den anspruchsvollsten der Welt gehören. Dieses Engagement und die strikte Einhaltung der besten Governance-Praktiken, Regeln und Vorschriften blieben von unabhängigen Beobachtern nicht unbemerkt. Die Bank of Cyprus wurde drei Jahre in Folge mit dem *World Finance Award* für die beste Corporate Governance in Zypern ausgezeichnet, und zwar für die Jahre 2017, 2018 und 2019. Darauf waren wir alle in der Bank sehr stolz.

Die Verwirklichung der Ziele der ersten Säule, die Neuausrichtung der Bank (Refocus) war eine besondere Herausforderung, konnte aber dennoch bis Mitte 2018 abgeschlossen werden. Ziel war es, die Bank von ihren riskanten Abenteuern in anderen Ländern zu befreien, die sich als sehr verlustreich und unsinnig erwiesen hatten (mit Ausnahme der britischen Tochtergesellschaft, die gute Ergebnisse erzielte und profitabel war), sodass die Geschäftsrisiken der Bank reduziert wurden. Man wollte sich stattdessen auf die Kerntätigkeit der Bank konzentrieren, nämlich die Betreuung ihrer Kunden in Zypern und die Erfüllung der Aufgaben der zyprischen Wirtschaft.

In kürzester Zeit veräußerte die Bank ihre Geschäfte in Griechenland, der Ukraine, Serbien, Rumänien und schließlich im Juli 2015 in Russland. Der Verkauf der russischen Tochtergesellschaft, der Uniastrum Bank, war bei weitem der komplizierteste und schwierigste, aber auch der wichtigste Schritt, um den Schaden und die Risiken zu begrenzen. Insgesamt hatte die Bank durch die Kosten für den ursprünglichen Kauf im Jahr 2008 und die anschließenden regelmäßigen Rückstellungen für faule Kredite rund 700 Millionen Euro für das Abenteuer Uniastrum Bank verschleudert und sie am Ende für nur einen Euro verkauft!

Die zweite Säule, die Sanierung der Bank, war mit Abstand die zeitaufwendigste und anspruchsvollste Aufgabe, insbesondere der Abbau des großen Bestands an NPEs. Die Wiederherstellung des Vertrauens war nach der Rettung des Instituts und dem damit verbundenen Verlust von Einlagen in- und ausländischer Anleger nicht einfach. Das Misstrauen gegenüber dem kompletten Finanzsektor war verständlich. Darüber hinaus führten der Rückgang der Wirtschaftstätigkeit und der Anstieg der Arbeitslosigkeit in den Jahren 2011 bis 2014 zu einem Abzug von Bankeinlagen, da die Bevölkerung versuchte, ihren Lebensstandard aus der Zeit vor der Krise so weit wie möglich beizubehalten.

Als sich die Konjunktur erholte und die Kapitalverkehrskontrollen Anfang 2015 aufgehoben wurden, stieg das Vertrauen in die Bank und die Einlagen nahmen zu. Die Rettungsaktion und die anschließende Rekapitalisierung in Höhe von einer Milliarde Euro ermöglichten es der Bank, die Mindestkapitalanforderungen mit einer geringen Marge zu erfüllen. Um ihre Kapitalposition in den Folgejahren zu erhalten und weiter zu verbessern, stützte sich die Bank vor allem auf die Erzielung operativer Gewinne und, was noch wichtiger ist, auf die Senkung des Niveaus ihrer Aktiva und deren Risikointensität. Darüber hinaus emittierte die Bank ab Januar 2017 erfolgreich eine kapitalerhöhende Tier-2-Anleihe in Höhe von 250 Millionen Euro zu einer zugegebenermaßen hohen Rendite. Da sich die Bonität und der Ruf der Bank in den folgenden Jahren jedoch verbesserten, konnten diese Anleihen zu allmählich sinkenden Kosten verlängert werden.

Die Zunahme der Kundengelder und die ausgehandelten Barrückzahlungen einiger umstrukturierter NPEs ermöglichten es der Bank, bis Januar 2017 all ihre ausstehenden ELA-Verpflichtungen gegenüber der EZB abzubauen, ein besonders wichtiger Meilenstein im Rahmen der Sanierung. Außerdem gelang es der Bank bis Mitte 2017, die regulatorischen Liquiditätsanforderungen zu erfüllen.

In diesem Zusammenhang ist anzumerken, dass das von der Regierung verfolgte kontroverse Passport Investor Incentive Scheme, das die Gewährung zyprischer Pässe an ausländische Investoren vorsah, die bereit waren, für fünf Jahre ohne Residenzpflicht 2,5 Millionen Euro in Zypern zu investieren (davon 0,5 Millionen Euro für den Kauf eines Hauses), eine bedeutende Rolle bei der Zuführung von Liquidität in die zyprische Wirtschaft und der Ankurbelung der Aktivitäten in den Bereichen Wohnungsbau, Immobilienentwicklung und professionelle Dienstleistungen spielte. Ein Teil dieser Kapitalzuflüsse schlug sich in höheren Einlagen und Kreditrückzahlungen durch die Kunden der Bank nieder.

Ich hielt dieses Programm jedoch immer für eine schlechte Idee und war über die weit verbreitete Werbung für dieses System auf dem Flughafen von Larnaca und in den großen Hotels in Nikosia und Limassol sehr erstaunt. Es ist einfach unpassend für ein EU-Land, seine Staatsangehörigkeit an den Meistbietenden zu verkaufen. Als Reaktion auf die scharfe Kritik der Europäischen Kommission wurde das Programm dann auch 2021 eingestellt.

Die Verringerung des ausstehenden Bestands an NPEs erforderte als dritte Komponente nicht nur die Zusammenarbeit mit den Kunden der Bank, sondern auch mit den zyprischen Behörden bei der rechtzeitigen Verabschiedung der entsprechenden Rechtsvorschriften und mit dem SSM bei der Überprüfung und Genehmigung der Strategien zur Umstrukturierung von Krediten und der einzelnen Geschäfte. Wie bereits erwähnt, hatten säumige Schuldner und die in Zypern weit verbreitete Kultur einer schlechten Zahlungsmoral erhebliche negative Auswirkungen auf die Bereitschaft von Kreditkunden, sich an die Bank zu wenden oder in gutem Glauben Verhandlungen über eine für beide Seiten vorteilhafte Umschuldung aufzunehmen.

Erschwerend kam hinzu, dass die Zyprer eine ungewöhnlich hohe Prozessbereitschaft an den Tag legten, die möglicherweise durch geschäftstüchtige Anwälte noch gefördert wurde. Zahlreiche Kreditnehmer, Altaktionäre und Anleihegläubiger reichten verschiedene Klagen gegen die Bank ein, um die Begleichung überfälliger Kredite zu verzögern und Sanierungsbemühungen zu behindern.

Glücklicherweise waren die innen- und außenwirtschaftlichen Entwicklungen im Großen und Ganzen hilfreich, um voranzukommen. Die Bank setzte auf einen konstruktiven Dialog mit dem Finanzministerium und den Behörden im Allgemeinen. Die Bemühungen der Regierung im Rahmen ihres Anpassungsprogramms zur Wiederherstellung der Haushaltsdisziplin und zur Wahrung der Finanzstabilität führten zu einem hohen Wirtschaftswachstum ab 2015 und zu einem Rückgang der Arbeitslosigkeit. Das Produktionswachstum im Euroraum erholte sich ebenfalls, und die Inflation blieb sehr niedrig und lag unter dem Zwei-Prozent-Ziel der EZB. Parallel dazu senkte die EZB ihre Leitzinsen auf null und die Einlagenzinsen bis 2021 auf ein negatives Niveau. Die niedrigen Zinssätze kamen vor allem den Kreditnehmern der Bank zugute, da sie die Zinskosten für Bankkredite senkten und den langwierigen Prozess des Abbaus der hohen Verschuldung der privaten Haushalte und Unternehmen erleichterten. Das Niedrigzinsumfeld half jedoch weder den Einlegern noch der Bank selbst, da sie begann, einen Liquiditätsüberschuss bei der EZB anzuhäufen.

Die Bank begrüßte nachdrücklich die Zusage der Regierung, unter dem Druck der Troika geeignete Gesetze für Zwangsvollstreckungen und Konkurse sowie für Kreditverkäufe und Kreditverbriefungen zu verabschieden. Diese Reformen waren von entscheidender Bedeutung für die Erleichterung der Umstrukturierung notleidender Bankkredite.

Diese wichtigen Gesetze wurden jedoch nach langen Verzögerungen, erheblichen Änderungen und Behinderungen eingeführt, die durch populistische Bestrebungen von Parlamentsmitgliedern ausgelöst wurden, um kleine Kreditnehmer und KMU zu schützen und die Zwangsvollstreckung von Privatwohnungen und Geschäftsräumen zu vermeiden. Das erschwerte die Bemühungen der Bank um die Umstrukturierung von Krediten und machte es erforderlich, dass ich als Vorsitzender des Verwaltungsrats und der CEO intensive Lobbyarbeit betrieben, insbesondere Mitte 2017, um die Verabschiedung der wichtigsten Verbriefungsgesetze zu erleichtern.

Letztendlich hat die Bank beträchtliche und beeindruckende Fortschritte bei der drastischen Senkung ihrer NPEs gemacht, einmal durch eigene Bemühungen und zweitens seit 2017 – durch innovative NPE-Verbriefungen und -Handelsgeschäfte – im Rahmen von Ausschreibungen mit renommierten ausländischen Finanzunternehmen, die auf den Umgang mit notleidenden Vermögenswerten spezialisiert sind. Ein verstärkter Dialog mit allen Kreditnehmern der Bank half dabei, sie von den gegenseitigen Vorteilen einer konstruktiven Lösung anstelle eines Rechtsstreits zu überzeugen. Die Bank bot ihren Großkunden maßgeschneiderte Umschuldungstransaktionen und ihren anderen Kreditnehmern aus den Bereichen Unternehmen, KMU und private Haushalte eine Reihe von Umschuldungsoptionen an.

Diese speziellen Angebote umfassten eine Kombination aus Unternehmensumstrukturierungen, neuen Krediten für rentable Projekte, Tausch von Schulden gegen Vermögenswerte (hauptsächlich Immobilien) und Schuldenerlass oder -abschreibung. Das zugrunde liegende Ziel bestand darin, alle potenziell lebensfähigen Unternehmen oder Unternehmensteile zu erhalten, die Wirtschaft zu stützen und unnötige Firmenschließungen sowie höhere Arbeitslosigkeit zu vermeiden.

Dieser Prozess führte auch dazu, dass die Bank ein großes Portfolio an Immobilienvermögen anhäufte, das sie im Laufe der Zeit mit einem gewissen Gewinn durch ihre spezialisierte Immobilienverwaltungseinheit zu veräußern begann. Die Bank wurde so zum größten Immobilienverkäufer in Zypern mit einem Vermögen von mehr als 1,5 Milliarden Euro. Die NPE-Transaktionen waren sogar noch innovativer und komplexer, trugen aber maßgeblich dazu bei, die Risikoreduzierung in der Bilanz zu beschleunigen. Der erste Handel wurde 2017 angekündigt und umfasste den Verkauf von NPEs im Wert von 2,7 Milliarden Euro. Insgesamt wurden die NPEs von ihrem Höchststand im März 2015 bis Ende 2018, dem letzten Jahr vor meinem Ausscheiden aus der Bank, kumulativ um 68 Prozent auf 4,8 Milliarden Euro reduziert.

Der Prozess des Abbaus notleidender Kredite erforderte nicht nur ein ausgeklügeltes Finanz-Engineering und hartnäckige Bemühungen der Mitarbeiter, sondern auch einen wesentlichen Beitrag der Anteilseigner der Bank, die einen Teil des Verlusts des Kreditvolumens und der aufgelaufenen Zinsrückstände auffangen und so die Last der Darlehensumstrukturierung mittragen mussten. Dieser Beitrag, der leider von der zyprischen Gesellschaft insgesamt nicht in vollem Umfang verstanden oder gewürdigt wurde, erfolgte in Form von beschleunigten Rückstellungen für notleidende und riskante Kredite. Der Verwaltungsrat hat in dieser Frage eine entschlossene und mutige Haltung eingenommen. Er beschloss, praktisch alle von der Bank erwirtschafteten operativen Gewinne sowie einen Teil des Kapitals der Aktionäre für Kreditrückstellungen zu verwenden, um die organischen Umstrukturierungen und den Handel mit NPE zu erleichtern und so die Kosten für die Kreditnehmer und den Verkaufspreis der Kredite bei NPE-Geschäften zu senken. Dies ist der Grund, warum das Finanzinstitut in den Jahren 2014 bis 2018 in jedem Jahr (mit Ausnahme einiger sehr bescheidener Nettogewinne im Jahr 2016) hohe Verluste nach Steuern und nach Abzug aller Rückstellungen und sonstiger Kosten für die Umstrukturierung von Schulden erwirtschaftete. Der Verwaltungsrat hielt dies für eine notwendige Maßnahme, um die Sanierung der Bilanz zu beschleunigen und die finanzielle Gesundheit rasch wiederherzustellen und gleichzeitig eine solide Grundlage für künftige Rentabilität und einen höheren Wert für die Investoren zu schaffen. Meine Kollegen im Verwaltungsrat und ich waren den Aktionären der Bank für ihr Verständnis und ihre Unterstützung für diese Position sowie für ihre Geduld bezüglich der Dividendenzahlungen und der Wertsteigerung ihrer Anlagen sehr dankbar.

Die dritte Säule betraf die ebenso anspruchsvolle, wenn auch für Außenstehende nicht so sichtbare Aufgabe des Wiederaufbaus der Bank. Dies erforderte verstärkte Anstrengungen zur Stärkung der Verwaltungsstruktur und des Personalmanagements, zum Aufbau eines effizienten Führungsteams, zur Verbesserung der

Effizienz und zur Stärkung und Diversifizierung der Erträge. Letzteres erforderte eine Konzentration auf die traditionelle Stärke der Betreuung von Privatkunden, KMU und Industrie. Außerdem mussten die Erträge aus dem Anlage-, Kreditkarten- und dem Versicherungsgeschäft gesteigert und neue Strategien wie die Kreditvergabe an die Schifffahrt und Konsortialkredite entwickelt werden. Vor dem Hintergrund der damals weltweit zunehmenden Nutzung von IT in der Finanzindustrie war die Steigerung der Effizienz der Bankgeschäfte mit der Einleitung eines weitreichenden Digitalisierungsprogramms verbunden.

Als ich die Bank 2019 verließ, waren die Arbeiten zur Umsetzung dieser Säulen bereits weit fortgeschritten, aber in einigen Bereichen noch nicht abgeschlossen. Mit einem Anteil von 33 bis 38 Prozent an den Bankeinlagen und der Kreditvergabe, insbesondere an den Unternehmenssektor, konnte sich die Bank schnell wieder als dominierendes Institut auf dem zyprischen Bankenmarkt etablieren. Ein durchschlagender Erfolg des neuen Geschäftsmodells der Bank blieb jedoch eine Herausforderung. Der nach wie vor hohe Bestand an notleidenden Krediten und der anhaltende Schuldenabbau im Unternehmens- und Haushaltssektor schränkten trotz der Erholung des Wachstums die Kreditnachfrage erheblich ein. Gleichzeitig warfen der wachsende Einlagenbestand und die damit verbundene Überschussliquidität bei der Zentralbank negative Renditen ab, so dass es nur begrenzte Möglichkeiten für andere Formen akzeptabler Bankanlagen gab. Insbesondere in der Zeit nach der europäischen Staatsschuldenkrise hielt die Bank ihr Engagement in Staatsanleihen bewusst auf einem bescheidenen Niveau. Die Bemühungen, mit der eher militanten Gewerkschaft einen neuen Tarifvertrag im Rahmen des bestehenden anachronistischen Arbeitsbeziehungsgesetzes auszuhandeln, erbrachten keine greifbaren Fortschritte, um eine leistungsabhängige Vergütung zu ermöglichen und automatische, pauschale Gehaltserhöhungen und Beförderungen zu vermeiden, wie sie im geltenden, aber ausgelaufenen Tarifvertrag vorgesehen waren. Im Gegensatz dazu bot die eingeführte IT-Umstellung der Bank viel langfristiges Potenzial.

Bei all ihren Bemühungen, ihre Corporate Governance zu verbessern und die Ziele ihrer Drei-Säulen-Strategie zu erreichen, musste die Bank sehr eng mit ihrer Aufsichtsbehörde, dem SSM der EZB, zusammenarbeiten. Als Kreditinstitut an der Peripherie des Euroraums und inmitten einer Finanz- und Bankenkrise musste die gesamte Bank, einschließlich des Verwaltungsrats und des obersten Führungsteams, den zunehmenden Anforderungen der neuen strengen Aufsichtsbehörde gerecht werden und schnell reagieren. Einmal im Jahr musste ich vor den SSM-Beamten in Frankfurt erscheinen, um eine Reihe von Maßnahmen und Strategien der Bank zu erläutern und zu begründen sowie Zusicherungen zu geben, dass die Bank alle verbleibenden Schwachstellen beseitigen und alle aufsichtsrechtlichen Anforderungen vollständig erfüllen würde. Der SSM neigte dazu, sehr gründlich, gelegentlich etwas detailliert, aber auch sehr anspruchsvoll und unnachgiebig zu sein.

Die Auseinandersetzung erfolgte laufend, aber auch formell durch die jährliche Bewertung und die Anweisungen des SSM, die im SREP-Bericht (Supervisory Review and Evaluation Process) detailliert dargelegt sind. Auch wenn dieser enge Dialog mit der Aufsichtsbehörde gelegentlich etwas frustrierend war, wurde er letztendlich vom Verwaltungsrat, von der Geschäftsleitung und den Mitarbeitern der Bank sehr geschätzt. In gewissem

Sinne stellte er für die meisten Mitarbeiter eine strenge Schulung am Arbeitsplatz dar und trug dazu bei, dass die Bank bei der Erreichung ihrer Ziele schneller vorankam. Der SREP-Bericht erwies sich auch für den Verwaltungsrat selbst als sehr nützlich, da er einige seiner eigenen Überwachungs- und Evaluierungsaufgaben ergänzte. Der Verwaltungsrat selbst wurde vom SSM beauftragt, bestimmte Aufgaben und Ziele zu erfüllen und regelmäßig über die erzielten Fortschritte zu berichten. Das war für uns alle eine neue und wertvolle Erfahrung.

In den letzten drei Monaten vor meinem Ausscheiden aus der Bank of Cyprus hatte ich gemeinsam mit dem Verwaltungsrat eine letzte bedeutende Aufgabe zu bewältigen. Es ging um die Wahl meines Nachfolgers und des neuen CEO. Ich hatte auf der Hauptversammlung 2018 angekündigt, dass ich die Bank im Mai 2019 verlassen würde. Damals gab ich auch bekannt, dass sich der Vorstandsvorsitzende John Hourican bereiterklärt hatte, für weitere zwei Jahre zu bleiben, um eine gewisse Kontinuität zu gewährleisten. Im März 2019 teilte John Hourican dem Verwaltungsrat jedoch mit, dass auch er in sechs Monaten aus familiären Gründen und wegen eines neuen Geschäftsvorhabens zurücktreten werde.

Nach der Hauptversammlung 2018 wurde eine intensive Suche nach einem geeigneten Kandidaten für meine Nachfolge als Verwaltungsratsvorsitzender eingeleitet, die in vollem Einklang mit dem Corporate-Governance-Kodex der Bank stand. Bei der Suche wurde eine kleine Anzahl potenzieller Kandidaten ermittelt. Ende Februar 2019 gab der Nominierungs- und Corporate-Governance-Ausschuss des Verwaltungsrats eine Empfehlung für die Ernennung von Takis Arapoglou als unabhängiges Verwaltungsratsmitglied ab, die vom gesamten Verwaltungsrat vorbehaltlich der Genehmigung durch die

EZB gebilligt wurde. Nachdem Takis Arapoglou auf der Hauptversammlung im Mai 2019 als Mitglied des Verwaltungsrats bestätigt worden war, wurde er vom wiedergewählten Verwaltungsrat zu dessen neuem Vorsitzenden ernannt.

Takis war ein seit vielen Jahren geschätzter Kollege und Freund von mir. Er ist griechischer Staatsbürger und verfügt über umfangreiche und reichhaltige Erfahrungen auf den internationalen Kapitalmärkten sowie im Unternehmens-, Handels- und Investmentbanking in Europa, dem Nahen Osten und Afrika. Er war langjähriger CEO der *National Bank of Greece* sowie Vorstandsmitglied und Vorsitzender mehrerer Finanz- und Handelsunternehmen. Außerdem war er mit den wirtschaftlichen und finanziellen Entwicklungen in Zypern und Griechenland bestens vertraut und kannte die Aufsichtsbehörden in Europa und anderswo.

Im März 2019 wurde auch eine gründliche Suche nach einem neuen CEO eingeleitet. Es gab eine Reihe von Kandidaten, darunter zwei Bewerber von außerhalb Zyperns und drei respektable und angesehene interne Kandidaten. Nach eingehender Prüfung und unter Berücksichtigung der Bedenken der leitenden Mitarbeiter kam ich zu dem Schluss, dass die Bank wieder von Zyprern geführt werden sollte, die das Vertrauen zurückgewonnen hatten und die nötige Erfahrung besassen, um das Institut voranzubringen. In diesem Zusammenhang stach einer der internen Kandidaten hervor, Panicos Nicolaou, der über alle erforderlichen technischen, Management- und Kommunikationsfähigkeiten verfügte. Nicolaou war ein junger aufstrebender Star innerhalb der Bank, mit einer unaufdringlichen Persönlichkeit, einer Ausbildung in den Bereichen Ingenieur- und Bankwesen und als Leiter der Abteilung Corporate Banking mit einer sehr erfolgreichen Bilanz bei der Bewältigung der Umstrukturierung von Unternehmenskrediten. In diesen Funktionen zeichnete er sich als effizienter Manager aus, der seine Aufgaben erfolgreich erledigte und gleichzeitig maßgeblich zur Stärkung der Geschäftsbeziehungen zu Großkunden beitrug. Mein Vorschlag wurde vom Verwaltungsrat und den Aktionären einstimmig unterstützt.

Am 14. Mai 2019, meinem letzten Tag im Amt, habe ich auf der Hauptversammlung in meiner letzten Rede vor den Aktionären die großen Fortschritte der Bank in den letzten Jahren hervorgehoben und mich für die Unterstützung des Verwaltungsrats, des Managements und der Mitarbeiter der Bank bedankt. Ich habe auch die Annehmlichkeiten Zyperns sehr genossen. Obwohl vieles erreicht worden war wusste ich, dass noch mehr Fortschritte nötig sein würden.

Ich zeigte mich zuversichtlich, dass die Bank mit Takis Arapoglou und Panicos Nicolaou an der Spitze über den richtigen Fahrplan und das richtige Team verfügt, um die verbleibenden Aufgaben im Rahmen der Drei-Säulen-Strategie vollständig zu bewältigen und eine nachhaltige Rentabilität zu erreichen, während sie gleichzeitig die Projekte ihrer Kunden und die zyprische Wirtschaft unterstützt.

Mit Genugtuung habe ich festgestellt, dass meine Erwartungen in den letzten Jahren voll und ganz erfüllt worden sind. Trotz der Herausforderungen durch die COVID-Krise hat sich die Bank von Zypern sehr gut entwickelt. Unterstützt durch die Erholung der Wirtschaft nach der COVID-Krise und die Anhebung der Leit- und Einlagenzinsen durch die EZB ist es der Bank gelungen, ihre NPEs auf vier Prozent aller Kredite zu reduzieren, ihre Kostenstruktur durch freiwillige Personalabgänge, Filialschließungen und eine bemerkenswerte Digitalisierung ihrer Geschäfte zu senken, einen akzeptableren Tarifvertrag mit ihrer Gewerkschaft zu unterzeichnen und neue Kredite in Rekordhöhe zu vergeben. Infolgedessen erzielte sie ein starkes Wachstum der Nettozinserträge, eine nachhaltige Rentabilität mit einer Eigenkapitalrendite von über elf Prozent im Jahr 2022 und eine starke Kapitalposition. Im April 2023 erhielt die Bank außerdem die Genehmigung der EZB zur Wiederaufnahme der Dividendenzahlungen an die Aktionäre, die auch von einer starken Erholung des Aktienkurses profitierten.

Rückblickend bin ich dankbar, dass ich fünf Jahre als Präsident der Bank von Zypern tätig sein durfte. Ich habe das Gefühl, in einer für die Bank und das Land sehr kritischen Zeit einen positiven Beitrag geleistet zu haben. Gerne erinnere ich mich auch an einzigartige Erlebnisse.

So traf ich im Mai 2017 im Rahmen der Europakonzerte die Berliner Philharmoniker unter der Leitung von Mariss Jansons in der zyprischen Hafenstadt Paphos. Ein spektakuläres Wiedersehen. Ein Open-Air-Konzert am Meer, sonnig und windig, mit Blick auf die byzantinische Burg – diesen Genuss kann ich jedem nur empfehlen.

Paphos ist noch für eine ganz andere Stätte weltberühmt, dem »Felsen der Aphrodite«. Die Legende besagt, dass der »Aphrodite's Rock« der Geburtsort der mythischen griechischen Göttin ist.

Bei meinem Abschied im Mai 2019 hatten meine Frau Pirkko und ich nochmal ein wunderbares Erlebnis. Auf einer Veranstaltung im Beisein des Präsidenten von Zypern, seiner Gattin sowie der politischen und wirtschaftlichen Prominenz Zyperns tanzte ich mit meinen Kollegen den Zorba-Tanz und sang mit Begleitung eines Orchesters mein griechisches Lieblingslied von Mikis Theodorakis: »Sto Perigiali to Kryfo«. Unvergessliche Momente.

Anekdoten

Persönliche Begegnungen

Bei all den Bekanntschaften, Gesprächen und Treffen über die Jahre fällt mir der Satz des französischen Schriftstellers Guy de Maupassant ein: »Es sind die Begegnungen mit Menschen, die das Leben lebenswert machen.« Wie wahr! So habe ich oft das Gespräch mit Menschen gesucht, die andere Meinungen vertreten haben. Meine Devise war stets: Dialog statt Ausgrenzung.

Im Laufe meines Lebens und nicht zuletzt dank meiner beruflichen Laufbahn hatte ich das ungemeine Glück, immer wieder berühmte Persönlichkeiten wie Regierungs- oder Staatschefs, Majestäten, Minister, Konzernlenker, Schauspieler oder herausragende Vertreter der kulturellen Szene in der ganzen Welt zu treffen. Ich war häufig überrascht, wie offen mir die Türen im Ausland als Chef der Deutschen Bank standen und welcher Zugang mir gewährt wurde. Dies ermöglichte Einblicke und Einschätzungen anderer Länder, Sitten und Gebräuche, Erwartungshaltungen und Außenperspektiven, ein Eintauchen in andere Welten und zwar vor Ort und aus erster Hand. Gerade Journalisten werden wissen, was ich meine. Primär-Gesprächspartner sind unerlässliche Informationsquellen, auch wenn man nicht alles wörtlich nehmen sollte.

Bei den meist geschäftlichen Meetings entstand auch die Möglichkeit, ganz persönliche Eindrücke von Menschen zu sammeln, die man sonst meist nur aus den Nachrichten im Fernsehen kennt, oft in kurzen Clips oder Statements, die zu irgendeinem Thema eine Kernaussage enthalten, aber nichts über die Person oder die Persönlichkeit aussagen. Einzelgespräche »One-on-One« erlauben ganz andere Einblicke. Lassen Sie mich ein paar Anekdoten und Episoden schildern, die mein Leben bereicherten und an die ich gerne zurückdenke.

Die eiserne Lady echauffiert sich

Ich erinnere mich an ein privates Abendessen mit der ehemaligen britischen Premierministerin Margaret Thatcher und ihrem Gatten Dennis Ende August 2001 kurz vor der Einführung des Euro. Ich war überrascht, wie emotional die »eiserne Lady« das Thema anging und wie harsch sie über Altkanzler Helmut Kohl und Deutschland herzog. Von den deutschen Regierungschefs hielt sie generell gar nichts. Nur Helmut Schmidt hatte sie beeindruckt.

Kohl dagegen bezeichnete sie als »Lügner« und wurde richtig emotional, unterstützt von ihrem Ehemann Dennis. Beide ereiferten sich, dass der Euro von der Bevölkerung nie akzeptiert werde. Die Leute werden »ihre D-Mark oder Lira behalten«, prophezeiten beide.

Ich hielt dagegen, dass die Euro-Einführung relativ glatt über die Bühne gehen und die Bürger die neue Währung recht problemlos annehmen würden. Das kam gar nicht gut an. Maggie Thatcher echauffierte sich geradezu und die Diskussion wurde richtig hitzig. Ihre Abneigung gegenüber Deutschland und deutschen Politikern fand ich frappierend.

Am nächsten Tag erhielt ich ein Schreiben, das wohl als eine Art Entschuldigung für ihr aggressives Auftreten am Vorabend gedacht war, aber lediglich das gute Essen und die sympathische Gesellschaft lobte. Thatcher schrieb mit ihrer eigenen unverwechselbaren Handschrift an Gastgeber Lord Levene: »Ich hoffe, dass unser ausgezeichneter und charmanter Gast die Diskussion nicht zu rigoros! fand. Bitte richten Sie ihm meine besten Grüße aus. Es ist schade, dass wir nicht häufiger solche Anlässe haben.« Sie unterschrieb den Brief mit »Bin in Eile.«

Später habe ich einen Insider gefragt, weshalb sie von Kohl so enttäuscht war. Er sagte mir – und ich habe dies nie nachprüfen können – dass der deutsche Altkanzler Maggie Thatcher einmal an seinen alljährlichen Urlaubsort am Wolfgangsee in Österreich eingeladen hatte, offenbar, um etwas Wichtiges zu besprechen. Sie folgte der Einladung, flog dorthin und traf Kohl. Doch der Kanzler meinte bereits nach kurzer Zeit, er müsse das Gespräch jetzt abbrechen. Er habe noch einen anderen wichtigen Termin. Da Thatcher einen späteren Abflugtermin arrangiert hatte, saß sie noch eine Weile fest und ging spazieren. Während sie ihre Runde drehte, entdeckte sie in einem berühmten Café Helmut Kohl beim Kuchen essen. Seit diesem Zeitpunkt war das Verhältnis getrübt.

Thatchers Privatsekretär Charles Powell hat kürzlich in einer Fernsehdokumentation meine Einschätzung bestätigt. Maggie habe ihn einmal gefragt, ob er wisse, was das Problem mit Bundeskanzler Kohl sei? Als Powell verneinte, meinte die damalige Premierministerin: »The problem with the chancellor is – he is a German.«

Margaret Thatcher betrachtete die Wiedervereinigung mit großer Skepsis, aus Sorge um den Reformprozess in Osteuropa und ein zu mächtiges Deutschland. Bei einem Treffen mit Frankreichs Staatspräsident François Mitterand im Dezember 1989 hatte sie ihm zugezischt: »Zweimal haben wir sie geschlagen, jetzt sind sie wieder da.« Das hat ihr Kohl übelgenommen, weil er der Auffassung war, man sollte ihm vertrauen. Margaret Thatcher zu treffen war immer ein »Wechselbad der Gefühle«, hat der Altkanzler einmal verraten, aber sie hat mit »offenem Visier« gekämpft.

Helmut Kohl habe ich mehrfach getroffen. So bei einem *Bild*-Sommerfest in Berlin, als er gesundheitlich bereits ziemlich angeschlagen war. Er saß etwas abseits auf einem Gartenstuhl und ich ging zu ihm hinüber, um ihn zu begrüßen. Wir plauderten ziemlich lange und ich wollte mich gerade zurückziehen, als er mich bat, doch noch zu bleiben. Seine Begründung: »Sonst kommt noch irgendein lästiger Armleuchter daher und langweilt mich.« So blieb ich sitzen, hielt für den Altkanzler den Teller mit den Häppchen und es kam eine nette Runde, unter anderem mit Springer-Chef Mathias Döpfner, zustande.

Auch die damalige Bundeskanzlerin Angela Merkel schaute vorbei. Mit Helmut Kohl kam ich gut zurecht, auch wenn Banken und Finanzmärkte nicht sein Spezialgebiet waren. Beeindruckt hat mich immer wieder seine Europa-Vision und sein tiefes Geschichtsbewusstsein.

Der »Kanzler der deutschen Einheit« hat mich später in sein Haus nach Ludwigshafen eingeladen, war damals aber schon sehr krank und saß im Rollstuhl, als Folge eines schweren Sturzes 2008. Seine Frau Maike kochte für uns und das Essen musste krankheitsbedingt zwischendurch unterbrochen werden. Es war sehr schwer, ihn zu verstehen, weil auch sein Sprachfluss stark eingeschränkt war. Wenn er redete, konnte ich manchmal nur anhand der Lippenbewegungen erraten, was er sagen wollte. Ich wusste, dass er unwirsch reagierte, wenn er nicht verstanden wurde. Ich rettete die schwierige Situa-

oben Am ersten Schultag
Mitte Das Elternhaus in Mels
unten Mutter Margrith und Vater Karl mit den Kindern Karl, Daniel und Josef (2. von rechts)

oben Mit Großmutter Katharina
Mitte Als Jung-Banker
bei der Hausarbeit
unten Beim Musizieren
mit Bruder Daniel

oben Zu Besuch in Venedig
unten links Bei seiner sportlichen Lieblingsdisziplin, dem Sperrwerfen
unten rechts Als Oberst beim Militär

oben Mit Ehefrau Pirkko und Tochter Catherine, 2008
Mitte Mit Tochter Catherine auf der Fähre nach London, 1986
unten Mit Ehefrau im Skiurlaub

Auszeichnung zum Schweizer Wirtschaftsführer 2002 mit Gattin Pirkko und Laudator Hans J. Bär

CS FIRST BOSTON
&
CREDIT SUISSE
62
5
72
ATOMIC
asics

2
MAGNETI MARELLI
FIAT
FedEx
FedEx
BRIDGESTONE
BRIDGESTONE

links oben Mit Franz Klammer (links) und Franz Weber
links unten In der Firmenzentrale von Ferrari im Formel-1-Boliden von Michael Schumacher
oben Abseilen auf eine Fregatte der deutschen Marine
rechts Im Hubschrauber auf dem Weg zu einem Besuch der Bundesmarine

links oben Mit der damaligen Bundeskanzlerin Angela Merkel beim Bankentag
links unten Mit dem ehemaligen UNO-Generalsekretär Kofi Annan
rechts oben Bei einer Fragerunde mit Journalisten
rechts unten Im Gespräch mit Studenten in Berlin

n-tv
N24
REUTERS
N24

oben Das Ehepaar Ackermann beim Presseball 2006 mit Petra Roth und Roland Koch
Mitte Abschiedseinladung von Gabriele Henkel mit Harald Schmidt, 2012
unten Empfang beim Maharana von Udaipur

oben Beim Bild-Sommerfest mit Altkanzler Helmut Kohl
unten Mit dem ehemaligen Präsidenten der Volksrepublik China Jiang Zemin

Opening Dinner & Special Tribute to
Dr. Josef Ackermann
30 years IIF
INSTITUTE OF INTERNATIONAL FINANCE

links oben Verabschiedung vom IIF in Kopenhagen, 2012
links unten Im Gespräch mit Angela Merkel
oben Mit dem damaligen US-Präsidenten Bill Clinton in Davos
Mitte Mit dem Ehepaar Bush (sen.) sowie
unten Michail Gorbatschow und Friede Springer beim 20-jährigen Jubiläum des Mauerfalls in Berlin

links oben Mit König Carl XVI. Gustaf von Schweden
links Mitte Mit Prinzessin Anne anlässlich der Ernennung »Bank of the Year«
links unten Mit König Philippe von Belgien
oben Zu Gast in der Parteizentrale der SPD in Berlin
rechts Besuch beim Entdecker der Terrakotta-Armee im chinesischen Xi'an

oben Mit der ehemaligen Direktorin des IWF Christine Lagarde
links Börsengang der Bank of Cyprus in London, 2017, mit CEO John Hourican (links)

Auszeichnung zum European Banker of the Year, 2009

oben Mit den Assistentinnen Christina Lehmann, Kerstin Thoma, Anke Leise, Emmanuelle Beunis (v. l. n. r.) im Tessin
unten Taufe des von Josef Ackermann gestifteten Ruderbootes für Olympiasiegerin Kathrin Boron (2. von links)

Mit Gattin bei der Verleihung des Global Leadership Awards, 2010, in Washington

oben Gesangseinlage im Quintett in der New Yorker Met mit Sopranistin Ruth Ann Swenson
Mitte Mit der Starsopranistin Anna Netrebko
unten Mit Startenor Placido Domingo und Gattin sowie Cecile Zilkha (Mitte)

oben Mit dem damaligen Chefdirigenten der Berliner Philharmoniker Sir Simon Rattle
unten Im Gespräch mit Startenor Luciano Pavarotti

oben Als Zünfter beim traditionellen Zürcher Sechseläuten
links Genuss nach getaner Arbeit
rechts oben Mit Ehefrau Pirkko auf der Queen Mary 2, 2023
rechts unten Bootsfahrt vor Helsinki

MERCURY
AIGLE

oben Über den Dächern von Frankfurt am Main
rechts »Leistung aus Leidenschaft«, einer der Leitsprüche Josef Ackermanns

tion, indem ich immer wieder ein »Ja, ja, Sie haben recht, ein großes Thema« einflocht. Seine Frau sagte hinterher: »Herr Ackermann, ich fand es bewundernswert, wie gut sie ihn verstanden haben.« Es war eine schwierige und heikle, aber menschlich sehr berührende Situation.

Zu Angela Merkel habe ich bereits im Kapitel über die Finanzkrise einige Beobachtungen geteilt. Sie war zweifelsohne eine der entscheidenden Partner während der Finanz- und Eurokrise. In den dramatischen Stunden bei der Rettung der HRE standen wir nicht nur in engem Austausch, sondern haben den gordischen Knoten durchschlagen, wenn auch erst in letzter Minute.

Ich darf sagen, dass die Kanzlerin stets bemüht war, die Dinge zu verstehen und den Sachverhalten auf den Grund zu gehen. Sie hat in unseren Gesprächen und Telefonaten immer Fragen über Fragen gestellt. Sie war sicher eine der Politikerinnen, die am kompetentesten wirkten, weil sie sich immer eingehend in die entsprechende Materie eingearbeitet hat. Merkel hat in der Finanzkrise einen guten Job gemacht. Und sie wollte nachvollziehen, wieso es so weit kommen konnte. Sie wollte verstehen, weshalb die Banken und die Finanzbranche das Problem nicht rechtzeitig erkannt hatten. Wir haben darüber viele Gespräche geführt.

Ich erinnere mich noch gut an eine Einladung nach Schloss Meseberg in Brandenburg. Es ist Gästehaus und Klausurtagungsort der Bundesregierung. Eineinhalb Tage lang tauschten wir uns mit Mitarbeitern ihres Stabes über globale Themen aus. Ich berichtete von meinen Reisen in verschiedene Länder und schilderte meine Eindrücke und Einschätzungen, insbesondere zu den wirtschaftlichen Entwicklungen.

Mit dabei waren neben der Kanzlerin ihr Wirtschaftsberater und spätere Bundesbankpräsident Jens Weidmann,

Regierungssprecher Ulrich Wilhelm, Merkels Gatte Joachim Sauer, meine Frau und ich.

Bei einer Feier zu meinem 60. Geburtstag in der Münchner Residenz am 1. März 2008 war Merkel leider zeitlich verhindert. Es war ein großartiges Fest.

Bayerns damaliger Ministerpräsident Günther Beckstein hatte uns ausnahmsweise das Antiquarium in der Münchner Residenz überlassen, das Dinner wurde im Kaisersaal serviert. Beckstein begrüßte das internationale Publikum auf englisch, Roland Berger hielt die Laudatio.

Das Opernhaus Zürich unter Leitung von Alexander Pereira präsentierte Ausschnitte aus der »Fledermaus« mit Startenor Neil Shicoff von der Metropolitan Opera in New York. Shicoff, der sich als Darsteller selbst den Titel »Al Pacino der Oper« verpasst hat, gilt als der begabteste amerikanische Tenor seiner Generation.

Danach setzte sich Udo Jürgens an den Flügel und lieferte einen Hit nach dem andern ab. Wer kennt sie nicht? »Griechischer Wein«, »Aber bitte mit Sahne«, »Mit 66 Jahren« – seine Titel sind heute Volkslieder. Entsprechend großartig war die Stimmung unter den rund 300 Gästen, von Altbundespräsident Roman Herzog, Ministerpräsident Roland Koch, Hubert Burda, Maria Furtwängler, den US-Mäzenen Mercedes und Sid Bass, Hans Christoph Binswanger bis hin zu Charles Dallara.

Und zu unserer Überraschung und Freude traten zu später Stunde die frühere Bundespräsidentschaftskandidatin Dagmar Schipanski und ihr Gatte als Gesangsduett mit einem sehr persönlich gehaltenen Text auf.

In meiner kurzen Ansprache dankte ich allen Anwesenden für ihre jahrelange Unterstützung und beruhigte die Gäste: »Keine Angst wegen der Spesenabrechnung – dies ist eine private Einladung.«

Eine Zigarre gefällig?

Mit Altkanzler Gerhard Schröder kam ich ebenfalls mehrfach zusammen. Schröder konnte sehr charmant sein. Als ich mit einer Wirtschaftsdelegation nach Berlin reiste, machten wir uns nach den heftigen Auseinandersetzungen zwischen Washington und Berlin zum Irakkrieg große Sorgen um die transatlantischen Beziehungen. Wir wurden im Kanzleramt empfangen. Schröder hatte mit seinem Mantra: »Solidarität Ja – Abenteuer Nein« dem Drängen des damaligen US-Präsidenten George W. Bush, am Irakkrieg teilzunehmen, ein deutliches Nein entgegengeschleudert. Deutsche Unternehmen befürchteten daher erhebliche Nachteile in den USA.

Schröder empfing uns in seinem Arbeitszimmer und fragte als Erstes, ob wir eine Zigarre rauchen möchten. Dann schnitt er persönlich für alle Aficionados eine Havanna zurecht und sagte: »Ich weiß, Ihr seid nicht zufrieden, aber Ihr müsst verstehen: Deutschland muss seinen eigenen Weg finden. Und wir können nicht immer nur das tun, was die Amerikaner von uns erwarten.«

Innerhalb von zehn Minuten hatte er es geschafft, die Skeptiker und Kritiker in unserer Delegation auf seine Seite zu ziehen und alle vorherigen Absprachen vergessen zu machen. Für mich war das ein klares Indiz, dass der Respekt vor dem Amt des Bundeskanzlers sehr ausgeprägt ist. Das gilt auch in anderen Ländern für den jeweiligen Regierungschef.

Schröder hatte zweifelsohne Charisma und glänzte gerne in der Rolle des »Mannes von Welt«. Seinen Spitznamen »Genosse der Bosse« erhielt er, weil er sich gerne in Brioni-Anzügen und Cohiba rauchend ablichten ließ und enge Kontakte vor allem zur Automobilindustrie pflegte.

Seine spezifische Männerfreundschaft mit Russlands Präsident Wladimir Putin, sein persönlicher Einsatz für den Bau der Nord-Stream-2-Pipeline sowie seine Aktivitäten und lukrativen Spitzenjobs für russische Energiekonzerne nach seinem Ausscheiden aus dem Kanzleramt sind nicht erst seit dem Ukraine-Krieg höchst umstritten. Dass er sich nie von Putin distanziert hat, nehmen ihm auch in der eigenen Partei viele übel. Ein Altkanzler im Dienste des Kreml, das hatte es noch nie gegeben. Seine Freundschaft zu Putin ist seit dem Angriffskrieg gegen die Ukraine noch fragwürdiger, zweifelhafter und suspekter geworden.

Stichwort Wladimir Putin. Den »starken Mann« Russlands konnte ich ebenfalls mehrere Male treffen, auch unter vier Augen. Das war allerdings Jahre vor dem Ausbruch des Angriffskriegs gegen die Ukraine und der »Zeitenwende«. Die Gespräche waren stets sachbezogen. Putin war sehr gut informiert. Mein Eindruck war, dass er ein echtes Interesse an Hintergrundinformationen und Einschätzungen hatte. Er war freundlich und höflich. Keine harte Kritik oder Beschimpfungen des Westens, wie sie sich in den letzten Monaten häufen.

Einmal fragte er mich, was meiner Meinung nach sein größter Wunsch wäre. Ich antwortete, das wisse ich nicht. Er sagte dann, sein größter Wunsch sei es, dass sein und mein Land das Finale der Fußball-Europameisterschaft bestreiten würden. Das hatte er wohl ehrlich gemeint, aber bestimmt nicht die Schweizer Nationalmannschaft im Kopf, sondern die deutsche Nationalelf. Der Traum vom Finale 2008 platzte jedoch, als die russische Nationalmannschaft im Halbfinale gegen Spanien ausschied.

Auf einer Konferenz in Berlin, die Putin besuchte, war ich zu einem Panel eingeladen. Ich sagte damals, dass es zwischen Deutschland und Russland nie mehr zu einem

Krieg und Millionen von Toten kommen dürfe. Der ganze Saal applaudierte. Auch Putin, der neben mir saß. Später bot er mir den Vorsitz im russischen Staatsfonds, dem Sovereign Wealth Fund, an. Ich lehnte höflich ab.

Putin ist heute ein Rätsel für mich. Es ist wahrlich erschütternd, in welch kurzer Zeit sich die Vorzeichen, die Ausrichtung, die strategischen Ziele verändert und wie militaristische Mittel und kranke Methoden wie perverse Giftattentate überhandgenommen haben. Russland ist ein brutaler Aggressor geworden. Ein Überfall auf ein Nachbarland, einen souveränen Staat, ein Brudervolk. Eine »Spezialoperation«? Es ist ein barbarischer Krieg. Das bedeutet Tod, Verderben und Zerstörung. Unfassbar.

Putin ist daher eine bittere Enttäuschung für mich. Ich hatte wie viele andere daran geglaubt, dass direkte Kontakte und Dialog Russland zu einem Teil Europas machen. Und das europäische Haus erweitert wird. Haben wir uns alle täuschen lassen? Haben alle versagt?

Ich teile nicht die Auffassung all jener Kritiker, die suggerieren, dass die gesamte Ostpolitik, die wirtschaftliche Öffnung, Verflechtung und Energiepolitik Ausdruck eines Totalversagens der Europäer oder des Westens sind. Gerade Deutschland hat dank der Entspannungspolitik und dem klugen Entgegenkommen die Wiedervereinigung erreicht. Ein einzigartiges positives historisches Ereignis. Das war dem damaligen russischen Präsidenten Michail Gorbatschow zu verdanken. Auch die zwischen Washington und Moskau ausgehandelten beiden Abrüstungsverträge START 1 und START 2 mit dem Abbau von Interkontinentalraketen und Obergrenzen für atomare Sprengköpfe auf beiden Seiten samt Verifikationsmaßnahmen waren ein Riesenerfolg. Dass Gorbatschows Nachfolger, Boris Jelzin, ausgerechnet einen KGB-Mann zu seinem »Erben« machen würde, war weder absehbar noch berechenbar. Mein Eindruck von damals hat sich leider bestätigt. Für Putin ist Machtpolitik wichtiger als Wirtschaftspolitik.

Völlig abschließend mag und kann ich das Thema Russland nicht beurteilen, weil zu viele Dinge im Fluss sind, zu viele Faktoren mit hineinspielen und niemand die Zukunft kennt. Die Ursachen des aktuellen Konflikts werden Historiker noch lange beschäftigen.

Klar ist aber, dass sich die geostrategische Lage aufgrund drastischer Verschiebungen gravierend verändert hat. Der Aufstieg Chinas zur Weltmacht, neue Staaten wie Indien, die nach vorne drängen, ein Tech- und Chip-Krieg zwischen den USA und China, massive Aufrüstung, Wettlauf im All, riesige Flüchtlingsströme, endlose Cyberattacken weltweit und gewagte Grenzüberschreitungen im Bereich Künstliche Intelligenz stellen enorme Herausforderungen dar. Dass wir wieder einen Krieg im Osten Europas erleben, hatten nur wenige auf dem Radarschirm.

Ein chinesischer Staatsmann zitiert Goethe

Als neuer CEO der Deutschen Bank war es mir ein Anliegen, in jene Länder zu reisen, in denen unser Finanzinstitut stark engagiert war. Die VR China gehörte auf alle Fälle dazu. Bei einem Treffen mit dem damaligen Staatspräsidenten Jiang Zemin in Peking war ich bass erstaunt, als mich der Gastgeber auf deutsch begrüßte und fehlerfrei aus Goethes »Faust« zitierte. Offenbar hatte man gut über mich recherchiert.

In unserem Gespräch per Dolmetscher ging es dann um Marktwirtschaft und Kommunismus. Ein Thema war unter anderem eine Definition des Kommunismus. Wie aufmerksam Jiang dem Dialog folgte, bemerkte ich schnell, als er die Übersetzerin sofort korrigierte, um mir auf deutsch eine präzisere Antwort zu geben. Das geschah mehrfach. Er verabschiedete sich auf englisch und glänzte mit seinen Shakespeare-Kenntnissen.

Als er zu einem Staatsbesuch in Deutschland weilte, organisierten wir in der Berliner Niederlassung der Deutschen Bank ein Dinner. Jiang bestand darauf, seine Tischrede in deutscher Sprache zu halten. Ich muss gestehen, dass alle Gäste froh waren, den Redetext auch schriftlich vorliegen zu haben. Es war dieses Mal nicht ganz einfach, ihm zu folgen. Doch die gute Absicht war unverkennbar. Und das Publikum verstand die Geste. Seine Deutschkenntnisse soll Jiang als Werkstudent bei Daimler erworben haben. Einen Kollegen aus dieser Zeit hatte er nach Berlin eingeladen.

Auch Wang Qishan, der ehemalige Bürgermeister von Peking, jahrelanges Mitglied des Politbüros der KP Chinas und spätere Vizepräsident, zählte zu meinen regelmäßigen Kontakten. Wir pflegen sogar eine freundschaftliche Beziehung. Zu jedem Neujahrsfest schickt er mir eine Karte. Bei all meinen China-Reisen über die Jahre trafen wir uns immer wieder, natürlich mit Dolmetscher. Als ehemaliger Direktor der *China Construction Bank* war er auch an finanzpolitischen Themen interessiert. Wir diskutierten recht offen. Während der Finanzkrise warf er dem Westen Versagen vor, China habe es besser gemacht. Wang wies auch darauf hin, dass es in China sehr wohl intensive und auch heftige innenpolitische Debatten in unterschiedlichen Gruppen und Fraktionen gibt. Wenn aber die Parteispitze entschieden hat, gilt das auch, und alle halten sich an die Sprachregelung.

Bei einem Besuch in Frankfurt zeigte er mir, wie er bei der Abschlussfeier der Olympischen Sommerspiele in Athen 2004 die olympische Fahne für die nächsten

Spiele in Peking übernehmen und heftig schwenken würde. Er war mächtig stolz.

An einem Sonntagabend überraschte er meine Frau und mich nach unserer Ankunft in Peking mit einem Geschenk und überreichte uns bei einem gemeinsamen Abendessen einen Korb frischer Kirschen mit den Worten »Ich habe die Kirschen für Euch im Cherry Valley von Zhengzhou gepflückt.«

Ob das stimmte oder nicht, war unwesentlich. Die freundliche Geste unterstrich die guten Beziehungen und war Ausdruck eines hohen Niveaus chinesischer Gastfreundschaft.

Dauergast in Washington

In Washington und New York war ich gewissermaßen Dauergast, einmal wegen der turnusmäßigen Frühjahrs- und Herbsttagungen von Weltbank und Internationalem Währungsfonds in der US-Hauptstadt, außerdem als Chef des Weltbankenverbands IIF (siehe Kapitel IIF). Da New York City der größte und wichtigste Finanzplatz der Welt ist und wir in Manhattan eine bedeutende Niederlassung haben, waren regelmäßige Termine an der Wall Street ganz selbstverständlich.

In Washington hatte ich es direkt mit zwei amerikanischen Präsidenten zu tun. Da war Bill Clinton, der einem nach zehn Sekunden den Eindruck vermitteln konnte, dass man die bedeutendste Person in seinem Umfeld und seit Jahrzehnten sein bester Freund sei. Bei der Überreichung des *Global Business Leadership Award* an General James Mattis, U2-Sänger Bono und mich im April 2010 durch die Denkfabrik *Atlantic Council*, hielten er und der frühere US-Verteidigungsminister Chuck Hagel die Laudatio.

Bei US-Präsident George W. Bush fiel mir auf, dass das von ihm in den Medien breit gezeichnete Bild als unbedarfter oder begriffsstutziger Politiker geradezu klischeehaft war und vom persönlichen Eindruck komplett abwich. Bush war keineswegs einfältig oder naiv, keiner, der über Namen stolperte und keine Ahnung hatte. Er war vielmehr ausgesprochen gut informiert und redegewandt, eine Einschätzung, die auch Ex-US-Finanzminister Hank Paulson mit mir teilt.

Henry Kissinger hatte mir bereits zuvor gesagt: »Der Mann ist sehr intelligent, wird in der Berichterstattung weit unterschätzt und falsch dargestellt.« Genau diesen Eindruck hatte ich bei unserem Treffen. Es war Hank Paulson, der mich Bush witzigerweise vorstellte als den »einzigen Europäer, der ihn – Bush – gewählt hätte«.

Bush fragte mich bei diesem Treffen, welches Land für mich das »größte finanzielle Risiko« darstelle. Ich antwortete: »Die Vereinigten Staaten!« Er war völlig perplex und wollte wissen, »wieso«? Ich sagte daraufhin: »Wegen der hohen Rechtskosten.« Bush musste lachen und meinte schmunzelnd: »Dann machen Sie mal einen Vorstoß in diese Richtung. Meine Unterstützung haben Sie.« Doch Bush wurde schon bald von Barak Obama als US-Präsident abgelöst und das Thema hatte sich erledigt, leider in die falsche Richtung. Denn insbesondere zu Beginn seiner Amtszeit zeigte Obama der Wirtschaft und insbesondere Finanzinstituten gegenüber eine äußerst kritische Haltung.

Rechtskosten in den USA haben es in sich. Laut *Statista* gaben im Jahre 2015 große Firmen 19,3 Milliarden USD für rechtliche Auseinandersetzungen aus, 2021 lag die Summe bei 23,7 Milliarden USD. Der Markt für juristische Dienstleistungen hat ein Gesamtvolumen von 347 Milliarden USD erreicht. Gerichtsverfahren sind komplex, aufwendig und aberwitzig teuer. Materialschlachten sind nicht selten und die Kosten enorm.

Gemäß dem Clio 2022 *Legal Trends Report* lag das Durchschnittshonorar eines US-Anwalts bei 313 USD pro Stunde, doch Spezialisten können mehrere tausend Dollar pro Stunde verlangen. Die Klagewut in den USA und der Einsatz des Rechtssystems als Waffe haben dazu geführt, dass US-Bürger immer mehr das Vertrauen in die Justiz verlieren, eine gefährliche Entwicklung, die an Fahrt gewinnt.

Meine Kontakte mit Henry Kissinger zählen zu den vortrefflichsten Erfahrungen. Heinz Alfred Kissinger, geboren 1923 in Fürth, war eine außenpolitische Legende, bewundert, aber auch umstritten. Er galt als Vertreter einer harten Realpolitik, setzte sich aber auch für Entspannung während des Kalten Kriegs bei den ersten Abrüstungsverhandlungen ein. Er war in der Nixon-Administration ab 1968 Nationaler Sicherheitsberater und in den 1970er-Jahren US-Außenminister. 1972 hatte Kissinger die historische China-Reise von US-Präsident Richard Nixon eingefädelt, damals eine Sensation.

Kontrovers ist sein Verhalten im Vietnamkrieg als er das neutrale Kambodscha und Nordvietnam bombardieren ließ und dies dem US-Kongress verheimlichte. 1973 gelang ihm aber mit dem nordvietnamesischen Verhandlungspartner Le Duc Tho das Pariser Friedensabkommen, das zu einem Waffenstillstand führte. Beide erhielten dafür den Friedensnobelpreis.

Mit Henry Kissinger zu reden hatte immer etwas Faszinierendes. Mit seiner knarrenden Stimme, seinem Wissen und seinen hochkompetenten sicherheitspolitischen Analysen waren seine Einschätzungen hochwillkommen. Seine globale Perspektive war formidabel. Er war stets daran interessiert, wie man Deutschland und die Bundesregierung zu beurteilen hat. Als er mich einlud, mit ihm als Partner in seine Beratungsfirma »Kissinger Associates« einzusteigen und zusammenzuarbeiten, fühlte ich mich sehr geehrt. Leider hatte ich bereits für andere Aufgaben zugesagt.

Henry Kissinger war ein Phänomen. Der *Tages-Anzeiger* nannte ihn »den Unvergänglichen«. Es gebe in der Geschichte der Menschheit nicht viele Hundertjährige, deren »Arbeitsgebiet vom Wiener Kongress über die thermonukleare Vernichtung bis hin zur Revolution der künstlichen Intelligenz reicht«, hieß es in einer Würdigung, einen Erzrealisten habe man ihn immer wieder genannt, den »Machiavelli der Moderne«.

Am 29. November 2023 ist Henry Kissinger in Connecticut im Alter von 100 Jahren gestorben. Noch im vergangenen Jahr hatte er an zwei neuen Büchern gearbeitet, unter anderem über Künstliche Intelligenz, und gab dem britischen Wirtschaftsmagazin *Economist* ein achtstündiges Interview, das unter dem Titel erschien: »Wie man den Dritten Weltkrieg verhindern kann«. Dabei ging es primär um die Konfrontation zwischen den USA und der VR China. Kissinger verglich die aktuelle Lage mit der Situation vor dem Ersten Weltkrieg und warnte, dass beide Seiten kaum zu Konzessionen bereit sind und jede Störung des Gleichgewichts »katastrophale Konsequenzen« haben kann. Zur Künstlichen Intelligenz bemerkte er, dass »wir am Anfang einer Fähigkeit stehen, wo Maschinen eine globale Seuche oder andere Pandemien verbreiten könnten«. Und Kissinger ergänzte: »nicht nur nuklear, sondern in jedem Bereich menschlicher Vernichtung«.

Bundesaußenminister Guido Westerwelle lernte ich persönlich kennen und schätzen. Ich erinnere mich an ein Zusammentreffen in der Berliner Villa Borsig, die als Gästehaus sowie als Aus- und Fortbildungsstätte des Auswärtigen Amtes dient. Es waren Fußballspieler und andere Sportler, Schauspielerinnen, Politiker sowie meine Frau und ich dabei und es war ein ausgesprochen geselliger Abend.

Ich habe es mehrfach bedauert, dass solche Anlässe in Deutschland häufig kritisiert werden, obwohl derartige Veranstaltungen in der ganzen Welt gepflegt werden. Der Versuch, die unterschiedlichsten Persönlichkeiten aus ganz verschiedenen Bereichen zusammenzuführen, ist ausgesprochen konstruktiv und bringt eine Gesellschaft voran. Und zwar dann, wenn es nicht nur beim »Small Talk« bleibt, sondern Profis und Experten über ihre Erfahrungen, Sorgen und Nöte berichten. In den USA haben wir diese Erfahrungen sehr genossen. Jeder Ansatz, der das Berufskastendenken und Weltfremdheit im eigenen Elfenbeinturm aufbricht, ist zu begrüßen.

Ganz großes Vorbild war in dieser Hinsicht die langjährige Frankfurter Oberbürgermeisterin Petra Roth. Die CDU-Politikerin regierte »Mainhattan« nicht nur bemerkenswerte 17 Jahre, sondern repräsentierte Frankfurt am Main als liberale und weltoffene Stadt. Es war Petra Roth, die wiederholt Politiker, Wirtschaftsvertreter und Kulturschaffende zusammenbrachte und Diskussionen initiierte. Man lernt so viel aus interdisziplinären Gesprächen.

Petra Roth war Fußballfan und einmal ging ich mit ihr ins Stadion von Eintracht Frankfurt. Nach dem gewonnenen Eintracht-Spiel überreichte sie mir ihren Fan-Schal als kleines Andenken. Auch ein Eintracht-Trikot mit der Nummer 1 hängt bei mir im Schrank. Vor dem Spiel frotzelte sie, ich solle bloß kein Victory-Zeichen machen, sonst würde dieses Foto in allen Zeitungen landen.

Petra Roth hat sich immer für »ihre Frankfurter« eingesetzt, sei es beim Weltwirtschaftsforum in Davos, wo stets eine Delegation präsent war oder bei einem Auftritt in New York 2007, als sie bei der Verleihung des *Herbert H. Lehman Human Relations Award* des American Jewish Committee an mich die Laudatio hielt.

In Hessen war Ministerpräsident Roland Koch so ziemlich allgegenwärtig. Mit ihm habe ich viele vertrauliche und sehr offene Gespräche geführt. Ob in einem Büro oder beim Umtrunk in den Weinbergen Hessens. Er ist ein blitzgescheiter Politiker und seine Analysen zur politischen Lage zählten zu den besten Beurteilungen. Und ich schätze sehr, dass man sich auf ihn verlassen kann. Bei unseren Treffen gewann ich den Eindruck, dass er seine ehrliche Meinung kundtat, was man nicht von allen Politakteuren sagen kann.

Ich habe mich manchmal gefragt, was gewesen wäre, wenn Koch Bundeskanzler geworden wäre. Eine hypothetische Frage, ganz gewiss. Als ich Koch gleichwohl fragte, meinte er: »Ich bin nicht fotogen genug.« Da hat er geflunkert.

Immer stand Angela Merkel im Weg beziehungsweise hat ihre Rivalen »weggebissen«. Die Mitglieder des Andenpakts wie Christian Wulff, Franz Josef Jung, Friedrich Merz oder Matthias Wissmann können ein Lied davon singen.

2008 hat mich Roland Koch verteidigt, als ich während der Finanzkrise schwer attackiert wurde. Dass man Ackermann »zum Buhmann der Nation« mache, habe eine »gewisse Tragik«, zitierte ihn das *Manager Magazin* am 24. Oktober 2008, er warnte davor, »allein den Managern die Schuld an der Finanzkrise zu geben.« Und: »Linken-Chef Lafontaine sei gefährlicher als die Lehman Brothers.«

»Che Bella Voce«

In den USA zählte eine Auszeichnung der Metropolitan Opera in New York zu meinen schönsten Erinnerungen. Die *Met* ist eines der berühmtesten Opernhäuser der Welt. Legenden wie Enrico Caruso, Maria Callas oder Nicolai Gedda sind hier aufgetreten. Ebenso Dirigenten wie Gustav Mahler, Arturo Toscanini, Bruno Walter, Rafael Kubelik oder James Levine.

Bei der Verleihung des *Met on stage*-Award wurde ich zusammen mit der Sopranistin Ruth Ann Swenson, General Manager Joe Volpe, der 42 Jahre bei der Met gearbeitet hat, und Bürgermeister Rudy Giuliani auf die Bühne gebeten. Wir sangen zusammen den Frank-Sinatra-Hit »New York, New York«.

Weltklassetenor Luciano Pavarotti war an unserem Tisch sitzengeblieben, weil er sich von einer Operation erholte. Bei meiner Rückkehr stand er auf, um mich zu beglückwünschen. Er bat mich sogar mit Hinweis auf die »bella voce« um ein Autogramm, was bestimmt nicht ernst gemeint war.

Auf dem Heimweg fragte ich meine Frau, ob ich denn tatsächlich bei dem kurzen Auftritt »zu hören« war und sie meinte ganz nüchtern, man habe »kaum etwas« gehört. So wurde meine kurze Sängerkarriere abrupt beendet.

Sandy Weill plant einen Coup

Von meinen Kollegen in der amerikanischen Bankenwelt muss ich Citigroup-CEO Sandy Weill erwähnen, der mich eines Tages anrief und fragte, ob man sich in Berlin zu einem Abendessen treffen könne. Ich sagte sofort zu. Nach dem üblichen Small Talk kam er während des

Dinners zur Sache. Er plante einen Coup. »Wir verstehen uns gut«, so Sandy Weill, »sollten wir die beiden Banken, – Deutsche und Citigroup – nicht fusionieren?«

Meine Reaktion war mehr als skeptisch. Ich gab ihm zu verstehen, dass ich erst seit kurzem CEO der Deutschen Bank war und als erste Amtshandlung keineswegs eine Verlagerung des Kreditinstituts aus Deutschland in ein anderes Land vorschlagen könne. Zweitens sei die Citigroup in der Marktkapitalisierung viel größer. Daher wäre ein Deal kaum als »Merger of Equals«, also als gleichberechtigte Fusion, darstellbar. Vielmehr käme dies einer reinen Übernahme gleich.

Er schlug dann vor, zum Jahreswechsel eine Handvoll Spezialisten nach New York kommen zu lassen, um zu überlegen, welche Struktur möglich wäre. Das taten wir tatsächlich. Wir – Finanzvorstand Clemens Börsig, Investmentbanking-Chef Michael Cohrs und ich – landeten in der Finanzmetropole und kamen mit einer kleinen Truppe der Citigroup zusammen. Wir versuchten als Denksportaufgabe eine Struktur zu finden, welche die Deutsche Bank als Name und Entität erhalten würde.

Ein Vorschlag lautete, das Investmentbanking unter der Deutschen Bank zu führen und das Privatkundengeschäft unter der Citigroup. Doch wir erkannten rasch, dass die Aktion aufgrund des Größenunterschieds gar nicht machbar war. Unser Entschluss stand schnell fest, dass wir auf eine Fusion verzichten.

Für mich war besonders überraschend, dass Bundeskanzler Gerhard Schröder den Zusammenschluss unterstützte. Er sprach mich damals an und äußerte sein Bedauern, dass die Fusion nicht zustandekäme. Wir hätten doch auf diese Art und Weise »eine große amerikanisch-deutsche Bank« bilden können, meinte er. Ich erwiderte dann, dass es mich doch ein wenig erstaune, dass er von mir als erstem Ausländer an der Spitze der Deutschen Bank erwarte, selbige nicht in Deutschland zu belassen.

Zum amtierenden deutschen Bundeskanzler Olaf Scholz kann ich nur wenige Worte anmerken. Ich habe ihn als Bürgermeister der Hansestadt Hamburg kennengelernt und war beeindruckt, als er sich bei einer Einladung zur Bilderberg-Konferenz mit gutem Englisch und sehr gut informiert in Debatten einschaltete. Während eines Neujahrsempfangs außerhalb von Hamburg hielt ich einmal eine Rede zu Europa. Hinterher kam Scholz auf mich zu und meinte: »Herr Ackermann, ich habe mir viele Ihrer Gedanken notiert.« Worauf wir eine ganze Weile das Thema Zukunft von Europa diskutierten.

Zum britischen Premierminister Sir Anthony (Tony) Blair hatte ich einen freundschaftlichen Kontakt. Bei einem privaten Abendessen auf dem Landsitz *Chequers* zeigte er uns das Anwesen, seine Kinder spielten in einem Nebenzimmer. Unter den Gästen befanden sich das Oberhaupt der Anglikanischen Kirche, eine Paralympics-Olympiasiegerin, der französische Multimilliardär Bernard Arnault und seine Gattin Hélène Mercier-Arnault, die eine herausragende Pianistin ist, meine Frau und ich. Es war ein spannender und anregender Abend mit Diskussionen zu allen möglichen Themen, eine private Einladung des Premierministers an einen Unternehmer und Banker, die keinen medialen Staub aufwirbelte.

Sir Tony lernte ich später noch besser kennen, als er einen Beratervertrag bei der Zürich Versicherung annahm. Es war Usus, dass Konzerne prominente Redner einladen, weil sie bei Vorträgen wie ein Magnet wirken. Wenn Sie ein Abendessen für wichtige Kunden organisieren und kündigen Tony Blair als Gastredner an, ist der Andrang groß.

Blair hat mich einmal gebeten, ihn bei Kanzlerin Merkel und im politischen Berlin zu unterstützen. Er hatte es auf das Amt des Präsidenten des Europäischen Rats abgesehen. Diese Institution kümmert sich nicht um die Alltagsgeschäfte der EU, sondern um die großen Zukunftsthemen und legt damit die politischen Ziele der Europäischen Union fest.

Ich hätte eine Kandidatur Blairs begrüßt und nahm seinen Wunsch auf, merkte aber schnell, dass es zu wenig Unterstützung für ihn gab. Der politische Widerstand war länderübergreifend beträchtlich. Nicht nur Merkel bremste Tony aus, auch Spanien und Schweden blockierten, weil sie keinen starken Politiker wollten, der mit den großen EU-Staaten kleine Länder bevormundet oder übergeht.

Bei der Deutschen Bank hatten wir unter anderem den ehemaligen US-Notenbankchef Alan Greenspan als Berater. Wenn er einen Auftritt hatte und über die Wirtschaft in den USA sprach, kamen einfach alle. Greenspan hatte ein gewisses Flair. Mit seinen markanten Gesichtszügen, seiner tiefen Stimme und der langsam jedes Wort betonenden Aussprache strahlte Greenspan, der unter vier US-Präsidenten gedient hatte, politisches Gewicht aus.

Allerdings hat er die verheerende Finanzkrise auch nicht heraufkommen sehen, obwohl er bereits 1996 vor der »irrational exuberance« (irrationalen Übertreibung) der Märkte gewarnt hatte. Später räumte Greenspan ein, dass er die hochkomplexen Kreditversicherungs-Geschäfte falsch eingeschätzt hat. Errare humanum est.

Das gilt auch für die amtierende EZB-Präsidentin Christine Lagarde, die bei der allzu lockeren Geldpolitik zu lange an das Narrativ der »vorübergehenden Inflation« glaubte und viel zu spät die Zinsschraube anzog. Lagarde ist primär eine politische Akteurin, die allerdings als ehemalige französische Finanzministerin großes Verständnis für die Anliegen der Bankenbranche während der Finanzkrise zeigte. Als wir am Abgrund standen, kam sie zu einem Abendessen im Rahmen einer IIF-Veranstaltung. Bei dieser Gelegenheit hatte ich das Gefühl, dass sie als eine der ersten handelnden Personen verstand, dass man dieser systemischen Krise mit einem großen Rettungsschirm begegnen musste. Das werde ich ihr nie vergessen.

Jean-Claude Juncker, Premier- und Finanzminister in Luxemburg, später Chef der Euro-Gruppe und danach EU-Kommissionspräsident, war ein unbequemer, unkonventioneller Zeitgenosse. Juncker scheute sich nicht, skandalöse Managergehälter anzuprangern, sich über das »explosive Geschwätz« von Euro-Krise zu echauffieren oder mit Sprüchen wie »Wenn es ernst wird, muss man lügen« die Bürger zu verschrecken.

Kennengelernt habe ich Juncker bei einem Antrittsbesuch der luxemburgischen Deutsche Bank-Niederlassung. Da machten wir dem Regierungschef unsere Aufwartung. Juncker gab sich kumpelhaft und erweckte oft den Eindruck, allen gefallen zu wollen. Seine endlosen »Küsschen« und Umarmungen für Präsidenten, Kanzlerinnen oder Potentaten sind legendär. Den ungarischen Ministerpräsidenten Viktor Orbán begrüßte er einmal ironisch mit »Hallo Diktator«. Abgesehen von diesen »Stilfragen« war Juncker ein überzeugter Europäer, der stets für die europäische Integration und den Euro warb. Bei der Griechenland-Krise kämpfte er an vorderster Front mit.

Während der Finanzkrise war der Kontakt mit dem Präsidenten der EU-Kommission von großer Relevanz und äußerst hilfreich. Juncker kannte wie kein Zweiter die Irrungen und Wirrungen der EU-Bürokratie in Brüssel und konnte mit direkten Drähten aushelfen, wenn es darauf ankam. Wenn man etwas bewegen wollte oder das Gefühl hatte, eine Sache war blockiert, dann war Juncker die richtige Adresse. Er kümmerte sich um Anliegen und setzte Dinge zeitnah und energisch um. Ich habe das während der Finanzkrise oft und persönlich hautnah erlebt.

So arbeiteten wir im Februar 2012 im Tandem, als eine Griechenland-Pleite realistisch war. Juncker drohte als Euro-Gruppen-Chef in einem *Spiegel*-Interview mit einem »Ende der Hilfen, falls Athen nicht sein Reformprogramm umsetzt.« Dann müsse die griechische Regierung »schon in zwei Monaten Insolvenz anmelden«. Er beklagte zudem, dass die Privatisierung von Staatsunternehmen ins Stocken geraten war und bemängelte die »Korruptionselemente auf allen Ebenen der Verwaltung«.

Ich warnte gleichzeitig auf der Münchner Sicherheitskonferenz vor einer »Insolvenz Griechenlands und einem Auseinanderbrechen der Eurozone«. In einem solchen Fall werde es »zu kaum vorstellbaren Kollateralschäden kommen«. Ich erwähnte auch die potenziellen Ansteckungsgefahren für ganz Europa.

Im Oktober 2014 berichtete *Die Zeit*, dass ich bereits 2010 für Griechenland einen Geheimplan gebastelt hatte, um das Land in der Eurozone zu halten. Das stimmt. Es trifft auch zu, dass die Bundesregierung aus politischen Erwägungen nicht mitmachen wollte, denn im Mai 2010 wurde in Nordrhein-Westfalen gewählt. Der Plan sah vor, Griechenland mehr Zeit zu verschaffen und die Haushaltskrise abzumildern, jedoch nicht zu lösen. Für die Umsetzung hätte es die Hilfe der Bundesregierung und der französischen Regierung gebraucht.

Als ich im Rahmen der *Euro Finance Week* 2009 zum *Banker of the Year* gewählt wurde, hielt Juncker zu meiner großen Freude die Laudatio. Er bescheinigte mir, »nie populär, dafür aber zuverlässig« sein zu wollen.

Kein Frieden in Palästina

Mit Schimon Peres traf ich einen der bekanntesten und berühmtesten israelischen Politiker mit einer herausragenden Karriere. Peres war mehrfach Ministerpräsident, Staatspräsident, Vorsitzender der Arbeiterpartei und Friedensnobelpreisträger. Ich besuchte ihn in seiner damaligen Funktion als Außenminister und eigentlich war nur eine halbe Stunde für mich reserviert worden. Doch das kümmerte den Spitzenpolitiker wenig. Er bombardierte mich mehr als eine Stunde mit Fragen und wollte plötzlich wissen, wer mein Vorgänger war. Ich sagte: »Herr Breuer«. »Kenne ich nicht«, meinte Peres trocken. »Herr Kopper?« schlug ich vor. »Kenne ich auch nicht«, lautete die Antwort, »war das nicht Herr Tietmeyer?« Da hatte er doch glatt den CEO der Deutschen Bank mit dem Präsidenten der Deutschen Bundesbank verwechselt. Das hat uns später sehr amüsiert. Und mir wurde schlagartig klar, wieso er mir eine ganze Stunde eingeräumt hatte.

Mit General Ehud Barak, ebenfalls Ex-Ministerpräsident seines Landes, kam ich beim Thema Verteidigungspolitik besonders schnell ins Gespräch. Als wir auf den Bereich Artillerie zu sprechen kamen, erwähnte ich meine Zeit als Regimentskommandant bei der Schweizer Armee und zeigte Interesse an der israelischen Ausrüstung. Barak meinte sofort: »Kein Problem, kommen Sie mit ihrer Frau am Sonntag zum Flughafen.« Gesagt, getan. Wir folgten der Aufforderung und flogen mit einer alten israelischen Militärtransportmaschine nach Kirjat Schmona. Außer uns waren nur Soldaten an Bord. Nach der Landung wurden wir von einem Major mit einem Jeep abgeholt und fuhren auf die Golan-Höhen. Dann zeigte uns der Offizier die schwer befestigten Artilleriestellungen. Alle Anwesenden liefen mit Helm herum, da die Region als instabil gilt. Ich weiß noch wie ich sagte, dass wir in der Schweiz eine Geschützbatterie mit sechs Panzerhaubitzen stellen und Israel mit vier Haubitzen operiert. Worauf der Major trocken antwortete: »Ja, wir haben nicht das Geld für sechs.«

Auch der ehemalige Regierungschef Ehud Olmert lud uns nicht nur ein, sondern führte uns persönlich in Jerusalem herum, bis an die Klagemauer auf dem Tempelberg. Ich saß bei einem privaten Empfang zwischen Ehud Olmert und dem Rechtsberater von Schimon Peres und stellte im Verlauf des Tischgesprächs ganz naiv die Frage, was man tun müsste, um Frieden mit den Palästinensern zu schließen? Mehr brauchte es nicht. Die zwei Politiker gerieten in einen derart heftigen Streit, dass die Emotionen hochkochten. Sie schrien sich an und ich befürchtete Handgreiflichkeiten. Ich dachte nur noch: »Wenn selbst politische Profis nicht wissen, wie die Lösung aussehen könnte, dann wird der Konflikt noch lange dauern.«

Leider ist diese Einschätzung durch den Großangriff der Hamas am 7. Oktober 2023 auf Israel und den anschließenden Gaza-Krieg mit verheerenden Verlusten und tragischen Schicksalen auf beiden Seiten bestätigt worden. Eine Lösung der Palästinenserfrage scheint weiter entfernt denn je. Und kaum jemand wagt derzeit eine Prognose, ob eine Ausweitung des Kriegs verhindert werden oder eine Deeskalation realistisch oder gar von Dauer sein kann.

Arabische Träume

In den Golfstaaten waren ebenfalls mehrere Visiten von Bedeutung. Länder wie Katar, Kuwait, UAE oder Saudi-Arabien haben nicht nur prallgefüllte Petrodollar-Staatssäckel, sondern investieren über ihre Staatsfonds beträchtliche Summen in ausländische Firmen. Zudem gibt es durchaus beachtliche Handelsbeziehungen. In Saudi-Arabien waren 2022 laut KPMG rund 800 deutsche Firmen tätig. Mit der *Vision 2030* hat Riad ein gewaltiges und ehrgeiziges Investitionsprogramm zur Diversifizierung der Wirtschaft aufgelegt und plant gigantische Infrastrukturprojekte.

Arabische Investoren sind Großaktionäre bei zahlreichen deutschen Konzernen. Kuwait stieg schon 1974 bei Daimler ein, Katar ist heute Investor bei RWE, Volkswagen, *Porsche*, Siemens, *Hapag-Lloyd* oder Deutsche Bank. Die *Saudi National Bank* war Großaktionär bei der Credit Suisse und wird auch künftig Eigentümer bei der UBS sein.

Während eines Kuwait-Besuchs als Beiratsmitglied der *Kuwait National Bank* konnten wir fast nicht landen, weil ein heftiger Sandsturm tobte. Bei einem Treffen mit Parlamentariern wurde ich gebeten, ein spezifisches politisches Thema in Berlin vorzutragen. Ich sagte den Politikern, dass ihr Ansprechpartner die Bundesregierung sei, worauf man mir entgegnete: »Wir wissen schon, wer in Deutschland das Sagen hat – die Deutsche Bank.« Meine Replik: »Schön wär's.«

In Dubai erläuterte mir der Herrscher des Emirats, Muhammad bin Raschid Al Maktum, seine große Vision, aus der Wüste eine Oase zu machen. Er wolle sein Emirat »begrünen«. Ich sagte ihm, dass ich die Faszination der Wüste und Wadis schätzen gelernt hätte. Auf einer

IIF-Konferenz in Dubai wartete ich als Gastgeber auf den Herrscher, um ihn am Eingang in Empfang zu nehmen. Al Maktum kam mit großem Gefolge an, stieg aus seiner Luxuslimousine, ich begrüßte ihn und wir betraten gemeinsam die Halle. Mehrere hundert Teilnehmer tummelten sich auf den Emporen und warteten auf den Konferenzbeginn. Da sagte er in einer plötzlichen Eingebung: »Lassen Sie uns einen Kaffee trinken.« In einem solchen Fall ist ein »Nein« keine Option. Also gingen wir in einen Nebenraum, nahmen Platz und vertieften uns in ein intensives Gespräch bis wir merkten, dass mehr als eine halbe Stunde vergangen war. Der Zeitfaktor im Orient ist eben anders als bei uns.

Irgendwann wurde ich gebeten, für Dubai eine Art Botschafterrolle zu übernehmen. Es stellte sich heraus, dass dies nicht mit einem Siegel oder einem Diplomatenpass verbunden war, sondern mit einer Werbeaktion. Dazu wurde aus Dubai ein Kamerateam nach Berlin eingeflogen, das den halben Tag wie wild drehte. Für mich blieb nur das Einsprechen eines einzigen Satzes: »Dubai is the Gateway to Asia«. (Dubai ist das Tor zu Asien.)

Scheich Mansour bin Zayed Al Nahyan, der starke Mann in Abu Dhabi, Multimilliardär und Hauptanteilseigner des englischen Premier-League-Clubs Manchester City, schickte nach dem gescheiterten Briefbombenanschlag auf mich als einer der ersten ausländischen Politiker eine persönliche Botschaft, um sich zu erkundigen, wie es mir geht. Das hatte ich nicht erwartet, habe aber diese zuvorkommende Geste sehr geschätzt.

Der teuerste Privatjet der Welt

Der saudische Investor Prinz Al-Walid ibn Talal Al Saud, ein Neffe von König Salman, ist eine der schillerndsten Figuren der arabischen Halbinsel. Der Prinz stieg als einer der ersten Privatanleger aus der Region bereits in den 1990er-Jahren bei westlichen Konzernen in großem Umfang ein. 1991 erwarb er ein Aktienpaket der Citigroup für 590 Millionen USD, als die US-Bank frisches Kapital suchte. Dieses Investment stieg bis 2007 auf einen Wert von knapp zehn Milliarden USD.

Die *New York Times* nannte Al-Walid einmal den »saudischen Warren Buffett«. Über zahlreiche Investments seiner *Kingdom Holding* in die US-Konzerne Apple, *HP* oder *Four Seasons* konnte er sein Vermögen weiter vermehren. Im Oktober 2022 stieg der Prinz mit 1,9 Milliarden USD bei Twitter ein. Zeitweise galt er als der wohlhabendste Araber der Welt, der seinen Reichtum auch zeigte. Sein Privatjet, eine Boeing 747 mit vergoldeter Innenausstattung, zwei feudalen Schlafzimmern, einem Konferenztisch für 14 Personen samt goldenem Thron, war ihm irgendwann zu klein. Also bestellte er sich einen privaten VIP A380, ein Nobeljet mit fünf Suiten, Gebets- und Konferenzraum, einem türkischen Bad, einem Parkplatz für Rolls Royce sowie einen Stall für die Pferde und Kamele des Milliardärs. Fast 500 Millionen USD soll der Prinz für diese Maschine bezahlt haben, berichtete das Online-Magazin *Aerotelegraph*. Es soll der teuerste Privatjet der Welt gewesen sein und ist angeblich 2013 noch vor Inbetriebnahme wieder verkauft worden.

Doch im November 2017 geriet Al-Walid in den Strudel eines innenpolitischen saudischen Machtkampfes. Kronprinz Mohammed bin Salman ließ rund 200 Mitglieder der königlichen Familie, Geschäftsleute und Militärs im

Ritz-Carlton Hotel in Riad festsetzen. Alle Festgenommenen hatten Dokumente zu unterschreiben, die einen beträchtlichen Verlust ihres Vermögens bedeuteten. In einem Interview mit der Nachrichtenagentur *Reuters* im Januar 2018 sagte der Prinz, er sei gut behandelt worden, bestritt aber alle Korruptionsvorwürfe. Er wurde 83 Tage festgehalten. Anderen Beschuldigten erging es weit schlechter. Sie wurden geschlagen und massiv unter Druck gesetzt. Insgesamt sollen mehr als 70 Milliarden Dollar in die Staatskasse geflossen sein. Al-Walid hat laut *Bloomberg* ein Geheimabkommen mit dem Palast unterzeichnet und mehrere hundert Millionen abgeführt. Im Mai 2022 berichtete *Reuters*, dass der Prinz 16,87 Prozent seiner Kingdom Holding an den saudischen Staatsfonds PIF verkauft hat. Al-Walid hat zugegeben, dass er überwacht wird.

Das war nicht abzusehen, als ich von Al-Walid in seinen besten Zeiten in sein Ressort außerhalb von Riad mitten in der Wüste eingeladen wurde, eine riesige Anlage, von Mauern umgeben, gut abgeschottet und bewacht. Die Überraschung für mich: Der Prinz besaß ein professionelles Kicker-Tischspiel. Und da ich während meiner Militärzeit in den freien Stunden und auch während des Studiums ein Kicker-Fan wurde, kamen wir abends schnell zur Sache.

Seine Partnerin entpuppte sich als starke Gegnerin und bezwang mich in fast jeder Runde. Daraufhin packte mich der Ehrgeiz und ich spielte dermaßen wild, dass ich bald Blasen an den Händen hatte. Ich bat den Prinzen um ein Pflaster und Al-Walid holte seinen Privatarzt, der mich versorgte. Dann spielte ich weiter. Mit achtbarem Ergebnis.

Als ich gegen Mitternacht in mein Hotel zurückkehrte, klingelte das Telefon und Prinz Al-Walid meldete sich.

Er erkundigte sich nach meinem Befinden und wollte wissen, ob er seinen Leibarzt noch einmal vorbeischicken müsse. Das fand ich rührend, aber doch etwas übertrieben und lehnte dankend ab.

Der China-Kenner

In Asien war der frühere Premierminister Lee Kuan Yew eine der dominierenden Persönlichkeiten. Er war der erste Regierungschef des Stadtstaates, den er 31 Jahre lang mit eiserner Hand dirigierte. Das moderne Singapur ist sein Werk. Dazu gehört auch die bedeutende Rolle als Finanzplatz. Der legendäre Deng Xiaoping hat die VR China nach dem Modell Singapurs reformiert. Politische Legitimität durch wirtschaftliche Erfolge. Zu Lees Bewunderern im Ausland zählten Margaret Thatcher, Henry Kissinger oder Helmut Schmidt.

Lee regierte mit harter Hand. Er duldete keinen Widerspruch. *Die Zeit* bezeichnete ihn einmal als »brutalen Visionär«. Er warf linke Gewerkschaftler ins Gefängnis, knebelte die Presse, verklagte unliebsame Oppositionelle und verhängte die Todesstrafe über Drogendealer. Im Grunde genommen war Singapur eine Art Erziehungsdiktatur.

Da ich in einem Beratergremium der Regierung saß, hatte ich im Laufe der Jahre mehrere Begegnungen mit ihm. Einmal trafen wir uns mit dem Regierungschef in ganz kleinem Kreis von drei bis vier Leuten und Lee fragte in die Runde: »Was sollten wir für Singapur tun?« Wir legten sofort los und zählten auf: »Infrastrukturverbesserung, Bildung, Kasinos, Steuerfragen« etc. Sein Kommentar – und er war damals schon 90 Jahre alt – lautete: »Ich meine nicht für die nächsten fünf Jahre, sondern für die nächsten fünf Jahrzehnte.«

Diese Langzeitperspektive war verblüffend. Es zeichnet die Asien-Pazifik-Region aus, dass viele Länder langfristig und weitsichtig planen, während man bei uns häufig viel zu kurzfristig agiert. Lee war im Übrigen ein ausgezeichneter Kenner Chinas. Experten sagen, dass Lee und Peking eine stillschweigende Vereinbarung trafen, weil pragmatische Kooperation wichtiger ist als ideologische Differenzen.

Wer Singapur für zu sauber oder gar steril hält, sollte unbedingt nach Indien fahren. Dort herrscht eine bunte kulturelle Vielfalt, von heiligen Kühen bis zu überschwänglichen Hochzeiten, Cricket oder Bollywood. Indien ist Geburtsstätte von vier Weltreligionen, Atommacht, hat ein eigenes Raumfahrtprogramm, eine bedeutende IT-Industrie, aber auch bittere Armut, ein Kastensystem und ein enormes Bevölkerungswachstum. Indien ist heute die bevölkerungsreichste Nation der Welt.

Bei einer meiner Indien-Reisen gab es eine peinliche Panne. Ich kam mit meiner Gattin in Mumbai an und wir standen für die Passkontrolle an. Meine Frau passierte den indischen Beamten rasch, dann war ich an der Reihe. Ich legte meinen Reisepass vor und der Beamte fing an zu blättern. Er blätterte vor und zurück und sagte schließlich zu mir: »Sie haben kein Visum.« Ich war wie vom Donner gerührt, weil wir ein Visum beantragt und erhalten hatten. Mein Büro hatte wie immer alles bestens vorbereitet. Nun stand ich da und steckte fest.

Ich wurde eine Stunde festgehalten und telefonierte zwischendrin mit meiner Assistentin Anke Leise. Wegen des Zeitunterschieds musste ich sie Samstagmorgen um 4 Uhr früh aus dem Bett klingeln und berichtete ihr das Malheur. Das kann nicht sein, meinte sie irritiert, denn sie hatte sich persönlich um das Visum gekümmert und es kontrolliert. Dann dämmerte es ihr, dass das Dokument in einem zweiten Reisepass enthalten sein könnte, den ich wie viele andere Geschäftsreisende für den Fall ausgestellt bekam, dass man in politisch heikle Länder reist. Doch dieser Pass lag in einem Safe in der Bank. Sofort fuhr Frau Leise ins Büro, suchte und fand den zweiten Pass und siehe da, das Visum existierte.

In der Zwischenzeit erhielt ich vor Ort unerwartete Schützenhilfe. Denn ein indischer Passagier, ein Kunde von uns, hatte mich in der Passkontrolle entdeckt und bot mir seine Hilfe an. Als ich ihm den Patzer schilderte, wandte er sich sofort an den Beamten und beschrieb wortreich, wer ich sei und dass er mich gut kenne. Der Kontrolleur rief seinen Chef, beide ließen sich überzeugen und ich erhielt ein provisorisches Visum.

Mein zweiter Pass wurde noch am selben Tag von einem Personenschützer, der ohnehin für einen Flug für die Vorbereitung meiner Reise vorgesehen war, nach Mumbai gebracht, an mich übergeben und alles war geritzt. Doch vor dem Heimflug gab es nochmal erheblichen Klärungsbedarf, weil ich plötzlich zwei Visa hatte und der Beamte sichtlich irritiert war.

Ein Maharadscha genießt Scotch

In Indien wurde uns einmal ein Ausflug zuteil, der in die Rubrik »exotisch« einzuordnen ist.

Meine Frau und ich erhielten eine Einladung des Maharadscha von Udaipur, Shriji Arvind Singh Mewar. Er ist der 76. Hüter des Hauses Mewar, welches als die älteste Dynastie der Welt gilt und auf das Jahr 734 zurückgeht. Da es den Titel Maharadscha in Indien offiziell nicht mehr gibt, nennt er sich Maharana (»großer Krieger«). Der 79-Jährige ist Geschäftsmann, Sammler von Oldtimer-Fahrzeugen, leidenschaftlicher Pilot, Cricket-

und Polo-Fan. Auf seiner Webseite präsentiert er sich mit seinem Wahlspruch »Passion is the fire that lights your way.« (Leidenschaft ist das Feuer, das deinen Weg erleuchtet.) Ein Leitmotiv, das unserem Deutsche Bank-Motto »Passion to Perform« (Leistung aus Leidenschaft) recht ähnlich war.

Bei unserer Ankunft staunten wir nicht schlecht. Der Palast und das ganze Ambiente erschienen uns geradezu märchenhaft. Überall waren Elefanten zu sehen, jede Menge Bedienstete mit Turbanen schwärmten umher und mittendrin saß der Maharadscha mit weißem Bart – wie in einem Hollywood-Film.

Apropos Film: Viele kennen vermutlich das Lake Palace Hotel, ein schwimmendes weißes Wasserschloss und einer der Drehorte für den James-Bond-Film »Octopussy«. Das Hotel liegt auf einer Insel im Pichhola-See, der Palast auf einer Anhöhe direkt daneben, beide sind wirklich sehenswert. Auch der Abenteuerfilm »Der Tiger von Eschnapur« von Fritz Lang wurde 1958 im Lake Palace gedreht.

Meine Frau und ich wurden Shriji Arvind Singh vorgestellt und er fragte uns, was wir gerne trinken möchten. Ich hatte mir ausgerechnet, dass es am Hofe gediegen und asketisch zugeht und bat um eine Tasse Tee. Meine Frau traf dieselbe Wahl. Das war etwas voreilig, denn der erhabene Gastgeber meinte kurzerhand: »Und ich nehme einen Whisky«. Zum Glück konnten wir unseren Getränkewunsch noch schnell korrigieren und uns dem Hausherrn anschließen. Der Scotch war hervorragend.

Eine ganz andere royale Begegnung wurde mir bei der ersten Verleihung der Auszeichnung *Bank of the Year* in London zuteil. Ich durfte neben HRH Prinzessin Anne (Princess Royal) sitzen, die den Preis übergab. Ich hatte mich ein bisschen vorbereitet, weil fast jeder ihre

Leidenschaft für den Pferdesport kennt. Sie war Schülerin der Spanischen Reitschule in Wien und hat viele Jahre Military-Reiten (Vielseitigkeitsreiten) als Wettkampfsport betrieben. 1971 wurde Princess Anne sogar Europameisterin im Einzelwettbewerb.

Ich entschuldigte mich, kein Experte für Military-Reiten zu sein und sie lachte nur und meinte, dass wir auch ganz andere Themen besprechen könnten. So entstand eine spontane lockere Unterhaltung, die in einen wahrlich vergnüglichen Abend mündete. Da wir die Auszeichnung in meiner Zeit dreimal erhielten, konnten wir unsere Gespräche locker fortsetzen.

Denken Sie bitte nicht, dass ein Deutsche Bank-Manager nur in den Hauptstädten der Welt herumreist und keine Regionen besucht. Ich erinnere mich an einen Auftritt in der Hansestadt Bremen anlässlich der alljährlich stattfindenden »Eiswette«, ein Brauch, der auf das Jahr 1829 zurückgeht. Jedes Jahr wird (seit 1929 am Weserdeich) gewettet, ob am Dreikönigstag Schlag zwölf die Weser zugefroren ist oder nicht. Eine lustige Idee Bremer Kaufleute, die sich zu einem einzigartigen gesellschaftlichen Ereignis entwickelt hat. Zum »Eiswettfest« war ich als Gastredner geladen, was mich besonders gefreut hat. Ich begann meine Rede wie folgt: »Als Schweizer fühle ich mich besonders wohl in Bremen. Schließlich haben beide Länder hohe Berge. In der Schweiz nennt man sie Alpen, in Bremen Schulden.« Reaktion: Höflicher Applaus bei der politischen Prominenz.

Italienische Grandezza

Sie sehen, nicht immer ging es nur um Zahlen, Umsatz, Gewinn, Dividenden oder strategische Sitzungen. Ab und zu durften wir auch die angenehme Seite des Lebens genießen. Eine der leichtesten Übungen war die Zusammenkunft mit dem italienischen Industriellen Giovanni Agnelli. Agnelli war als größter Aktionär von *Fiat*, Besitzer von Juventus Turin, Stilikone und Playboy eine Institution. Das Schweizer Fernsehen nannte ihn einmal den »ungekrönten König Italiens«.

Als Agnelli mich privat nach Hause in seine Landvilla unweit von Turin einlud, erlebte ich wahre italienische Grandezza. Elegante Ausstrahlung, große weite Welt. Obwohl ich damals noch recht jung war, wollte Agnelli von mir alle möglichen Einschätzungen zu diversen Fragen haben. Von ihm habe ich gelernt, ein tiefgründiges Interesse für andere Menschen aufzubringen und gut zuzuhören. Das war eine lehrreiche Erfahrung.

Auf einer Bilderberg-Konferenz saß ich alphabethisch bedingt neben Umberto Agnelli, dem Bruder von Giovanni. Ein Kettenraucher, jahrelanger Präsident von Juventus Turin und in den 1970er-Jahren Fiat-Vorstandschef. Ab 1980 führte er die Familienholding Exor. Umberto lud mich zu einem Besuch der Fiat-Fabrik ein und führte mich herum. In einer Ecke stand ein Fahrzeug, das mit einer Plane zugedeckt war. Neugierig wollte ich wissen, was darunter versteckt war. Umberto sprach von einem »Geheimprojekt« und einem Prototyp. Man wolle den legendären Fiat 500 »Cinquecento« wiederbeleben.

Ich war sofort begeistert und sagte zu ihm: »Wenn dieser Wagen rauskommt, kaufe ich ihn.« Dann fragte ich noch, ob absehbar sei, dass ich meiner Frau zum 60. Geburtstag ein solches Fahrzeug vor die Tür stellen könnte.

Dies wurde bejaht. Es gelang tatsächlich, weil wir eines der ersten Fahrzeuge bestellen durften, noch ehe der Verkauf in der Schweiz anlief.

Der Wagen wurde nach Lugano gebracht, wo ich ihn persönlich abholte und nach Hause fuhr. Meine Frau staunte nicht schlecht, als ihr »rollendes Präsent« vor der Tür geparkt war. Sie ist großer Italien-Fan und hat den Wagen zehn Jahre gefahren. Am Steuer des »Nachfolgers« sitze ich ebenfalls sehr gerne, weil er das perfekte Fahrzeug für die engen Gassen der Dörfer im Tessin ist.

Weit sportlicher ging es mit dem ehemaligen *Ferrari*-Chef Luca Cordero di Montezemolo zu, ein lieber Freund bis heute, der 23 Jahre lang den legendären Sportwagenhersteller leitete. Bei der ersten Begegnung in Maranello sagte der Industrielle zu mir: »Nimm Dir einen Ferrari und fahr da mal die Rennstrecke ab.« Zufällig stand da der Formel-1-Bolide von Michael Schumacher auf der Piste und Luca ermunterte mich, einzusteigen – was ich auch tat. Von Hineinsetzen kann allerdings nicht die Rede sein. Ich musste mich hineinzwängen. Das Herausklettern dauerte mindestens genauso lange.

Als ich nach Hause kam, fragte mich meine Frau, woher denn all die blauen Flecken stammten. Das war der »Bolidenzauber« der anderen Art. Hinterher habe ich erfahren, dass Schumacher wenig begeistert war, dass ein Branchenfremder seinen Dienstwagen »begutachtet« hatte. Aber losgedüst bin ich mit dem Rennwagen sowieso nicht. Mir reichte schon eine Testfahrt mit einem straßentauglichen Modell auf der hauseigenen Rennstrecke inklusive Testpilot, der mit mir um den Parcours donnerte, bis mir ganz mulmig wurde.

Anschließend wurde mir ein »regulärer« Ferrari für einen Wochentest zur Verfügung gestellt, ein echtes Erlebnis. Aber Ferrari-Fahrer bin ich privat nie geworden.

Zum italienischen politischen Urgestein Silvio Berlusconi kann ich nur sagen: Der viermalige Ministerpräsident, Medienzar und Milliardär und ehemalige Besitzer des AC Mailand war so unverwüstlich wie umstritten. Meine persönliche Erfahrung ist, dass er von den Medien völlig verzerrt dargestellt wurde. Bei einem einstündigen Gespräch in Rom ließ er umfassende Kenntnisse in politischen, wirtschaftlichen und kulturellen Fragen aufblitzen. Wir sprachen französisch, weil sein Englisch nicht so gut war. Er war bestens informiert und sehr eloquent.

Am Schluss überließ er mir den Rat, den ihm einst Margaret Thatcher gegeben hatte. »Sagen Sie Ihren Mitarbeitern, ich will nur gute, positive Presseartikel lesen. Das hat folgende Vorteile: Erstens müssen Sie viel weniger lesen und zweitens ärgern Sie sich nicht.« An diesen Rat habe ich mich so gut es ging gehalten, doch häufig war das nicht möglich. Dafür hat schon mein Pressechef Stefan Baron gesorgt.

Manche Begegnungen waren nur flüchtig oder situationsbedingt. Ich wurde ja, wie bereits erwähnt, nach den Terroranschlägen 9/11 zusammen mit Robert de Niro in das Komitee für den Wiederaufbau von »Ground Zero« berufen. Der Hollywood-Star hatte das Grauen persönlich beobachtet, da er sich am 11. September in New York aufhielt und von seinem Sohn einen Anruf erhielt, was geschehen war. Seine Wohnung ist nur neun Blocks vom World Trade Center entfernt. »Downtown war komplett abgeriegelt«, erinnerte sich De Niro zehn Jahre später in einem *New-York-Times*-Interview, »nur Fußgänger waren erlaubt, mit Ausnahme der Rettungsfahrzeuge. Man brauchte einen Ausweis, um hineinzukommen. Niemand wollte mehr nach Downtown.« Die lokalen Läden kämpften ums Überleben und der Schauspieler beschloss, ein »Dinner Downtown« zu organisieren, um Menschen in die Nachbarschaft zurückzubringen. Dies wurde im Jahr danach durch das Filmfestival »Tribeca« ergänzt.

Robert de Niro ist relativ klein, unscheinbar und distanziert, freundlich und höflich, etwas schüchtern und zurückhaltend, ein Arbeitstier und brillanter Schauspieler. Seine Filme »Taxi Driver«, »GoodFellas«, »Die Unbestechlichen« oder der Antikriegsfilm »Die durch die Hölle gehen« zählen zu meinen Lieblingsfilmen. Er ist sich seiner überragenden Bedeutung sehr bewusst. Ich hatte das Gefühl, dass er eine persönliche Distanz schätzt.

Ganz anders George Clooney, mit dem ich gemeinsam im Verwaltungsrat der kleinen Bieler Firma *Belenos* saß. Belenos arbeitet an einer revolutionären Batterietechnologie für die Elektromobilität. Ein Projekt, an dem auch *Swatch*-Chef Nick Hayek beteiligt ist. Clooney war ganz leger, sehr »easy going«, viel gesprächiger und sehr politisch engagiert. Zudem ein überzeugter Demokrat, der mit dem ehemaligen US-Präsidenten Barak Obama befreundet ist.

WEF-Reminiszenzen

Das Weltwirtschaftsforum in Davos (WEF) ist ein Großereignis im Januar, das für viele Regierungschefs, Minister, Topmanager, Notenbank-Präsidenten, Wirtschaftsprofessoren und Journalisten aus aller Welt ein fester Termin im Jahreskalender ist. 2024 reisten 2800 Teilnehmer aus aller Welt an, darunter 60 Staats- und Regierungschefs, rund 800 CEOs und 150 Technologie-Pioniere. Mit dabei waren auch die Generalsekretäre der UNO, der NATO, EZB-Präsidentin Christine Lagarde und IWF-Generaldirektorin Kristalina Georgieva. Dazu ein Heer von Journalisten. Regierungsmaschinen und Business Jets stauten sich am Zürcher Flughafen.

Alle Jahre wieder fällt die Wirtschaftselite in Davos ein, belegt sämtliche Hotels und Apartments, zahlt sündhafte Preise, diskutiert und feiert und so mancher »Davos Man« (oder Davos Woman) bahnt hinter den Kulissen ein Geschäft an.

Das Forum ist das Werk von Professor Klaus Schwab, der aus bescheidenen Anfängen des European Management Symposiums einen der bekanntesten Kongresse der Welt gezaubert hat. Die Lebensleistung von Klaus Schwab ist nicht hoch genug einzuschätzen. Das WEF ist mehr als ein Stelldichein für die Wirtschaftselite. Es ist eine »Marke« geworden, die allerdings einen sehr hohen Anspruch erhebt. Das WEF Motto lautet: »To improve the state of the world.« (Den Zustand der Welt verbessern.)

Zwölf Jahre lang war ich Stellvertreter Schwabs im Stiftungsrat des Forums und erster Chairman des »International Business Council«. Eine spannende Zeit. Das WEF hat Geschichte und Geschichten geschrieben. Als der sowjetische Staatschef Michail Gorbatschow mit seiner Politik der Glasnost (Offenheit) und Perestroika (Umgestaltung) die Öffnung der Sowjetunion vorantrieb und den Ost-West-Konflikt aufbrach, kamen erstmals Entscheidungsträger aus Russland nach Davos. Das war hochspannend. Ich erinnere mich, wie wir nächtelang gemeinsam Wodka getrunken und diskutiert haben. Wir wollten verstehen, wie sich die Welt fortan verändern würde.

1990 plauderte Helmut Kohl mit dem damaligen DDR-Ministerpräsidenten Hans Modrow, 1992 traf Südafrikas Staatspräsident Frederik Willem de Klerk mit Anti-Apartheid-Legende Nelson Mandela zusammen und 2001 reichten sich PLO-Führer Jassir Arafat und Israels Außenminister Schimon Peres die Hand. Später begegnete mir Arafat auf den verschneiten Straßen. Und US-Präsident Bill Clinton plauderte in der Bar angeregt mit einigen Damen.

Ab 2005 kam die Hollywood-Prominenz. Richard Gere, Sharon Stone und Angelina Jolie ließen sich blicken. Auch Stars aus der Musikszene wie Peter Gabriel oder Lionel Ritchie tauchten auf. Nicht immer war klar, wer hier den Glanz suchte oder brauchte. U2-Sänger Bono kreierte den Begriff von »Bonzen im Schnee«.

Die Kritik, das WEF sei mittlerweile eine Nabelschau der Wirtschaftselite, kann ich nachempfinden. Am Rande des Jahrestreffens gab es immer mehr Partys, und verschiedene Unternehmen versuchten sich gegenseitig zu übertrumpfen. Es entwickelte sich eine gefährliche Eigendynamik, die zu einer gewissen Oberflächlichkeit und etwas Monströsem geführt hat. Darum muss man das WEF neu erfinden.

Im Januar 2023 habe ich in einem Interview mit der *Südostschweiz* bedauert, dass das Forum seinen »Charme« verloren hat. Anfangs war das WEF klein und überschaubar. Man kam mit Leuten ins Gespräch, die eine ganz andere Weltanschauung hatten. Später wurde die Veranstaltung derart groß, dass viele WEF-Teilnehmer gar nicht mehr ins Kongresszentrum gingen.

Stattdessen empfing man lieber Kundinnen und Kunden im Hotel. So war das in meiner Zeit bei der Deutschen Bank, als wir im Januar jeweils mit einem Team von 40 Leuten, darunter Sicherheitskräfte, Kundenbetreuer, Presseleute, Eventorganisatorinnen usw. nach Davos reisten. Alle großen Unternehmen machten das so. Das WEF wurde zu einem gigantischen Marktplatz für Kundenbetreuung und Kundenakquisition, es ging um Business.

Der eigentliche Dialog, der so bereichernd wäre, kam viel zu kurz, was ich schade finde. Das Jahrestreffen müsste wieder kleiner und weniger kommerziell werden.

Ein Elefant im Zimmer

Mir war es wichtig, als CEO kulturelles Engagement zu zeigen. Die Deutsche Bank sollte Visionen und kulturelle Ikonen unterstützen. Drei Beispiele sollen genügen:

Bei einem Berlin-Aufenthalt fand eine Unterredung mit dem bisherigen Intendanten der Carnegie Hall Franz Xaver Ohnesorg statt, der das Ruder bei den Berliner Philharmonikern übernehmen sollte. Es ging um das Engagement der Deutschen Bank. Ohnesorg hatte große Pläne, zusammen mit Dirigent Sir Simon Rattle. Es ging um eine neue Stiftung. Wir sagten weitere Unterstützung zu. Doch Ohnesorg wollte andere Unternehmen mit ins Boot holen, weil der Orchesterbetrieb mehr Geld brauchte. Ich warf ein, dass es besser wäre, wenn die Deutsche Bank alleiniger Sponsor bleibt, weil beide Institutionen Aushängeschilder für Deutschland sind, und bot an, unser Budget zu erhöhen. Daraufhin berichtete Ohnesorg den Philharmonikern von unserem Vorschlag. Eine Pressekonferenz war bereits anberaumt worden. Prompt meldete sich Sir Simon und erschien im Besprechungszimmer mit den Worten: »We have a big elephant in the room.«

Ich kannte den Star-Dirigenten bis dahin nicht persönlich und wollte wissen, welchen Elefanten er meint. Sir Simon: »Ach, die Musiker wollen nicht, dass die Deutsche Bank uns noch stärker unterstützt. Sie haben Angst, von der Bank instrumentalisiert zu werden.« Ohnesorg konterte sofort: »Das interessiert mich nicht, ich bin hier der Chef.«

Ich sagte dann: »Nein, Herr Ohnesorg, unmöglich. Ich gehe nicht auf die Pressekonferenz, wir verkünden einen Deal und anschließend gehen Journalisten zum ersten Musiker, der dann sagt, dass man diesen Beschluss gar nicht will. Ich möchte mit denjenigen sprechen, die besonders stark unsere Abmachung kritisieren.«

Sir Simon ließ dann zwei Cellisten kommen. Ich sagte ihnen, dass ich das Problem nicht ganz verstehen könne. Ich versicherte ihnen auch, dass niemand wolle, dass die Orchester-Mitglieder in Deutsche Bank-Uniformen spielen oder wir uns in ihr Programm einmischen oder ihnen vorschreiben wollten, wie forte oder piano eine Aufführung sein müsse. Es gehe vielmehr darum, die Berliner Philharmoniker als großartige Vertreter Deutschlands noch erfolgreicher auftreten zu lassen. Und ab und zu ein paar Kunden zu den Konzerten einzuladen.

Daraufhin schauten mich die beiden Cellisten begeistert an und riefen: »Wunderbar«. Das sei ja ganz anders als gedacht.

Anschließend gingen wir zur Pressekonferenz und alles klappte vorzüglich. Eben jene zwei Cellisten, mit denen ich gesprochen hatte, spielten mit zwei anderen Kollegen zu meiner freudigen Überraschung bei meiner Abschiedsparty im Frankfurter Städel Museum.

»Urban Age«-Projekt

Das »Urban Age«-Projekt erregte unsere Aufmerksamkeit durch verschiedene Studien, die belegten, dass mehr als die Hälfte der Menschheit bereits in Großstädten wohnt. Und diese Zahl nimmt weiter zu. Bis 2050 könnten bis zu 80 Prozent der Menschen in Mega-Cities leben. So schrieb der Urbanologe Mike Davis bereits 2006 in seinem Buch »Planet of Slums«: »Irgendwann in den nächsten zwei Jahren wird eine Frau im Ajegunle Slum in Lagos ein Kind gebären, ein junger Mann wird aus seinem Dorf in West Java in die hellen Lichter von Jakarta flüchten oder ein Bauer wird mit seiner verarmten Familie in die zahllosen Pueblos jovenes der Hauptstadt Lima ziehen. Der genaue Anlass ist unwichtig und niemand wird es bemerken. Nichtsdestoweniger stellt dies einen Wendepunkt in der Menschheitsgeschichte dar, vergleichbar mit der neolithischen und industriellen Revolution. Zum ersten Mal wird die urbane Population die ländliche Bevölkerung überholen.«

Diese kontinuierliche Verstädterung weltweit, insbesondere in den Ballungszentren, schafft neue gewaltige Herausforderungen, die nur durch innovative Ansätze von Stadtplanern, Architekten, Baudezernaten, Energiespezialisten und Umweltexperten gemeinsam gelöst werden können.

Wir unterstützten daher über die Alfred Herrhausen Gesellschaft jahrelang das »Urban Age«-Projekt der London School of Economics (LSE) mit großzügigen Finanzierungshilfen. Unter der Ägide des langjährigen Herrhausen-Geschäftsführers und ehemaligen Planungschefs im Kanzleramt Wolfgang Nowak wurden mehrere Konferenzen auf fünf Kontinenten von Addis Abeba über Delhi, Johannesburg, Hongkong, Mumbai, Rio de Janeiro, Sao Paulo, Mexico City bis New York organisiert. 2019 wurde die »Urban Age Task Force« gegründet, die Mega-Cities dabei helfen soll, angemessene und innovative Konzepte für die Infrastruktur der Zukunft zu erstellen.

Die höchsten Zuwachsraten verzeichnen Städte wie Dhaka, Lagos, Kinshasa oder Dar es Salaam. Die wissenschaftlich untersuchten Themen reichen von Verkehrsinfrastruktur, Energieverbrauch, Bevölkerungsdichte, Arbeitsbedingungen, Einkaufsverhalten, Digitalisierung,

Schutz der Bürger bis hin zu Umweltfragen. Es geht um Trends und Gestaltungsoptionen.

Es würde zu weit führen, an dieser Stelle die komplexen Zusammenhänge, Veränderungen und Herausforderungen zu beschreiben, stattdessen zeigt dieses Beispiel, dass wir uns stark gesellschaftspolitisch engagiert haben.

Solar Impulse – Weltumrundung ohne einen Tropfen Sprit

Ein drittes Sponsoring-Projekt lag mir persönlich am Herzen. Es ging um den Luftfahrtpionier Bertrand Piccard, ein Landsmann. Er wollte ein einzigartiges Projekt aufziehen: Einen Flug um die Welt – mit reiner Solarenergie. Mit diesem Abenteuer wollten er und sein Co-Pilot André Borschberg beweisen, dass man mit einer klaren Vision vor Augen die Grenzen des scheinbar Unmöglichen überschreiten und das Potenzial sauberer Energie aufzeigen kann.

Ich hatte Piccard bei einem Vortrag erlebt und war sofort fasziniert. Persönlich und weil wir mit der Deutschen Bank in der ganzen Klimaschutz-Thematik vorne mit dabei sein wollten. Piccard ist ein Abenteurer und Visionär. Ende der 1990er-Jahre hatte er bereits als erster Mensch die Erde mit einem Heißluftballon nonstop umrundet.

Fliegen ohne fossilen Treibstoff, mit reiner Sonnenenergie, das war sein neuer Traum. Und die *Solar Impulse* sollte diesen Traum verwirklichen.

Ein Projekt mit Etappen, einem Prototyp (Solar Challenger) und vielen Tests mit Solar Impulse 1, dem bis dato größten Solarflieger der Welt. Solar Impulse 1 startete 2009 mit 11600 Solarzellen und vier 10 PS starken Elektromotoren zum Jungfernflug. 2012 gelang der erste

Interkontinentalflug, eine 830 Kilometer Distanz von Madrid nach Rabat.

Im März 2015 hob die technisch verbesserte und leistungsstärkere Solar Impulse 2 von Abu Dhabi aus ab – mit 17248 Solarzellen – zur Weltumrundung. Eine Odyssee in 15 Monaten und in 17 Etappen. Mehr als 43000 Flugkilometer wurden in 558 Stunden zurückgelegt, notierte das Fachmagazin *Flugrevue*, ohne Heizung und Druckkabine.

Dieses Projekt haben wir über die Jahre mit großer Leidenschaft unterstützt. Der Werbeslogan »Innovation meets Passion« ergab sich praktisch von selbst. Leider hatten meine Nachfolger kein Interesse mehr daran. Aber für das Image der Bank war dies eine starke Geschichte. Es gab damals sogar neue Mitarbeiter, die zu uns kamen, weil wir uns sichtbar für Klima und Umwelt einsetzten und nicht etwa für die Formel 1.

Der ehemalige Finanzstaatssekretär Caio Koch-Weser, der von 2006 bis 2016 als Vice Chairman für die Deutsche Bank tätig war, sagte wieder und wieder: »Wir waren immer vorne, ganz vorne.« Leider hat man dann das Sponsoring eingestellt. Schade, denn wir wären *die* klimafreundliche Bank geworden.

Ursachen und Lehren aus der Finanzkrise

Credit Suisse – Der Untergang Ein Stimmungsbild

Am Anfang des Buches habe ich die Banken-Story des Jahres 2023 erwähnt, den Niedergang der Credit Suisse und die Übernahme durch die UBS. Die Details der Bekanntgabe im März durch Bundesrat, Nationalbank und FINMA hatten es in sich. Der Bund hatte Notrecht angewandt. Die Aktionäre wurden mit 0,76 Schweizer Franken pro Aktie abgespeist, ohne ein Votum der Eigentümer. Und Obligationäre sogenannter AT1-Bonds gingen über Bord. Sie erhielten nichts. Es ging um 16 Milliarden Franken, die Investoren auf null abschreiben mussten, wegen »Non Viability«, das heißt, dass die Institution nicht mehr lebensfähig ist.

Ich fragte mich sofort: Wer wird Schweizer Banken oder Versicherungen nach diesem Umgang mit den Aktionären noch Geld in einer Notlage geben? Wenn man per Notrecht enteignet wird? Das heißt nichts Gutes. Dies kann gravierende Konsequenzen für die Stabilität und Bedeutung des Schweizer Finanzplatzes haben.

Das Echo damals war gewaltig. Die Credit Suisse war abgestürzt und der überhastet zusammengebastelte Coup kam einem politischen Erdbeben gleich. Schweizer Parteien von links bis rechts waren in der »Empörung vereint«, berichtete das Internet-Portal *20Minuten.* Erste Forderungen nach »griffigen Regulierungen im Bankensektor« wurden laut.

War der Untergang wirklich unvermeidlich? Mir schienen die Akteure klar überfordert. Zweifellos spürte man, dass der Deal mit heißer Nadel gestrickt worden war. Keiner auf dem Podium wusste, ob die CS-Aktie am Montag ausgesetzt würde oder nicht. Dass die Bank Probleme hatte, war seit vielen Monaten bekannt. FINMA und SNB hätten nicht nur viel früher eingreifen können, sondern müssen.

Auch ehemalige Bankmanager wie der einstige CEO der UBS und CS Oswald Grübel meldeten sich zu Wort. Grübel kritisierte die »Zwangshochzeit«. Die »Schweizer Nationalbank hätte die Credit Suisse kaufen sollen«, meinte Grübel im *Spiegel*, dann hätten Manager von außen die CS reorganisieren und später wieder »mit Gewinn an die Börse bringen können«. Das wäre »keine große Sache gewesen«. Grübel erwähnte noch einen anderen sensiblen Punkt: Die Nationalbank kaufte als Zentralbank jede Menge Aktien von US-Konzernen wie Apple, Alphabet, Amazon oder Tesla, in Milliardenhöhe. Er griff die Zentralbanken an, die die Zinsen »zu lange zu niedrig« gehalten hätten. Und die jetzt die Zinsen so stark anheben müssten, dass es »vielen Banken und Branchen zu schaffen« mache. Bereits zuvor hatte Grübel aber auch das CS-Management attackiert: Bei der Bank seien »in den letzten zehn Jahren unfähige Manager am Werk gewesen«.

Auch das Medienecho war enorm. Viele fühlten sich an die Pleite der Swissair 2002 erinnert, die bei vielen Schweizer Bürgern einen psychologischen Schock ausgelöst hatte. Swissair-Kollaps, UBS-Rettung während der Finanzkrise und jetzt das Ende der Credit Suisse: Die Schweiz ist nicht mehr das, was sie einmal war.

Der Kollaps der CS geschah keineswegs über Nacht. Der jahrelange Niedergang hatte viele Ursachen. Schwaches Management, Strategiefehler und zahllose Skandale reihten sich aneinander. Das Siechtum war vielen aufgefallen, aber immer wieder beschönigt oder gar bestritten worden. Der Verfall war fast mit Händen zu greifen.

Dubiose Geschäfte in Mosambik, Geldwäsche-Transaktionen für bulgarische Mafiosi, eine Bespitzelungsaffäre im eigenen Haus und Finanzskandale à la Archegos oder Greensill mit Milliardenverlusten, all das trug nicht nur zum Gesichtsverlust, sondern zu einem massiven Reputationsschaden bei. 2022 musste die CS einen Verlust von mehr als sieben Milliarden Franken bekanntgeben. Auch für 2023 sah es düster aus.

Zum Jahreswechsel 2022/2023 war der Vertrauensverlust der Klientel deutlich erkennbar. Im vierten Quartal 2022 erlitt die Großbank einen gefährlichen Geldabfluss von mehr als 100 Milliarden Franken. Das Ende wurde im März 2023 nach dem Ausbruch einer neuen Bankenkrise in den USA besiegelt. Namen wie Silvergate, Silicon Valley Bank (SVB), Signature Bank oder First Republic Bank machten die Runde. Nicht zuletzt der Bankensturm auf die SVB, die an einem einzigen Tag Kundengelder in Höhe von 42 Milliarden USD verlor, veranlasste den US-Einlagensicherungsfonds FDIC, die Kontrolle der Bank zu übernehmen. US-Finanzministerin Janet Yellen garantierte sämtliche Einlagen.

Doch die Verunsicherung schwappte auf Europa über und traf die Credit Suisse mit voller Wucht. Mitte März brach der Aktienkurs der CS um 28 Prozent ein, nachdem der Chairman des saudischen Großaktionärs Saudi National Bank verlauten ließ, der Bank kein weiteres Kapital zu geben. Auch andere europäische Bankaktien wurden in Mitleidenschaft gezogen. Am Freitag, dem 17. März war die Bank nur noch knapp acht Milliarden Franken wert. Weitere Kunden zogen Milliardenbeträge von ihren Konten ab, die CS geriet in den Abwärtsstrudel.

Liquidität war nicht mehr garantiert, bestätigte Finanzministerin Karin Keller-Sutter, man könne das Vertrauen in die Bank nur durch eine Übernahme durch die UBS zurückgewinnen.

Die UBS schnappte sich die Credit Suisse für rund drei Milliarden Franken, finanzierte dies durch eigene Aktien und erhielt noch eine Ausfallgarantie von neun Milliarden Franken für ein Risiko-Portfolio in der CS-Bilanz. Der Kaufpreis war erstaunlich, da die CS noch zwei Tage zuvor rund acht Milliarden Franken wert war. Im März 2021 lag der Börsenwert der CS noch bei 35 Milliarden Franken. Der »Badwill« dieser Transaktion zu Gunsten der UBS-Aktionäre betrug über 50 Milliarden CHF.

Am 11. August 2023 gab die UBS bekannt, die Verlustgarantie des Bundes ersatzlos zu kündigen. Gleichzeitig hob sie die Vereinbarung zwischen CS und SNB über die Liquiditätshilfe-Darlehen mit Ausfallgarantie des Bundes ersatzlos auf, nachdem die Darlehen vollständig zurückbezahlt worden waren.

Wut herrschte bei den Obligationären, die per Notrecht über Bord gekippt wurden und 17 Milliarden USD an Verlusten mit ihren AT1-Bonds erlitten. Sie sprachen von »Enteignung.« Der Bond-Gigant PIMCO musste allein 340 Millionen USD abschreiben. Aber auch Schweizer Pensionskassen und die AHV waren betroffen. Die US-Investmentbank Goldman Sachs erwartete eine »potenzielle permanente Zerstörung« dieser Anleihen-Kategorie. Wut auch bei jenen treuen Aktionären, die bis zum Schluss das Wertpapier gehalten hatten und vor einem Scherbenhaufen standen. Die CS hatte allein 100 000 Schweizer Bürger als Aktionäre.

Szenenwechsel: Am 4. April 2023 trafen sich die Aktionäre zur letzten ordentlichen Generalversammlung der Credit Suisse Group AG im Hallenstadion in Zürich-Oerlikon. Es herrschte dicke Luft. Die Kontrollen waren streng. Vor allem die Kleinaktionäre wollten Dampf ablassen.

»Guten Tag zusammen«, meinte ein Herr im grauen Anzug, »man sieht sich wieder und ich kam ohne Pistole heute«. Der Aktionär forderte 30 Milliarden Schweizer Franken als Ersatzzahlungen für die Aktionäre. Ein zweiter Redner begrüßte die Anwesenden mit dem Satz: »Sehr geehrte geprellte Aktionärinnen und Aktionäre«. Andere Geschädigte brachten hohle Baumnüsse oder einen Fünfliber (Fünffrankenstück) mit. Ein anderer Teilnehmer schimpfte, die CS sei an die UBS »verscherbelt« worden. »Könnt ihr noch ruhig schlafen?«, wetterte eine Aktionärin, »im Wissen, dass ihr Existenzen zerstört?« Auch im Internet wurde kräftig ausgeteilt: Von »Krawattenheinis«, »arglistiger Täuschung«, »Schmierenkomödie« und »gigantischem Kartenhaus« war die Rede.

Nach 5 Stunden wurde VR-Präsident Axel Lehmann aufgefordert, sich explizit zu entschuldigen. Er tat es. »Aus tiefem Herzen«. Der Frust der Aktionäre entlud sich bei der Abstimmung über die fixe Vergütung für die Geschäftsleitung. Sie wurde abgelehnt. Für 2023 sollten die Mitglieder keinen Lohn mehr erhalten.

UBS-VR-Präsident Colm Kelleher war der große Sieger der CS-Übernahme und sprach bereits auf der Pressekonferenz am 19. März von »Riesenchancen und großen Herausforderungen« für die neue Superbank. Er kündigte an, das profitable Schweiz-Geschäft der CS behalten zu wollen. CS-VR-Präsident Axel Lehmann sprach von einem »historischen traurigen Tag«: Es bleibe der CS »keine Zeit mehr für den Umbau«. Er führte die dramatische Entwicklung auf die jüngste US-Bankenkrise zurück. Immerhin räumte er eine »Kumulation von Problemen über die Jahre« ein.

Die Versammelten präsentierten ihre Ergebnisse als eine Rettungsaktion, die eine globale Bankenkrise verhindern sollte. Wie viele der 50 000 Mitarbeiter ihren Job verlieren, konnte niemand sagen.

Der gravierende Sachverhalt über das Schicksal der *AT1-Bondholder* warf hohe Wellen. Sie verloren alles, rund 16 Milliarden Franken. Die Empörung war groß. Mark Dowding, CIO von RBC Blue Bay, der CS-AT1-Bonds gehalten hatte, nannte die Schweiz eine »Bananenrepublik«. Der Zorn war verständlich, denn normalerweise rangieren Anleihenbesitzer bei Entschädigungen über den Aktionären. Diesmal war es genau umgekehrt – ein einmaliger Vorgang. Klagen waren zu erwarten. Bei einer ersten Telefonkonferenz, organisiert vom Anwaltsbüro *Quinn Emanuel Urquhart & Sullivan*, hingen rund 750 Teilnehmer in der Leitung.

Finanzministerin Karin Keller-Sutter betonte auf der denkwürdigen Pressekonferenz, die Übernahme der CS durch die UBS sei ein rein »privater« Deal zwischen zwei Banken. Von einer staatlichen Intervention oder gar einem »Bail-out« könne trotz der staatlichen Finanzspritzen und der Garantien nicht die Rede sein. Es sei die »einzige Lösung« gewesen, um Schlimmeres zu verhindern. Sie meinte damit eine globale Finanzkrise. SNB-Präsident Thomas Jordan sprach von einem »fragilen Umfeld« und »dramatischen Veränderungen«. Ein Konkurs der CS hätte »schwere Folgen für die Finanzstabilität« gehabt.

Kurz danach wurde bekannt: Die Saudi National Bank hatte in buchstäblich letzter Minute mit anderen Investoren ein Übernahmeangebot von fünf Milliarden Franken vorgelegt. Die Offerte wurde aber vom Bundesrat abgelehnt. Der Zeitdruck war wohl zu groß.

Und nicht nur der Zeitdruck. Die SNB, FINMA und der Bundesrat standen unter Beobachtung aus dem Ausland.

Die französische Regierung hatte Bern vor dem Krisenwochenende öffentlich dazu aufgefordert, endlich zu handeln und die Krise in den Griff zu bekommen. Man befürchtete Ansteckungseffekte. Die US-Notenbank Fed, die Bank von England, EZB und sogar Notenbanken in Asien wie die MAS in Singapur standen in ständigem Kontakt mit den Schweizer Behörden.

Alle waren von der Furcht getrieben, ein Kollaps der CS könne eine weltweite Bankenkrise auslösen. US-Finanzministerin Janet Yellen telefonierte das ganze Wochenende mehrmals mit Karin Keller-Sutter.

Es scheint niemanden zu stören, dass eine kombinierte Superbank UBS/CS nicht nur »too big to fail« bleibt, sondern »too big to bail« wird, dabei musste die UBS schon 2008 mit 60 Milliarden Franken an Staatsgeldern gerettet werden. Peter V. Kunz, Professor für Wirtschaftsrecht an der Universität Bern, hält die neue UBS für einen »Moloch« und ein »Monster«. Die Verluste der Bondholder nennt er eine »faktische Enteignung«.

Die kombinierte UBS/CS vereint 50 Prozent aller Geldeinlagen der Schweiz, meldet der Finanznachrichtenkanal *CNBC*, und verwaltet weltweit rund fünf Billionen USD an Kundenvermögen. Über Nacht verschwindet der größte Konkurrent der UBS beziehungsweise wird vom Rivalen geschluckt. Der Wettbewerb ist signifikant reduziert. Schweizer Mittelständler oder Konzerne, die weltweit operieren, haben jetzt nur noch eine globale Schweizer Großbank. Das behagt vielen Unternehmern gar nicht.

Die Lektionen des CS-Fiaskos sind bitter. Ein überfordertes Management, ein in Finanzfragen wenig kompetenter Verwaltungsrat, jahrelange Schlamperei bei Compliance- und Risk-Management, fehlende Kontrollen, große Egos und hohe Verluste, hochdefizitäre Kommunikation und mangelhaftes Geschäftsmodell haben alle zu dem Debakel beigetragen. Geradezu peinlich, wie sich Ex-CEO Tidjane Thiam in der *Financial Times* per Eigenlob von seinen gravierenden Fehlern und Pannen reinzuwaschen versuchte.

Aber auch FINMA, SNB und die Classe Politique waren überfordert. Warnzeichen gab es genug, hart eingegriffen wurde nicht. Schritt für Schritt wuchs die Gefahr, die Botschaften nach außen lauteten dagegen: alles im grünen Bereich. Einmal mehr zeigt sich, dass solide Daten wie Eigenkapital oder Liquiditätspuffer bei dramatischen Krisen wie Bank Runs oder Kurseinbrüchen nicht viel zählen. Ein Vertrauensverlust als Hauptursache ist durch keine Statistik wettzumachen. Durch Schönreden und Beschwichtigen schon gar nicht.

Der gute Wille allein reicht nicht. Übersicht und Weitsicht sind unverzichtbar, spezielle Kenntnisse und Einholen von Expertise ebenso.

Klar wird auch, dass die Finanzmarktaufsicht zu wenig Kompetenzen und zu wenig Biss hat. Die FINMA kann ein Management nicht einfach auswechseln. Sie kann nicht einmal wie andere ausländische Schwesterorganisationen massive Bußen und Strafzahlungen verhängen. Die Öffentlichkeit wird nur über ausgewählte Verfahren informiert.

Eine teilstaatliche Lösung mit energischem Eingreifen und klarer politischer Botschaft hätte den Entscheidungsträgern Zeit verschafft – und andere Optionen eröffnet.

Meiner Einschätzung nach waren drei Lösungen möglich: Übernahme, Abwicklung oder Verstaatlichung auf Zeit. Da man weltweit die Folgen einer Abwicklung zu wenig kannte und eine Verstaatlichung wegen politischer und finanzieller Risiken nicht wollte, blieb nur die Übernahme durch die UBS.

Oft wird auch argumentiert, dass die Nationalbank so viel Liquidität zur Verfügung hätte stellen können, dass die CS die Krise übersteht. Das ist leider Wunschdenken. Die CS hatte schlichtweg keine ausreichenden Vermögenswerte, die als Sicherheit hätten dienen können.

Gleichwohl wäre eine Verstaatlichung auf Zeit eine durchaus realistische Option gewesen, welche die CS als Wettbewerber erhalten hätte. Eine befristete staatliche Übernahme hätte kurzfristig eine rasche Lösung eröffnet und neben den Risiken auch erhebliches Gewinnpotential für den Staat ermöglicht.

Meine größte Enttäuschung beim Untergang der Credit Suisse war die fehlende Zusammenarbeit und Kohäsion zwischen Politik und Finanzwirtschaft. Keiner der Verantwortlichen konnte oder wollte mit krisenerprobten Spezialisten aus der Bankenbranche reden. Rat war nicht gefragt. Kein guter Ansatz.

Noch ein Punkt: Die »too big to fail«-Problematik ist ungelöst. Während der Krise 2008 wurde heftig diskutiert, ob staatliche Rettungsaktionen politisch und moralisch zu rechtfertigen sind. Und welche Mechanismen zwecks Abwicklung von Superbanken ohne Staatshilfe greifen können. Außerdem wurde kritisiert, dass Megabanken riesige Profite erwirtschaften, aber in Krisenzeiten vom Steuerzahler gerettet werden müssen.

Das Krisenmanagement 2008 mit erzwungenen Übernahmen und Fusionen führte dazu, dass die mächtigsten Banken der USA noch größer und damit die »too big to fail«-Problematik noch akuter wurde. Die angedachte geordnete Abwicklung solcher Megabanken ist noch nicht in der Praxis getestet worden. Und ist nach meiner Auffassung mit großen Risiken verbunden. Keine Regierung, egal welcher Couleur, kann heutzutage Megabanken wie J. P. Morgan, Bank of America, Wells Fargo oder Morgan Stanley pleitegehen lassen. Aufgrund der starken Vernetzung mit dem Finanzsystem wären die Folgen zu verheerend und sogar zerstörerisch.

Dasselbe gilt für den neuen Koloss UBS/CS. Diese für Schweizerische Verhältnisse Megabank ist eindeutig »too big to fail«.

Wenn die Riesenbank UBS/CS je ins Straucheln kommen sollte, wird man die jetzt gewählte Ausrichtung auf eine einzige Grossbank anders bewerten. Auch aus der Sicht der Steuerzahler und Stimmbürger stellt die UBS/CS mit einer solchen Grösse ein Damoklesschwert dar, das nie fallen darf.

Wie groß die Dimension ist, zeigt dieser Vergleich: Die Deutsche Bank entspricht in der Bilanzsumme einem Drittel des Bruttosozialproduktes von Deutschland, J. P. Morgan einem Siebtel des US-Bruttosozialproduktes, doch die UBS entspricht dem Doppelten des Schweizer Bruttosozialproduktes.

Ich denke, ein »Single Resolution Fund« (Bankenabwicklungsfonds), den die EU während der Finanzkrise eingeführt hat, wäre auch für die Schweiz ratsam. Ein solches Instrument springt ein, wenn eine Bank abgewickelt werden soll. Der Fonds finanziert diesen Prozess auch und wird von den Banken gefüllt.

Wie kann es gelingen, solche Unfälle, Pannen und Pleiten künftig zu verhindern?

Die Frage ist aktueller denn je und wird auch die nächste Banker- und Politikergeneration beschäftigen.

Ursachen von Finanzkrisen

In meiner Bankentätigkeit habe ich zahlreiche Finanzkrisen aktiv erlebt. Leicht lässt sich daraus ableiten, dass Finanzkrisen gewissermaßen zum Wesen des Banking gehören. In der Tat listen die Autoren Carmen Reinhart und Kenneth Rogoff in ihrem Standardwerk von 2009 »Dieses Mal ist alles anders« nicht weniger als 260 Finanz- und Bankenkrisen in den vergangenen 800 Jahren auf.

Für viele Kritiker liegen die Ursachen für die Finanzkrisen auf der Hand. Danach sind Gier, Maßlosigkeit, Exzesse und Selbstbedienung der Banker für die Krisen primär verantwortlich. Aber auch die wachsende Komplexität und Dimension der Finanzmärkte dürfen nicht unerwähnt bleiben. Immer wieder hat sich gezeigt, dass Deregulierung und bedeutende strukturelle Veränderungen wie das Ende des Trennbankensystems in den USA langfristige Folgen und unerwartete Nebenwirkungen entfalteten. Aber auch Strategien einer expansiven Geldpolitik führen oft zu Blasen, die beim Platzen große Verwerfungen auslösen. Und schließlich ist eine längerfristige expansive Fiskalpolitik oft ein Katalysator für eine Neubewertung von Risiken durch Investoren.

All diese Faktoren haben zweifelsfrei eine bedeutsame Rolle gespielt. Und doch greift diese Sicht als Erklärungsansatz zu kurz. Nicht alle Krisen wurden primär von Banken verursacht, aber alle haben die global operierenden Banken mehr oder weniger hart getroffen. Es lohnt sich daher, etwas tiefer in die Materie einzusteigen und den Zusammenhang zwischen Politik, Wirtschaft und Bankenwelt darzulegen.

Nach dem Fall der Mauer und des Eisernen Vorhangs im November 1989 begann eine dreißigjährige Periode von 1990 bis 2020, in der die USA eine unangefochtene wirtschaftliche und militärische Hegemonie ausübten und das vorherrschende wirtschaftliche Paradigma der neoliberalen Politik oder des sogenannten Washingtoner Konsenses vorantrieben und konsolidierten. Mit dem Beginn der COVID-Pandemie Anfang 2020, der Verschärfung des Konflikts zwischen den USA und China und dem Einmarsch Russlands in die Ukraine im Februar 2022 ging diese Periode zu Ende. Neue Risiken wie die auf Kosteneffizienz getrimmten und plötzlich gestörten Lieferketten bedeuteten ein erhöhtes wirtschaftliches Sicherheitsrisiko für die Versorgung mit strategischen Rohstoffen und wichtigen Technologieprodukten.

Der Kern des neoliberalen Wirtschaftsparadigmas war das Vertrauen in die Marktkräfte, eine solide nationale makroökonomische Politik, ein schwindender Einfluss des öffentlichen Sektors in der Wirtschaft sowie der Ausbau des globalen Welthandels und kontinuierlicher Zusammenarbeit in einem multilateralen Rahmen. Dieses Modell wurde durch die weitreichende Handelsliberalisierung über Jahrzehnte erheblich erleichtert, beziehungsweise vorangetrieben.

Im Laufe der Zeit gelang es, den von der Regierung Clinton unterstützten Beitritt Chinas zur Welthandelsorganisation (WTO) im Dezember 2001 weiterzuentwickeln. Und zwar durch die Unterzeichnung eines weitverzweigten Netzes sich überschneidender regionaler und bilateraler Handels- und Investitionsabkommen zwischen Industrieländern, Schwellenländern und Entwicklungsländern.

Vor allem aber wurde das neoliberale Wirtschaftsparadigma durch eine umfassende Liberalisierung des kurzfristigen Kapitalverkehrs zwischen Industriestaaten und aufstrebenden Volkswirtschaften vorangetrieben. Dies führte unter anderem zu einer vertieften wirtschaftlichen Integration, zum Beispiel zwischen den EU-Ländern, aber auch für Mexiko und Südkorea durch ihren Beitritt zur OECD.

Ungeachtet der hochfliegenden optimistischen Erwartungen war die Wirtschaftsgeschichte in diesem Zeitraum unerwartet turbulent. Sie ist durch eine ungewöhnlich hohe Zahl an Finanzkrisen gekennzeichnet, die einzelne Länder, Regionen oder sogar die Weltwirtschaft erschütterten. Die Liste dieser Krisen ist lang und bekannt: das Platzen der Vermögenspreisblase in Japan 1990, die mexikanische »Tequila«-Krise (Peso-Krise) 1994 bis 1995, die asiatische Finanzkrise 1997 bis 1999, die Finanzkrisen in Russland und Brasilien 1998 und in Argentinien 1998 bis 2001, die Dotcom-Krise in den USA 2001, die globale Finanzkrise 2007 bis 2009 und die Staatsschuldenkrise in der Eurozone 2010 bis 2013.

Die zugrundeliegenden und unmittelbaren Ursachen dieser Krisen sind recht differenziert und vielschichtig. Dennoch gibt es einen klaren gemeinsamen Faktor: Die Schwachstellen lagen bei allen im Finanzsektor, wo falsche Strategien, Aktionen oder Versäumnisse der Finanzindustrie eine äußerst folgenreiche und entscheidende Rolle bei der Entstehung, Ausbreitung und Vertiefung dieser Krisen spielten. Der Finanzsektor ist natürlich einer der Hauptkanäle für die Übertragung von geld- und anderen finanzpolitischen Maßnahmen. Daher sind die meisten Finanzmarkttransaktionen reguläre und eher wünschenswerte Reaktionen auf politische und anlegerbezogene Einflüsse und nicht von vornherein problematisch.

Probleme oder Krisen können dann entstehen, wenn Transaktionen ins Exzessive abdriften, oder wenn sie aufgrund subjektiver Einschätzung von Chancen und Risiken seitens der Finanzindustrie plötzlich eingestellt werden. Die Teilnehmer der Finanzmärkte sind recht vielfältig und reichen von Geschäfts- und Investmentbanken, institutionellen Anlegern, Vermögensverwaltungsfonds, Private-Equity-Firmen, Risikokapitalfirmen bis hin zu anderen Nicht-Bank-Finanzinstituten. Ihre Interaktionen, entweder innerhalb eines Landes oder zwischen den Ländern, sind die wichtigsten Kanäle, die Finanzstabilität oder Turbulenzen hervorbringen.

Der Kern des neoliberalen politischen Konsenses besteht darin, dass private Wirtschaftsakteure, die frei von staatlichen Vorschriften und Kapitalkontrollen und von stabilen gesamtwirtschaftlichen Bedingungen unterstützt, ihr volles Potenzial ausschöpfen, indem sie ihre wirtschaftlichen Erträge über rentable Investitionsmöglichkeiten auf globaler Ebene zum Nutzen aller zu maximieren versuchen. Die potenziellen Herausforderungen, die sich aus der Verfolgung einer solchen Politik ergeben können, hängen nicht zuletzt von den institutionellen volkswirtschaftlichen Regelungen der einzelnen Länder ab. Entsprechend dem bekannten »unmöglichen politischen Trilemma« kann ein Land bei freier Kapitalmobilität im Rahmen eines frei schwankenden Wechselkurses geldpolitische Unabhängigkeit erlangen (das heißt die Fähigkeit, sein eigenes Inflationsziel festzulegen und zu erreichen). Dies geht jedoch auf Kosten der potenziellen Wettbewerbsfähigkeit seiner Exporte und damit seiner Fähigkeit, seine Auslandsschulden zu bedienen.

Alternativ kann sich ein Land für einen festen Wechselkurs entscheiden, allerdings um den Preis, dass es möglicherweise die Kontrolle über seine monetären Aggregate verliert.

Die Aufrechterhaltung der Finanzstabilität, sowohl für die Industrienationen als auch für die aufstrebenden Volkswirtschaften, wurde während der Krisenjahre durch die zunehmende Globalisierung des Handels und die wachsende Verflechtung der Finanzmärkte über einen Zeitraum von 30 Jahren noch erschwert und stellte eine enorme Herausforderung dar.

Die Geschwindigkeit und das Ausmaß der länderübergreifenden Finanzströme nahmen in diesem Zeitraum durch mehrere miteinander verknüpfte Entwicklungen erheblich zu:

- Erstens: die Suche nach hohen Renditen für die rasch wachsenden globalen Ersparnisse
- Zweitens: Fortschritte bei Computern und anderen technischen Innovationen und
- Drittens: die beispiellose finanzielle Innovation und die damit verbundene zunehmende Raffinesse und Komplexität von Finanzinstrumenten und Finanztechniken. Letztere erreichten ein Ausmaß, das in vielen Fällen das Verständnis und den Erfassungsbereich der Banken- und Finanzaufsichtsbehörden und sogar der Ratingagenturen überstieg.

Diese kombinierten Entwicklungen hatten drei wesentliche Folgen, die für das Risiko von Finanzkrisen von grundlegender Bedeutung sind.

Erstens reagierten die internationalen Handelsströme durch die Globalisierung des Handels und den verstärkten Wettbewerb empfindlicher auf Veränderungen der Wechselkurse.

Zweitens haben sich die Volumina der länderübergreifenden Kapitalbewegungen auf Änderungen des Zinsgefälles deutlich erhöht. Geringe Änderungen der inländischen Zinssätze zur Beeinflussung der Kreditexpansion und ihrer Auswirkungen auf die Wirtschaftstätigkeit können große Kapitalzu- oder -abflüsse auslösen, den Wechselkurs unter Auf- oder Abwärtsdruck setzen oder den Auf- oder Abbau von Reserven erfordern. Da viele Währungen der Schwellenländer entweder an den US-Dollar gekoppelt oder eng mit ihm verbunden waren, wirken sich Änderungen der US-Leitzinsen durch die Notenbank auf die Kapitalströme in diese Länder aus. Und auf ihre Schuldverpflichtungen, etwa bei Refinanzierung oder Umstrukturierung von Staatsanleihen.

Drittens haben die Suche nach hohen Renditen und die verstärkte Finanzmarktintegration zwischen Industriestaaten und aufstrebenden Ländern die Risikoerkennung reduziert und die risikobereinigten Renditen verzerrt. Diese Defizite wurden im Laufe der Zeit noch verstärkt, als das Volumen der Kapitalströme explodierte, die Kreditrisiken anschwollen oder strukturierte Finanzprodukte an Parteien (zum Beispiel Privathaushalte) verkauft wurden, die am wenigsten in der Lage waren, sie angemessen zu bewerten.

Sobald jedoch die Risikoprämien in einem Land stiegen, fand die Kapitalflucht tendenziell auch in anderen Ländern statt, die sich in einer ähnlichen Situation befanden, was zu Ansteckungseffekten führte. Insgesamt haben verzerrte Risiko-Ertrags-Anreize, überschüssige Liquidität und die Jagd nach hohen Renditen die Finanzmarktteilnehmer mehrfach zu Überreaktionen oder Exzessen verleitet, die zu ebenso übertriebenen Marktkorrekturen führten, sobald die zugrundeliegenden Risiken deutlicher wurden.

Dieses Verhalten hat das Postulat der Marktinstabilität des US-Ökonomen Hyman Minsky bekräftigt. Die Vertreter der klassischen Ökonomie waren grundsätzlich von der Effizienz der Finanzmärkte überzeugt. Minsky sah das anders. Erfolg führe zu größeren Wagnissen und

Risikobereitschaft, betont der Wissenschaftler, bis dieser Trend zur Instabilität führt. Tatsächlich haben einige Beobachter die asiatische Finanzkrise und die Große Finanzkrise 2007 bis 2009 als »Minsky-Momente« bezeichnet.

Vor diesem Hintergrund wird das Verständnis der volatilen Finanzströme und der exzessiven Marktentwicklungen als Hauptursache für die Finanzkrisen im Zeitraum 1990 bis 2020 deutlicher. Beispiel Japan: Nach dem Platzen der japanischen Vermögenspreisblase im Jahr 1990 schlug die anfängliche Euphorie in- und ausländischer Anleger über die Aussichten auf dem Aktien- und Immobilienmarkt bald in eine tiefe Marktkorrektur um. Der Nikkei-Index hat sein Vorkrisenniveau noch immer nicht wieder erreicht.

Die mexikanische Peso-Krise von 1994 bis 1995 gilt als die erste internationale Finanzkrise, die durch Kapitalflucht ausgelöst wurde. Die Einführung des Nordamerikanischen Freihandelsabkommens (NAFTA) zwischen den USA, Mexiko und Kanada im Januar 1994 erhöhte das Vertrauen der amerikanischen und anderer Investoren in die wirtschaftliche Zukunft Mexikos. Die Kapitalzuflüsse nach Mexiko wurden auch durch die zunehmende Zinsdifferenz gegenüber den USA begünstigt (da die Leitzinsen der US-Notenbank Anfang der 1990er-Jahre sanken), während der mexikanische Peso an den US-Dollar gekoppelt war.

Dies erleichterte ausländischen Anlegern den Kauf kurzfristiger, auf Peso lautender Anleihen mit garantierter Rückzahlung in US-Dollar (»Tesobonos«), die von der Regierung 1994 zur Finanzierung der expansiven Finanzpolitik im Vorfeld der Präsidentschaftswahlen im Dezember 1994 ausgegeben worden waren. Die Ermordung eines führenden Präsidentschaftskandidaten im März 1994 erhöhte jedoch die politischen Risiken, schwächte das Vertrauen der Investoren erheblich und setzte die offiziellen Reserven und den Wechselkurs stark unter Druck.

Die Regierung sah sich gezwungen, den Wechselkurs bis Dezember 1994 zunächst abzuwerten und dann freizugeben und die inländischen Leitzinsen anzuheben, da die Kapitalflucht zunahm und Mexiko seine fällig werdenden »Tesobonos«-Anleihen nicht verlängern konnte, was zu Produktions- und Beschäftigungsverlusten führte. Ein Unterstützungsprogramm des IWF im Januar 1995 mit einem Finanzbeitrag der USA und der BIZ rettete ausländische Investoren und trug dazu bei, das Vertrauen allmählich wiederherzustellen und den mexikanischen Finanzmarkt zu stabilisieren. Die Kapitalflucht griff jedoch bald auf andere Länder in Lateinamerika und Asien über.

Die wirtschaftlichen Bedingungen in Ostasien waren zu Beginn der 1990er-Jahre ähnlich wie in Mexiko, wenn nicht sogar noch vielversprechender. Das Wachstum in diesen Ländern war in den späten 1980er-Jahren und in der ersten Hälfte der 1990er-Jahre besonders hoch und wurde von der Weltbank als asiatisches Wirtschaftswunder bezeichnet. Die verheißungsvollen Aussichten für Aktien und Staatsanleihen sowie für die Kreditvergabe an Banken und Unternehmen ermutigten zu extremen Kapitalzuflüssen in die asiatischen Länder, ohne Rücksicht darauf, was schiefgehen könnte. Diese Anreize wurden durch die positiven Zinsdifferenzen gegenüber den USA in der ersten Hälfte der 1990er-Jahre und die festen (Thailand) oder eng gesteuerten (Indonesien und Südkorea) Wechselkurssysteme noch verstärkt.

Bis 1996 floss die Hälfte aller Kapitalströme in Schwellen- und Entwicklungsländer nach Ostasien. Die Kapitalzuflüsse und die Auslandsverschuldung der asiatischen Länder führten zu einem starken Anstieg der Unternehmens- und Staatsverschuldung, die überwiegend in US-Dollar denominiert war. Und zwar direkt oder über die inländischen Bankensysteme, was mit einem übermäßigen Wechselkursrisiko verbunden war. Die Finanzinstitute litten in der Regel unter mangelnder Transparenz, mangelhaftem Risikomanagement und schwacher Unternehmensführung. Dadurch wurden Kredite an Parteien, die von den Behörden bevorzugt wurden, oder an Unternehmen mit hohen Risiken vergeben. Schwache Regulierungs- und Aufsichtsregelungen führten zu einer Zunahme notleidender Bankkredite.

Wie im Rahmen des »unmöglichen politischen Trilemmas« erwartet, ließ die Kombination aus festen Wechselkursen und freiem Kapitalverkehr diesen Ländern keine Kontrolle über die monetäre Entwicklung. Dies wiederum trug bis 1997 zu einer zunehmenden Überhitzung der Inlandsnachfrage bei, die sich in Aktien- und Immobilienpreisblasen und Leistungsbilanzdefiziten in Thailand und Südkorea äußerte. Indonesien konnte zwar immer noch einen Leistungsbilanzüberschuss erzielen, hatte aber mit einem äußerst ineffizienten Bankensystem und einer hohen privaten Verschuldung in US-Dollar zu kämpfen.

Die anhaltende Anfälligkeit der Finanzmärkte wurde bis 1996 durch das starke Wachstum in diesen Ländern verdeckt. Die Entscheidung der US-Notenbank, ihren geldpolitischen Kurs durch eine schrittweise Anhebung der Leitzinsen in der zweiten Hälfte der 1990er-Jahre zu verschärfen, trug jedoch zur Auslösung der asiatischen Finanzkrise bei, indem sie eine drastische Umkehrung der kurzfristigen Kapitalströme bewirkte. Um den Druck auf seine eigenen Reserven abzuwehren, erhöhte Thailand seine inländischen Zinssätze, war aber schließlich im Juli 1997 gezwungen, seine Währung abzuwerten und dann freizugeben. Die Abschwächung der Wirtschaftstätigkeit verschlechterte die Qualität der Bankkredite und die Schwierigkeiten bei der Bedienung der Schulden. Die überstürzte Absicherung der Zahlungen für den Auslandsschuldendienst führte zu einer Überreaktion des Marktes und einer überschießenden Abwertung des Baht sowie zu weiteren Zinserhöhungen, um die Kapitalabflüsse einzudämmen und das Vertrauen in das Bankensystem wiederherzustellen. Die übermäßige Abwertung des Baht löste in anderen asiatischen Ländern, die sich in einer ähnlichen wirtschaftlichen Situation befanden, Bedenken hinsichtlich der Wettbewerbsfähigkeit aus und führte zu starken Kapitalabflüssen (finanzielle Ansteckung) aus all diesen Ländern. Um das Vertrauen wiederherzustellen, griffen Thailand, Indonesien und Südkorea auf umfangreiche Strukturanpassungsprogramme des IWF zurück.

Die Umstrukturierung der Banken umfasste die Schließung insolventer Banken, staatliche Eigenkapitalzuführungen für wichtige Finanzinstitute und eine erhebliche Stärkung der Bankenaufsicht. Die Reformmaßnahmen waren zwar sehr schmerzhaft, trugen aber dazu bei, dass alle diese Länder wieder auf den Wachstumspfad zurückkehrten und innerhalb weniger Jahre wieder Zugang zu den internationalen Kapitalmärkten erhielten – schneller als zum Zeitpunkt der Krise erwartet.

Die Asienkrise erzeugte Ansteckungseffekte, die Ende der 1990er-Jahre auch Lateinamerika und Russland erfassten. Die Russlandkrise 1998 war Ausdruck einer umfassenden Neubewertung der Risiken russischer Staatsanleihen durch ausländische Investoren. Sie gipfelte in einem plötzlichen Abbruch der Kapitalströme, als sich die Fähigkeit Russlands, seine Schulden zu bedienen, durch den extrem starken Rückgang der Rohölpreise auf dem Weltmarkt auf nur noch elf USD pro Barrel massiv verschlechterte. Letzteres wurde durch die drastische Abschwächung des weltweiten Wachstums im Gefolge der Asienkrise verursacht.

Als Reaktion darauf beglich Russland seine Inlandsschulden nicht, erklärte ein 90-tägiges Moratorium für seine Auslandsschulden und wertete im August 1998 seine an den US-Dollar gekoppelte Währung ab. Im September 1998 führte das Land ein System des freien Wechselkurses ein.

Die Finanzkrisen in Asien und Russland führten zu einer grundlegenden Neubewertung der Anlagerisiken. Dies führte zu Umschichtungen in liquide und sichere Finanzanlagen, was weitreichende Auswirkungen auf die relativen Preise von Vermögenswerten auf allen wichtigen Finanzmärkten hatte, und einzelnen Banken und Investoren Verluste einbrachte. Ein bemerkenswertes Beispiel ist der Fall von Bankers Trust, das durch ein hohes Engagement in russischen Staatsanleihen herbe Verluste erlitt.

Die Übernahme durch die Deutsche Bank für zehn Milliarden USD im September 1998 bewahrte Bankers Trust vor dem finanziellen Zusammenbruch. Gleichzeitig ermöglichte der Schritt der Deutschen Bank den ersten Einstieg in das US-Investmentbanking-Geschäft. Noch bedeutender war allerdings der Zusammenbruch eines großen US-Hedgefonds, *Long-Term Capital Management (LTCM)*, im September 1998. Dieser Fonds hatte umfangreiche fremdfinanzierte Engagements in Aktien und Anleihen sowie in Derivatepositionen in den USA und anderen Ländern aufgebaut. Die zunehmenden Verluste gefährdeten angesichts weiterer Zwangsabwicklung der eigenen

Positionen auch die finanzielle Stabilität seiner Anlagepartner und Kreditgeber und des US-Finanzmarktes.

Um diese Risiken abzuwenden, sah sich die US-Notenbank gezwungen, einzugreifen und die erfolgreiche Rettung von LTCM durch ein Konsortium US-amerikanischer und europäischer Banken zu arrangieren, was in gewissem Sinne *Moral-Hazard-Risiken* (ungewollte Rettung von Finanzinstituten oder ganzer Staaten) bei künftigen Krisen mit sich brachte. Eine übertriebene Euphorie in Bezug auf die Aussichten der aufstrebenden US-Tech-Firmen und Start-Ups führte zur Dotcom-Aktienblase und einer scharfen Korrektur im Jahr 2001. Die Rettung privater Finanzinvestoren in der mexikanischen und der asiatischen Finanzkrise verstärkte den Druck auf die politischen Entscheidungsträger, eine Aufteilung der Lasten bei der Bewältigung von Finanzkrisen auf private Gläubiger und Investoren umzuwälzen. Dieser Druck manifestierte sich in den Staatsschuldenkrisen in Argentinien Anfang der 2000er-Jahre und später in der Eurozone.

Die Exzesse auf den Finanzmärkten spielten eine noch spektakulärere Rolle bei der Auslösung der Großen Finanzkrise 2007 bis 2009, die zunächst in den USA begann, aber bald auf Europa und andere wichtige Märkte übergriff. Das Ergebnis war die schwerste Wirtschaftskrise seit der Großen Depression in den 1930er-Jahren. Hintergrund waren sehr lockere monetäre und finanzielle Bedingungen in den USA und anderen Finanzmärkten. Darin spiegelten sich die weltweite Sparschwemme und – nach der Dotcom-Krise in den USA – die starke Senkung der Leitzinsen durch die US-Notenbank auf ein niedriges Niveau in der ersten Hälfte der 2000er-Jahre wider.

Die Suche nach hohen Renditen veranlasste die US-Banken zu einer übermäßigen Ausweitung der Kreditvergabe, insbesondere durch riskante Hypothekenfinanzierungen, auch an einzelne Kreditnehmer ohne Einkommen, ohne Beschäftigung und damit ohne Rückzahlungsfähigkeit (Subprime-Hypotheken). Dabei stützten sie sich auf die Vergabe von Hypotheken und verbrieften Finanzinstrumenten mit komplexen Strukturen und unzureichenden Risikobewertungen, die an andere Finanzinstitute und Investoren in den USA und Europa verkauft wurden. Das gesamte US-amerikanische Banken- und Finanzsystem war in hohem Maße fremdfinanziert und stützte sich in unangemessener Weise auf kurzfristige Großhandelsfinanzierungen, ein schlechtes Risikomanagement und eine schwache Unternehmensführung, während die Bankenaufsicht eher ineffizient war.

Das starke Produktionswachstum und die Immobilienpreisblase verdeckten die entstehenden Schwachstellen. Die Wiederaufnahme der Zinserhöhungen durch die Federal Reserve im Jahr 2005 ließ jedoch die Preisblase platzen und löste 2007 eine weltweite Krise aus.

Die Kernschmelze schwächte die Wirtschaftstätigkeit, führte zum Zusammenbruch von Lehman Brothers und zur Insolvenz und Übernahme einiger Finanzinstitutionen, untergrub das Vertrauen in die Branche und machte die geringe Kapitalbasis und andere Unzulänglichkeiten des Bankensystems deutlich.

Das Eingreifen der Regierung und der Federal Reserve stimulierte die Wirtschaftstätigkeit und führte den großen Banken Kapital zu, das in Verbindung mit ähnlichen Interventionen anderer Länder in Europa und anderswo das Vertrauen allmählich wiederherstellte. Wie ich in einem früheren Kapitel geschildert habe, führte diese dramatische Erfahrung zu einer Verschärfung des regulatorischen Rahmens für Banken und der Eigenkapitalanforderungen im Rahmen von Basel III.

Die Eurozone hatte kaum Zeit, sich von der globalen Finanzkrise zu erholen, als sie mit ihrer eigenen Staatsschuldenkrise konfrontiert wurde. Sie manifestierte sich vor allem in Griechenland, Portugal, Irland und Zypern, aber auch in Spanien und Italien, die Hilfsprogramme der Europäischen Kommission und des IWF benötigten. Diese Krise spiegelte zu einem großen Teil mehrere einzigartige intrinsische Schwächen der Europäischen Währungsunion wider. Insbesondere die Kombination aus einer gemeinsamen Währung und freier Kapitalmobilität ließ den einzelnen Mitgliedstaaten nur begrenzte Möglichkeiten, die Geldmengen und die nationale Wirtschaftstätigkeit zu kontrollieren.

Die Kontrolle der nationalen Zinssätze durch die EZB, die allmähliche Konvergenz der Renditen von Staatsanleihen auf das niedrige Niveau deutscher Anleihen und das implizite Moral-Hazard-Risiko, keinen Mitgliedsstaat kollabieren zu lassen, legten den Grundstein für die Krise. Die südeuropäischen Mitgliedstaaten und Irland nutzten den Rückgang der Anleiherenditen, um ihre Haushaltsdefizite auszuweiten. Dies wurde durch überschüssige Liquidität und die Suche nach hohen Renditen sowie die schwachen Risikomanagementstrukturen einiger Banken und anderer Finanzinstitute der Eurozone stark begünstigt. Das Endergebnis war ein großer Anstieg der öffentlichen Verschuldung und eine hohe Belastung durch den Schuldendienst. Die drastische, falsch gemeldete Ausweitung des griechischen Haushaltsdefizits im Jahr 2009 und der Verlust des Zugangs zu den Kapitalmärkten Anfang 2010 lösten die europäische Staatsschuldenkrise aus.

Ungeachtet der erheblichen Fortschritte bei der Verbesserung der Bankenaufsicht und des regulatorischen Rahmens sowie der Stärkung der Eigenkapitalpolster und des Risikomanagements der Banken führten Anfang 2023 wiederholte Schwächen beim Management des Zins- und Liquiditätsrisikos zu einer regionalen US-Bankenkrise, die in Kalifornien begann. Die aufgrund des hohen Inflationsdrucks notwendig gewordene drastische Straffung der US-Geldpolitik und die damit verbundenen Anhebungen der Leitzinsen im Jahr 2022 lösten diese Krise aus. Sie führte zu beträchtlichen realisierten und nicht realisierten Verlusten aus hohen Investitionen dieser Banken in niedrigverzinsliche US-Staatsanleihen und hypothekarisch gesicherte Wertpapiere, die während der langen Niedrigzinsphase aufgebaut worden waren. Gleichzeitig verfügten die US-Regionalbanken nur über begrenzte Liquiditätspolster, aufgrund volatiler, nicht garantierter Unternehmenseinlagen, und unterlagen einem viel schwächeren Regulierungsregime als große US-Banken oder die meisten europäischen Banken. Das prompte Eingreifen der US-Behörden, die alle Einlagen der Silicon Valley Bank (SVB) garantierten, befristete Refinanzierungsfazilitäten einräumten und Übernahmen mehrerer angeschlagener Banken organisierten, trug zur vorläufigen Wiederherstellung der Finanzstabilität bei.

Diese Entwicklung weitete sich in eine eher peinliche Finanzkrise in der Schweiz aus, als die Credit Suisse angesichts eines gewaltigen *Bank Runs* massiv unter Druck geriet. Jahrelange Fehlinvestitionen und schlechtes Risikomanagement traten zutage und zwangen die Schweizer Aufsichtsbehörden zum Eingreifen. So kam es zur Übernahme dieser traditionsreichen Bank durch die UBS.

Lehren aus den Finanzkrisen und Krisenprävention – Einige Gedanken

Aus den Nachwehen der Finanzkrise 2008 hat sich deutlicher denn je herausgeschält, dass beim Krisenmanagement verschiedener Staaten mehrere Lösungsansätze gewählt wurden. In den USA ließ man Lehman Brothers in den Abgrund stürzen. Andere systemrelevante Institute wurden per Rekapitalisierung oder Kapitalerhöhungen gerettet (J.P. Morgan, Wells Fargo, Goldman Sachs, AIG, BNP Paribas, Dexia), zwangsfusioniert und für Bagatellsummen an die stärksten Banken verkauft (Merrill Lynch, Bear Stearns) oder teilweise- (Commerzbank, *NatWest*, irische Banken) beziehungsweise komplett verstaatlicht (Fannie Mae, Freddie Mac, ABN AMRO, *Anglo Irish Bank*, isländische Banken). Allein in der EU wurden nach Angaben der Europäischen Zentralbank rund 900 Milliarden Euro an staatlichen Garantien und zusätzliche 70 Milliarden an anderen Liquiditätshilfen bereitgestellt. AIG, Fannie Mae und Freddie Mac waren wie J.P. Morgan schon damals zu groß zum Scheitern und sind auch heute immer noch »too big to fail.« Mehr noch. Es sind neue durch staatliche Intervention geschaffene Monsterbanken entstanden, deren Bedeutung für das globale Finanzsystem noch gestiegen ist und die eine inhärente staatliche Garantie besitzen, ohne direkte Staatsbanken zu sein.

J.P. Morgan Chase gehört genauso dazu wie die UBS nach der Übernahme der Credit Suisse, Bank of America, Citigroup, Wells Fargo, Goldman Sachs, Deutsche Bank, BNP Paribas oder HSBC. In vielen Staaten gab es für das Eingreifen des Staates diverse Konzepte für staatliche Liquiditätshilfen, insbesondere gehörte der *Public Liquidity Backstop (PLB)* zum Standard-Kriseninstrumentarium, um schwer angeschlagenen Finanzinstituten regulär mit Finanzspritzen zur Seite zu springen. In der Schweiz existierte diese PLB-Option nicht, daher musste man zum Notrecht greifen, um eine eigene Lösung zurechtzuzimmern. Zwischenzeitlich ist allen Beteiligten klar, dass eine neue gesetzliche Regelung erforderlich ist, um künftig eine juristisch saubere Lösung zu ermöglichen. In der Substanz hätte dies allerdings nichts geändert. Die Existenz eines PLB wird in der Tat »die Stabilität des Finanzsystems nur dann erhöhen«, schreibt Peter A. Fischer von der *NZZ*, »wenn er wirklich nur als Mittel der allerletzten Instanz begriffen wird«. Allerdings.

Lehren für die FINMA

Für die Eidgenössische Finanzmarktaufsicht (FINMA) war der Untergang der CS kein Ruhmesblatt. Ganz im Gegenteil. Die FINMA vermochte den Absturz der Großbank nicht zu verhindern. Neue gesetzliche Regelungen allein werden aber auch in der Zukunft keine Stabilität des Finanzsystems garantieren können, weil FINMA und andere Aufsichtsbehörden unter recht unterschiedlichen Rahmenbedingungen agieren. Gleichzeitig stellen Monsterbanken generell aufgrund ihrer Bedeutung ein riesiges Problem für die Kontrolleure dar. Die entscheidende Frage lautet: Wie kann es gelingen, die Abhängigkeit der Politik und Steuerzahler von Megabanken im Krisenfall auszuschalten oder zumindest zu begrenzen?

Die UBS ist derart gigantisch, dass eine Rettung im Katastrophenfall alle Beteiligten überfordern oder gar in den Ruin treiben kann. Gleichzeitig ist das »Moral Hazard«-Paradigma für Riesenbanken ausgeschaltet. Das Prinzip »Es darf nicht sein« wird zur »Alternativlosigkeit« umdefiniert. Mit einer inhärenten Staatsgarantie könnten aber einzelne Topmanager ungebremst und ungehemmt neue gefährliche Risiken eingehen, weil man Vater Staat in der Hinterhand weiß.

Für eine Finanzaufsicht ohne »Biss« ist dies eine gefährliche Entwicklung. Eine FINMA als »zahnloser Tiger« wird weder von den Finanzakteuren noch den Bürgern ernst genommen. Die FINMA braucht daher ein »griffiges Instrumentarium«, das schnelles Eingreifen sowie heftige Strafen ermöglicht, wenn Fehlverhalten oder rücksichtslose Risikostrategien entdeckt werden. Dazu braucht es nicht nur mehr Personal, sondern vor allem Spitzenkräfte, die wissen, wie und was in der Branche gespielt wird.

Eine schlagkräftige »Special Financial Action Task Force« innerhalb der FINMA könnte als »schnelle Eingreiftruppe« im Notfall intervenieren, eine Lagebeurteilung vornehmen und den politischen Eliten eine Arbeitsgrundlage für Entscheidungen liefern. Und Druckmittel gegenüber Hasardeuren und Finanzspekulanten bei offensichtlichen High-Risk-Abenteuern aufbauen. Dies könnte sukzessiv und in Eskalationsstufen erfolgen. Und sollte auch die Kompetenz einschließen, bei krassem Versagen das Management auszutauschen und fehlbare Banker beim Namen zu nennen (das sogenannte »Name and shame«-Konzept). Auch die Möglichkeiten »strengerer Banken-Stresstests« gilt es zu eruieren.

Die FINMA-Stresstests haben keinesfalls ausgereicht, den Untergang der CS zu verhindern. Dazu gehört auch mehr Transparenz in der Informationspolitik. Es muss früher und besser kommuniziert werden, wo welche Probleme lauern. Es kann nicht sein, dass eine Megabank die eigenen Schwächen oder Skandale jahrelang verheimlicht und monatelang nichts passiert. Zuschauen und auf »das Prinzip Hoffnung« zu setzen, ist ungenügend und verschärft Krisen. Es ist peinlich, wenn eine systemrelevante Bank wie die CS von einer Marktkapitalisierung von 35 Milliarden Franken nur wenige Monate später für einen Schleuderpreis zwangsverkauft werden muss. Das war u.a. deshalb der Fall, weil offenbar nur wenige in der Lage waren, die wahre Situation, Positionen, Vermögenswerte, Kundeneinlagen oder Verpflichtungen einzuschätzen oder gar zu überblicken. Lehman Brothers lässt grüßen. Denn auch 2008 brauchten Spezialisten Tag und Nacht, um das wahre Ausmaß der Katastrophe bei Lehman aufzudecken. Da war es bereits zu spät.

In den intensiven und umfassenden Debatten über die zu ziehenden Lehren aus den Finanzkrisen ist viel Zeit auf Ex-post-Vorschläge und -Maßnahmen aufgewendet worden. Beispielsweise das »Resolution Modell« um Banken abzuwickeln, wenn sie kollabieren. Und damit die »too big to fail«-Problematik zu lösen, die immer noch einer überzeugenden Antwort bedarf.

Ich habe immer daran gezweifelt, dass globale Banken ohne gravierende systemische Verwerfungen abgewickelt werden können. Gleichwohl ist es sinnvoll, an potenziellen Konzepten weiterzuarbeiten. Denn der Grundsatz, dass gescheiterte Banken nicht vom Staat gerettet werden sollen, ist richtig. »Moral Hazard« darf keine Rolle spielen. Niemand soll erwarten dürfen, dass das Unternehmen im Falle einer Schieflage vom Steuerzahler aufgefangen wird. Ich glaube allerdings, dass keine Geschäftsleitung Risiken bewusst in Kauf nimmt, die das Unternehmen gefährdet. Vielmehr will man im Wettbewerb vorne dabei sein und den Aktienkurs steigern.

Ich bin daher der Auffassung, dass man viel stärker auf Ex-ante-Maßnahmen fokussieren sollte, um das Risiko eines Scheiterns zu reduzieren oder mindestens verkraftbarer zu machen.

Die heutigen Debatten über die Zukunft der Bankenwelt, potenzielle Finanzkrisen und Krisenprävention konzentrieren sich wie im Falle der Credit Suisse meist auf zwei Forderungen. Erstens eine höhere Kapitalausstattung von Finanzinstituten und zweitens ein Boniverbot. Andere Stimmen gehen weiter und verlangen ein Trennbankensystem in Form eines modernen Glass-Steagall Acts.

Professor Manuel Ammann von der HSG hat Anfang Juni 2023 im Auftrag des Eidgenössischen Finanzdepartments in der Causa Credit Suisse-Übernahme durch die UBS einen 65 Seiten starken Bericht zu einer möglichen künftigen Regulierung der Superbank vorgelegt. Ammann bezweifelt, dass ein Trennbankensystem per se systemisches Risiko reduzieren kann, wenn »selbst einzelne Bankeinheiten systemrelevant und stark im Finanzsystem vernetzt sind. Außerdem ist nicht klar, nach welchen Kriterien eine Aufspaltung erfolgen sollte.«

Als »sinnvolle Ergänzung« zur TBTF-Regulierung bewertet der Bericht die Forderung nach einer Bußenkompetenz für die Finanzmarktaufsicht oder die Begrenzung des variablen Anteils der Kompensation, um die »Anreize des Managements zum Eingehen exzessiver Risiken zu mindern.« Solche Eingriffe reichen aber für sich allein nicht aus, das TBTF-Problem zu lösen.

Ammann schlägt zudem eine »second line of defense für den Notfall« vor, weil Liquiditäts- und Eigenkapitalanforderungen die Wahrscheinlichkeit einer existenziellen Krise einer TBTF-Bank zwar reduzieren, aber den Krisenfall nicht immer verhindern können. Eine Verstaatlichungsoption sollte als Option in Betracht gezogen werden. Der Staat soll die Möglichkeit haben, als »Eigentümer der letzten Instanz eine schlingernde TBTF-Bank zu übernehmen«. Dabei sollen in einem ersten Schritt »sämtliche Kunden und Geschäftspartner der Bank geschützt und der ordnungsgemäße Betrieb der Bank aufrechterhalten werden«. In einem zweiten Schritt ist die »Bank zu restrukturieren, wieder zu privatisieren oder bei Bedarf auch geordnet abzuwickeln«.

Erhöhte Eigenkapitalvorschriften begrüßt der Experte, weil sie dazu beitragen, dass Banken »einfacher Verluste absorbieren können. Sie erhöhen dadurch die Stabilität, stärken das Vertrauen in die Solvenz der Bank und reduzieren so das Risiko eines Bank Runs.«

Ich bin bereits seit der Finanzkrise der Meinung, dass wir mehr Kapital im System benötigen. Mir ist wohl bewusst, dass mehr Kapital eine notwendige, aber keine hinreichende Bedingung ist. Als Beispiel verfügte die CS über mehr Tier-1-Kapital als die UBS. Zudem muss Kapital über einen längeren Zeitraum aufgebaut werden, sodass es über zurückbehaltene Gewinne und über den Kapitalmarkt beschafft werden kann, ohne starken Druck auf den Aktienkurs zu erzeugen.

Ammanns Überlegungen zu Boni und einem Trennbankensystem teile ich vollumfänglich. Boni müssen wie früher dargelegt leistungsbezogen sein und die Auszahlung über Jahre gestreckt werden. Zudem sollen sie vorwiegend in Aktien ausgeschüttet werden und mit einem »Claw-Back«-Element verbunden sein.

Krisenprävention – Einige Vorschläge

Eine der Schlüsselfragen lautet: Wie kann man sich gegen Krisen wappnen? Meine Vorschläge gehen in diese Richtung:

Führungsebene

- Höchste Anforderungen an Risikomanagement, Rechts- und Compliance-Bereiche. Politische und wirtschaftliche Entwicklungen sind in der Risikoanalyse relevante Größen.
- Wenn es besonders gut läuft, häufiger kritische Fragen wie »Where is the catch«? (Wo ist der Haken?) stellen.
- Das Paradigma »Don't shoot the messenger« ist aufzuwerten. Überbringer schlechter Nachrichten sind wichtig. Der erste Verlust ist meistens der kleinste.
- Ist das Geschäftsmodell mit der aktuellen Ertragskraft tragbar?
- Die Auswahl von Mitgliedern der Verwaltungsräte und von Führungskräften muss besonders sorgfältig erfolgen. Dabei muss Erfahrung einen hohen Stellenwert genießen. Erlittene Niederlagen sind eine gute Vorbereitung für spätere Aufgaben.
- Banken, die international tätig sind, brauchen Führungskräfte mit jahrelanger Auslandserfahrung und Kenntnissen von verschiedenen Kulturen.
- Für neue Mitglieder des Verwaltungsrates und höhere Führungskräfte sollte an einem Universitätsinstitut ein Kurs obligatorisch sein, der umfassende Kenntnisse zum regulatorischen Umfeld, zu Rechts- und Compliance-Aspekten und zu Risikomanagement vermittelt. Die Schweiz könnte ein solches Institut schaffen. Als Lehrkräfte könnten ehemalige Banker wirken, die viel Erfahrung – auch negative – einbringen.

- Es gibt bislang keine »War games« oder Simulationen für Bankmanager, wie eine Krise zu bewältigen ist. Piloten, Offizieren oder Ingenieuren für kritische Infrastruktur stehen solche Modelle zur Verfügung. *Bank Runs* müssen simuliert werden.
- Wir brauchen härtere Stresstests – die aktuell vorhandenen Szenarien sind relativ statische Prüfungen über längere Zeiträume – alle systemrelevanten Banken brauchen von Aufsichtsbehörden realistische und dynamische Notfallszenarien (wie etwa ein *Black Swan*-Ereignis). Auch im Private Banking lauern Risiken, z.B. in strukturierten Krediten (private debt).
- Die Politik sollte auf einen finanzpolitischen Expertenrat zurückgreifen können, der Expertise für den Ernstfall bereithält.

Kommunikation:
- Eine vorbereitete Krisenkommunikation ist unerlässlich – sie muss alle Beteiligten erreichen: Kunden, Aktionäre, Anleihen-Besitzer, Wettbewerber, Politiker, Aufsichtsbehörden und Mitarbeiter.
- Krisenkommunikation muss permanent erfolgen, über alle verfügbaren Kanäle, aber nur von der Spitze der Institution. Zu viele Informationen sind immer besser als zu wenige.
- Kommunikation muss das langfristige Ziel im Auge behalten. Bankenrettung allein genügt nicht. Es muss gezeigt werden, dass die Institution eine echte Zukunft hat.

Liquiditätsmanagement
- Die jüngsten Krisen wurden durch massive Geldabflüsse verursacht. Eine Bank sollte Kundeneinlagen nie in langfristige oder illiquide Papiere investieren.

- Zentralbanken sollten nie verkünden, wieviel Liquidität sie einer bestimmten Institution zur Verfügung stellen. Strategische Unschärfe ist wesentlich. Wir wissen das seit Walter Bagehot, Volkswirt und Herausgeber der Wochenzeitung *Economist*, der im 19. Jahrhundert mit seinen Analysen und Schriften zum besseren Verständnis des Prinzips der Zentralbanken beigetragen hat.
- Zentralbanken sollten die Treasury-Abteilungen von Banken trainieren, wie im Krisenfall ein Liquiditätsmanagement auszusehen hat. Wenn sich die Beteiligten kennen, ist eine Kooperation viel effizienter.

Ein letzter Punkt: Das Finanzsystem beruht auf Vertrauen und auf Treu und Glauben. Risiken sind steuerbar, doch das Vertrauen nicht. Es gibt keine Computer-Software, die Vertrauen erzeugen oder gar steuern kann. Zumindest noch nicht.

Vertrauen ist ein kostbares Gut. Wenn es verloren geht, kann es wie ein Wirbelsturm in der Wirtschaft wüten, Banken an den Abgrund drängen und die Finanzmärkte in Aufruhr versetzen. Und der gute Ruf ist dahin. Von Warren Buffett stammt der Spruch »Es dauert 20 Jahre, um eine Reputation aufzubauen, aber nur 5 Minuten, um sie zu ruinieren.«

Der erwähnte *Bank Run* auf die kalifornische Silicon Valley Bank (SVB) im März 2023, war Folge eines gravierenden Vertrauensverlustes. Die SVB war durch massive Kapitalflüsse von 42 Milliarden USD innerhalb eines Tages nach einer gescheiterten Kapitalerhöhung derart in die Bredouille geraten, dass die FDIC einschreiten musste. Zumal die Anleihen-Verkäufe der SVB einen Verlust von 1,8 Milliarden USD verursacht hatten. Es war die Panik der Kunden, die das Institut an den Abgrund brachte. Zwei Tage zuvor war bereits die Krypto-Bank Silvergate in San Diego als Folge der FTX-Pleite unter die Räder gekommen.

In derselben Woche griffen die Behörden bei der New Yorker Signature Bank ein, nachdem Kunden rund zehn Milliarden USD abgezogen hatten. Silicon Valley Bank und Signature Bank waren die zweit- und drittgrößten Bankenpleiten der USA.

Nur vier Tage später geriet auch die Credit Suisse in den Sog, der zu einem massiven Kurssturz und einer Intervention der Schweizerischen Nationalbank und der FINMA führte. Auch in diesem Fall war das Eingreifen der Behörden aufgrund eines gravierenden Vertrauensverlustes unvermeidlich. Da nutzte auch der Hinweis auf die gute und ausreichende Kapitalausstattung der CS nichts mehr. Kunden und Investoren suchten das Weite.

Bereits einen Tag später musste auch die in San Francisco ansässige First Republic Bank mit einer Kapitalspritze von 30 Milliarden USD von 11 US-Banken gerettet werden und wurde gleichwohl Ende April 2023 an J. P. Morgan Chase verkauft.

Ansteckungseffekte sind Realität, das hat sich bereits ab 2007 in der Finanzkrise gezeigt (siehe Kapitel »Die Dominosteine fallen«). Heutzutage kommt ein weiterer Faktor hinzu. Das ungeheure Tempo, mit dem Anleger ihre online verwalteten Vermögenswerte abziehen können, wirkt wie ein Turbo und Brandbeschleuniger. Diese Dynamik stellt Management und Aufsichtsbehörden vor schwerwiegende Herausforderungen. Die Zeit ist immer ein kritischer Faktor in einer Krise.

Im Zusammenhang mit den heute technologisch bedingten rasanten Geldabflüssen, die einen digitalen Bank Run ermöglichen, werden in der Schweiz seit kurzem strengere Kontoauflagen wie gestaffelte Geldbezüge und die Einführung neuer Gebühren diskutiert. Dies würde faktisch eine Einschränkung beim bisher freien Abzug hoher Geldbeträge bedeuten und soll vor allem vermögende Kunden treffen. So sollen Abhebungen hoher Summen über einen gewissen Zeitraum gestaffelt werden. Alternativ könnten Kunden durch höhere Zinsen dazu bewogen werden, Gelder langfristig festzulegen. Ich denke, wir sollten ein solches Szenario als eine prophylaktische Option erwägen, um einen möglichen Bankensturm zu erschweren.

Bereits 2009 habe ich in meiner Dankesrede bei der Verleihung des *Euromoney Lifetime Achievement Award* diese Gefahren angesprochen: »Wir haben einige harte Lektionen gelernt: Die Risiken im Bankensystem waren größer und komplexer als wir uns das vorstellen konnten. Der IMF hat die Verluste in der Bankenindustrie durch die Finanzkrise auf 4 Billionen USD veranschlagt. Das Bankensystem ist weit stärker vernetzt als wir für möglich hielten – mit anderen Worten: Das Systemrisiko ist viel größer als wir dachten.« Meine Worte von damals erscheinen heute aktueller denn je.

Schlussbetrachtung

Die Dimension und Bedeutung des globalen Finanzsystems, neue Gefahren und Notlagen werden auch künftige Generationen beschäftigen. Zahlreiche Fragen bleiben bisher unbeantwortet:

- Wo liegen die »black spots« (Schwächen des Systems) – wer oder was ist immer noch unreguliert oder kaum reguliert? Wie kann man Transparenz herstellen?

- Welche Rolle spielen Schattenbanken, Dark Pools, Hedgefonds, Cloud Provider oder die Private-Equity-Industrie?
- Welche Player, Provider und Technologien (KI) stellen ein potenzielles Systemrisiko dar?
- Wie hochgradig sind Politik und Finanzmärkte voneinander abhängig und wie verschieben sich angesichts hoher Verschuldungsgrade die Machtverhältnisse?
- Welche Krisen-Simulationsmodelle für Manager helfen dabei, die Reaktionszeit bei Krisen zu verkürzen?
- Braucht es im Zeitalter der Digitalisierung ein »digitales Risikomanagement«? Laut McKinsey wollen viele Firmen ein »digital risk management« für bis zu 80 Prozent der Risiken implementieren, schon wegen potenzieller Cyberattacken. Können Hackerangriffe eine Systemkrise auslösen?

Krisen und Skandale hat es in der Finanzwelt immer wieder gegeben. Die nächste Krise kommt bestimmt. Wann und woher genau, weiß keiner. Aber so sicher wie das Amen in der Kirche ist eine weitere Finanzkrise unvermeidlich, aus mehreren Gründen.

Der wichtigste Faktor ist und bleibt der Mensch beziehungsweise sein Verhalten. Mithilfe der Technologie wie Software, Algorithmen oder Computersimulationen wird zwar stets versucht, Risiken zu begrenzen. Das gelingt aber nur unter optimalen Bedingungen, beziehungsweise wenn sich die Akteure an die Spielregeln halten. Sobald Fehler passieren, Verluste explodieren, Karriereknicks oder gar Entlassungen zu befürchten sind, treten andere Mechanismen in Kraft.

Wenn Investmentbanker hunderte von Millionen per Mausklick transferieren und investieren, sind hohe Profite möglich, aber nie garantiert. Schon deshalb nicht, weil viele Investments über einen längeren Zeitraum angelegt sind und niemand die gläserne Kugel hat, eine Marktentwicklung vorauszusagen.

Computersimulationsmodelle zur Begrenzung von Risiken sind ebenfalls keine Garantie gegen Verluste oder Pleiten, weil die Modelle nur Daten und Werte aus der Vergangenheit berücksichtigen, also solche, die bekannt sind. Doch die Geschichte lehrt, dass Krisen durch neue Ursachen, Faktoren, Produkte, Strategien oder exogene Schocks wie die Russland-(Rubel)-Krise Ende der 1990er-Jahre oder den Ukraine-Krieg 2022 ausgelöst werden oder ein »Black Swan«-Ereignis eintritt.

Auch Personen mit Guru- oder Blender-Fähigkeiten können Krisen bewirken. Ein Beispiel ist die FTX-Krypto-Pleite 2022 von Sam Bankman-Fried, der ohne Kontrolle oder Aufsicht schalten und walten konnte, dubiose Operationen ohne saubere Buchführung durchwinkte und befeuert durch einen Krypto-Rausch viele Investoren in den Abgrund zog. Die von vielen geteilte These, dass Krypto-Währungen sicher oder gar unverwundbar seien, als Alternative zu regulären Währungen taugen und überhaupt die Zukunft sind, erwies sich als Seifenblase, die über Nacht zerplatzte.

Woran liegt das? Entweder sind Strategien zu einseitig, das Management begeht krasse Fehler oder sieht die heraufziehende Krise nicht kommen. Das passiert sogar den besten Experten.

Selbst wenn sie »instinktiv spüren, dass etwas faul ist im Finanzmarkt«, wie der ehemalige US-Finanzminister Hank M. Paulson in seinen Memoiren festhält. Als Mitglied der Bush-Administration hatte er schon 2006 ein ungutes Gefühl und befürchtete eine nahende Finanzkrise. Paulson, als Ex-Goldman-Sachs-CEO ausgewiesener Kenner der Finanzmärkte, warnte sogar vor potenziellen Gefahren. Doch er hatte Hedgefonds und Privatbeteiligungsfirmen als Gefahrenquellen im Visier, nicht aber den Immobilien- und Hypothekenmarkt oder die hochkomplexen Derivateprodukte.

Heute kommen neue Risiken hinzu. Etwa die Kombination von Gerüchten auf Social-Media-Kanälen mit blitzschneller digitaler Verbreitung. Tägliche Cyberattacken auf Finanzinstitute von privaten oder staatlichen Hackern stellen ebenfalls eine neue Gefahrenquelle dar.

Vielleicht sind auch Daueroptimismus und eine gewisse Berufsblindheit Begleitfaktoren, die Krisen ermöglichen, weil Gefahren nicht rechtzeitig erkannt werden oder die Reißleine zu spät gezogen wird. Ich denke, wir brauchen wieder mehr gesunden Menschenverstand. Wir müssen noch mehr kritische Fragen stellen über vermeintliche »Wunderkinder«, Finanzgenies oder revolutionäre Produkte. Entsprechen präsentierte Erfolgsformeln und zu erwartende Profite dem gesunden Menschenverstand? Sind sie plausibel?

Erkenntnisgewinn oder fundamentale Selbstkritik nach überstandenen Krisen scheinen ebenfalls häufig begrenzt. Ich bin es leid, von Kollegen zu hören, dass sie keine Fehler gemacht haben. Wer das behauptet, sagt nicht die Wahrheit. Der Blick in die Geschichte lehrt, dass zu viele Finanzinstitute ins Schleudern kamen oder ganz untergegangen sind. Im Verlauf der Finanzkrise 2008 erhielten mehr als zwei Drittel der 100 weltweit größten Banken staatliche Unterstützung. Der Wunsch, dass Banken »too smart to fail« sind, ist wohl wenig realistisch.

Die zehn Maximen eines guten Bankers

Auf einer Schiffsreise von Southampton nach New York im August 2023 kam mir die Idee, einen Entwurf für einen Verhaltenskodex für Banker und Bankiers zu erstellen. Regeln, die eine Richtschnur sein können. Ich nenne sie die zehn Maximen eines Bankers:

1. Gehen Sie nie mehr Risiken ein, als Sie und Ihr Institut unter den schlimmsten Umständen tragen können. Keine faulen Kompromisse bei der Einhaltung von Vorschriften.

2. Das Bankwesen ist kein Selbstzweck und auch kein Mittel, um schnell reich zu werden. Es soll der Gesellschaft mit Produkten und Dienstleistungen dienen und das Allgemeinwohl steigern.

3. Der Kunde ist König. Behandeln Sie Kunden als Partner und nicht als Objekte. Wetten Sie nicht gegen Ihre Kunden.

4. Bankiers sind Treuhänder. Das Vertrauen des Kunden ist Ihre wertvollste Währung. Vermeiden Sie alles, was es untergraben oder gefährden könnte.

5. Vermeiden Sie kurzfristiges Denken. Nachhaltiger Erfolg ist das Ziel.

6. Authentizität und Glaubwürdigkeit sind von entscheidender Bedeutung. Worte und Taten müssen jederzeit übereinstimmen.

7. Kunden erwarten von einem Bankier weder Unfehlbarkeit noch Wohltätigkeit, aber ehrliche Professionalität und Verantwortungsbewusstsein.

8. Rechtlich und moralisch einwandfreies Verhalten ist unverzichtbar.

9. Das Bankgeschäft ist ein »peoples business«. Gute Bankiers brauchen ausgeprägte soziale Fähigkeiten und klare Kommunikation.

10. Rekrutieren, fördern und belohnen Sie nur Mitarbeiter, die diese Maximen uneingeschränkt befolgen.

Nachwort

Nach all den Reisen und Erlebnissen, Schocks und Krisenzeiten, Höhen und Tiefen, Begegnungen, Ehrungen, zahllosen Sitzungen in 25 Verwaltungsratsmandaten, unter anderem bei Siemens, Shell oder Vodafone, Beratertätigkeiten und Vorträgen, ist eine Gesamtbilanz nicht einfach und schon gar nicht vollständig. Der Blick zurück wird immer noch von aktuellen Plänen und Aktivitäten überlagert. Aber klar ist, dass ich ein ungemein faszinierendes und sogar abenteuerliches Leben führen durfte – geprägt von historischen, dramatischen Ereignissen, aber auch von wunderbaren Erlebnissen.

Trotz aller Höhenflüge und Erschütterungen bin ich mit mir im Reinen und ohne Bitterkeit. Das ist der beste seelische Zustand nach vielen Jahren und Jahrzehnten einer selbst für mich manchmal überwältigenden Karriere und manch schriller Kritik. Persönliche Stabilität, Menschenführung, ökonomische Ansichten und Einsichten und anhaltende Lernprozesse bis heute haben mein Leben in ruhigere Bahnen gelenkt und das genieße ich.

Erkenntnisse der eigenen Fehler, Unzulänglichkeiten bei sich und anderen, die veränderten Spielregeln bei Kommunikation und Medien haben mich unaufgeregter werden lassen. Ich werde im Urteil milder und souveräner.

William Shakespeare's Einsichten sind zeitlos:

»All the world's a stage,
And all the men and women merely players;

They have their exits and their entrances;
And one man in his time plays many parts …«

Ich habe die mir vom Leben zugewiesene Rolle angenommen und stets gut zu spielen versucht. Und der Erfolg bestätigte mich häufig genug. Die Welt der Wirtschaft und Finanzen ist nicht nach jedermanns Geschmack. Dessen bin ich mir wohl bewusst. Aber diese Welt betrifft jedermann. Direkt oder indirekt. Ob er es will oder nicht.

Alles Irdische ist Tand – und doch streben wir fast alle danach. Das Materielle ist aber vergänglich. Lebenslanger Umgang mit Geld oder Millionen kann die raffsüchtige Veranlagung vieler Menschen noch verstärken. Viele prangern menschliche Verschwendungssucht und grenzenloses Wachstum an. Die Jugend sucht als »letzte Generation« neue Protestformen, beklagt oder verdammt Umweltverschmutzung, Ressourcenverschwendung und Klimakatastrophe. Einiges wie der Schutz der Umwelt und des Planeten findet meine Zustimmung. Allein zum Gelderwerb als Lebensgrundlage sehe ich bis jetzt keine erkennbare echte Alternative. Doch es stimmt: Gier, Maßlosigkeit und Exzesse sollten uns viel mehr beunruhigen. Aber es gilt auch: Wer ökonomische Einsichten nicht einfach beiseite wischt, weiß, dass das marktwirtschaftliche System mit seinen Freiheiten und Kontrollinstanzen keine seriöse und historisch bewährte Alternative hat.

Wenn wir das Kriterium der Nachhaltigkeit stärker in die Entscheidungsprozesse einbauen, entschärfen wir viele künftige Problemfelder. Ich selbst schaue nach vorn, optimistisch aber nicht naiv. Mit privaten Investments will ich nicht vermögender werden, als ich es schon bin. Ich will vielmehr guten Ideen Chancen verschaffen, Talente fördern, Leistung als unverzichtbaren Bestandteil des menschlichen Lebens herausheben.

Meinen 70. Geburtstag habe ich mit einem Konzert in der Kirche S. Maria della Misericordia, im Collegio Papio in Ascona am Lago Maggiore gefeiert. Die Kirche ist ein wahres Schmuckstück, wurde zwischen 1399 und 1442 aus Geröll und Bruchstein errichtet und enthält einen bemerkenswerten Freskenzyklus der Spätgotik. Es war ein wunderbarer Anlass mit dem Jugendorchester Baden-Baden unter der Leitung von Karl Nagel. Werke von Leopold Mozart und seinem Sohn Wolfgang Amadeus wurden aufgeführt, darunter auch das selten gespielte Konzert für Alphorn und Orchester in C-Dur mit dem Solisten Thomas Crome. Die Kirche war bis zum letzten Platz besetzt, eine angenehme Überraschung, wie viele Menschen der Kammermusik die Ehre erwiesen.

Meine Passion für Finanzthemen, technologischen Fortschritt und Innovationen ist geblieben. Ich versuche der neuen Generation etwas mitzugeben. An der HSG in St. Gallen halte ich ab und zu Vorträge. Unlängst wurde ich von Studenten der »German and Swiss Societies« an der Universität Cambridge zu einem Gespräch eingeladen. Eine Stunde lang ging es in der Fragerunde im King's College heftig zur Sache. Die Kommilitonen, darunter angehende Ärzte, Chemiker oder Physiker, bombardierten mich mit Fragen zu Karrieren, Qualifikationen, Schuldenprobleme der USA, Inflation oder wie Künstliche Intelligenz die Bankenwelt künftig beeinflussen wird. Auch um Investmenttipps wurde ich gebeten. Den Abend beendeten wir mit einem *Guinness* in einem Pub.

Natürlich ist die Frage erlaubt, ob der Gestaltungsanspruch in meinem Alter zu Ende ist. Meine Antwort ist ein klares »Nein«. Als Motiv für Sponsoring-Projekte und soziales Engagement habe ich stets angegeben: »Earn – learn – return«. Doch damit ist noch nicht alles gesagt. Denn erstens lernt man nie aus, die intellektuelle Neugier bleibt bestehen, man kann neue Sprachen lernen oder neue Erkenntnisse über Zukunftstechnologien gewinnen. Insofern bleibt auch der Wunsch, weiter zu gestalten.

Und gerne will ich etwas zurückgeben. Meine Heimatgemeinde Mels hat mich ein Jahr nach Eröffnung des Kultur- und Kongresshauses *Verrucano* als »Götti« (Pate) angefragt. Ich habe spontan zugesagt. Wir mussten das Projekt entpolitisieren und haben daher eine Stiftung gegründet, die ich als ehrenamtlicher Präsident aktuell führe. Das Verrucano verfügt im trapezförmigen Löwensaal über eine besondere Akustik und eignet sich bestens für Sinfoniekonzerte. Aber auch für Operetten, Fastnachtsveranstaltungen, Comedy-Bühnenauftritte sowie Kongresse oder Seminare ist das Kulturhaus gedacht. Mit dem Gebäude und diversen Veranstaltungen soll das stark ausgeprägte Vereinsleben in Mels gefestigt und weiterentwickelt werden. Ich habe der Gemeinde Mels nicht nur zugesagt, sondern zudem einen Flügel gestiftet. Das Stiftungspräsidium zu übernehmen, ist für mich ein ganz persönlicher Weg, der Heimatgemeinde etwas zurückzugeben. Zudem schließt sich für mich der Kreis, aus der Heimat in die Welt und wieder zurück. Globalisierung ist nicht alles.

Auch überregionale Themen reizen mich immer noch. Im Mai 2023 habe ich als Vorsitzender des Advisory Boards der TMRW-Stiftung eine Aufgabe für ein Projekt übernommen, das weit in die Zukunft blickt. Mit dem »Internet of Life«-Konzept will TMRW über die Web-3.0-Technologie ein dreidimensionales Internet erobern. 3D-Simulationen, virtuelle und erweiterte Realität sowie KI-betriebene Produkte gehören zum Portfolio. Das Unternehmen verfügt über einen Pool von rund 300 Patenten, mit deren Hilfe die Vision für die dritte Generation des Internets umgesetzt werden soll. Entwickelt wurde eine proprietäre Social-3D-Technologieplattform, die als Grundlage für die Umsetzung des »Internet of Life« dienen kann. Erstes Beispiel ist die 3D-Kommunikationsplattform ROOM, auf der sich User in lebensechten Szenarien mit Echtzeit-Video-Chats begegnen.

Engagements durch Investitionen oder Beratertätigkeiten sind in meinem Alter spannende Hobbys. Seit einigen Jahren bin ich Investor und Berater von *KingsRock Advisors LLC*, einem Netzwerk von mehr als 100 ehemaligen Kollegen der Deutschen Bank, die sich gegenseitig bei der Akquisition und Abwicklung von Geschäften unterstützen.

Seit November 2022 arbeite ich als strategischer Berater bei der englischen Firma *Macro Hive*, die mithilfe Künstlicher Intelligenz inklusive Textroboter ChatGPT und anderer generativer Sprachmodelle neue Investmentmöglichkeiten entwickeln will. Ich engagiere mich auch bei einigen Start-ups und habe einige Jahre in der Türkei die Familie Sabanci und die *Akbank* beraten. Auch da geht es um Gestaltung. Dieser Antrieb besteht weiter und ist wacher denn je.

Ich habe auch noch regelmäßigen Kontakt zu Kollegen, die Schweizer Banken geführt haben. Wir tauschen uns gerne über aktuelle Entwicklungen, Fragen oder Krisen aus. Das Debakel um die Credit Suisse ist ein gutes Beispiel, aber auch andere Bereiche wie Krypto-Währungen, Blockchain oder Künstliche Intelligenz finden unsere Aufmerksamkeit. Die Welt bewegt sich unaufhörlich, rasante und auch bedenkliche technologische Entwicklungen stellen die Gesellschaft vor neue gewaltige Herausforderungen. Der Mensch wagt sich an Grenzen, ohne die Zukunft zu kennen.

Wenn ich mein Leben zusammenfassen müsste, dann mit zwei Zitaten aus Goethes »Faust«: Sie waren wegbegleitend für mich:

»Wer immer strebend sich bemüht,
Den können wir erlösen.«

Und:

»Es irrt der Mensch, solang er strebt.«

Diese beiden Zitate habe ich aus dem Elternhaus mitgenommen und umgesetzt. Ich habe mich immer strebend bemüht – und mich ab und zu auch geirrt und Fehler gemacht. Vielleicht habe ich beim Versuch, Ideen und Projekte auf der Überholspur zu verwirklichen, gewisse Probleme zu spät erkannt. Fehler passieren, man darf sie nur nicht wiederholen. Oder in Anlehnung an den deutschen Schriftsteller und Nobelpreisträger Gerhart Hauptmann: »Wer tiefer irrt, der wird auch tiefer weise.«

Medienverzeichnis

BanksDaily
Bilanz
Bild/Bild am Sonntag
Bloomberg/Bloomberg TV
Börsen-Zeitung
Cicero
CNBC
CNN Money
Deutsche Welle
Deutschlandradio/
Deutschlandfunk
Euromoney
FAZ/FAS
Financial Times
Focus/Focus-Money
Frankfurter Rundschau
Funke Mediengruppe
Handelsblatt
Inside Paradeplatz
Institutional Investor
Los Angeles Times
Manager Magazin
Marketplace
MDR
New York Daily News
ntv
NZZ/NZZ am Sonntag
People Magazine
Reuters
Schweiz am Sonntag
Schweizer Bank
SonntagsZeitung
Der Spiegel
Statista
Stern
Süddeutsche Zeitung
Südostschweiz
Swiss Info
Tages-Anzeiger
Tagesschau ARD
Tagesspiegel
taz
The Daily Telegraph
The Economist
The New York Times
The Wall Street Journal
Die Welt
WirtschaftsWoche
ZDF
Die Zeit

Literaturverzeichnis

Arnold, Frank: Der beste Rat, den ich je bekam, Hanser Verlag, München 2014

Baron, Stefan: Späte Reue – Josef Ackermann – eine Nahaufnahme, ECON Verlag, Berlin 2013

Bartiromo, Maria: The Weekend That Changed Wall Street, Penguin Random House, New York 2011

Binswanger, Hans Christoph: Geld und Magie. Deutung und Kritik der modernen Wirtschaft anhand von Goethes Faust, Edition Weitbrecht, Stuttgart 1985

Gottlieb, Sigmund: So nicht! – Klartext zur Lage der Nation, Langen Müller Verlag, München 2022

Hoffmann, Hilmar: Die großen Frankfurter, Societäts-Verlag, Frankfurt/Main 2004

Mack, John: Up Close and All In, Life Lessons from a Wall Street Warrior, Simon & Schuster, New York 2022

Müller, Leo: Ackermanns Welt, Rowohlt Verlag, Hamburg 2006

Nolmans, Eric: Josef Ackermann und die Deutsche Bank, Anatomie eines Aufstiegs, Orell Füssli Verlag, Zürich 2006

Paulson Jr., Henry M.: On the Brink, Business Plus, Hachette Book Group, New York 2010

Pohl, Manfred: Josef Ackermann – Leistung aus Leidenschaft, Verlag Frankfurter Allgemeine Buch, Frankfurt/Main 2012

Raabe, Michael: Einer von uns – Josef Ackermann, Selbstverlag, 2018

Reinhart, Carmen M./Rogoff, Kenneth S.: Dieses Mal ist alles anders – Acht Jahrhunderte Finanzkrisen, FinanzBuch Verlag, München 2009

Dr. Josef Ackermann

Geboren 1948 in Mels, Schweiz

Führende Karrierepositionen
- Präsident der Generaldirektion Schweizerische Kreditanstalt/Credit Suisse (1993–1996)
- Vorsitzender des Vorstands und Vorsitzender der Konzernleitung Deutsche Bank AG (2002–2012)
- Präsident des Verwaltungsrats Zürich Versicherungsgruppe (2012/13)
- Präsident des Verwaltungsrats Bank of Cyprus (2014–2019)

Weitere Mandate und Positionen (Auszug)
- Präsident Institute of International Finance (2003–2012)
- Mitglied des Verwaltungsrats Royal Dutch Shell plc (2008–2014)
- 2. Stellvertretender Aufsichtsratsvorsitzender Siemens AG (2003–2013)
- Stellvertretender Vorsitzender des Stiftungsrats World Economic Forum (2002–2014)
- Mitglied des Verwaltungsrats Investor AB (2012–2019)
- Stellvertretender Vorsitzender des Board of Trustees, The Conference Board (2003–2019)
- Mitglied Steuerungsausschuss der Bilderberg-Konferenz (2003–2014)
- Ehrensenator Stiftung Lindauer Nobelpreisträgertreffen (seit 2008)
- Ehrenvorsitzender St. Galler Stiftung für Internationale Studien (seit 2013)
- Vorsitzender Wirtschaftsbeirat des Goethe-Instituts (2007–2013)

Akademische Titel, Ehrentitel und Tätigkeiten

- Doktorat der Volkswirtschaft und Sozialwissenschaften Universität St. Gallen (1977)
- Ehrendoktor Demokrit-Universität Thrakien (2014)
- Gastprofessor London School of Economics (2007–2013)
- Honorary Fellow London Business School (2004)
- Honorarprofessor Goethe-Universität Frankfurt/Main (seit 2008)

Auszeichnungen

- Swiss Award in der Kategorie Wirtschaft (2002)
- John McCloy Award in Anerkennung seiner Verdienste um die deutsch-amerikanischen Wirtschaftsbeziehungen (2002)
- Appeal of Conscience Award der Appeal of Conscience Foundation in New York (2003)
- Bridges to Understanding Award des Jewish Museum New York (2005)
- Herbert H. Lehman Human Relations Award des American Jewish Committee (2007)
- Global Leadership Award des American Institute for Contemporary German Studies (2007)
- Euromoney Lifetime Achievement Award for Outstanding Contributions to Financial Markets (2009)
- EFR-Business Week Award (2009)
- Banker of the Year 2009 by the Group of 20+1 (2010)
- Distinguished Business Leadership Award of the Atlantic Council (2010)
- Leo Baeck Medal of Recognition des Leo Baeck Institute London, Ehrung für sein langjähriges Engagement für jüdische Institutionen in den Bereichen Wissenschaft und Kunst (2012)
- Deutsch-Schweizerischer Kulturpreis der Europäischen Kulturstiftung (2012)
- Ehrenbürger von Samothraki, Griechenland (2014)

Bildnachweis

Daniel Biskup: Bildteil S. 11 oben, S. 13 Mitte, Wolf P. Prange/BRAUCHITSCH: Bildteil S. 15 oben, Privat: 47 Bilder. Der Verlag konnte in einzelnen Fällen die Inhaber der Rechte an den reproduzierten Fotos nicht ausfindig machen. Er bittet, ihm bestehende Ansprüche mitzuteilen.